제2판

상담의 이론과 실제

오윤선

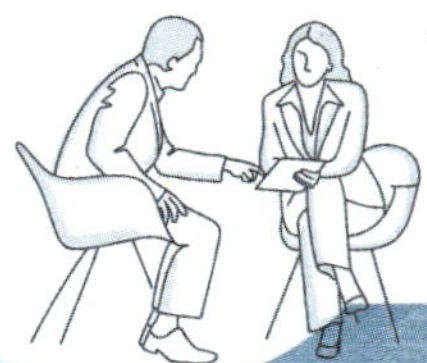

Theory and Practice of Counseling

YANGSEOWON
양서원

머리말

21세기의 인류사회는 과학기술의 비약적인 발전과 함께 눈부신 변화를 거듭하고 있다. 최근 수십 년간 축적된 지식과 기술의 양은 인류 문명 수천 년의 총합을 능가할 정도로 방대하다. 인공지능, 유전자 편집, 디지털 혁명 등은 인간의 생활방식과 사회 구조 전반을 급속도로 변화시키고 있다.

그러나 정보와 기술의 폭발적 증가에도 불구하고 인간의 정서적 구조는 여전히 근원적인 상태에 머물러 있다. 기쁨, 분노, 슬픔, 즐거움과 같은 기본 감정은 구석기 시대의 인간이 느꼈던 정서와 본질적으로 다르지 않다. 과학이 아무리 진보해도 인간의 감정은 여전히 섬세하고, 때로는 원초적인 형태로 반응한다.

이러한 시대적 배경 속에서 현대인은 치열한 경쟁과 성과 중심의 사회 시스템 속에서 과도한 감정노동에 시달리고 있다. 그 결과, 정서적 소진과 인간관계의 단절을 경험하며 그 어느 때보다도 진심 어린 '지지'와 '공감'이 절실히 요구되고 있다. 이때 상담자는 단순한 조력자가 아니라 시대의 상처를 함께 감내하는 '상처받은 치유자'로서 내담자와의 치료적 동맹을 통해 의미 있는 타자로 존재하게 된다.

이 땅에 완벽한 상담자로 태어난 사람은 없다. 다만, 좋은 상담자는 오랜 시간에 걸친 교육과 임상 훈련을 통해 점차 형성된다. 전문성과 인간성 모두를 갖춘 상담자로 성장하기 위해서는 단기간의 지식 습득만으로는 부족하며 지속적인 자기 성찰과 실천, 그리고 다양한 임상 경험이 필수적이다.

저자 또한 상담자의 삶을 살면서 지난 수년간 대학과 대학원에서 상담학을 강의하며 수십 권의 저서를 집필해 왔으나 『상담의 이론과 실제』에 대한 저서를 미룬 것은 상담 현장에서 좀 더 숙성의 시간을 가지고자 했기 때문이라고 할 수 있다.

이 책을 쓴 동기는 상담심리를 처음 접하는 이들도 쉽게 접근할 수 있으면서도 상담의 핵심 개념과 실제를 균형 있게 담은 책에 대한 요청이 꾸준히 있었기 때문이다. 이에 이 책은 상담의 이론적 기초뿐 아니라 실제 현장에서 활용되는 상담기법과 윤리적 태도까지 포괄함으로써, 독자들이 상담학의 전체 구조를 명확히 이해하는 데 도움을 주고자 집필되었다.

본 저서는 총 16장으로 구성되었으며, 1장 상담의 기초에서는 상담의 개념과 상담의 유형 및 기본 원리를 살펴보았고, 상담자가 갖추어야 할 자질 및 역할과 상담자가 지켜야 할 윤리를 제시하였다.

2장에서 10장까지는 상담 현장에서 가장 많이 활용되고 있는 상담의 이론 가운데 정신분석 상담, 행동주의 상담, 인간중심 상담, 게슈탈트 상담, 합리정서행동치료, 현실치료, 인지치료, 교류분석, 수용전념치료를 중심으로 주요 인물의 생애와 각각의 상담 발전과정을 살펴보았다. 그리고 각 이론의 인간관, 상담의 목표 및 과정, 상담의 주요 기법, 공헌 및 제한점에 대해서 기술하였다.

11장 상담과정에서는 상담실의 물리적 환경 준비 및 내담자에 대한 준비, 그리고 상담과정의 접수면접 단계, 초기 단계, 문제 해결 단계, 종결 단계에 대해서 구체적으로 피력하였다.

12장 상담기법에서는 상담 현장에서 가장 많이 활용되고 있는 관계 중심 기법 4가지, 정보 중심 기법 2가지, 탐색 중심 기법 3가지, 통찰 중심 기법 7가지에 대해서 기술하였다.

13장 내담자 평가와 심리검사에서는 임상적 평가, 역동적 평가, 상담치료적 평가에 대해서 이해하고, 상담을 위한 심리검사 가운데 현재 가장 많이 활용되고 있는 검사 MMPI, MBTI, Rorschach, TAT, BGT, SCT, HTP에 대해서 살펴보았다.

14장 유형별 상담에서는 단기상담, 집단상담, 진로상담을 제시하였고, 15장 정신건강 상담에서는 우울증 상담과 불안증 상담에 대해서 살펴보았다. 그리고 16장 문제별 상담에서는 다루기 힘든 영역인 성문제 상담과 자살위기 상담에 대해서 피력하였다.

본서가 출간되기까지 많은 분들의 도움이 있었다. 특히 세계적인 경제 한파 속에서 출판계 또한 예외가 아님에도 불구하고 책이 나올 수 있도록 출판을 허락하신 양서원 대표님과 직원들께 깊이 감사드린다.

또한 원고 정리와 수정 작업을 위해서 헌신적으로 수고를 아끼지 않은 원영선 박사에게 감사드리며 고마움을 전한다.

강의, 연구, 학술활동, 상담사역 등 많은 일을 병행하면서 원고 작업을 했기에 거의 매일 공휴

일도 없이 자정을 넘어 새벽에 이르러서 연구실 문을 나서지만 한마디 불평도 없이 사랑과 격려를 아끼지 않은 가족들에게 늘 감사한다. 그리고 바쁜 연구활동으로 충분한 시간을 함께하지 못함에도 늘 나에게 청량제가 되어주는 한국과 미국에 살고 있는 손자손녀들에게 미안함과 고마움을 함께 전하고 싶다.

2025. 6.

북한산을 바라볼 수 있는 연구실에서 **오윤선**

차 례

PART 01

상담의 기초

PART 02

상담이론

PART 03

상담의 실제

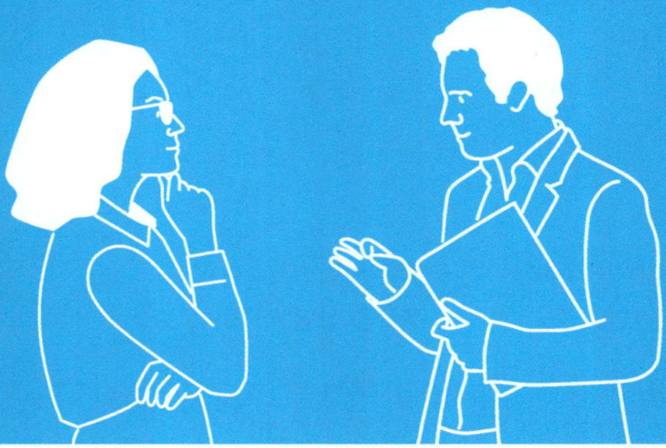

Chapter 01 상담의 기초

PART

01

상담의 기초

CHAPTER

01

상담의 기초

학습 내용

1. 상담의 개념
2. 상담의 유형 분류
3. 상담의 기본 원리
4. 상담자의 자질과 역할
5. 상담자의 윤리

학습 목표

1. 상담의 정의와 목표에 대해 이해한다.
2. 상담의 유형 및 분류에 대해서 이해한다.
3. 상담의 기본 원리에 대해서 이해한다.
4. 상담자의 인성적 · 전문적 자질과 역할에 대해서 살펴본다.
5. 상담사의 윤리적 딜레마에 대해서 이해한다.

학습 개요

상담은 도움을 필요로 하는 내담자와 전문적 상담자 사이의 일대일 관계에서 목적 있는 대화를 전개하는 조력의 과정으로, 라포(rapport)를 통하여 여러 가지 당면한 문제와 더불어 의사소통이 이루어져 내담자의 성장 발전을 촉진하고 사회에 잘 적응하도록 돕는 심리적인 상호작용의 관계이다. 상담은 결국 내담자의 자기 성장을 궁극적인 목적으로 하여 개인을 조력하는 과정이다.

상담의 목표는 인간의 성장과 발달을 촉진하고, 적극적인 정신건강을 증진하며 문제의 해결에 초점을 두고 내담자의 잠재력을 촉진하여 의사결정 능력을 함양시키는 데 있다. 그리고 상담은 단순한 대화가 아니기 때문에 상담자와 내담자가 일대일의 상담관계를 형성하여 뚜렷한 목표를 세우고 상담에 임해야 한다.

상담의 유형은 상담방식에 따라서 대면상담, 비대면상담으로 분류하고, 상담 형태에 따라서 개인상담, 집단상담으로 분류하며, 내담자의 조력수단에 따라서는 놀이치료, 미술치료, 음악치료, 독서치료, 원예치료, 사이코드라마, 이야기치료 등으로 분류할 수 있다.

상담의 7대 원리로는 개별화의 원리, 의도적 감정표현의 원리, 통제된 정서 관여의 원리, 수용의 원리, 비심판적 태도의 원리, 자기 결정의 원리, 비밀보장의 원리가 있다.

상담자의 자질과 역할에는 인성적 자질과 전문적 자질이 있으며, 상담윤리에는 비밀 유지, 사전동의, 다중관계, 가치관 주입, 전문적 역량과 책임이 있다.

1 상담의 개념

1) 상담의 정의

오늘날 상담이라는 용어는 다양한 분야에서 널리 사용되고 있다. 하지만 각각의 상담이론과 학자마다 상담에 대해 추구하는 의미가 크게 다르기 때문에 모두가 동의하는 상담의 정의를 내리는 것은 쉽지 않다. 따라서 여러 가지 의미로 쓰이는 상담의 개념을 바르게 이해하려면 상담의 어원적 의미와 각각의 개념들이 기초하고 있는 이론적 배경과 학자들의 정의를 살펴보는 것이 필요하다.

먼저 상담(counseling)이란 용어에 대한 어원을 살펴보면 라틴어의 'consulere' 에서 유래되었다. 이는 고려하다(to consider), 깊이 생각하다(to reflect), 조언을 받거나 구하다(to take or to ask counsel) 등의 의미를 가지고 있다. 이 외에도 현대적 의미로 상담은 심리치료, 태도 변화, 행동수정, 의사결정, 문제 해결, 정보제공 등 전문적 기법에 의한 새로운 기능들을 보유하고 있다(Norcross, 2000).

동양에서 의미하는 상담(相談)의 어원을 한자에서 찾아보면, 먼저 나무 목(木)과 눈 목(目)으로 이루어진 '서로 상(相)' 은 두 그루의 나무가 눈을 맞대고 마주한다는 뜻을 가지고 있다. 또한 말씀 언(言)과 태울 염(炎)이란 두 글자로 조합된 '이야기 담(談)' 은 마치 활활 타오르는 불과 같이 서로 말을 주고받는다는 의미를 지니고 있다. 이 말뜻을 그대로 풀이하면 상담이란 두 사람이 마주 보고 열심히 대화를 나누는 행위다. 즉, 두 사람이 마주 보고 나누는 대화 가운데 한 사람은 도움을 받기 위해, 다른 한 사람은 도움을 주기 위해 대화를 나누는 조력적 면담을 의미한다.

상담에 대한 정의는 학자에 따라 다소 차이가 있지만 대표적인 몇몇 학자의 정의를 살펴보면 다음과 같다. 글라즈(Glanz, 1974)는 "상담이란 개인이 가진 문제를 해결하기 위하여 전문적인 도움을 받는 개방적인 면대면(face to face)의 문제 해결 장면을 의미한다"라고 하였다. 비슷한 측면에서 오시포(Osipow, 1987)는 "상담이란 내담자가 지닌 능력을 효과적으로 활용하여 문제 해결을 할 수 있도록 돕거나, 중요한 생의 결정을 할 수 있도록 돕기 위한 상담자와 내담자 간의 상호작용이다"라고 정의하였다. 그리고 국내 학자 가운데 이장호(2001)는 "상담이란 도움이 필요한 내담자와 전문적 훈련을 받은 상담자 간의 관계에서 문제 해결과 사고, 정서, 행동적 측면의 성장을 위하여 노력하는 학습과정이다"라고 하였다. 또한 노안영(2005)은 "상담은 전문적 훈련을 받은 상담자와 조력을 필요로 하는 내담자가 상담활동의 공동 주체로서 내담자의 자각 확장을 통해 문제 예방과 해결, 전인적 발달과 성장을 촉진함으로써 내담자의 삶의 질을 향상시키기 위해 함께 노력하는 조력 과정이다"라고 정의하였다. 이러한 학자들의 관점에 따르면 상담은 상담자와 내담자 간에 수용적이고 구조화된 관계 형성을 바탕으로 이루어지며, 내담자가 자신과 환경에 대한 이해를 통해서 스스로 효율적인 의사결정이 가능해지고 다양한 심리적 특성을 긍정적인 방향으로 변화시킬 수 있게 됨을 의미한다. 결과적으로 상담은 내담자의 성장과 발전을 촉진하는 심리적인 협력의 과정이라고 할 수 있다(박성수 외, 2014).

위와 같은 정의를 종합해 보면 상담이란 도움을 필요로 하는 내담자와 전문적 상담자 사이의 일대일 관계에서 목적 있는 대화를 전개하는 조력활동(helping service)으로, 라포(rapport)를 통하여 여러 가지 당면한 문제를 해결하고 더불어 의사소통이 이루어져 내담자의 성장 발전을 촉진하고 사회에 잘 적응하도록 돕는 심리적인 상호작용의 관계이다. 결국 내담자의 자기 성장을 궁극적인 목적으로 하여 개인을 조력하는 과정이다.

2) 상담의 목표

상담은 내담자로 하여금 자신에 대한 이해를 증진시키고 의사결정을 할 수 있게 하여 결과적으로 보다 나은 성장과 발달을 촉진할 수 있도록 하는 정교한 심리적인 과정이다. 따라서 상담의 목표는 인간의 성장과 발달을 촉진하는 것이다. 상담은 단순한 대화가 아니기 때문에 상담자와 내담자가 일대일의 상담관계를 형성하여 뚜렷한 목표를 세우고 상담에 임해야 한다. 일반적으로 언급되고 있는 상담목표를 제시하면 다음과 같다(Roger & Stone, 2021).

(1) 행동의 변화 촉진

상담은 내담자가 보다 생산적이고 행복한 생활을 영위하며 만족한 삶을 누리는 데 도움이 되는 행동을 형성하거나 증가시키는 것을 목적으로 한다. 타인과의 관계, 가족상황, 학업성취, 직업상의 적응, 일상생활습관 등과 같이 어떠한 영역과 관련된 행동변화를 촉진시킬 수 있어야 한다. 로저스(Rogers, 1980)는 상담의 결과로 위협과 불안을 덜 느끼며 이상적인 자아와 자각된 자아 사이에 조화를 이루어야 한다고 하였다.

(2) 적극적인 정신건강 증진

상담은 정신질환의 원인이 되는 여러 가지 병리적인 요소를 제거하거나 수정해야 할 문제를 제시하여 여러 가지 고민이나 부적응 행동을 정상적인 방향(행동)으로 치료해야 한다. 이를 통해 적극적인 정신건강을 유지하는 데 초점을 둔다. 정신적으로 건강한 사람은 책임감이 있고 독립적이며 인격적으로 성숙하다. 정신건강의 문제를 중심으로 생각하는 입장에서는 정신건강의 문제영역을 상황적인 문제, 성격적인 문제, 신경증의 문제, 정신병의 문제 등으로 구별하는 경향이 있다. 이러한 입장은 일상생활에서 내담자들이 경험하는 욕구좌절이나 갈등을 현명하게 현실적으로 다루는 능력을 기를 수 있게 하고 건전한 성격을 발전시키기 위한 활동을 중심으로 이루어져야 한다.

(3) 문제의 해결

상담은 내담자가 당면한 문제를 하나하나 해결해 나가는 데 초점을 둔다. 현대사회는 점점 더 복잡해지고 다변화되고 있으며, 사회변화의 속도 역시 급격히 빨라지고 있기에 내담자에게 부딪치는 문제 또한 다양하고 복잡하다. 따라서 상담자는 내담자들의 신체적, 교육적, 가정적, 직업적, 사회적, 경제적, 도덕적, 종교적, 이성적 문제, 교우관계, 진로, 가치관의 갈등, 이데올로기 등 여러 현안 문제들에 대해 현명한 자기 이해와 통찰을 통해서 자기 지도와 자아 실현에 이르도록 하는 전문적 대화로 개인을 도와야 한다.

(4) 내담자의 잠재능력 촉진

상담은 내담자의 사고, 결정, 잠재력을 효율적으로 증진하는 데 목적이 있다. 블로셰(Blocher, 1974)는 효율적 인간은 경제적, 심리적, 신체적 능력을 증진시키고 의미 있는 일을 위하여 자신을 헌신할 수 있으며, 문제를 인지하고 해결할 수 있는 능력과 독창적이고 창조적으로 인간행동을 통제할 수 있고, 좌절 및 적개심과 애매성에 대하여 적합한 반응을 할 수 있다고 하였다. 따라서 상담의 목적은 내담자가 생산적 사고를 증진하고 적응적인 인간관계를 형성하며 다양한 문제 상황을 효율적으로 대처하는 능력을 기르는 데 있다고 하겠다.

(5) 의사결정의 능력 함양

상담은 개인이 선택하고 결정하기 위하여 필요한 정보를 제공하고 의사결정에 개입하는 정보적 문제나 심리적인 특성을 확인하고 분석하며 장애가 되는 측면을 극복하도록 한다. 인간은 누구나 문제 상황에 직면하였을 때 적절하고 현명한 선택과 적응을 위한 의사결정이 요구된다. 상담에서 선택과 결정의 필요를 내담자가 인식하여 이에 요구되는 정보를 수집·평가하는 긍정적이고 정서적인 태도를 함양할 것을 강조하게 된다. 즉, 미래에 직면하게 될 선택이나 결정을 합리적·효율적으로 할 수 있도록 원조하는 것이다. 순간의 선택이 일생을 좌우하는 경우가 많으므로 선택, 즉 의사결정능력은 상담의 목표 중 매우 중요한 것으로 간주된다.

2 상담의 유형 분류

1) 상담방식의 유형

(1) 대면상담

대면상담(face to face counseling)은 상담 유형의 분류 중 가장 일반적이고 전통적이다. 대면상담이란 상담자와 내담자가 직접 만나서 얼굴을 맞대고 언어로 대화하며 내담자의 성장과 발달을 도와주는 과정이다.

대면상담에서 상담자는 대화를 통해 내담자를 이해하며 변화시킨다. 즉, 대화는 내담자의 성장과 회복을 위한 문제 해결 시에 가장 강력한 핵심 수단이다. 이 방법은 상담자가 내담자를 직접 만나서 관찰할 수 있기 때문에 내담자가 스스로 보고하는 내용 이외에도 여러 가지 중요한 정보들을 상담에 활용할 수 있다는 이점을 지닌다. 예를 들어, 어떤 내담자는 '아무렇지도 않다'라고 하면서 안색이 변하고 눈물을 글썽일 수 있다. 이러한 언어적 정보와 비언어적 정보 간의 불일치는 얼굴을 직접 대면하지 않고는 확인할 수 없다(Corsini & Wedding, 2017).

(2) 비대면상담

비대면상담(non face to face counseling) 또는 매체상담(medium counseling)은 커뮤니케이션의 발달과 함께 상담자와 내담자가 직접 만나지 않고, 유무선의 다양한 매체를 이용하여 서로 다른 물리적인 공간에서 이루어지는 상담을 의미한다. 비대면상담은 이메일 상담과 게시판 상담 등의 비 실시간 상담과 전화, 채팅 및 화상상담, AI 상담, 모바일 앱 등의 실시간 상담으로 분류할 수 있다. 비대면상담의 장점으로는 첫째, 이용의 편리성으로 장소와 시간에 제약받지 않고 원하는 장소에서 누구나 이용할 수 있어 제삼자의 개입, 간섭 없이 상담할 수 있다. 둘째, 익명성으로 자기 모습을 직접 드러내지 않아 심리적 긴장이 감소되어 대면상담에서 말하기 어려웠던 문제에 대해 부담 없이 쉽게 드러내고 좀 더 솔직하게 자신의 문제를 상담자와 공유할 수 있다. 셋째, 신속성으로 특별한 절차 없이 상담에 응할 수 있고, 공간적으로 떨어져 있는 사람들 사이의 거리가 신속히 연결되어 서비스 제공의 지연이 감소된다.

하지만 비대면상담의 한계점으로는 비대면 상황으로 인한 상호작용의 제한이 따르기에 라포(rapport) 형성에 어려움이 있고, 여러 심리검사 평가를 수행하는 과정의 한계가 있으며, 취약계층에게는 접근성에 어려움이 있을 수 있다(이영문, 2022).

2) 상담 형태의 유형

(1) 개인상담

개인상담(individual counseling)은 개인이 일상생활에서 당면한 심리·정서적인 어려움을 전문적인 상담자와 1:1 관계를 통해 자신의 문제를 제시하고 함께 풀어가는 상담과정이다. 개인상담은 위중하거나 복잡한 문제, 내담자와 주변 특정인의 신상을 보호해야 할 경우에 활용된다. 그리고 집단에서 공개적으로 발언하는 것에 대하여 심한 공포와 불안이 있는 내담자에게 적당하다. 이러한 개인상담은 내담자의 필요와 상황에 따라 다양한 상담기법을 활용할 수도 있다. 또 내담자의 언어적 표현뿐만 아니라 비언어적 메시지와 그 밖의 상황에 대한 관찰이 가능하기 때문에 효율적이다. 따라서 개인상담은 도움을 주고자 하는 상담자와 도움을 받고자 하는 내담자, 즉 개인 대 개인의 관계에서 이루어지는 학습 지향적인 과정이다.

그리고 개인상담은 전문적인 지식과 기술을 가지고 있는 상담자가 내담자로 하여금 자기 자신과 환경에 대한 이해를 증진시키고 합리적이고 효율적인 의사결정을 내리거나 행동양식을 증진시킬 수 있도록 도와줄 수 있다. 하지만 개인상담은 내담자가 직접 자신의 문제를 상담자 앞에서 노출해야 하는 부담이 있고, 상담자 또한 내담자의 기대에 만족할 만한 상담을 해야 한다는 부담이 따르기도 한다. 개인상담의 특징을 살펴보면 다음과 같다.

첫째, 개인상담은 비밀이 보장되고 인간적인 접촉과 심층적인 이해가 이루어지는 상황에서 상담자가 내담자를 만남으로써 이루어진다.

둘째, 개인상담은 내담자에게 무엇이 잘못되었다고 말해 주기보다는 내담자 스스로 문제를 깨닫도록 도와주는 것이다.

셋째, 개인상담은 상담자의 입장이 아니라 내담자의 입장에서 문제를 보고 해결책을 모색하는 것으로 문제 해결을 위한 결정은 내담자에게 주어진다.

넷째, 개인상담은 언어적인 표현을 중심으로 이루어지며 감정, 태도, 사고 등의 내용이 언어화될 수 있도록 한다.

다섯째, 개인상담은 단순한 정보제공이나 사교적 대화, 충고, 훈화 등과는 달리 장기간에 걸쳐 상담목표가 이루어질 때까지 계속된다.

여섯째, 개인상담의 궁극적인 목표는 내담자의 성장과 발달을 돕고 새로운 학습이 이루어질 수 있도록 하는 것이다.

일곱째, 개인상담은 인간에 대한 이해와 사랑 그리고 인도주의적인 태도를 갖춘 상담자에 의해서 성공을 거둘 수 있다. 따라서 상담자는 인간에 대한 성숙한 태도와 내면세계에 대해 민감하게 이해할 수 있어야 한다.

(2) 집단상담

집단상담(group counseling)은 한 명 또는 그 이상의 상담자와 여러 명의 내담자가 함께 모여 일정 기간 동안 정기적으로 만나면서 참여자의 관심사에 대하여 각자의 느낌, 반응, 행동, 생각들을 대화로 서로 교환하는 상담이다. 즉, 집단의 응집력과 치료적 분위기를 통해 상호 이해를 촉진함으로써 긍정적 변화를 모색하는 목적을 가진 집단활동이다. 집단상담은 타인의 문제가 해결된 과정과 방법을 공유함으로써 정화 및 모방학습의 치료 효과가 있다. 집단상담은 타인에 대한 이해와 자신 스스로에 대한 객관적 관점이 필요한 내담자에게 적합하다. 그리고 관심사나 문제에 대한 타인의 의견 및 사회적 기술 습득에도 도움이 된다.

또한 집단상담은 집단원들 간의 역동적인 상호작용을 치료적으로 활용할 수 있기에 내담자가 다른 참여자들로부터 도움을 받을 뿐만 아니라 도움을 제공하는 경험도 체험할 수 있다. 집단상담의 한 형태로서 내담자들이 한 가족으로 구성되어 개개인의 내면세계를 이해하기 위한 가족상담이 있다.

특히 내담자가 타인에 대한 이해능력이 부족하고 타인의 시선에 민감한 반응을 보일 경우에 개인상담보다 집단상담이 유용하다. 또한 타인에 대한 배려, 사회적 기술, 자신감 부족, 자기 개방 등에 취약한 내담자에게 사용할 수 있다. 내담자들은 타인을 대하는 바람직한 태도나 행동 반응을 집단 내에서 시도하고 그 결과를 확인해 볼 수 있다(Jacobs et al., 2015).

내담자들이 집단치료 프로그램에 참여하는 것은 그 자체만으로도 타인들과 조화롭게 어울리고 흥미와 활력을 얻을 수 있다. 동일한 어려움을 겪는 내담자들이 함께 상호 간의 대화 속에서 자기 혼자만 겪고 있는 어려움이 아니라는 위로와 함께 실제적이고 경험적인 조언과 지지를 얻을 수 있다. 이들이 서로에게 주는 위로와 격려는 전문 상담사들이 주는 것과는 또 다른 것으로 상호 입장을 존중하고 공감하며 지지하는 데 기대 이상의 시너지 효과를 발휘하게 된다.

개인상담과 다른 집단상담의 특성은 다음과 같이 세 가지로 볼 수 있다. 첫째, 집단상담은 참여자를 대하는 태도나 방법을 즉시 시도하고 확인이 가능하며 다른 사람과 친밀감을 형성할 수 있다. 둘째, 집단상담은 참여자들이 상호 간에 도움을 주고받는 경험을 할 수 있다. 셋째, 집단상담의 상담자는 개인상담보다 복합적인 과제를 얻게 된다. 즉, 집단상담의 상담자는 내담자의 감정을 공감하고 내담자가 스스로를 통찰하도록 유도해야 하며 특정 참여자의 발언이 다른 참여자 및 집단에 미치는 영향을 예의주시해야 한다.

3) 내담자의 발달단계 유형

(1) 아동상담

아동상담(child counseling)은 아동을 대상으로 하는 상담활동으로 아동이 당면하고 있는 환경에서 긍정적이고 보다 적극적으로 대처해 나갈 수 있는 잠재적 문제 해결 능력을 증진시킴으로써 긍정적 자아상 및 자신감과 함께 심신의 건강을 확보할 수 있도록 전문적으로 돕는 과정이다. 아동상담은 아동과의 직접적 면담 이외에도 가족상담, 놀이치료, 행동수정 등의 방법을 통해서 아동의 연령에 따른 발달 정도, 현재의 적응 상태, 객관적인 검사 자료를 바탕으로 진행된다. 특히 아동상담에서는 지적·언어적·사회적·정서적 측면에서의 발달과업을 이루지 못하거나 부적절한 행동을 보이는 정신지체, 자폐증, 주의력결핍 과잉행동장애, 학습장애, 의사소통장애 등 발달장애로 진단된 아동들을 대상으로 상담을 실시한다(Gelso et al., 2014).

(2) 청소년상담

청소년상담(youth counseling)은 청소년들을 대상으로 실시하는 상담활동으로 도움을 필요로 하는 청소년 및 청소년 관련인과 청소년 관련기관을 대상으로 전문적 훈련을 받은 상담자와의 안전한 대면관계 또는 각종 매체를 통하여 청소년이 직면하고 있는 문제 해결, 새로운 학습 그리고 바람직한 발달 및 인간적 성장을 경험하는 과정이다(오윤선, 2020). 청소년상담에서는 친구나 이성관계 문제, 비행, 정체감 혼란, 학업, 진로 등의 문제로 고민하는 청소년들의 문제 해결을 위한 조력활동에 주력한다.

(3) 성인상담

성인상담(adult counseling)은 성인을 대상으로 조력활동이 이루어지는 상담으로 인간의 성격, 심리발달에 대한 전문적인 지식과 훈련을 받은 상담자가 내담자의 행동

방식, 사고방식, 감정으로부터 발생되는 다양한 심리적 갈등의 문제들을 다루는 상담과정이다.

성인상담에서는 다양한 이유로 인한 스트레스, 우울 등과 같은 심리적 문제를 비롯한 부부문제, 가족문제, 실직문제 등으로 인해서 침체된 성인들을 대상으로 실시된다.

(4) 노인상담

노인상담(elderly counseling)은 노인기에 해당되는 사람들을 대상으로 조력활동이 이루어지는 상담으로서 노인문제에 대한 전문적인 지식과 훈련을 받은 상담자가 도움을 구하는 노인 및 가족과의 전문적 대면관계를 통하여 일상생활의 부적응 문제를 해결 또는 예방하기 위하여 도움을 주는 과정이다. 특히 노인상담에서는 노인들이 가지는 특별한 요구와 문제들을 이해하여 은퇴 후에도 생산적이고 의미 있는 삶을 영위할 수 있도록 조력한다.

4) 내담자의 문제 내용 유형

(1) 정신건강 상담

정신건강 상담(mental health counseling)은 내담자가 갖는 다양한 신경증 및 정신증적 문제에 대한 상담을 말한다. 정신건강 상담자는 미국정신의학회(APA, 2013)에서 발간한 정신질환의 진단 및 통계편람의 내용을 숙지하고 내담자의 정신건강 상태를 평가하고 진단할 수 있는 능력을 갖추어야 한다. 과거 정신건강 상담은 만성 중증 정신질환자 영역에 한정되었으나, 최근에는 과도한 스트레스, 알코올중독, 도박중독, 인터넷중독 등 중독문제, 자살, 아동·청소년 정신건강, 노인 정신건강 등 다양한 정신건강 영역에서 발생되는 문제를 상담한다.

(2) 진로상담

진로상담(career counseling)은 내담자가 미래 사회에 어떻게 대처해 나갈 것인가에 관한 여러 가지 문제 즉, 교육, 직업, 가정, 신체, 사회, 이성, 성격, 도덕, 신앙문제를 합리적으로 탐색 및 결정하고 잘 적응하도록 돕는 체계적이고 전문적인 활동이다(Sternberg & Williams, 2009). 동시에 진로상담은 내담자의 진로발달을 도와주는 과정, 즉 개인의 진로계획 및 준비, 직업준비와 선택, 진로문제의 해결과 적응 등을 단계적으로 도와주는 연속적 과정이다. 이처럼 진로상담은 개인의 전 생애에 걸쳐서 진로 선택과 관련된 모든 상담활동 즉 가족, 일, 여가 등이 진로계획과 통합된 영역이라 할 수 있다(Gysbers et al., 1998).

(3) 학습상담

학습상담(academic counseling and educational therapy)은 학습과 관련된 과제를 이해하고 수행하여 사회적 적응을 잘 할 수 있도록 조력하는 과정이다. 학습상담에서 상담자는 학습 영역에서의 실패로 인해 이미 오랜 시간 동안 좌절감, 불안, 수치심, 실패감, 분노를 경험한 내담자에게 학업성취도의 향상뿐만 아니라 학습으로 인한 정서적, 심리적, 환경적 어려움을 해소하는 데 도움을 주는 자이다. 학습상담에서는 집중력 향상, 학습습관 기르기, 학습동기 향상, 긍정적 자아개념, 자기 관리 능력 향상, 대인관계 기술 습득, 정서적 안정 등 매우 다양한 내용을 다룬다.

(4) 성상담

성상담(sex counseling)은 성적인 문제로 도움이 필요한 사람이 전문적인 훈련을 받은 성 상담자와 대면해서 문제의 해결, 사고, 감정, 행동 측면에서 인간적인 성장을 위해 노력하는 과정이다. 즉, 성상담은 개인의 과거 또는 현재의 성에 대한 부정적인 경험뿐만 아니라 성에 관한 생각과 인식을 새롭게 점검하며 자신의 성에 대한 가치관을 확립하여 성적 의사결정 능력을 향상하고 성행동에 있어 원만하고 만족스러운 선택을 할 수 있도록 돕는 것이다. 특히 내담자의 성과 관련된 개개인의 생각이 나 감정 등의 무지, 왜곡 혹은 성 충동 관리능력의 부족 등으로 나타나는 성과 관련된 삶에 대해서 통찰력을 갖고 적절히 해결해 갈 수 있도록 조력한다.

(5) 물질남용 및 중독상담

물질남용 및 중독상담(substance abuse and addiction counseling)은 알코올, 니코틴, 항불안제 및 진정제, 카페인, 대마초(마리화나, 합성 대마초 포함), 환각제(LSD, 펜시클리딘, 실로시빈 포함), 흡입제(페인트 희석제, 일부 접착제 등), 아편유사제(펜타닐, 몰핀, 옥시코돈 포함), 자극제(암페타민, 코카인 포함), 기타(합성대사 스테로이드, 기타 일반적으로 남용되는 물질 포함) 약물과 같은 물질남용과 도박이나 게임중독에 빠져 자기 통제력을 상실한 내담자로 하여금 부적절한 자기 파괴 습관의 탐닉에서 벗어날 수 있도록 조력 활동이 이루어지는 상담을 말한다.

(6) 가족문제상담

가족문제상담(counseling for family problems)은 가족이 겪는 문제가 일시적 해결이 아닌 근본적 해결을 위해 원인을 파악하고 문제 해결을 하는 일련의 과정이다. 가족문제는 가족 구성원들끼리 서로 잘 알지 못하는 사이에 서로에게 아픔과 고통, 스트레스를 주고 있는 경우가 대부분이므로 전문 가족상담가 또는 가족치료사는 다양한 문제로 인한 심리적 어려움을 겪고 있는 가정에 개입하여 개개인의 개별적 접근과 더불어 개인을 둘러싼 가족이라는 전체 개념 속에서 이해하는 치료를 실시한다. 가족문제 상담내용 가운데는 자녀 가출, 가정폭력, 아동학대, 부부 갈등, 역기능적 가족 등이 있다.

(7) 위기상담

위기상담(crisis counseling)은 위기에 처한 내담자가 현재의 위기에 잘 대처할 수 있도록 돕는 것으로, 단기적으로는 당면한 문제를 해결할 수 있도록 도우며 장기적으로는 위기 이전의 건강한 상태로 돌아가거나 성장할 수 있도록 돕는 것이다. 그리고 자신의 어려움을 딛고 일어날 수 있도록 주변의 지지 및 자원을 발굴할 수 있도록 조력하는 상담활동을 의미한다.

5) 내담자의 조력수단 유형

(1) 놀이치료

놀이치료(play therapy)는 정서적 부적응이나 발달상의 문제를 지니고 있는 아동들의 문제 해결에 도움을 제공하기 위해 전문치료자가 체계적인 놀이를 적용하여 대인관계를 형성하는 치료방법을 의미한다. 놀이치료의 원리는 놀이를 통해 자신의 감정, 의사, 문제 등을 표현하고 정서나 욕구, 바람 등을 드러내며, 창의성과 자발성을 발휘하면서 새로운 자아상을 형성하고, 이전과는 다른 태도로 문제를 해결하는 능력을 발달시키는 것이다.

(2) 미술치료

미술치료(art therapy)는 다양한 미술활동을 통하여 자신의 내면세계를 표현하게 함으로써 정서적 갈등과 심리적인 증상을 완화시키고 자기 이해와 자기 성장을 촉진시켜 한 개인이 원만하고 적응적이며 창조적인 삶을 살아갈 수 있도록 돕는 심리치료의 한 유형이다. 즉, 미술치료는 그림, 디자인, 공예 등 다양한 미술 매체를 활용하여 어려움을 겪고 있는 내담자를 심리적으로 진단하고 치료하는 것이다.

(3) 음악치료

음악치료(music therapy)는 치료적인 목적, 즉 정신과 신체건강을 복원 및 유지시키며 향상시키기 위해 음악을 매개로 심리치료에 활용하는 분야이다. 음악치료는 공포·분노 등의 감정에 놓여 있는 사람에게 음악을 들려줌으로써 정신적인 안정을 주고, 욕구불만으로 인한 공격성을 타악기를 두드림으로써 해소시키며, 현악기 등을 연주함으로써 정신·신체적 기능의 작용을 원활하게 한다. 그리고 음악치료는 소리의 세계에 대한 즐거움을 이용함으로써 정신지체, 노인성 퇴행 마비, 뇌성마비, 알코올 중독, 신경증 등의 심신장애 치료에 두루 이용되고 있다.

(4) 독서치료

독서치료(bibliotherapy)는 특정한 혹은 발달적으로 심각한 문제를 갖고 있는 참여자가 다양한 문학작품을 매개로 하여 치료자와 일대일 관계 또는 집단으로 토론, 글쓰기, 그림 그리기, 역할극 등 여러 가지 방법의 구체적 활동과 상호작용을 통해 자신의 적응과 성장 및 당면한 문제들을 해결하는 활동을 말한다. 독서치료의 중요 요소는 공감, 자기 인식, 동일시, 카타르시스, 전이, 암시, 통찰력 등이며, 치료과정은 보편성 단계, 카타르시스 단계, 마지막 통찰과정을 통해 진행된다.

(5) 원예치료

원예치료(horticultural therapy)는 식물을 대상으로 하는 인간의 다양한 원예활동을 통하여 사회적, 교육적, 심리적 혹은 신체적 적응력을 기르는 치료기법이다. 이는 육체적 재활과 정신적 회복을 추구하는 전반적인 활동을 의미하는 것으로, 식물 및 원예활동을 매체로 한 전문적인 기술과 방법을 통하여 심신의 치료와 재활, 그리고 녹색의 쾌적성(green amenity) 및 환경 회복을 얻고자 하는 것이다. 원예치료는 활동(activity)을 통한 재활, 경감, 복원, 갱생 등을 목표로 하는 예방치료일 뿐 아니라 대체 치료와 전인적(holistic) 치유를 추구하고 있다.

(6) 사이코드라마

사이코드라마(psychodrama)는 psyche(정신)와 drama(dram: 저항을 극복하는 행동)의

합성어로 드라마 및 연극적 방법을 통하여 자신의 감정과 갈등을 표출하고 다양한 기법을 통하여 자신의 내면을 객관적으로 바라보고 치료할 수 있도록 도와주는 심리치료요법이다. 사이코드라마의 목적은 심리극을 통해서 자신의 내면 문제를 통찰, 탐구함으로써 현실적인 문제를 직면케 하고 각각의 문제 원인을 자신 내면 심리적인 곳에서 찾아 잘못된 편견이나 오해 등을 풀고 적응력을 회복하도록 치료하는 데 있다.

(7) 이야기치료

이야기치료(narrative therapy)는 인간이란 각자가 자신의 삶에 대해서 의미를 부여하고 해석하여 이야기하는 존재이며, 또한 그러한 이야기로 구성된 인생을 살아가는 존재라는 생각을 기본 바탕으로 하고 있다. 따라서 상담자는 내담자가 자신의 문제에 대해 다양한 방향에서 해석하고 의미를 부여할 수 있도록 그 가능성을 열어 주는 역할을 한다. 그리고 이야기치료 과정을 통하여 내담자가 자신의 삶에서 일어나는 문제적인 이야기를 이해하고 해석하는 새로운 방법을 발견하고, 새로운 의미(선호하는 이야기, preferred story)를 부여하며 강화하고 이야기로 구조화(대안적 이야기, alternative story)하여 보다 만족스러운 삶을 살아갈 수 있게 하는 데 있다.

3 상담의 기본 원리

1) 개별화의 원리

상담자는 내담자 각자의 개성과 개인차를 고려하여 상담에 임하여야 한다. 상담에서 개별화의 원리는 내담자 개개인의 욕구와 발달 특성 및 상황 등을 고려하여 각 개인을 이해하고 보다 나은 적응을 위해 조력하는 것을 말한다. 이는 상담방법 또한 개인의 차이에 따라 달라져야 함을 의미한다. 상담에서 개별화의 원리를 적용하기 위해서는 다음과 같은 전제가 요구된다.

첫째, 상담자는 내담자에 대한 편견이나 선입관으로부터 벗어나야 한다.

둘째, 내담자의 행동 유형과 원리에 대해 전문적으로 이해하려고 해야 한다.

셋째, 내담자의 말을 경청하고 세밀히 관찰해야 한다.

넷째, 내담자의 보조에 맞추어 진행할 수 있어야 한다.

다섯째, 내담자의 감정 변화를 민감하게 포착해야 한다.

여섯째, 내담자와 견해차가 있을 때는 적절한 선택을 해야 한다.

2) 의도적 감정표현의 원리

의도적 감정표현의 원리는 내담자의 감정을 솔직하게 표현하도록 상담자가 모든 노력을 기울여야 한다는 것이다. 내담자가 자신의 문제와 관련된 감정이나 상담과정에서 느낀 감정을 솔직하게 표현할 수 있을 때 상담은 성공할 가능성이 높아진다. 따라서 상담자는 온화한 상담 분위기를 조성하여 내담자로 하여금 자신의 감정이 부정적이든 긍정적이든 자유롭게 표현할 수 있도록 해야 한다. 그리고 상담자는 내담자의 감정표현을 비난하거나 낙심시키는 행동을 하지 않고 끝까지 인내심을 가지고 경청하고 격려해야 한다. 이와 같은 의도적 감정을 표현할 수 있도록 하기 위해서 갖추어야 할 조건은 다음과 같다.

첫째, 압력이나 긴장으로부터 내담자를 완화시켜 준다.

둘째, 내담자의 문제점을 이해할 수 있도록 도와준다.

셋째, 허용적인 태도를 조성하기 위해 내담자의 감정표현을 경청한다.

넷째, 내담자의 감정표현을 적극적으로 지지하고 격려한다.

다섯째, 비현실적인 보장이나 초기에 지나치게 성급한 직면과 해석을 삼간다.

3) 통제된 정서 관여의 원리

상담자는 통제된 정서를 유지한 채 내담자의 정서표현에 민감하게 반응하고 적극적으로 관여하는 자세를 가져야 한다. 상담은 대부분 정서적인 면에 관련되어 있으므로 상담자는 내담자에게 그 감정을 말로 표현할 수 있도록 지지하여야 한다. 그리고 내담자의 정서 변화에 민감하게 반응하고 이해해야 하며, 적절한 대응책을 위한 준비를 하고 적극적인 태도로 관여해야 한다.

4) 수용의 원리

수용의 원리는 내담자의 존엄성과 인격의 가치를 존중하며 그들의 강점과 약점, 바람직한 성격과 그렇지 않은 성격, 긍정적 감정과 부정적 감정, 건설적 또는 파괴적 행동 등을 있는 그대로 이해하고 따뜻하게 받아들이는 태도를 의미한다.

하지만 이것은 내담자의 말을 모두 다 동의하고 받아들이는 것과는 다르다. 상담자가 내담자의 의견에 동의하지 않는 것과 내담자를 거부하는 것은 다른 것이다. 내담자의 의견에는 동의하지 않지만 내담자를 하나의 인격체로 존중할 수는 있다. 상담자가 내담자의 의견에 동의하지 않을 때는 사실을 분명히 전달하되 온화한 음성과 자세로 표현하여 내담자를 인격적으로 수용하고 있음을 전달해야 한다(박옥임 외, 2013).

상담자가 권위적이거나 강압적인 태도를 취하면 내담자와 상담관계를 유지하기 어렵다. 따라서 상담자는 내담자에게 따뜻하고 명랑하고 친절하게 대해주고 내담자를 수용하는 자세를 지녀야 한다. 만약 내담자의 의견에 동의하지 못할 일이 있더라도 동의하지 않는다는 점은 분명하게 전달하면서 그것을 표현하는 말이나 자세는 온화해야 한다.

5) 비심판적 태도의 원리

비심판적 태도란 내담자의 행위에 대하여 상담자가 판단이나 비판을 하지 않는다는 것을 의미한다. 상담자는 내담자의 행동과 태도, 가치관 등을 평가할 때 객관적이고 중립적인 자세를 유지해야 한다. 특히 내담자에게 잘못이나 책임성 유무를 따지는 등 심판적인 태도를 가지지 않도록 가치중립적인 태도를 취해야 한다.

문제를 가진 내담자는 죄책감, 열등감, 불만감, 고독감 등을 가지고 있기 때문에 타인의 비판에 예민하며 그들 자신을 방어하여 안전을 추구하려고 한다. 따라서 상담자는 객관적으로 내담자의 행동, 태도, 가치관 등을 평가해야 한다. 이때 어떠한 문제에 대하여 나쁘다거나 책임져야 한다는 등의 과격한 표현을 해서는 안 된다. 비판적 태도의 원리가 지켜지려면 다음과 같은 자세가 필요하다.

첫째, 상담자가 선입관의 지배를 받아서는 안 된다.

둘째, 내담자의 보조에 맞추어 상담을 진행해야 하며, 내담자의 발언을 자주 가로막고 성급하게 결론으로 이끌어서는 안 된다.

셋째, 내담자를 어떠한 유형의 틀로 집어넣으려는 태도를 버려야 한다.

넷째, 내담자가 상담자에 대하여 적의와 같은 부정적 감정표현을 할 수 있다는 것을 상담자는 알고 있어야 한다.

6) 자기 결정의 원리

자기 결정의 원리란 어떤 경우이든 상담에서 내담자가 선택하고 결정한다는 것을 의미한다. 상담자는 내담자가 자신의 가치와 존엄성을 인지하고 스스로 자기 결정권을 가지며 문제 해결책을 선택하여 의사결정을 할 수 있도록 지도해야 한다. 이를 위해서 상담자는 다음과 같은 원칙을 지켜야 한다.

첫째, 내담자가 자기 수용을 할 수 있도록 도와주어야 한다.

둘째, 내담자의 잠재능력, 즉 장점과 능력을 발견하고 활용함으로써 인격적 발전을 도모할 수 있도록 자극해 주어야 한다.

셋째, 내담자가 자기 결정을 할 수 있도록 수용적 태도나 심리적 지지를 보내는 등 상담자는 적절한 분위기를 조성해 주어야 한다.

넷째, 내담자가 자신의 문제를 해결해 나갈 수 있도록 돕고 보조하는 역할을 해야 한다.

다섯째, 상담자는 내담자를 강제적으로 설득해서는 안 된다.

7) 비밀보장의 원리

상담자는 상담과정에서 얻은 정보를 공개해서는 안 된다는 직업적·윤리적 규정과 의무를 수행해야 한다. 이와 같은 원칙은 상담자와 내담자 간의 신뢰 형성에 중요한 요인으로 작용한다. 따라서 상담자는 내담자의 사생활과 개인적인 문제 보호를 위해 상담내용은 물론 내담자가 상담을 받았다는 것조차 비밀로 해야 한다. 상담에 대한 비밀이 유지되지 않는다면 내담자는 자신의 문제를 솔직하게 밝히지 않는다. 그리고 상담과정에서 오고간 이야기는 내담자의 입장에서는 극히 사적인 문제이다. 이러한 비밀보장이 철저하게 보장되어야만 내담자는 상담자를 신뢰하고 상담을 성공적으로 이끌 수 있게 된다.

4 상담자의 자질과 역할

1) 인성적 자질

상담자의 인격적 성숙은 전문적인 지식 이상으로 상담 효과를 결정짓는 데 중요하다. 상담자의 인성적 자질이 기초되지 않으면 상담에서 내담자의 문제 해결 및 성장을 저해할 수 있게 된다. 특히 상담자가 자신의 문제와 비슷한 문제를 다루다 보면 정서적 동요가 일어나 상담에 도움이 되지 않는 경우가 있다. 따라서 치료적 도구로서 상담자가 되기 위해서는 다음과 같은 인성적 자질이 필요하다.

(1) 내담자에 대한 깊은 이해와 관심

상담은 인간관계를 기초로 하여 인간을 변화시키는 과정이며, 상담자는 그 역할 수행을 위해 다양한 종류의 인간과 상호작용하게 된다. 그러므로 상담자는 내담자의 행동 및 문제에 대한 깊은 이해와 관심을 갖지 않고서는 상담자 역할을 잘 감당할 수 없다. 따라서 상담자에게는 내담자의 행동과 그 이면의 동기에 대해 깊이 이해하고 탐구하는 지적인 관심이 요구된다. 그리고 상담자는 내담자가 가진 문제가 무엇이든 편견을 가지지 않고 바람직한 필요에 따라서 융통성 있게 도움을 줄 수 있어야 한다. 그러기 위해서는 인간에 대한 사랑과 따뜻한 태도를 기본적으로 갖추고 있어야 한다(Corsini & Wedding, 2017).

(2) 자기 및 타인의 감정 이해와 수용 능력

상담자는 충분한 자기 이해와 수용 능력을 갖추어야 한다. 즉, 자기 자신의 목표, 정체, 동기, 요구, 가치관, 느낌, 장점과 단점 등에 대하여 객관적으로 인식하고 이해하려는 노력을 해야 한다. 그리고 상담자에게는 내담자의 특정 감정의 표현 정도와 상관없이 적절하고 침착하게 수용하며 내담자가 감정을 자유롭게 표현할 수 있도록 조력하는 능력이 필요하다. 만약 내담자의 언어적·비언어적 표현에 대한 감정을 인식하지 못하거나 수용하지 못하게 된다면 상담관계는 소원해지고 내담자는 상담자에게 공감을 받지 못했다고 생각할 수 있다. 그러므로 상담자는 내담자의 다양한 감정과 그 정도에 대해 자연스럽게 받아들일 수 있어야 한다. 이에 상담자는 자기 및 타인의 감정 이해와 수용 능력을 통해서 내담자를 깊이 이해하고 존중하며 인간적 신뢰감을 줄 수 있다(Wedding & Corsini, 2019).

(3) 정서적 안정감

상담자의 정서적 안정감은 불안정한 내담자와 관계 형성에 매우 중요한 요소가 된다. 상담자의 정서적 안정감은 내담자로 하여금 안정적이고 편안함을 가지도록 돕게 된다. 특히 상담 현장에서는 불안정한 정서를 지닌 내담자들을 많이 접하게 되기에 역전이(counter transference)와 탈진(burn out)으로부터 벗어나기 위해서는 균형 잡힌 정서적 안정감이 중요하다. 상담자는 완벽한 사람이 아니기에 자신의 문제 해결을 통해서 정서적 안정감을 유지하도록 노력해야 한다. 그리고 상담자가 자신의 문제 해결을 위해서 내담자 경험을 하게 되면 이 또한 상담자의 상담 성과에 긍정적인 영향을 줄 수 있다(Neukrug et al., 2001).

(4) 진실성과 용기

상담자는 삶에 대한 진실성과 용기가 있어야 하고 삶의 과정과 상담 현장에서 성실하며 정직해야 한다. 진실성은 상담관계에서 주기적으로 자기를 개방하는 자발성을 말한다. 이는 자신의 정서를 모니터링(monitoring)할 수 있는 능력, 즉 정서지능(emotional intelligence)과 관련이 있다. 진실성은 정확한 공감, 무조적인 긍정적 존중과 함께 상담자의 태도적 자질에 속한다(Rogers, 1951). 상담자 자신은 완성된 인격이 아니라 끊임없이 성장하고 형성되는 과정에 있음을 직시하고 실수를 인정할 수 있어야 한다. 때로는 시행착오가 발생하더라도 사실을 인정하고 교훈을 삼으며 힘든 일과 좌절 상황에서도 진정한 용기를 얻을 수 있어야 한다.

(5) 사명의식과 긍정적인 인간관

상담자는 상담에 대한 사명의식과 긍정적인 인간관을 가지고 있어야 한다. 다양한 문제에 직면한 내담자들을 상담하기 위해서는 많은 에너지가 필요하고 투철한 사명의식이 요구된다. 그리고 내담자에 대한 긍정적인 태도와 수용성이 중요하다. 상담자는 이러한 태도를 통해서 내담자에 대해 깊은 관심을 가질 수 있게 되고 그들의 현재 삶과 행동을 인정하고 존중하려는 자세를 가지게 된다(Corey et al., 2011).

2) 전문가적 자질

상담자의 전문적 자질은 상담이라는 전문 활동을 하는 데 요구되는 전문적 지식과 기술 그리고 경험 및 이해를 제대로 갖추는 것을 뜻한다. 상담은 일반적인 대화와는 달리 내담자의 주요 심리적 문제 해결에 도움을 주는 것이 목표이다. 그리고 내담자가 내면의 자유를 되찾고 개인의 잠재력을 발휘할 수 있도록 성격을 재구조화하여 인격적 성숙을 이루도록 하는 성장 촉진 목표를 지닌다. 따라서 상담자에게는 내담자의 문제를 해결하고 내담자의 성장을 촉진하기 위해 전문적 자질이 요구된다. 상담자의 전문적 자질을 살펴보면 다음과 같다.

(1) 심리학적 지식과 다양한 상담이론 습득

상담은 인간에 대한 총체적인 이해를 바탕으로 하는 활동이다. 따라서 상담자는 인간의 생물학적 기초, 지각, 발달, 학습, 성격, 정서와 동기, 정신병리, 사회적 상호작용 등에 대한 지식을 포괄적으로 이해하고 있어야 한다. 뿐만 아니라 발달심리, 성격심리, 학습심리, 지역사회심리 등을 통해서 인간과 관련된 다양한 주제에 대한 연구와 개념을 알아야 한다(Roger & Stone, 2021).

그리고 이러한 모든 지식을 바탕으로 발달한 상담이론을 학습해야 한다. 상담이론은 상담 현장에서 비행기의 나침반과 같은 역할을 하므로 상담이론 습득은 매우 중요하다. 상담자는 전문적 이론을 통해 내담자의 심리적 상태를 알 수 있으며 상담의 방향을 정할 수 있다. 나침반 없이 비행 항로를 잡을 수 없듯이 상담이론 없이는 내담자의 문제를 잘 이해할 수 없기 때문에 치료 또한 이루어지지 않는다. 따라서 원활한 상담 진행을 위해서는 상담자가 상담이론에 대한 전문적 지식을 보유하고 있어야 한다. 상담이론은 인간의 생애 과정에서 흔히 발생하는 문제를 인식·규정하기 위해 문제의 원인과 영향을 설명하고 경험적으로 검증 가능한 일단의 체계적 진술이다. 상담자는 이러한 상담이론을 토대로 내담자의 문제를 조망·이해하고, 이론에 근거한 다양한 기법을 적절히 사용하여 상담목표를 성취할 수 있다(Clarkson, 1990).

(2) 상담방법에 대한 이해

임상 현장에서는 상담자가 가진 숙련된 지식과 경험에 따라서 상담의 성공 여부가 결정된다고 해도 과언이 아니다. 전문적인 상담자는 효율적인 상담방법들을 잘 숙지함으로써 내담자에게 바람직한 변화가 일어나도록 잘 짜인 상담을 진행해 나갈 수 있다. 상담은 대체로 초기, 중기, 종결의 세 단계로 각 단계마다 상담자가 주력해야 할 일들이 있기 때문에 이를 숙지하여 상담을 진행해 나가야 한다. 또한 상담의 각 단계들은 일련의 면접들로 구성되므로 전문적인 상담자가 되려면 상담 면접의 구체적 진행방법에 대해 잘 이해하고 있어야 한다. 그리고 상담의 목적이 내담자가 가진 문제를 해결하는 데 있으므로 문제 유형에 따라 적절하고 효율적인 상담방법을 적용할 수 있어야 한다. 상담에서 행해지는 문제 해결의 구체적 방법은 내담자가 호소하는 문제 증상의 종류나 성질에 따라 달라지기 때문에 모든 유형의 문제 증상에 대해 동일하게 적용되는 하나의 상담방법이란 없다. 따라서 각각의 문제 증상들에 알맞은 상담방법을 적용하는 것은 상담에서 매우 중요하다(Egan, 2010).

(3) 상담실습 경험과 슈퍼비전

훌륭한 상담자가 되기 위해서는 상담에 대한 지식 이외에 상담실습 경험과 슈퍼비전(supervision)이 필요하다. 상담자가 내담자를 돕기 위해서는 풍부한 상담실습 경험과 지속적인 슈퍼비전을 통해서 훈련지도 경험을 거쳐야 한다. 상담훈련 방법으로는 상담실에서 인턴 및 레지던트 수련과정을 통한 임상경험이 필수 과정이다. 더불어 상담사례 모임에 참석하여 상담 실제에 대한 학습을 하고, 실제로 상담을 진행하면서 슈퍼비전을 받는 것이 필요하다. 이런 방법으로 상담기술을 수련하는 데는 많은 시간과 인내심이 필요하기 때문에 상당수의 예비 상담자들이 때로 좌절하고 포기하기도 한다. 상담을 배운다는 것은 어린아이가 걸음마를 배우는 것처럼 힘들고 어려운 일임이 분명하다. 그러나 포기하지 않고 꾸준히 훈련해 나가면 습득한 상담기술을 자연스럽게 사용하면서 상담 능력이 향상될 수 있다.

(4) 상담자의 자격 취득

전문적인 상담자가 되기 위해서는 자격 취득이 필요하다. 상담의 자격인증은 크게 국가 인증과 민간 인증으로 나눌 수 있다. 민간 차원의 인증은 각종 상담 관련 학회나 기구에서 그 기관에서 요구하는 교육을 받고 수련을 통해 획득하는 자격이다. 그리고 국가 차원에서 인증하는 심리상담사 국가자격증으로 전문상담교사, 청소년상담사, 임상심리사, 직업상담사 등이 있다.

5 상담자의 윤리

상담은 인간과 인간의 관계에서 이루어지는 것이기에 그 관계에서 다양한 윤리적 문제들이 발생할 수 있다. 따라서 상담자는 상담 윤리를 이해하고 윤리 강령과 지침을 잘 준수해야 한다. 상담 윤리는 상담과정에서 상담자가 내담자에 대한 행동방식에 대해 근거를 제공하게 된다. 상담자가 흔히 직면하게 되는 윤리적 쟁점으로는 비밀유지, 사전동의, 다중관계, 가치관 주입, 전문적 역량과 책임 등을 들 수 있다.

1) 비밀유지

비밀유지(confidentiality)는 상담이 진행되는 동안 드러난 정보는 무단으로 공개되지 않는다는 내담자와의 계약과 약속을 지킬 윤리적 의무이다. 이는 상담관계에서 알게 된 내담자에 관한 정보를 내담자의 동의 없이 제삼자에게 누설하지 않겠다는 약속을 의미한다. 의도적이든 비의도적이든 이 원칙이 파기되는 순간 윤리적·법적 소송의 표적 또는 빌미가 된다(Grosso, 2002).

따라서 상담자는 내담자의 사생활과 개인적인 문제 보호를 위해 상담내용은 물론 내담자가 상담을 받았다는 것조차 비밀로 해야 한다. 상담에 대한 비밀이 유지되지 않는다면 내담자는 자신의 문제를 솔직하게 밝히지 않는다. 그리고 상담과정에서 나눈 내용은 내담자 입장에서 극히 사적인 문제이다. 이러한 비밀보장이 철저하게 보장될 때만 내담자는 상담자를 신뢰하고 상담자는 상담을 성공적으로 이끌 수 있게 된다(Remley & Herlihy, 2005). 하지만 예외적인 경우에는 상담에서 내담자의 정보를 공개해야만 하는데 구체적으로는 다음과 같다. 내담자가 자신이나 타인을 해칠 위험이 있는 경우, 아동학대나 성폭력 등 범죄에 대한 내용을 알게 된 경우, 내담자의 보호자가 요청할 경우(내담자가 아동일 경우), 내담자가 용인한 경우, 법원이 공개를 명한 경우, 상담자가 수습기간에 슈퍼바이저의 지도를 받고 있는 경우 등은 예외적으로 공개할 수도 있다.

2) 사전동의

사전동의(informed consent)는 상담자가 상담에 대해 충분하고 적절하게 설명한 것에 근거하여 내담자가 상담에 동의하는 것을 말한다. 이는 내담자가 상담에서 무엇을 어느 정도 말할 것인지에 대해 스스로 자기 결정권을 존중하는 것을 의미한다. 상담내용을 녹음 또는 녹화하기에 앞서 내담자와 부모(미성년일 경우)에게 그 취지를 설명하고 허락받는 것이 그 예이다. 만일 내담자나 그의 부모가 녹음 또는 녹화를 거부한다면 그들의 의사를 존중해야 한다. 설령 사전동의를 받았더라도 상담내용에 대한 비밀을 보장하고 내담자를 위한 목적에만 활용해야 한다. 이러한 사전동의가 합법적으로 법적 의미를 갖기 위한 요건은 다음과 같다.

첫째, 내담자가 심사숙고하여 합리적인 결정을 내릴 수 있어야 한다.

둘째, 상담자가 설명하는 내용을 내담자가 충분히 이해할 수 있어야 한다.

셋째, 내담자가 자유롭게 의사결정을 할 수 있어야 한다.

내담자의 정보 공개 여부는 어떤 경우에도 심사숙고하여 결정해야 하는데, 미국의 경우에는 1999년에 그래슬리 수정 법안(Grassley Amendment)에 미성년자에게 설문지, 관찰 분석 또는 평가의 일부로 질문지를 작성하게 하려면 사전에 부모 또는 보호자의 동의를 구해야 한다는 조항이 명시되어 있다. 그래슬리 수정 법안은 국내의 상담자들에게도 의미하는 바가 크다(강진령, 2021).

3) 다중관계

다중관계(multiple relationship)는 상담자가 내담자와 동시에 또는 연속해서 두 가지 이상의 역할을 맡게 되는 것을 의미한다. 다중관계를 비윤리적이라고 규정짓는 이유는 이전의 관계가 전문가로서 객관적인 관계 형성을 저해하고, 전문적 노력을 무력화할 수 있기 때문이다(Corey et al., 2011). 만약 상담이 진행되는 중에 상담자와 내담자 사이에 사업상의 거래가 이루어진다면 상담관계에 여러 영향을 줄 수 있게 된다. 그러므로 상담자는 이전 또는 현재의 내담자와의 사업, 거래, 선물 수령 또는 가족, 친구, 제자, 연인, 고용주 등과 상담관계를 맺는 것을 피하는 것이 바람직하다. 다중관계를 피할 수 없게 될 경우에는 사전동의를 구하거나 다른 전문가에게 의뢰하는 방법을 선택할 수 있다. 이것도 여의치 않을 경우에는 자신의 행위를 기록으로 남겨 다중관계를 통해 내담자에게 해를 입힐 가능성을 제거 또는 최소화하도록 조치해야 한다. 하지만 다중관계가 잠재적 위험을 내포하고 있더라도 이러한 관계가 항상 비윤리적이고 서로에게 해가 되며 착취적 관계로 발전한다고 결론지어서는 안 된다. 왜냐하면 이러한 관계 중에서도 상담이 진실되게 시행된다면 내담자에게 이익이 될 수 있기 때문이다(Zur, 2007).

4) 가치관 주입

코리(Corey, 2009)는 상담자가 상담에서 자신의 가치관의 영향을 최소화하여 상담을 진행하는 방법을 강조하였는데, 이를 위해서는 상담자가 자신의 가치관을 먼저 탐색하고 내담자와 상담과정에서 자신의 신념과 기준을 인식해야 한다고 제시하였다. 이와 같은 측면에서 상담자의 역할은 내담자를 설득하여 자신의 가치관 쪽으로 이끌어가는 것이 아니라, 내담자가 스스로의 행동을 평가해서 그것이 자신에게 얼마나 도움이 되는지를 알 수 있게 도와주는 것이다. 그리고 상담자는 내담자가 자신의 가치관을 스스로 결정할 권리를 존중해야 한다.

따라서 상담자는 자신의 가치관, 계획, 결정 또는 신념을 내담자에게 주입해서는 안 된다. 상담자가 상담관계에서 자신의 가치관을 내담자에게 주입하거나 받아들이도록 명시적·암묵적으로 압력을 넣는 행위는 비윤리적이라고 할 수 있다. 가치관은 개인의 세계관과 문화적 배경을 반영한다. 가치관은 무엇이 좋거나 나쁘고, 옳거나 그르며 즐겁고 괴로운지에 대한 자신만의 고유한 해석이며, 개인마다 다양한 양상을 보인다. 그러므로 상담자는 상담과정에서 가치배제 또는 가치중립적 입장을 취함으로써 자신의 문화적 배경과 가치관이 내담자의 의사결정에 영향을 미치지 않도록 해야 한다. 이를 위해 자신의 가치관, 태도, 신념을 파악하는 한편 내담자에게 어떻게 소통되는지 살펴야 한다. 상담자의 가치관으로 인한 갈등을 예방하기 위해서는 다음 사항을 고려해야 한다.

첫째, 자신과 다른 삶의 방식과 태도를 존중한다.

둘째, 장애가 있거나 성적 선호도가 다른 집단에 대한 편견을 버려야 한다.
셋째, 상대의 의견에 동의하지 않더라도 항상 최상의 서비스를 제공한다.
넷째, 자신의 가치관에 일치시키려고 상대의 가치관 변화를 시도하지 않는다.

5) 전문적 역량과 책임

전문적 역량(competence)과 책임은 상담자에게 요구되는 역량 즉, 전문성 정도와 이를 실제로 현장에서 행동으로 실천할 수 있는 정도를 습득·유지할 뿐 아니라 전문적 역량을 지속적으로 계발해야 할 책임을 의미한다. 상담자에게 요구되는 전문적 역량에 대한 핵심은 다음과 같다.

첫째, 상담자는 자신이 받은 훈련과 자격에 대해 정확하게 밝혀야 한다. 상담자는 '적극적으로' 자신이 받은 훈련과 전문성에 대해 정확하게 나타내야 할 의무가 있다.

둘째, 상담자는 내담자의 성별, 민족, 인종, 나이, 성적 지향성, 종교, 장애, 사회경제력 수준 등이 서비스 제공 또는 평가에 영향을 줄 수 있음을 기민하게 인식해야 한다.

셋째, 상담자는 직무수행에 영향을 줄 수 있는 개인적 문제 또는 성격상 민감한 부분이 있다면 이러한 문제가 내담자와의 관계에 부정적 영향을 주지 않도록 해야 한다.

넷째, 상담자는 상담에 대한 지식, 실습, 교수, 임상, 연구를 통해 전문성을 발달시키기 위해 지속적으로 노력해야 하며, 자신의 활동 분야에 있어서 최신의 과학적이고 전문적인 정보와 지식을 유지하기 위해 지속적인 교육과 연수에 참여해야 한다.

다섯째, 상담자는 자신의 능력 및 기법의 한계를 인식하고, 전문적 기준에 위배되는 활동을 해서는 안 된다. 만일, 자신의 개인 문제 및 능력의 한계 때문에 도움을 주지 못할 것이라고 판단될 경우에는 내담자에게 동의를 구한 후, 다른 동료 전문가 및 관련 기관에 의뢰한다.

여섯째, 상담자는 윤리적 책임이나 전문적 상담에 대해 의문이 생길 때 다른 상담자나 관련 전문가들에게 자문을 구하는 절차를 따른다.

일곱째, 상담자는 정기적으로 전문가로서의 능력과 효율성에 대해 자기 반성과 자기 평가를 해야 하며, 필요한 경우 자신의 효율성을 증진시키기 위해 지도감독을 받아야 한다.

연습문제

1. 상담의 개념에 대해 설명하시오.
2. 상담의 유형 및 분류에 대해 논하시오.
3. 상담자의 인성적·전문가적 자질은 상담에 어떠한 영향을 미칠 수 있는지 설명하시오.
4. 상담사의 윤리가 상담에 미치는 영향에 대해서 설명하시오.

PART 02

상담이론

CHAPTER

02

정신분석 상담

학습 내용

1. 프로이트의 생애와 정신분석의 발전과정
2. 인간관
3. 주요 개념
4. 상담의 목표와 과정
5. 상담의 주요 기법
6. 공헌 및 제한점

학습 목표

1. 정신분석 상담의 발전과정에 대해서 구체적으로 이해할 수 있게 한다.
2. 정신분석 상담의 인간관과 주요 개념들을 잘 숙지하도록 한다.
3. 정신분석 상담목표, 상담자의 역할과 기능, 상담과정을 살펴본다.
4. 정신분석 상담의 다양한 기법에 대해서 잘 이해하도록 한다.

학습 개요

지그문트 프로이트에 의해서 시작된 정신분석 상담은 의학적 패러다임과 심리학적 패러다임의 다리 역할을 하였고, 임상 및 체계적인 상담심리 이론의 효시가 되었다. 프로이트의 지형학적 모형에 의하면 인간의 마음은 의식, 전의식, 무의식이라는 영역으로 구분되고, 인간의 성격 구조 모형은 원초아, 자아, 초자아로 구분된다. 프로이트는 불안에 대해서 현실 불안, 신경증적 불안, 도덕적 불안으로 설명하였다. 그리고 인간의 발달과정은 리비도가 집중되는 신체 부위에 따라서 구강기, 항문기, 남근기, 잠복기, 성기기의 5단계로 구분하였다. 정신분석 상담에 관심을 가지는 방어기제 종류에는 억압, 투사, 전치, 회피, 반동형성, 억제, 합리화, 퇴행, 고착, 보상, 상환, 부정, 내재화, 이지화, 분리, 백일몽, 취소, 분열, 대치, 승화, 상징화, 해리, 유머가 있다. 또한 정신분석 상담에서 상담자의 가장 중요한 기능과 역할은 내담자의 자아기능이 강화되도록 돕는 것이다. 그리고 정신분석 상담과정은 다양하지만 일반적으로 초기 시작 단계, 전이의 발달 단계, 전이의 훈습 단계, 전이의 해결 단계, 종결 단계로 이루어진다. 정신분석 상담의 주요 기법으로는 자유연상, 꿈의 분석, 전이 분석, 저항 분석, 해석, 훈습 등이 활용되고 있다.

1 프로이트의 생애와 정신분석의 발전과정

| 지그문트 프로이트

정신분석 이론은 오스트리아의 정신의학자였던 지그문트 프로이트(Sigmund Freud, 1856~1939)에 의해 시작되었다. 프로이트 시대 이전 정서적인 문제는 주로 뇌 혹은 신경계통의 생물학적인 원인이나 좀 더 극단적으로 악령에 의한 사로잡힘으로 여겨졌다. 그러나 프로이트는 생물학적 원인보다는 심리적 현상에 주목하였다. 따라서 프로이트의 정신분석 이론은 의학적 패러다임과 심리학적 패러다임의 다리 역할을 하였고, 임상 및 체계적인 상담심리 이론의 효시가 되었다(Cottone, 2001). 프로이트는 1856년 5월 6일 현재의 체코공화국 근처인 오스트리아-헝가리 연합 제국의 모라비아 지방의 프라이베르크에서 아버지인 야곱 프로이트(Jacob Freud)와 어머니 아말리에 나타우젠(Amalie Nathausen) 사이에 7남매 중 맏이로 출생하였다. 아버지 야곱 프로이트는 유대인으로서 직물상을 하였으나 상인으로서의 자질이 부족하고 경솔한 성격으로 인하여 사업에 실패하였다. 이로 인해 프로이트의 어린 시절과 청년 시절은 가난으로 늘 힘들었으며 경제적 어려움은 끊임없이 그를 괴롭혔다. 하지만 이러한 가난 가운데에서도 프로이트는 생활력이 강한 어머니 아멜리에의 특별한 지원으로 공부를 계속할 수 있었으며, 학업에 있어서 매우 우수하여 중등학교 7년 동안 학급에서 수석을 할 정도로 천재성을 보였다.

프로이트는 18세인 1873년에 빈 대학교 의과대학에 입학하여 의학을 공부하고 신경해부학을 전공하였다. 학과 공부에 뛰어난 그는 26세인 1881년에 의학박사 학위를 수여받고 의사 생활을 하였으며, 30세가 되던 1886년에 빈에서 정신과 개업을 하고 그 해 9월 마르타 베르나이스(Martha Bernays)와 결혼하였다. 프로이트는 최면술을 접하고 히스테리 환자들을 만나면서 외적인 상처보다 인간의 내면세계에 관심을

가지게 되었다. 1896년 이후 프로이트는 최면술을 포기하고 자유연상(free association)에 의한 치료를 발전시키게 되는데, 이것이 바로 정신분석의 태동이 되었다. 프로이트는 하루 18시간 이상의 연구로 18권의 정신분석 전집을 발간하였으며, 대표적인 저서로 『꿈의 해석(*The Interpretation of Dreams*)』(1900)을 비롯해서 『일상생활의 병리학(*The Psychopathology of Everyday Life*)』(1904), 『위트와 무의식의 관계(*Wit and Its Relation to the Unconscious*)』(1905), 『토템과 터부(*Totem and Taboo*)』(1913), 『쾌락원칙을 넘어(*Beyond the Pleasure Principle*)』(1920) 등이 있다. 이러한 다양한 저서들은 심리학과 정신의학의 분야에 위대한 업적에 해당되며, 또한 프로이트 이후에 정신분석학 발전에 공헌하였을 뿐만 아니라 현대 상담 및 심리치료의 분야에 필독 저서로 남아 있다. 프로이트는 자신의 이론인 정신분석학의 발전을 위해 사망 직전까지 연구에 매진하다가 1939년 9월 23일에 영국 런던 교외에서 사망하였다.

프로이트 이후에 발달한 대다수의 상담이론은 정신분석을 바탕으로 보다 발전된 이론들이거나 이 이론을 비판하면서 태동되었다고 해도 과언이 아니다. 따라서 정신분석만큼 전 인류의 학문과 문명에 광범위하게 영향을 미친 이론은 거의 없다고 할 수 있다.

프로이트 이후 정신분석은 크게 두 가지 유형의 세력으로 발전하였다. 첫째는 프로이트 이론의 가정을 계승하고 발전시킨 안나 프로이트(Anna Freud)와 하트만(Heinz Hartmann) 등에 의한 자아심리학(ego psychology), 클라인(Melanie Klein)과 페어베이언(Ronald Fairbairn) 등에 의한 대상관계이론(object relations theory), 코헛(Heinz Kohut) 등에 의해서 발전한 자기심리학(self-psychology) 등이 있다(Capuzzi & Gross, 1995). 그리고 두 번째는 프로이트의 핵심 가정을 비판하면서 독자적 세력으로 발전한 융(Carl Jung)의 분석심리학(analytic psychology), 아들러(Alfred Adler)의 개인심리학(individual psychology) 등이 있다. 이 외에도 랭크(Otto Rank), 호나이(Karen Horney), 설리반(Harry Stack Sullivan), 프롬(Erich Fromm) 등이 프로이트의 핵심적인 가정들을 비판하고 사회 및 인간관계 측면을 강조하여 상담이론을 제시하였는데 이들을 가리켜 신프로이

트학파라고 부른다(Shamir, 2020).

현대 정신분석의 동향을 살펴보면 정신분석의 개념들은 계속해서 수정되고 확장되고 있음을 볼 수 있다. 프로이트의 전통적인 정신분석 이론이 심리성적 발달을 강조하고 인간의 원동력을 원초아의 본능에서 찾았다면, 이후의 학파들에서는 심리사회적 발달과 자율적인 자아기능의 중요성 및 대인관계 경험을 더욱 강조하고 있다. 상담관계에서도 중립적 태도를 중시하던 정통 정신분석과 달리 내담자와의 상호작용과 공감적 태도를 강조하고 있는데, 그 대표적인 이론이 자아심리학, 대인관계 심리학, 대상관계이론, 자기심리학이라고 할 수 있다.

2 인간관

프로이트는 인간을 각 상황마다 자신의 행위를 결정하고 그에 따르는 책임을 질 수 있는 주체자로서 인정하지 않았다. 프로이트의 정신분석학에서는 결정론과 무의식적 정신과정이라는 두 가지 개념을 기본적 가설로 설정하고 있다. 인간은 과거 생활 경험들, 특히 0세부터 5세까지 경험했던 무의식에 해당하는 심리적이고 성적인 사건들에 의하여 결정되는 존재라는 것이다. 그리고 프로이트는 생물학적 본능을 강조하고 인간의 고통 회피와 쾌락 추구의 욕구에 의한 성격과 행동의 역동성을 강조하였다. 이와 같이 프로이트가 인간 본성의 생물학적 본능을 강조한 것은 당시 다윈(C. Darwin, 1859)의 진화론의 영향을 받은 것으로 보고 있다(Fine, 1982). 또한 프로이트는 인간의 본능을 개인의 성공·발전·창조와 관련된 생존의 본능(life instinct)과 파괴적이며 공격적 특징인 죽음의 본능(death instinct)으로 구분하였다. 그러나 인간의 삶은 한계가 있으며, 생존의 본능보다는 고통과 관련된 죽음의 본능에 의해 주로 지배를 받는다는 견해로 인해 인간에 대해 염세론적·비관적인 내용을 포함하고 있

다. 이 외에도 인간은 에너지 본체로 인격과 행동이 정신 에너지에 의해 결정되며, 이 에너지의 양은 제한되어 있기 때문에 본능 표현과 억제의 상호작용으로 평형의 법칙을 유지한다는 환원적인 이론을 주장하였다. 따라서 정신분석에서의 인간에 대한 관념은 염세론적·비관적이며, 또한 결정론적이고 기계론적·환원적인 입장을 고수하고 있다고 할 수 있다(Corey, 2009).

3 주요 개념

1) 의식구조

프로이트는 인간의 의식구조를 지형학적 모형(topographic model)으로 설명하였다. 이 모형에 의하면 인간의 마음은 자각의 수준에 따라 의식(conscious), 전의식(preconscious), 무의식(unconscious)이라는 영역으로 구분된다([그림 2-1] 참조). 의식은 어떤 순간에 우리가 알거나 느낄 수 있는 모든 경험과 감각을 말한다. 프로이트는 정신생활의 극히 일부분만 의식의 범위 안에 포함된다고 주장하였다. 어떤 순간에 경험하는 의식의 내용은 외부적 요인에 의해 규제되는 선택적 여과 과정의 결과이며, 이 경험은 잠시 동안만 의식될 뿐이라고 하였다. 이것은 시간이 경과하거나 주의를 다른 곳으로 돌리면 그 순간에 전의식이나 무의식 속으로 들어가 잠재된다. 그러므로 의식은 성격 중 극히 제한된 일부만을 나타낸 것이다. 그리고 전의식은 흔히 이용 가능한 기억으로 설명되며 의식과 무의식의 영역을 연결해 주는 문지기 역할을 한다. 즉, 어느 순간에는 의식되지 않으나 어느 정도 노력으로 의식화되는 경험이나 기억을 말한다.

전의식과는 달리 무의식은 전혀 의식되지 않지만, 사람들의 행동을 결정하는 주된

원인이 된다. 무의식은 인간 정신의 가장 깊은 심층에 잠재해 있으면서 의식적 사고와 행동을 전적으로 통제하는 힘으로 보았다. 인간의 모든 생활 경험은 잠시 동안만 의식의 세계에 있을 뿐 대부분 무의식으로 들어가 잠재하게 된다. 즉, 의식 밖에서 억압되는 어떤 체험이나 생각은 소멸되는 것이 아니라 무의식 속으로 들어가 잠재되고 이후에도 개인의 행동에 강력한 영향력을 행사한다. 따라서 억압된 생각이나 체험 혹은 그 밖의 잠재된 경험들은 생물학적 충동이나 어떤 사건과 연결되면 현실에서 불안을 일으키게 된다. 이것은 다시 밑으로 밀려나 끝없는 무의식적 갈등을 유발하는 것이다(Holmes, 1965).

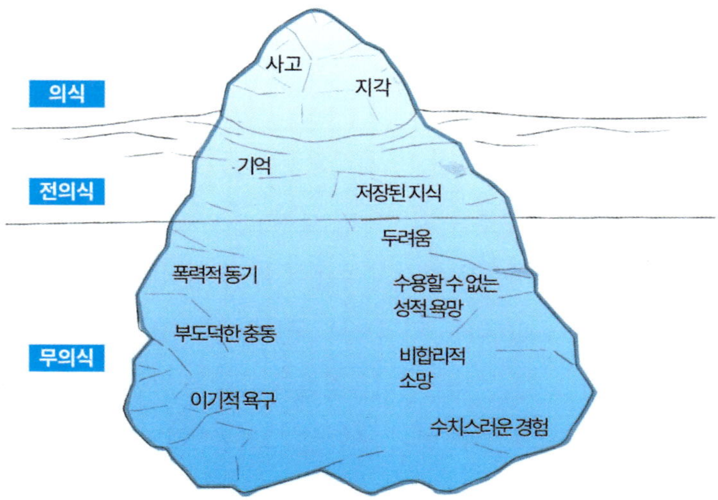

[그림 2-1] 프로이트의 지형학적 모형

2) 성격구조

프로이트는 인간의 성격구조 모형을 원초아(Id), 자아(Ego), 초자아(Super Ego)로 구분하였다([그림 2-2] 참조). 첫째, 원초아는 심리적 에너지의 원천으로서 '쾌락원칙'에 따라 본능적 욕구를 충족시키기 위하여 맹목적이고 충동적으로 작용한다. 그리고 노골적이고 동물적이며 법도 규칙도 없다. 원초아는 단지 욕망의 만족을 위해

서 무의식 영역에서 움직인다. 둘째, 자아는 외부의 현실과 초자아의 제한을 고려하여 원초아의 욕구를 표현하고 만족시키는 정신기제이다. 자아는 '현실원칙'에 따라 외부 환경의 요구와 자신의 주관적 욕구를 구분하며 그 개체의 자기 보전과 안전을 확보한다. 또한 자아는 학습, 사고, 추리, 결정, 기억 등의 인지능력과 현실검증 기능을 포함한다. 셋째, 초자아는 세 가지 성격구조 중 마지막에 발달하는 체계로서 사회규범과 행동기준이 내면화된 것이다. 어린이의 초자아는 부모나 선생님과 같은 기성세대와의 상호작용을 통해 옳고 그름, 선과 악, 도덕과 비도덕을 분별할 수 있게 될 때 비로소 형성된다.

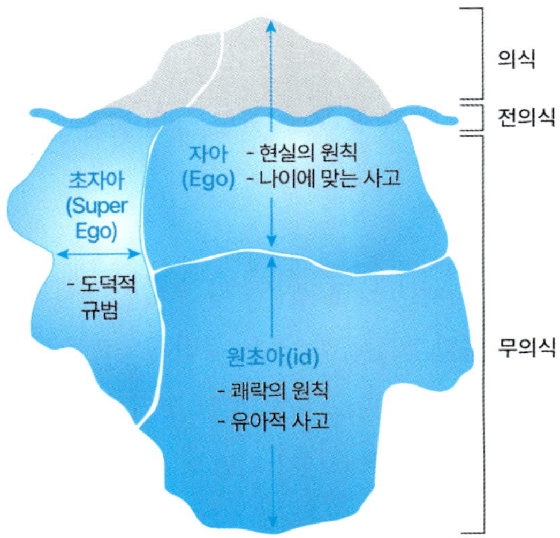

[그림 2-2] 프로이트의 성격구조 모형

3) 불안

불안(anxiety)은 정서의 긴장 상태를 의미하는 것으로 주로 원초아의 본능적·무의식적 욕구를 현실적으로 조절하려는 자아와의 충돌 시에 발생하며, 갈등이 통제의 수준을 초과할 때 나타나는 현상이다. 프로이트는 불안을 무의식적 욕구가 의식 속으로 침투할 때 발생하는 두려움 등의 임박한 위험을 인식시키기 위한 것으로 자아

에 대한 경고의 의미라고 하였다.

정신분석에서 불안은 매우 중요한 개념으로 모든 신경증의 원인이라고 한다. 프로이트는 불안을 아직 분출되지 못한 성 본능의 결과로 보았으며, 현실적 불안(reality anxiety), 신경증적 불안(neurotic anxiety), 도덕적 불안(moral anxiety)의 세 가지 유형으로 구분하였다.

(1) 현실적 불안

현실적 불안(reality anxiety)은 외부 세계에 존재하는 실제 위험에 대한 두려움으로 인해 초래되는 불안으로 불안의 정도는 외부 위험의 정도에 정비례한다. 현실적 불안은 자아(Ego)로 하여금 이를 회피하도록 경고하는 것으로서 외부의 현실적 불안 요소가 제거되면 자연스럽게 감소하게 되는 불안 유형이다.

(2) 신경증적 불안

신경증적 불안(neurotic anxiety)은 원초아(Id)의 억압된 욕구나 충동을 자아(Ego)가 통제하지 못해서 혹시 처벌받지 않을까 하는 두려움으로 인해 발생한다. 프로이트(Freud, 1962)는 자아(Ego)가 합리적이고 현실적인 방법으로 신경증적 불안을 해결하지 못하게 되면, 이를 방어하기 위해 자기 기만적 또는 현실을 왜곡하는 기제를 사용하게 되고, 이는 신경증의 주요 원인으로 작용하게 된다고 주장하였다.

(3) 도덕적 불안

도덕적 불안(moral anxiety)은 초자아(Super Ego)와 자아(Ego) 간의 갈등에서 비롯되며, 주로 개인의 도덕성과 양심에 따른 두려움으로 사회적 규범이나 도덕적 원칙과 개인적 가치관 등을 위배했을 때 경험하게 되는 불안이다. 따라서 도덕적 불안은 초자아가 발달하는 3~5세의 남근기(phallic stage)가 되어야 경험하게 된다.

4) 방어기제

방어기제(defense mechanism)는 안나 프로이트(Anna Freud, 1895~1982)가 아버지인 지그문트 프로이트의 업적을 정리하고 구체화하여 제시한 자아 적응이론과 그것의 발전형이다. 방어기제는 자아(Ego)가 원초아(Id)와 초자아(Super Ego)의 요구 그리고 과거의 기억과 외부 환경의 요구 등으로부터 스스로를 보호하기 위해 무의식적으로 작동시키는 심리기제이다. 자아는 현실적으로 통제하거나 제어하기 어려운 요구가 너무 많으면 이를 감당하지 못하여 불안을 일으키게 된다. 그리고 자아는 불안을 처리하기 위하여 방어기제를 사용하여 현실을 왜곡시킴으로써 위험으로부터 벗어나고자 한다. 이러한 경우 방어기제는 갈등의 원천을 왜곡, 대체, 차단한다. 모든 방어기제가 병적인 것이 아니며 일부 방어기제는 불안을 감소시킬 뿐 아니라 긍정적 결과를 동반할 수 있다. 방어기제의 종류는 다음과 같다.

(1) 억압

억압(repression)은 가장 보편적이며 기본적인 무의식적 방어기제로서 의식에서 용납될 수 없는 생각이나 욕구 혹은 충동을 완전히 무의식 속에 억누르려 하는 것이다. 특히, 죄책감이나 수치심 또는 자존심을 상하게 하는 경험일수록 억압되기가 쉽다. 그러나 억압은 무의식적 과정에서 이루어지기에 스스로는 느끼지 못해도 그 긴장은 감소되지 않기 때문에 과도한 억압은 심리적인 문제의 원인이 될 수 있다. 그 예로 무의식중에 어린 시절의 불쾌했던 기억을 억누르게 됨으로 인하여 그 시절에 대한 기억이 상실된 것을 들 수 있다.

(2) 투사

투사(projection)는 스스로 받아들일 수 없는 충동, 태도, 행동을 무의식적으로 타인이나 환경 탓으로 돌리는 것이다. 예를 들면, 자신이 누군가를 미워할 때 그 사람이 먼저 자기를 몹시 미워하기 때문에 그를 미워하는 것이라며 남 탓을 하는 것, 자

기 잘못은 못 본 채 남이 그와 같은 잘못을 했을 때 비판하는 것 등을 말한다.

(3) 전치

전치(displacement)는 본능적 충동의 표현을 재조정하여 위협이 덜 되는 상대에게 방향을 전환함으로써 불안을 줄이는 것이다. 즉, 위협적인 대상에 대한 감정을 애꿎은 대상에게 화풀이하는 것이 좋은 예다. 전치가 자신에게 향했을 때에는 우울증과 자기 학대의 원인이 된다. 이 방어기제는 공포증의 증상이 되기도 하고 전이 감정을 형성하기도 한다.

(4) 회피

회피(evasion)는 억제와 유사하나 억제처럼 인내심 있는 합리적인 판단에 따라서가 아니라 도피하고자 하는 소극적인 동기에 따른다는 점이 특징이다. 회피 방어기제를 많이 사용하는 경우 갈등적 직면과 문제 해결에 대한 불안은 줄어들 수 있으나 자신감 상실의 악순환이 일어나게 된다.

(5) 반동형성

반동형성(reaction formation)은 억압되어 용납될 수 없는 충동이나 욕구에 대해 겉으로는 반대되는 행동을 함으로써 금지된 충동이 표출되는 것으로부터 자신을 조절하거나 방어하는 것이다. 그 예로 부양이 부담되는 노모에 대한 지나친 정성, 지나치게 금욕주의적인 신앙, '미운 자식 떡 하나 더 준다'는 속담을 들 수 있다. 또한 이타주의도 반동형성의 하나로, 받고 싶은 자기 본능의 충족을 포기하고 다른 사람을 잘 도와줌으로써 대리만족을 하는 것이다.

(6) 억제

억제(suppression)는 억압과는 달리 받아들이고 싶지 않은 불쾌하거나 부담스러운 충동, 감정 혹은 생각을 의도적으로 또는 반 무의식적으로 연기하는 것이다. 이때

불편함은 의식되지만 최소화된다. 예를 들어, 먹고 싶은 음식을 체중조절 때문에 참는 경우를 들 수 있다.

(7) 합리화

합리화(rationalization)는 흔히 사용되는 방어기제로 용납될 수 없는 충동이나 어떤 행동에 대해 사회적으로 용납될 만한 이유를 만들어 자신을 정당화하여 자존심을 보호하려는 것이다. 이런 과정은 무의식적으로 이루어지므로 거짓말을 하는 것과는 다르다. 좋은 예로 이솝우화 「여우와 신포도」에서 따먹기에는 너무 높이 달린 포도를 보며 여우가 "저 포도는 시어서 맛이 없을 거야"라고 한다.

(8) 퇴행

퇴행(regression)은 어떤 어려움이나 스트레스에 처했을 때 안전하고 즐거웠던 지난 시간으로 후퇴함으로써 불안을 완화하려는 것이다. 예를 들어, 동생이 생긴 아이의 야뇨증, 친구가 심하게 다치는 것을 본 8세 아이가 보이는 손가락 빨기 등의 행동이 해당된다.

(9) 고착

고착(fixation)은 발달의 한 단계에서 욕구의 지나친 충족이나 지나친 부족을 경험할 경우, 다음 단계로 성숙하지 못한 채 특정 발달단계 및 양식에 머물러 있는 것이다. 대인관계에서 매사에 상대방에게 의존적으로 행동할 경우 구강기에 고착된 예라고 볼 수 있다.

(10) 보상

보상(compensation)은 심리적 자위와 관련된 기제로서 자신의 결함을 어떤 다른 현실적이거나 상상적인 방식으로 처리하는 것이다. 예를 들면, 자신이 이루지 못한 특정 직업을 자녀에게 강요하는 부모나, '작은 고추가 맵다' 는 속담처럼 자신의 신체적 조건에 대한 열등감을 오히려 공격적이고 지배적인 속성으로 메우려는 것 등이 해당된다.

(11) 상환

상환(restitution)은 죄책감에서 벗어나려고 사회적으로 선하다고 용인되는 행위를 통해 자신의 잘못을 상쇄시키려는 것이다. 예를 들어, 끊임없이 계속되는 적선행위를 들 수 있다.

(12) 부정

부정(denial)은 참을 수 없는 현실을 부인하여 불안을 회피하고 편안한 상태를 유지하려는 것이다. 억압과 달리 부정은 자아기능을 분리시킴으로써 소망과 사고의 표현을 차단하는 것이므로 심각한 부적응을 초래한다. 그 예로 암 선고를 받은 환자가 자신에게 병이 없다고 생각하는 경우를 들 수 있다.

(13) 내재화

내재화(introjection)는 원시적인 수준의 병적 동일시로서 자신과 타인을 막연히 구분하는 중에 대상의 특질을 자기 것으로 만드는 것이다. 예를 들어, 유아는 자기에 대한 어머니의 반응을 통해 자기 이미지를 형성한다.

(14) 이지화

이지화(intellectualization)는 불안이나 긴장을 수반하는 불쾌한 상황이나 경험에서 감정을 억압하고 그 상황이나 경험을 지적으로 객관화함으로써 정서적인 혼란 상태에 빠지지 않고자 하는 것이다. 예를 들어, 내담자가 상담에서 과거의 상당히 감정적인 사건을 내용만 논리적인 입장에서 차분히 설명하는 경우다.

(15) 분리

분리(isolation)는 '격리'라고도 하며 고통스러운 생각과 기억은 의식하지만 그에 수반된 감정은 따로 떼어 무의식 속에 집어넣어 두는 것이다. 예를 들면, 난폭했던 아버지의 폭력 장면을 말하면서도 그때 느낀 자신의 감정은 기억나지 않는 경우다.

(16) 백일몽

백일몽(day-dream)은 현실에서 충족되지 않은 욕구를 공상의 세계에서 만족함으로써 긴장을 해소하려는 것이다. 이는 공상(fantasy)이라고도 하는데, 일상생활에서 많은 상상을 계속하는 경우다.

(17) 취소

취소(undoing)는 지나간 행동이나 감정, 생각을 특정한 행위나 의식적(ritual) 태도를 통해 없던 것으로 처리하려는 것이다. 여기에는 마술적 사고(magical thinking)가 작용한다. 예를 들면, 죄책감이 있을 때 반복적으로 손을 씻는 것, 어쩌다 불경스러운 단어를 말한 경우 그것을 지우기 위해 반드시 다시 성스럽다고 여겨지는 단어를 말해야만 하는 강박증 환자의 행동 등이다.

(18) 분열

분열(splitting)은 타인이나 자기를 모두 좋거나 모두 나쁜 것으로(all or nothing) 지각하는 것이다. 즉, 좋기도 하고 나쁘기도 한 양가감정을 견디지 못하고 아주 좋은 사람과 아주 나쁜 사람으로 나뉘는 극단적인 이분법적 사고를 갖는 것이다. 이때 지나친 호의가 지나친 혐오로 전환되곤 한다.

(19) 대치

대치(substitution)는 욕구불만으로 생긴 긴장을 감소시키기 위해 원래의 대상과 비슷한 용납되는 다른 대상으로 만족하는 것이다. 우리 속담의 '꿩 대신 닭'이 그러한 경우다.

(20) 승화

승화(sublimation)는 성적이고 공격적 충동을 사회적으로 용납된 생각이나 행동으

로 표현함으로써 적절히 전환하는 것이다. 다른 방어기제들과는 달리 본능(id)을 반대하지도 않고 돕게 되며 자아의 억압이 없고 충동 에너지를 그대로 사회적으로 유익하게 사용한다. 예를 들어, 자신의 공격성을 승화시킨 권투선수, 내적 갈등을 심미적인 것으로 전환시키는 예술가, 가학적인 충동을 수술 등의 유익한 의술로 해소하는 외과의사 등의 경우를 말한다.

(21) 상징화

상징화(symbolization)는 무의식적인 욕구와 감정, 생각을 있는 그대로 표출하지 않고 특정한 상징을 통해 발산하는 것이다. 다양한 꿈 내용은 상징화의 좋은 예이다.

(22) 해리

해리(dissociation)는 인격의 여러 요소를 통합·조정하는 기능이 상실되어 인격의 한 면이 전체로부터 떨어져 나오게 되는 것이다. 해리성 기억상실이나 다중인격의 증상이 그러한 예다.

(23) 유머

유머(humor)는 마음에 가지고 있기엔 너무 힘든 부분을 웃음거리로 삼아 표현함으로써 자신과 다른 사람들에게 만족을 주고 동시에 그것을 견디며 해결해 가는 것이다. 이는 자신에 대해 상당한 안정감이 있는 경우에 사용할 수 있는 방어기제다.

5) 성격발달이론

프로이트는 인간의 발달과정에서 성욕을 특히 강조하면서 리비도(libido)가 일생 동안 정해진 일정한 순서에 따라 다른 신체 부위(body zone)에 집중된다고 보고, 리비도가 집중되는 신체부위를 성감대라고 하였다. 프로이트는 연령에 따라 성감대가 달라진다고 보는 견해로서 각 발달단계를 다음과 같이 설명했다.

(1) 구강기(oral stage: 0~1세)

이 시기에 성 본능은 입을 통해서 충족되며 구강을 통하여 젖을 빠는 것에서 성적 욕구를 충족한다. 이 시기의 영아는 자기에게 만족과 쾌감을 주는 대상에게 애착을 갖게 된다. 영아는 초기에 입과 입술에 와닿는 것을 빠는 행동을 함으로써 수동적 쾌감을 느끼다가, 이가 나면서부터 깨물고 씹음으로써 적극적 쾌감을 느끼며 쾌감을 주는 대상을 추구한다.

이 시기에 욕구가 적절히 충족되면 낙천적이고 먹는 것을 즐기는 성격이 된다고 한다. 각 단계에서 영아는 욕구 만족을 충분히 얻을 수 있어야만 다음 단계로 발달이 이루어진다. 만일 충분한 만족을 얻지 못하면 욕구 불만이 생기거나, 그 만족을 얻는 쾌감에 지나치게 몰두하여 다음 단계로 넘어가지 못하게 되는 고착(fixation) 현상이 나타난다고 보았다. 구강기 고착 형성은 이후에도 손가락 빨기, 손가락 깨물기, 과식과 과음, 지나친 흡연 등의 행동 특성을 나타낸다.

(2) 항문기(anal stage: 2~3세)

이 시기의 영아는 부모로부터 자신의 쾌감을 지연하는 훈련을 받게 된다. 부모가 대소변 가리기를 엄격하게 훈련하면 이 시기에 고착 현상을 보이게 되어 성인이 되면 항문기적 성격의 소유자가 된다. 이 시기는 항문 괄약근이 성숙함에 따라 영아는 대소변을 마음대로 조절할 수 있게 되고 자율적인 배설 행동이 이 시기의 성 본능을 충족시키는 일차적 근원이 된다. 이 성격의 특징은 지나치게 깨끗한 것과 완전한 것을 찾는 결벽성 또는 완벽주의(perfectionism)라고 설명한다.

프로이트는 항문기의 배변 훈련에서 대변 보유에서 생기는 쾌감에 고착되면 후에 인색한 성격의 소유자가 되고, 배설의 쾌감에 고착되면 무절제한 성격의 소유자가 된다고 주장한다. 그런데 부모가 대소변 통제를 적절하게 훈련시키면 성장해서 생산적이고 창의적인 사람이 된다고 주장했다.

(3) 남근기(phallic stage: 3~5세)

이 시기는 프로이트가 유아는 '순진무구하지 않다'라는 것을 증명하려 했던 부분으로, 그의 이론 가운데서 지금까지도 많은 논란을 불러일으키고 있는 부분이다.

이 남근기에 가장 중요한 현상은 '오이디푸스 콤플렉스(Oedipus complex)'와 '엘렉트라 콤플렉스(Electra complex)'라고 할 수 있다. 먼저, 오이디푸스 콤플렉스는 남아가 어머니에 대하여 성적인 애정을 가지고 접근하려는 욕망을 말한다. 즉, 남아는 아버지를 애정의 경쟁자로 생각하여 적대감을 갖게 되며 이러한 적대감 때문에 아버지에 대한 갈등이 야기된다고 보는 견해이다. 이때 우세한 아버지가 아동을 해치기 위해 성기를 없앨 것이라고 생각하여 그것에 대한 두려움을 갖게 되며, 이 두려움을 '거세 불안(castration anxiety)'이라고 한다. 그리고 거세 불안을 감소시키기 위해서 아동은 어머니에 대한 성적 욕망과 아버지에 대한 적대감을 억압하여 어머니의 인정을 얻고, 또 자기와 성이 같은 아버지의 남성다움을 갖기 위해서 아버지와 동일시하게 된다. 그 결과, 남근기 말기에 남아의 성역할이 형성되며 아버지의 남성적 역할을 습득하고 양심과 자아이상을 발달시키게 된다.

반대로, 여아의 경우는 아버지에 대해 성적 애착을 갖게 되는 '엘렉트라 콤플렉스(Electra complex)'를 경험하게 된다. 여아는 남근이 없기 때문에 남근을 갖고 싶어 하는 감정, 곧 남근 선망(penis envy)을 갖는 동시에 열등감을 갖게 된다고 프로이트는 주장했다. 이 시기에 고착되면 과시적이고 공격적인 남근기적 성격 소유자가 될 가능성이 높아진다고 보았다. 하지만 엘렉트라 콤플렉스를 설명하기 위한 '남근 선망'에 대해서는 비과학적이고 지나치게 일방적인 이론이라는 비판이 강하다. 아이들이 그러한 갈등을 경험하기 위해서는 성별 간의 해부학적 특징을 알아야 하는데, 사실상 3~6세의 아이들은 그것을 잘 알지 못한다(Bem, 1989).

(4) 잠복기(latent stage: 6~11세)

잠복기라고 하는 것은 단지 성적으로 침체된 시기라는 의미이다. 이 시기에는 아

동이 초등학교에 다니는 시기로 성적인 욕구가 억압되어 심리적으로 비교적 안정된다. 그렇다고 해서 이들에게 아무런 변화가 없는 것을 말하는 것이 아니다. 이 시기에는 성적인 부분을 제외한 모든 영역에서 매우 활동적인 모습을 나타낸다. 즉, 문화적, 학문적, 사회적, 신체적으로 가치 있는 능력을 키우게 된다. 그리고 논리적으로 사고하여 타인의 입장도 고려할 수 있게 된다.

(5) 성기기(genital stage: 11세 이후)

이 시기는 사춘기와 함께 시작된다. 프로이트는 잠복기 이전까지를 유아 성욕기(infantile sexualism)라고 하고, 사춘기 이후를 이성 애착기(hetero sexulaism)라고 했다. 이성 애착기까지 고착 현상을 보이지 않고 원만한 발달을 이룬 사람은 이타적이고 성숙한 성격의 소유자가 된다. 이러한 특징은 생식기적 성격(genital character)의 특징이기도 하다. 남근기를 원만하게 거쳐 오지 못한 경우에는 이 시기에 생기는 성적 에너지를 적절하게 처리할 수 없기 때문에 이성과 성숙한 사랑을 할 수 없고 원만한 관계를 가질 수 없게 된다. 또한 이성에 대해서 적응하지 못하며 권위에 대해 반항심이 생긴다.

4 상담의 목표와 과정

1) 상담의 목표

정신분석 상담목표는 크게 세 가지로 구분할 수 있다. 첫째, 내담자의 무의식적 갈등을 의식화하여 과거 자신의 문제에 대한 통찰로 내담자 자신을 이해시키는 데 있고, 둘째, 내담자의 행동이 과거와 본능에 기초하기보다는 현실에 기초해서 현실적, 이성

적, 합리적으로 이루어질 수 있게 하는 데 있다. 셋째, 자아의 강화와 동시에 적응적 인격 구조로 개편한다. 따라서 정신분석 상담의 목표는 유년 시절의 기본 욕구 좌절과 부적응으로 인해 발생했던 신경증의 원인을 집중적으로 탐색하는 데 있다. 그리고 과거의 환경이 현재 내담자에게 미치는 영향과 자아방어에 대한 분석 및 해석을 통해 내담자의 인식과 통찰을 강화시켜 성격이 변화되도록 돕는 것이다(이장호, 2001).

2) 상담자의 역할과 기능

정신분석 상담에서 상담자의 가장 중요한 기능과 역할은 내담자의 자아기능이 강화되도록 돕는 것이다. 따라서 상담자는 무엇보다도 내담자의 '자아에 대한 인식(ego self-knowledge)'이 생산적으로 이루어질 수 있도록 해야만 한다. 이를 위해 상담자는 내담자의 무의식으로부터 나오는 자료와 상징적 정보를 명확하게 해석할 수 있어야만 한다. 이는 단순히 과거의 사건에 의미를 부여해 해석하는 것이 아닌 내담자와의 '치료적 동맹(therapeutic ally)' 가운데 이루어지는 전이(transference)에 대한 명확한 해석을 말하는 것이다. 코리(Corey, 1993)는 정신분석 상담에서 상담자의 기능과 역할에 대해서 다음과 같이 구체적으로 제시하였다.

① 상담자는 내담자와 상호 신뢰의 상담관계를 형성해서 내담자가 과거의 경험·기억·감정·환상 등을 적극적으로 표출할 수 있도록 한다.

② 상담자는 내담자가 현실적인 방법으로 불안을 다룰 수 있도록 꿈과 전이 및 자유연상 등의 정신분석 기법을 숙달해서 적절하게 사용할 수 있어야 한다.

③ 상담자는 내담자에 대한 세심한 관찰을 통해 내담자의 감정과 문제를 정확하게 이해하는 동시에, 단서에 민감해야 한다.

④ 상담자는 내담자의 문제를 객관적으로 분석하고 해석할 수 있는 능력을 갖추어야 하며, 특히 내담자의 저항에 주의해서 문제의 핵심을 파악할 수 있어야 한다.

⑤ 상담자는 내담자가 자신의 문제에 대한 통찰력을 갖게 하고 현실에 대한 자각을

증강시켜서 자신을 합리적으로 통제할 수 있도록 한다.

⑥ 상담자는 내담자로 하여금 매 단계의 발달 목표를 달성해서 불안과 신경증을 극복하고 성격의 변화와 함께 환경에 올바로 적응할 수 있도록 한다.

3) 상담과정

정신분석 상담과정은 내담자의 문제나 상황 및 상담자의 접근방식에 따라 매우 다양하다. 이 가운데 가장 잘 알려진 알로우(Arlow, 1989)의 분류에 따르면, 초기 시작 단계, 전이의 발달 단계, 전이의 훈습 단계, 전이의 해결 단계가 있다. 본 저자는 알로우의 4단계 분류와 더불어 종결 단계를 포함하여 5단계를 설명하고자 한다.

(1) 초기 시작 단계

상담 초기 시작 단계에는 내담자의 개인적 성장 및 발달사를 탐색하면서 내재된 무의식적 갈등에 대한 전반적인 윤곽을 이해한다. 즉, 내담자가 지닌 문제의 성질을 확인하는 단계이다. 초기 단계의 두 가지 목표는 수집된 정보를 근거로 임상적·역동적 진단을 내리고 내담자가 정신분석적 치료에 적합한 사람인지 그리고 어떻게 치료해 나갈 것인지를 결정하는 것이다. 이를 위해 내담자의 현재 생활과 불편한 점, 지금까지 성취한 것, 대인관계 방식, 가족적 배경 그리고 어린이기의 발달사 등에 대해 알아볼 수 있다. 상담내용 중 화제의 우선순위는 내담자의 직관에 맡기게 된다. 또 내담자가 자신의 문제를 제시하는 자세도 상담에 많은 것을 시사해 줄 수 있다.

(2) 전이의 발달 단계

정신분석은 내담자의 전이와 저항을 분석하는 작업이라고 할 만큼 전이는 중요하게 다루어진다. 전이는 '내담자가 과거의 중요한 인물에게 느꼈던 감정을 상담자에게 투사하는 현상'을 의미한다. 이것은 내담자 어린이 시절의 중요 인물, 즉 아버

지, 어머니, 형제, 자매, 이 외 가족들에게 느끼고 행동하던 그대로 상담자에게 느끼고 행동하는 것을 말한다. 내담자는 자신의 감정을 의식하지만 자신의 감정이 반복된다는 것을 깨닫지 못한다. 내담자가 상담자에 대해 행동하고 표현하는 방식들 중에서 부적절한 반응을 찾아보면, 내담자가 대인관계에서 맺는 정신역동을 직접 알 수 있다. 내담자가 상담자에게 보여주는 행동 패턴은 평소 일상생활에서 보이는 대인관계 행동의 한 단면인 경우가 많다. 상담자는 내담자가 말하는 것을 들으면서 현재의 경험과 어렸을 때의 경험이 연결되어 있다는 것을 알 수 있다.

(3) 전이의 훈습 단계

정신분석의 중기 단계의 초점은 내담자로 하여금 전이신경증을 훈습하게 하여 전이와 저항을 분석하는 데 있다. 전이의 분석은 갈등의 본질에 대한 한두 번의 통찰 경험으로 변화되지는 않기 때문에 여러 번에 걸쳐 다양한 방식으로 지속되어야 한다. 이러한 통찰이 계속적으로 반복, 정교화, 확대되는 과정이 바로 '훈습'이다. 내담자는 자신의 방어와 동기가 무엇인가를 이 반복과정에서 의식하게 된다. 특히 주된 저항이나 방어는 한 번의 해석이나 면접으로 해결되지 않으며, 역동적 변화는 몇 주나 몇 달의 훈습과정을 지난 후에야 비로소 나타날 수 있다.

(4) 전이의 해결 단계

내담자는 전이의 분석을 통해 현실과 환상, 과거와 현재를 분별할 수 있고 어린이 시절 환상적 소망의 지속성을 알게 된다. 결국 내담자는 자신의 무의식적 환상에 무의식적으로 반응하는 대신에, 자신의 충동과 불안이 갖는 비현실적 특성을 평가하게 되고 보다 성숙하고 현실적인 결정을 하게 된다. 일단 전이 현상을 성공적으로 분석하고 나면 과거의 사건에 대한 기억이 촉진된다. 이러한 촉진된 기억으로 인해 전이의 본질을 더욱 분명히 알 수 있게 된다. 전이의 이해와 기억 간의 이러한 상호작용은 통찰을 더욱 공고히 하며 해석에 대한 확신을 강하게 해 준다.

(5) 종결 단계

종결 단계의 목표는 상담자에 대한 내담자의 무의식적인 애착을 해결하는 것이다. 이때 나타날 수 있는 현상은 내담자 증상의 갑작스런 악화이다. 이는 내담자가 아직 상담을 마칠 준비가 되어 있지 않고 상담을 계속하고 싶다는 것을 무의식적으로 나타내는 것일 수 있다. 혹은 어린이 때부터 지녀온 수동적·의존적 행동 경향 때문일 수도 있다. 이 단계에서 상담자는 상담이 끝난 후 앞으로 일어날 일에 대한 내담자의 환상을 분석해야 한다. 그러한 문제를 다루지 않을 경우 문제의 재발 가능성은 높아질 수 있다. 그리고 종결 시점에 나타날 수 있는 또 다른 현상은 이전 단계에서 이루어진 해석을 확인시켜 주거나 정교화시켜 줄 수 있는 억압되었던 기억들이 나타나는 경우이다. 이는 자신에게 도움을 준 상담자에 대한 감사의 표시일 수도 있다.

5 상담의 주요 기법

1) 자유연상

자유연상(free association)은 정신분석 상담의 가장 핵심이 되는 기법이다. 자유연상은 어떤 대상과 관련하여 아무런 형식 없이 떠오르는 생각, 감정, 기억들을 아무런 수정도 가하지 않고 자유롭게 이야기하도록 하는 것이다. 내담자가 자신의 마음속에 떠오르는 것이 아무리 사소하고 말하기 어려운 내용일지라도 모두 상담자에게 이야기하게 한다. 상담자는 그것을 통해 내담자의 마음속에 억압된 자료를 수집하고 해석하여 내담자의 통찰을 돕는다. 프로이트는 자유연상을 사용하기 전 동료인 브로

이어(Josef Breuer, 1842~1925)와 함께 최면기법을 사용하여 정서와 관련된 기억을 회복하려고 시도하였다. 나중에는 이러한 자유연상을 통해서도 내담자들이 정상적인 각성 상태에서 기억을 찾아낼 수 있음을 발견하게 되었다.

2) 꿈의 분석

꿈의 분석(dream analysis)은 자유연상과 마찬가지로 내담자의 무의식 세계에 접근할 수 있는 또 하나의 방법이다. 프로이트는 꿈을 무의식으로 가는 왕도라고 표현했다. 그는 수면 중에 내담자의 방어기제가 약화되어 억압된 욕망과 갈등이 의식의 표면으로 보다 쉽게 떠오른다고 보았다. 따라서 정신분석 상담에서 꿈의 분석은 내담자의 무의식적 욕구를 발견하고 해결되지 못한 문제를 통찰하는 중요한 열쇠가 된다.

3) 전이 분석

전이 분석(transference analysis)은 내담자가 상담자에게 나타내는 전이 현상을 분석하는 것을 뜻한다. 전이란 과거에 의미 있는 관계를 맺고 있었던 인물에 대한 소망이나 기대 또는 감정 등이 치료적 관계 속에서 무의식적으로 상담자에게 투사되어 반복되는 것을 말한다. 따라서 상담자는 내담자가 상담자에게 보이는 태도나 행동을 그냥 지나치지 말고 세밀하게 관찰하여 그것이 어떠한 의미를 가지는지 이해하고 분석해야 한다. 전이는 내담자가 상담자에게 부여하는 모든 투사의 통합이라고 할 수 있다. 정신분석 상담에서 상담자의 주된 업무 중 하나는 전이를 유도하고 해석하는 것이라고 할 수 있다.

4) 저항 분석

저항 분석(resistance analysis)은 내담자가 치료과정에서 보여주는 비협조적이고 저항적인 행동의 의미를 분석하는 작업을 뜻한다. 저항은 상담 진행을 방해하고 현재 상태를 유지하려는 의식적·무의식적 생각, 태도, 행동을 의미한다. 저항의 원인은 상담과정에서 위협을 주는 불쾌한 감정, 즉 분노, 죄의식, 수치심, 모욕감, 격분, 두려움 등이다. 여기서 상담자가 할 일은 내담자가 말하기 두려워하고 부끄러워하는 내용을 정확히 이해하는 것이다. 이에 저항은 '상담자의 치료 노력을 방해하는 내담자의 방어'라고 볼 수 있다. 내담자의 말하는 속도가 변화하거나, 반대로 갑자기 말이 많아질 때는 저항을 의심할 수 있다. 또한 반복적으로 상담시간에 늦게 오거나 시간을 잊거나 약속시간 몇 분 전에 불충분한 이유로 약속을 취소하거나 변경할 수도 있다.

상담자는 내담자가 저항하는 것을 알게 되면, 내담자의 저항이 상담자 자신과 어떤 관계가 있는지 생각해 보아야 한다. 상담자는 모든 저항의 동기를 생각할 때 특히 전이를 고려해야 한다. 내담자에게 상담자는 부모의 이미지로 느껴질 수 있기 때문에 내담자는 이 부모 대리자와의 관계에서 검열과 도피를 나타낼 수 있다.

5) 해석

해석(interpretation)은 자유연상, 꿈, 저항, 전이 등을 분석하여 해당 내용에 내재된 행동의 의미를 객관적으로 파악한 뒤 내담자에게 원인을 알려주고 설명하는 기법이다. 해석을 하는 데 있어서는 몇 가지 원칙이 필요하다(Fine, 1982). 첫째, 해석은 무의식적 갈등에 대한 것보다는 저항에 대한 해석을 먼저 해야 한다. 둘째, 해석하려는 내용이 내담자 의식 수준과 가까이 있을 때, 즉 내담자가 아직 깨닫지 못하고 있지만 견뎌낼 수 있거나 수용할 수 있다고 판단될 때 이뤄져야 한다. 셋째, 해석은 표면적인 것에서부터 시작해서 내면적인 것으로 진행되어야 한다.

6) 훈습

훈습(working-through)은 내담자가 이전에 회피했던 무의식 자료를 정확히 이해하고 통합하여 일상생활에 적용할 수 있을 때까지 상담자로부터 반복적인 해석과 지지를 받는 과정을 의미한다(김춘경 외, 2020). 상담은 통찰, 즉 내담자의 심리적 문제를 일으키는 원인을 파악하는 것으로 모든 문제가 해결되는 것은 아니다. 따라서 상담자는 내담자가 상담을 통하여 얻은 깨달음을 현실에 적용하여 갈등을 해결하려는 노력에 대하여 적절한 강화를 해 주어야 한다. 그렇게 함으로써 내담자는 상담과정을 통하여 얻은 통찰을 현실의 갈등 해결에 적용하는 힘을 얻게 된다(Dewald, 1978).

6 공헌 및 제한점

프로이트의 정신분석 이론은 의학적 패러다임과 심리학적 패러다임의 다리 역할을 하였고, 임상 및 체계적인 상담심리이론의 효시가 되었다. 프로이트 이후에 발달한 대다수의 상담이론은 정신분석을 바탕으로 보다 발전된 이론들이거나 이 이론을 비판하면서 태동되었다고 해도 과언이 아니다. 따라서 정신분석만큼 전 인류의 학문과 문명에 광범위하게 영향을 미친 이론은 거의 없다고 할 수 있다. 프로이트의 공헌 가운데, 첫째는 인간의 심리적 갈등과 문제에 대한 무의식의 역할을 정립하여 내담자가 가지고 있는 현재의 행동과 증상의 원인이 어떻게 과거와 연결되어 있는지 이해하는 개념적인 틀을 제공해 준 것이다. 둘째, 최초의 체계적인 성격이론과 효과적인 심리치료의 기술을 개발해 냈다. 셋째, 성격 발달에서 초기 유아기의 중요성을 일깨워 주었다. 넷째, 상담자의 가치중립적인 태도의 중요성을 알게 하였다.

제한점으로는 첫째, 프로이트의 이론은 성적 억압이 심했던 19세기 말 유럽 상류

층의 신경증 환자들의 경험을 중심으로 성립되었기에 그 시대의 문화적 배경을 간과하고 보편적인 인간 이해로 개념화시키기에는 많은 한계를 지니고 있다. 둘째, 무의식을 의식화시켜 심리적 갈등을 해소시키고 인격의 변화를 이루고자 하는 정신분석 상담은 이론과 방법 면에서 많은 제한과 논란의 여지를 가지고 있다. 특히 오이디푸스 콤플렉스와 성욕에 바탕을 둔 이론 정립은 지나치게 추론적이며 인간에 대한 전인적인 이해를 간과하는 경향이 있다. 셋째, 인간의 현재 상태를 설명하기 위하여 유아기의 경험과 억압된 무의식을 지나치게 강조함으로써 인간을 결정론적이고 비합리적인 존재로 보고 인간의 자율성과 책임성 및 합리성을 무시하였다.

연습문제

1. 정신분석 상담의 주요 개념에 대해서 설명하시오.
2. 정신분석 상담의 무의식과 방어기제에 대해서 토론하시오.
3. 정신분석 상담의 주요 기법에 대해서 설명하시오.
4. 정신분석 상담의 장점과 단점에 대해 설명하시오.

CHAPTER

03

행동주의 상담

학습 내용

1. 주요 학자의 생애와 행동주의 상담의 발전과정
2. 인간관
3. 주요 개념
4. 상담의 목표 및 과정
5. 상담의 주요 기법
6. 공헌 및 제한점

학습 목표

1. 행동주의 상담의 발전과정과 이론적 배경에 대해서 이해할 수 있게 한다.
2. 행동주의 상담의 인간관과 주요 개념들을 설명한다.
3. 행동주의 상담의 주요 기법들을 활용하여 상담 현장에 적용하도록 한다.

학습 개요

행동주의 상담이론은 1950년 후반부터 인간 행동에 대한 과학적 견해를 기초로 실험심리학자들이 인간의 행동 변화를 목적으로 개발한 학습이론인 동시에 과학적인 상담 치료법이다. 행동주의 상담이론의 발달과정을 보면 고전적 조건화, 조작적 조건화, 사회적 인지라는 세 가지 중요한 발달의 영역을 포함하고 있다. 파블로프의 고전적 조건형성과 관련된 주요 개념으로는 반응적 조건형성, 소거, 자발적 회복, 자극 일반화, 변별이 있고, 손다이크의 조작적 조건형성 원리는 효과의 법칙, 연습의 법칙, 준비성의 법칙이 있다. 그리고 스키너의 조작적 조건형성과 관련된 개념으로는 강화, 강화물, 강화계획, 처벌, 프리맥 원리가 있다. 또한 반두라가 제시하는 주요 이론적 개념은 모델링, 즉 관찰을 통한 학습의 개념으로서 모델 형성의 영향력이 주로 정보적 기능을 통하여 학습을 불러일으킨다는 것이다.

행동주의 상담의 주요 목표는 첫째, 내담자 자신의 감정이나 생각 및 희망을 관련된 일상 장면에서 자유로이 표현할 수 있도록 훈련하는 것이고 둘째, 사회적인 활동을 저해하는 비현실적인 공포를 제거하는 일이며 셋째, 내담자가 인생에 있어서 중요한 결정을 내리는 데 방해가 되는 내면의 갈등을 해소하도록 도와주는 것이다. 행동주의 상담의 주요 기법으로는 체계적 둔감법, 모델링 기법, 자기 표현 훈련, 토큰법, 프리맥의 강화원리, BASIC-ID, 타임아웃, 혐오치료, 홍수법 등이 있다.

1 주요 학자의 생애와 행동주의 상담의 발전과정

행동주의 상담(behavior counseling)은 개인의 행동적 성장과 발달을 촉진시키고 부적응적 행동을 치료적으로 변화시키거나 바람직한 방향으로 개선시키기 위한 특수한 절차와 상담기법을 의미한다. 행동주의 상담이론은 1950년 후반부터 인간 행동에 대한 과학적 견해를 기초로 실험심리학자들이 인간의 행동 변화를 목적으로 개발한 학습이론인 동시에 과학적인 상담 치료법이다.

행동주의 상담의 접근은 1950년대에 시작해서 1960년대 초반 당시에 지배적이던 정신분석적 관점에서 급속히 분리되었다. 행동주의 상담이론의 발달과정을 보면 고전적 조건화, 조작적 조건화, 사회적 인지라는 세 가지 중요한 발달의 영역을 포함하고 있다.

| 이반 파블로프

첫째, 고전적 조건화는 파블로프(Ivan Petrovich Pavlov, 1849~1936)의 체계적 실험 연구에서 비롯되었다. 파블로프는 중앙 러시아 시골 교회 목사의 맏아들로 태어나 신학교에서 공부를 하다가 1870년에 신학 공부를 중도에 포기하고 상트페테르부르크(Saint Petersburg) 대학교에서 화학과 생리학을 전공하였고, 상트페테르부르크의 제국의학원에서 의사 자격증을 취득하여 1890년부터 1924년까지 생리학 교수로 재직하였다.

파블로프는 1902년에 개의 소화 기능에 관심을 가지고 개가 침을 흘리는 원인과 다른 것들을 결합시킬 수 있는가에 대해 대뇌 기능과 타액 분비 반응을 생리학적 입장에서 실험했다. 그는 이 실험을 통하여 '조건반사의 개념'을 유출했다. 파블로프의 실험 결과를 통해 이루어진 조건반사 개념은 미국의 고전적 행동주의 심리학자 왓슨(John B. Watson, 1878~1958)의 행동치료와 결합하여 조건형성설(theory of conditioning)이라고

불리게 되었다. 이 이론은 새로운 행동의 성립을 조건과 반응에 의하여 설명하고 있다. 즉, 반응의 대상이 전혀 다른 것일지라도 어떠한 일정한 훈련을 받으면 동일한 반응이나 새로운 행동의 변화를 동반할 수 있다는 이론이다. 따라서 파블로프의 개의 타액 분비 상황을 통한 조건형성 실험 결과는 행동주의 심리학의 기본적 이론의 기제가 되었다고 할 수 있다. 특히 이러한 고전적 조건화는 인간의 공포증을 비롯한 많은 심리적, 행동적 병리를 설명하는 기제로 사용된다.

I 에드워드 손다이크

둘째, 조작적 조건화는 손다이크와 스키너의 연구에 의해 체계화된 학습기제이다. 손다이크(Edward Thorndike, 1874~1949)는 미국 매사추세츠주 윌리엄스버그에서 출생하였으며, 하버드 대학의 윌리엄 제임스(William James, 1842~1910) 문하에서 심리학을 공부한 후 콜롬비아 대학에서 심리학을 연구하였다. 그의 박사학위 논문이었던 「동물의 지능: 동물에 있어서의 연합과정의 실험적 연구(Animal intelligence, an experimental study of associative process in animals)」(1899)는 심리학에 있어서 최초의 동물 실험이었다. 손다이크는 굶주린 고양이를 문이 닫혀 있는 문제상자(puzzle box)에다 가두어 놓고, 문제상자 밖으로 고양이가 볼 수 있는 곳에 생선을 놓아두어 그 생선을 먹기 위해 밖으로 나가려고 애쓰는 과정이 어떠한가를 연구하였다. 그리고 미로를 만들어 출발점에 굶주린 쥐를 놓고 먹이가 있는 출구까지 어떻게 찾아 나가는가를 관찰하여 성공할 때까지의 쥐의 행동과 소요되는 시간에 대한 실험을 하였다. 이를 통해서 조작적 조건을 통한 시행착오 학습이론을 정립하게 된다. 손다이크는 전체 경력의 대부분을 컬럼비아 대학교에서 지냈고, 1912년 미국 심리학 협회 회장을 역임하였으며 1934년에는 미국 과학 진흥협회 회장을 역임했다.

조작적 조건화의 또 다른 학자 가운데는 스키너(Burrhus Frederic Skinner, 1904~1990)가 있다. 그는 미국 펜실베이니아주의 서스퀘해나(Susquehanna County)에서 태어나 작가가 되기 위해서 1926년에 해밀턴 대학(Hamilton College)에서 영문학으로

ㅣ버러스 프레더릭 스키너

학사학위를 받았다. 하지만 작가로서의 재능이 없다는 것을 깨달은 뒤에 심리학 공부를 위해서 1928년에 하버드 대학교에 진학하였고, 1931년에 박사학위를 취득하였다. 그는 하버드 대학교에서 16년(1958~1974)간 심리학 교수로 재직하며 1930~1931년 사이에 창안한 '스키너의 상자(Skinner Box)'로 불리는 조작적 조건화 상자 실험을 바탕으로 행동주의를 보다 발전시켰다. 스키너는 행동의 실험적 분석을 목적으로 하는 실험 연구 학과를 창시했으며, 심리학에 있어 연관된 변수에 의한 반응률에 대한 연구를 발전시켰다. 또한 그가 주장한 강화에 대한 이론을 만들기 위해 행동의 반응률을 측정하는 누적합산기도 만들었다. 이러한 조작적 조건형성은 행동수정의 이론적 근거가 되었다.

ㅣ앨버트 반두라

셋째, 사회적 인지이론은 반두라(Albert Bandura, 1925~ 2021)에 의해서 주장되었다. 반두라는 캐나다 앨버타주의 먼다에서 폴란드계 농부의 아들로 태어났다. 그는 캐나다의 브리티시 컬럼비아 대학교(The University of British Columbia)에서 심리학을 전공하고, 미국의 아이오와 대학교(University of Iowa)에서 사회학습이론의 선구자 중 한 사람인 로버트 시어스(Robert Sears)와 함께 연구하며 석·박사학위를 취득하였다. 그리고 1953년부터 스탠퍼드 대학교(Leland Stanford Junior University)에서 심리학 교수로 지내면서 그의 전공을 발휘했다. 그는 스키너의 급진적 행동주의에서 무시되었던 인지를 행동치료의 한 부분으로 받아들이고 고전적 조건형성과 조작적 조건형성을 관찰학습에 결합시켜서 사회인지이론(social cognitive theory: SCT)으로 발달시켰다. 이 이론은 인간의 행동에 영향을 주는 심리사회적 요인들 간의 상호관계와 행동변화를 촉진하는 데 중점을 두고 있다. 그리고 사회인지 이론은 인간이 어떤 행동 패턴을 습득하고 유지하는지에 대한 설명뿐만 아니라 개입 전략(invervention strategies)을

위한 기초적인 이론의 틀을 제공한다(손애리, 2002). 사회인지이론은 개인의 행위가 독립적인 외부 요인에 의해 영향을 받고 결정되는 것이 아니라 개인적 특성과 환경적 특성이 함께 지속적으로 서로 영향을 주는 관계를 형성한다는 '상호 결정론적(reciprocal determinism)' 입장에 그 근본 배경을 둔다(Bandura, 1977). 상호 결정론적 입장은 개인이 주변 환경을 통해 직면하는 경험들이 개인에게 어떻게 '인지'되는가에 따라 개인의 행위 특성이 변화하고 결정된다고 보았다(Bandura, 2001).

다시 정리하면 행동주의는 1950~1960년 초에 정신분석학적 관점에서 이탈하여 고전적 조건형성과 조작적 조건형성의 원리를 적용한 이론이 형성되었다. 그리고 1960년부터 빠르게 성장한 행동주의는 인지-행동적 접근을 시도하며, 1970년부터 행동주의 상담이론이 심리학에 중요한 세력으로 등장하였다. 그리고 1980년부터는 행동주의 심리학에 인지적 요소가 강화되는 방향으로 발전하게 되었고, 1990년대 후반부터는 인지행동치료의 부상과 행동기법들을 의학적 장애 예방과 상담에 적용하게 되면서 오늘날 행동주의 상담은 현장에서 널리 적용되고 있다.

2 인간관

초기의 행동주의자들은 과학적 법칙성에 의해 인간의 행동을 설명할 수 있다고 보았다. 즉, 인간의 행동이 자연 현상과 마찬가지로 일정한 법칙성을 가지고 있다고 가정하였다. 그래서 그들은 행동에 영향을 줄 수 있는 변인과 이 변인들을 통제하는 법칙을 밝혀낼 수 있다면 인간의 행동도 예언하고 수정할 수 있다고 보았다. 이와 같이 초기의 행동주의 학자들의 인간관은 기계론적이고 결정론적인 입장이었다(Corey et al., 2011).

그러나 시간이 지나면서 행동주의자들 중에서 인간의 자유와 의지적 선택을 강조하는 경향이 늘어났다. 행동주의적 접근에 있어 1970년대 초반 사회학습이론의 창시자인 반두라의 인간관을 보면, "인간의 행동은 부분적으로나마 환경을 창조할 수 있고 환경도 인간의 행동에 영향을 미칠 수 있다. 그리고 인간은 자기를 조절(regulation)할 수 있는 능력이 있으며, 환경에 영향을 줄 수도 있고 받을 수도 있는 인간은 자기를 지도할 수 있는 능력이 있다"라고 하였다. 최근에는 자기 지도(self-direction), 자기 관리(self-management), 자기 통제(self-control) 등의 개념이 나오면서 인간의 새로운 측면이 더욱 부각되고 있다. 즉, 인간은 자신의 행동을 스스로 수정할 수 있는 능력이 있다는 점이 강조되고 있는 것이다. 이렇게 볼 때, 행동주의적 접근의 인간관은 기계론적이고 결정론적인 입장에서 비롯되어 인본주의적인 인간관으로 변모해 가고 있다고 볼 수 있다.

3 주요 개념

1) 파블로프의 고전적 조건형성

파블로프의 고전적 조건형성(classical conditioning)과 관련된 주요 개념으로 반응적 조건형성, 소거, 자발적 회복, 자극 일반화, 변별이 있다.

(1) 반응적 조건형성

반응적 조건형성(respondent conditioning)은 조건 자극과 무조건 자극이 반복해서 일어나면서 두 자극 간의 연합에 의해 반응적 행동이 유발되는 현상을 말한다. 즉, 무조건 반응을 일으키는 자극과 연합된 중성 자극도 나중에는 반응을 유발하게 되는

것을 말한다. 파블로프는 개 실험을 통해 무조건 자극(음식)과 중성 자극(종소리)이 수차례 제시되면서 조건형성이 일어나 종소리(조건 자극)만 들어도 침이 분비되는 학습의 원리를 도출하였다.

(2) 소거

소거(extinction)는 무조건 자극을 주지 않고 조건 자극만 반복해서 제시할 때 조건 반응이 점차 감소하는 현상을 가리킨다. 즉, 조건형성이 풀어져 조건 자극이 다시 중성 자극으로 돌아가는 것을 말한다. 파블로프의 개 실험에서 조건 자극인 종소리만 들려주고 계속해서 음식을 제공하지 않는다면 개는 조건 자극인 종소리를 듣고도 침을 흘리지 않게 된다는 것이다.

(3) 자발적 회복

자발적 회복(spontaneous recovery)은 소거 절차 이후 무조건 자극과 연합시키지 않은 채 다시 조건화된 자극을 제시하였을 경우 재훈련을 하지 않아도 조건화된 반응이 나타나는 것을 말한다. 파블로프의 실험에서 소거 절차가 이루어진 후에도 음식물과 연합시키지 않은 채 다시 종소리만 반복적으로 개에게 들려주었을 때, 소거되었던 종소리에 침을 흘리는 반응이 재훈련 없이 다시 나타났다. 이때 반응의 강도는 전에 비하면 절반 정도밖에 되지 않으나, 자발적 회복은 학습이란 영원히 소멸되는 것이 아님을 시사해 주고 있다.

(4) 자극 일반화

자극 일반화(stimulus generalization)는 원래 조건 자극이 아닌 유사한 다른 자극에 동일한 조건 반응이 나타나는 것을 말한다. 바로 '자라 보고 놀란 가슴 솥뚜껑 보고 놀란다'라는 우리 속담이 가지는 의미와 같다. 갈치구이를 먹다가 목에 가시가 걸린 적이 있는 아이가 식사 때마다 생선을 피하려는 모습을 예로 들 수 있다.

(5) 변별

변별(discrimination)은 원래 조건 자극에만 조건 반응을 나타내고 다른 자극에는 조건 반응을 나타내지 않는 현상을 일컫는다. 다시 말해서, 변별은 자극들 간의 차이를 구별하는 것으로 일반화된 최초의 조건 자극과 유사한 자극을 구분하여 반응하는 것을 의미한다. 파블로프의 실험에서 개에게 짧은 종소리를 제시할 때마다 고기를 주고, 긴 종소리를 제시할 때마다 고기를 주지 않을 경우 개가 짧은 종소리에만 침을 분비하고, 긴 종소리에서는 침을 분비하지 않은 것이 변별의 예이다.

2) 손다이크의 조작적 조건형성

일명 시행착오 학습(trial and error learning)이라는 불리는 손다이크의 조작적 조건형성 원리는 다음과 같다.

(1) 효과의 법칙

효과의 법칙(law of effect)은 결과의 법칙이라고도 불린다. 학습의 과정과 그 결과가 만족스러운 상태에 도달하게 되면 결합이 한층 더 강화되어 학습이 견고하게 되며, 상대적으로 불만족스러운 경우에는 결합이 약화된다는 것이다. 조건이 동일한 경우 만족의 결과를 주는 반응은 고정되고 그렇지 못한 반응은 폐기된다. 즉, 어떠한 반응이든지 하나의 결과를 수반하기 마련이지만 그것이 얼마나 만족스러운 것이나 또는 불만족스러운 것이냐에 따라 학습이 결정된다. 따라서 만족스러운 상태나 불만족스러운 상태가 크면 클수록 그 결합은 강화되는 방향으로 혹은 약화되는 방향으로 증대한다.

(2) 연습의 법칙

연습의 법칙(law of exercise)은 빈도의 법칙이라고도 하는데, 자극과 반응의 결합이

빈번히 반복되는 경우 그 결합이 강화된다는 것이다. 연습의 법칙은 연습하면 결합이 강화되는 것이고 불사용의 법칙은 연습하지 않으면 결합이 약화된다는 것이다. 즉, 학습은 연습에 의하여 강화되고 연습에 의하여 효과가 높아진다. 그러므로 학습이 잘되도록 하기 위해서는 반복연습이 필요한 것이다. 군대의 훈련이 바로 이러한 반복연습을 통한 강화를 유발시키고 효과를 보려는 단순한 패턴을 취하고 있다.

(3) 준비성의 법칙

준비성의 법칙(law of readiness)은 새로운 사실과 지식을 습득하기 위해서는 준비를 충분히 하고 있을수록 결합이 용이하게 됨을 의미한다. 즉, 어떠한 행동 단위는 행동할 준비가 갖추어져 있을 때 비로소 만족하게 행동할 수 있으며, 반대로 어떠한 행동 단위가 행동할 준비를 갖추고 있지 못할 때는 실패를 수반하게 된다는 것이다. 여기에서 의미하는 준비성의 개념은 학습을 수행할 준비를 위한 준비도(readiness)를 의미하는 것이지 성숙도를 의미하는 것은 아니다. 오늘날에 와서는 준비성 속에 성숙 문제가 강조되어 성숙의 정도가 학습에 있어서 중대한 문제로 대두되었다.

3) 스키너의 조작적 조건형성

스키너의 조작적 조건형성과 관련된 개념으로 강화, 강화물, 강화계획, 처벌, 프리맥(Premack) 원리가 있다.

(1) 강화

조작적 조건형성의 핵심은 행동에 수반되는 결과를 통제하여 행동을 변화시키는 데 있다. 행동에 수반되는 결과는 크게 강화와 처벌로 구분될 수 있으나 스키너는 처벌보다 강화를 더 중시한다. 강화(reinforcement)는 어떤 행동을 한 뒤에 유기체가 원하는 자극을 제공하여 행동의 빈도수를 높이는 것을 말하며, 자극 제공과 제거에

따라서 정적 강화와 부적 강화로 분류한다.

정적 강화(positive reinforcement)는 쾌자극의 제공으로 유기체를 강화시키는 것을 말한다. 교사가 학생들의 발표를 유도하기 위해 발표를 할 때마다 추가 점수를 제공하거나 사탕을 하나씩 주는 것은 정적 강화의 예가 된다. 발표라는 행동의 빈도수를 높이기 위해 추가 점수나 사탕이라는 쾌자극을 제공함으로써 학생을 강화시킨 것이다.

부적 강화(negative reinforcement)는 혐오자극의 제거로 유기체를 강화시키는 것을 말한다. 부적 강화도 정적 강화처럼 결과적으로 유기체가 유리하다고 느끼게끔 하는 것이지만 쾌자극을 제공하지 않고 혐오자극을 제거하는 것으로 강화한다는 점에서 차이가 있다. 화장실 청소를 하도록 되어 있는 아동에게 "오늘 수업에 열심히 참여하면 화장실 청소를 하지 않아도 좋다"라고 이야기하여 아동이 수업에 열심히 참여하였다면, 화장실 청소라는 혐오자극을 제거함으로써 수업에 열심히 참여하는 행동을 증가시킨 것이 된다.

(2) 강화물

강화물(reinforcer)은 조작적 행동의 발생 가능성을 증가시키는 자극을 의미하며 강화인(强化因)이라고 부르기도 한다. 강화물은 일차적 강화물과 이차적 강화물로 나뉜다. 일차적 강화물(primary reinforcer)은 유기체의 행동을 직접적으로 증가시킬 수 있는 강화물이다. 예를 들면 음식이나 물과 같은 것이 되겠는데, 당장 배고픈 유기체에게 음식으로 만족을 주는 것으로서 바로 다음 행동을 증가시킬 수 있다. 이차적 강화물(secondary reinforcer)은 유기체의 행동을 바로 증가시키지 못한다. 하지만 일차적 강화물과 연합하여 행동을 증가시킬 수 있는데 쿠폰이나 토큰 등이 이에 해당한다. 즉, 쿠폰이나 토큰으로도 유기체를 강화할 수 있지만 그것은 유기체를 직접 강화하는 것이 아니라 일차적 강화물과 교환할 수 있기 때문에 강화가 가능하다는 것이다. 이차적 강화물로서 가장 대표적인 것이 돈이다. 돈은 여러 종류의 일차적 강화물과 교환할 수 있기 때문에 일반화된 강화물이라고 부르기도 한다.

(3) 강화계획

행동에 미치는 강화 효과는 다양한 요인에 달려 있지만 가장 중요한 것 중의 하나가 강화계획(reinforcement schedule)이다. 강화계획이란 바람직한 행동을 보였을 때 주어지는 강화물의 적절한 시기와 방법에 대한 일종의 원칙을 의미한다. 강화계획은 계속적 강화계획(continuous reinforcement schedule)과 간헐적 강화계획(intermittent reinforcement schedule)으로 분류된다. 계속적 강화계획은 반응이 일어날 때마다 그 반응이 강화되는 상황을 의미하며, 간헐적 강화계획은 행동이 일단 학습되면 불규칙적이거나 간헐적으로 긍정적 강화를 사용하면서 행동을 유지시키는 것을 의미한다.

강화계획은 강화물이 제시되는 시간 간격과 반응 비율에 따라 간격계획(interval schedule)과 비율계획(ratio schedule) 유형으로 나누는데, 간격계획은 바람직한 행동이 일어나는 횟수와 상관없이 시간의 경과가 중요한 요인이다. 매 2주마다 용돈을 받는 것은 이에 해당된다고 하겠다. 반면에 비율계획은 시간의 경과에 상관없이 바람직한 행동이 발생한 횟수에 기초해 강화를 준다. 빈 병 8개를 반환할 때마다 돈을 받는 경우가 이에 해당된다고 하겠다.

(4) 처벌

처벌(punishment)은 특정한 행동을 약화시키거나 발생 빈도를 감소시키기 위해 처벌인(punisher)을 사용하는 과정을 의미한다. 즉, 처벌이란 그것을 받는 사람이 또다시 같은 방식으로 행동하는 경향을 줄이는 것이라는 가정 하에서, 거북하고 위험하며 또는 원하지 않는 것을 행동 목록에서 제거시키기 위해서 설계된 것이다(Skinner, 1971).

처벌의 유형에는 두 가지가 있는데, 제1종 처벌(punishment I)로 정적 처벌(positive punishment) 또는 제시형 처벌(presentation punishment)과 제2종 처벌(punishment II)인 부적 처벌(negative punishment) 또는 제거형 처벌(removal punishment)이 있다.

제1종 처벌인 정적 처벌은 행동 후 혐오자극을 제시하여 행동을 감소시키기 위한

방법이다. 제시형은 지각하는 학생에게 꾸중하거나 체벌을 하는 것인데, 자극의 성질에 따라서 체벌(physical punishment)과 상징적 처벌(예, 꾸중)로 구분할 수 있다.

제2종 처벌인 부적 처벌은 바람직하지 않은 행동을 할 때 좋아하는 것을 제거하거나 특권을 박탈하는 방법이다. 숙제를 하지 않은 대가를 치르게 하기 위해 아이가 좋아하는 게임기를 빼앗아버림으로써 특권을 상실하게 하는 것이 이에 속한다. 그리고 수업시간이나 교실에서 학생들이 잘못했을 때 교사가 줄 수 있는 처벌 방법 가운데는 타임아웃 기법, 반응 대가, 포화법 등이 있다. 타임아웃(time-out)은 수업시간에 방해를 하는 학생을 교실 밖으로 고립시키고 학생으로서의 위치를 박탈하거나 급우의 관심을 제거하는 방법이다. 그리고 반응 대가(response cost)는 바람직하지 않은 행동이 나타날 때마다 그에 대한 대가로 쉬는 시간을 없애는 것이다. 이와 반대로 포화법(saturation)은 바람직하지 않은 행동을 할 때 그 행동을 지속적으로 하게 함으로써 질리게 하는 행동이다(Sternberg & Williams, 2009).

(5) 프리맥(Premack) 원리

프리맥 원리는 학습자에게 다양한 활동을 할 기회를 주고 관찰하여 각 행동의 발생 빈도를 파악해서 낮은 빈도의 행동을 높은 빈도의 행동에 연결시켜 낮은 빈도의 행동을 하도록 만드는 것이다(Premack, 1965). 예를 들면 컴퓨터게임을 좋아하는 아이에게 일정한 양의 수학 문제를 풀게 한 뒤에 컴퓨터게임을 하도록 허락하는 것이다. 이렇게 되면 컴퓨터게임은 수학 문제를 풀게 하기 위한 강화인으로서 작용하게 되는 것이다. 그러나 컴퓨터게임을 먼저 한 뒤 수학 공부를 시키면 효과가 없다. 프리맥 원리의 강화인은 어떤 긍정적 행동을 한 뒤에 제공해야 바른 효과를 얻을 수 있다.

4) 반두라의 사회학습이론

관찰학습(observational learning)이라고 부르기도 한 반두라의 사회학습이론은 다른 사람의 행동을 관찰하고서 따라 하기 위한 스스로 판단과정이 포함되는데, 이 판단의 요소가 관찰학습이 갖는 인지적 요소이다.

반두라가 제시하는 주요 이론적 개념은 모델링, 즉 관찰을 통한 학습의 개념으로서 모델 형성의 영향력이 주로 정보적 기능을 통하여 학습을 불러일으킨다는 것이다. 이것은 학습에 대한 인지적 특성을 강조한 것이라고 볼 수 있다. 관찰학습은 다음과 같은 네 가지 관련 요인인 '주의(attention)', '파지(retention)', '재생(reproduction)', '동기화(motivation)'에 의하여 이루어지며 이 중 한 과정이라도 빠지면 성공적인 모방이 이루어지지 않는다.

(1) 주의 단계

주의(attention)는 학습이 일어나는 1단계로서 학습자가 모델의 행동에 관심을 가지고 주의집중을 하는 단계이다. 모델이 유능하거나 매력적일 때 더욱 주의하는 경향이 있다.

(2) 파지 단계

파지(retention)는 관찰하는 모델의 행동을 기억하는 단계이다. 다른 사람의 행동을 관찰한 후 그대로 행동하려면 먼저 그 행동을 기억해야 한다.

(3) 재생 단계

재생(reproduction)은 모델의 행동에 관한 상징적 표상을 행동으로 전환함으로써 능숙하게 행할 수 있도록 연습하는 단계이다. 자신의 행동을 수정하여 모델의 행동을 성공적으로 재생할 수 있어야 한다.

(4) 동기화 단계

동기화(motivation)는 연습한 행동을 표출하기 위한 동기를 형성하는 단계이다. 관찰자가 모델의 행동을 정확하게 기억하고 운동능력을 지니게 되었다고 하더라도 유기체가 직접 행동하려는 동기가 없으면 실제 행동으로 나타나지 않게 된다. 이 동기화를 결정짓는 요인은 행동의 결과가 어떤 것이냐 하는 것인데, 모델에게 주어진 행동의 결과가 어떤 것이었느냐에 따라 동기화의 결과가 달라진다. 따라서 교사는 관찰자의 성공적인 관찰학습을 위해 바람직한 행동을 할 때마다 강화인을 제공해 줄 필요가 있다.

4 상담의 목표 및 과정

1) 상담의 목표

행동주의 상담은 체계적인 평가에 의해 선택된 문제행동을 학습이론에 의거해서 구체적으로 변화시키기 위한 과정으로 상담 시작과 함께 목표를 설정한다. 행동주의 상담의 주요 목표는 첫째, 내담자 자신의 감정이나 생각 및 희망을 관련된 일상 장면에서 자유로이 표현할 수 있도록 훈련하는 것이고 둘째, 사회적인 활동을 저해하는 비현실적인 공포를 제거하는 일이며 셋째, 내담자가 인생에 있어서 중요한 결정을 내리는 데 방해가 되는 내면의 갈등을 해소하도록 도와주는 것이다. 즉, 학습된 구체적인 부적응 행동을 소거시켜 보다 효과적이고 바람직한 행동을 새롭게 학습시키는 것이 행동주의 상담의 궁극적인 목표이다.

2) 상담자의 역할과 기능

행동주의 상담은 과학적인 연구 결과를 심리학에 응용한 것이다. 따라서 치료자는 적극적이고 지시적인 역할을 한다. 또한 행동주의 상담에서 상담자는 능동적이고 직접적인 조언과 함께 문제 해결 모형을 통해 행동 변화를 유발할 수 있는 문제 해결자의 능력을 갖추어야 한다. 하지만 행동주의 상담에서 변화시킬 행동을 선택하고 치료의 결과를 결정하는 것은 내담자의 책임이고, 상담자는 내담자 행동 변화를 위한 대안적 행동과 치료 방향을 결정하기 때문에 내담자가 치료에 현명한 선택을 할 수 있도록 상담을 구조화하는 역할을 할 수 있어야 한다(Skinner, 1971). 그리고 상담자는 상담과정에서 내담자에게 한 인간으로서 중요한 본보기가 될 수 있기 때문에 상담자 자신의 가치관·신념·행동 등이 내담자에게 매우 중요한 역할을 한다는 것을 인식해야 한다(Bandura, 1977).

3) 상담과정

행동주의 상담의 과정은 다루어야 할 내담자의 문제와 상담자의 접근방법에 따라 다양하다. 행동주의 상담은 행동의 변화를 목적으로 내담자 특성에 따라 목표 행동과 출발점 행동을 세분화하여 그 행동의 변화과정을 객관적으로 관찰·측정해서 평가하고, 상담 절차를 통해 변화된 행동을 지속·유지하기 위해서는 행동주의 전략과 방법을 검토하고 진로를 수정해 나간다. 행동주의 상담과정을 8단계로 정리하여 제시하면 다음과 같다(Wilson, 1989).

(1) 1단계: 문제행동의 규명과 목표 행동 설정

행동주의 상담에서 가장 먼저 고려해야 할 점은 강화하려고 하는 행동을 명시화하고, 과업 수행이라고 할 수 있는 바람직한 목표 행동을 설정하는 것이다. 목표 설정

을 실시할 때는 측정 가능해야 하며, 행동주의 상담을 통해 내담자가 성취 가능한 행동이어야 한다.

(2) 2단계: 내담자 문제행동의 현재 상태의 평가와 자료수집

내담자의 문제행동에 대한 기초자료 수집은 목표 행동의 세분화와 함께 빠른 시일 내에 실행되도록 해야 한다. 자료수집을 위해서는 문제가 되는 행동을 직접 관찰하거나 훈련된 사람으로 하여금 관찰하게 하여 문제행동의 정확한 식별과 함께 행동의 발생 빈도, 발생 조건 등을 파악한다. 행동주의 상담에서 기준선 자료를 수집해야 하는 목적은 치료 대상 행동을 식별하고, 행동이 일어나는 빈도와 강도 그리고 문제 행동이 일어나는 조건을 파악하며, 행동주의 상담 프로그램의 진행 상황을 알게 되므로 중간 평가에 도움이 되기 때문이다.

(3) 3단계: 상담목표의 설정과 보상 및 강화물 결정

상담목표가 설정되고 강화가 필요한 행동이 확인되면 그 행동이 발생한 즉시 시행하도록 해야 한다. 이때 강화의 내용은 강화의 대상에게 적당하다고 인정하는 것과 사회에서 수용할 수 있는 수준에서 찾아야 한다. 강화물의 성질을 결정하는 방법 중에는 프리맥(David Premack)의 원리가 있다. 이 원리는 발생 가능성이 낮은 행동을 강화해서 발생 가능성이 높은 행동에까지 적용하는 방법이다. 그 예로 목표 행동과 관련해서 내담자가 선호하는 것을 순서대로 정한 후에 이 순서를 역으로 사용해서 목표 행동의 종착점에 쉽게 도달할 수 있도록 하는 위계적인 기법이 있다(Corsini & Wedding, 2017).

(4) 4단계: 유관 설정 및 서면계약 작성

유관 운영관리 또는 유관 설정은 "…하면 …하게 해 준다"라는 기법을 사용하는 것으로, 때로는 언어 대신에 서면계약을 작성하기도 한다. 가장 대표적인 사례로 유관 계약법(contingency contract)이 있으며, 우선 목표 행동을 정의하고 성공적 수행에 주

어지는 강화조건을 내담자의 동의하에 계약서를 작성한 후에 시행에 들어가게 된다. 이 계약법은 비행이나 알코올남용 및 비만관리에 성공적으로 적용되고 있다. 유관 관리법이 성공적으로 적용되는 이유는 인간의 언어적 진술이나 서면계약이 행동 강화에 매우 효과적인 매개 반응으로 작용하기 때문인 것으로 나타났다(강경미, 2011).

(5) 5단계: 목표 행동을 계속 강화

5단계에서는 이미 형성된 바람직한 목표 행동을 확고하게 하기 위한 것으로 강화·소거·처벌 등을 사용할 수 있다. 따라서 바람직한 행동이 나타나기 시작하면 그 행동이 만족할 만한 수준에 이를 때까지 계속해서 강화한다. 강화방법은 행동 빈도가 높아지면 점차 강화 빈도의 종류와 정도를 감소하면서 강화물을 1차적 강화물에서 2차적 강화물로, 또는 외부적 보상체계에서 내부적 보상체계로 교체한다. 또한 목표 행동의 계속 강화뿐만 아니라 환경의 변화도 계속 유지해서 이미 달성한 목표 행동이 지속될 수 있도록 한다.

(6) 6단계: 기준선 자료와 결과의 평가 비교

행동수정의 결과에 대한 평가는 목표 행동에 구체적으로 진술된 내용을 기준으로 한다. 상담자의 행동치료 과정이 순조롭게 진행되었으면 사용된 치료 기술이 효과적이었는지를 검토해야 한다. 행동 평가는 치료가 끝날 때는 물론이고 치료 도중에도 수시로 진행되어야 하며, 이러한 단계별 평가는 다음 단계를 위한 중요한 정보가 된다.

(7) 7단계: 행동치료 프로그램을 필요한 대로 수정

이론적으로 잘 설정된 목표 행동이라고 할지라도 학습의 효과가 나타나지 않을 때는 기존 목표 행동이나 치료방법을 내담자의 수준과 반응 여하를 고려해서 변경해야 한다. 따라서 설정한 목표 행동이 효과를 보지 못하고 있다는 것이 확인되면, 그 즉시 전략과 방법을 검토하고 필요에 따라 진로를 수정해야 한다.

(8) 8단계: 행동치료 과정의 종료

목적한 행동 변화와 함께 과제 수행이 순조롭게 이루어지면 행동주의 상담 프로그램은 종료하게 되는데, 성취한 목표 행동을 유지하기 위해서는 계속적 강화에서 간헐적 강화로 전환하고, 사용하던 물질적 강화를 점차적으로 상징적 강화로 대체한다. 그리고 상징적 강화에 의해 내담자의 행동이 통제되기 시작하면 상징적 강화도 서서히 중단하고, 내담자가 아무런 강화 없이도 충분히 자기 통제에 의한 능률적인 행동을 할 수 있게 되면 행동주의 상담과정은 종료된다.

현대의 행동주의 상담자들은 내담자와의 적극적 경청을 바탕으로 한 긍정적 관계 형성의 중요성을 강조하며 내담자가 자신의 행동관리 프로그램을 분석하고 계획하며 평가하도록 조력하는 역할을 수행한다(Gelso et al., 2014).

5 상담의 주요 기법

1) 체계적 둔감법

체계적 둔감법(systematic desensitization)은 고전적 조건형성 원리에 근거한 것으로 내담자가 불안을 느끼는 상황을 이완할 수 있게 단계적으로 둔감해지도록 돕는 기법이다. 체계적 둔감법의 절차로는 첫 번째 단계에서 불안을 유발하는 자극을 분석하여 불안의 정도에 따라 불안 위계 목록을 만들고, 두 번째 단계에서는 근육 이완훈련을 시킨 다음, 세 번째 단계에는 내담자가 눈을 감고 이완 상태에 도달하면 불안 위계 목록 중 가장 적게 불안을 일으키는 장면부터 상상하도록 유도한다.

이런 상상 장면에 대해 내담자가 심히 불안해하면 치료자는 다시 이완 상태로 유

도하여 불안을 느끼지 않게 될 때까지 이완시키는 과정을 되풀이한다. 이런 식으로 불안 위계 목록에서 가장 약한 자극에서부터 가장 강한 자극에 이르기까지 단계적으로 진행한다.

가장 불안이 심한 자극 장면을 상상할 때도 내담자가 불안을 느끼지 않게 되면 이 치료의 절차는 마치게 된다. 이 방법은 대인관계 공포, 시험 공포, 신경증적 공포 등 여러 공포증을 제거하는 데 효과적이다. 또한 성 불능, 불감증 같은 성적 부적응을 치료하는 데도 활용된다.

2) 모델링 기법

모델링 기법(modeling technique)은 내담자가 다른 사람의 바람직한 행동을 관찰해서 학습한 것을 수행하는 것이다. 이 기법에서 중요한 것은 내담자가 '모델이 행동을 수행하는 방법을 배우고 행동을 학습한 결과로서 모델에게 무엇이 주어지는가'를 아는 것이다. 즉, 모델에게 목표로 했던 행동이 나타나게 되면 강화를 주고 부적절한 행동을 계속하여 얻는 결과를 관찰함으로써 내담자가 강화를 받는 모델의 행동을 모방하게 된다. 이로 인하여 부적절한 행동의 결과를 알게 되므로 그러한 행동을 피하게 된다. 일반적으로 행동주의 상담에서 모델링은 단순히 모델을 관찰하는 모델링, 모델링 동안에 어떤 표적 행동을 수행하는 참여적 모델링, 순전히 상상적인 내현적 모델링으로 분류한다.

3) 자기 표현 훈련

자기 표현 훈련 또는 자기 주장 훈련(assertiveness training)은 고전적 조건형성에 근거한 것으로 상대방의 입장에서 느낀 바를 서로 이야기하면서 치료자는 내담자가 보다 효과적으로 자기 표현을 할 수 있도록 돕는 기법이다. 이 기법은 주로 대인관계

의 문제 해결에 사용된다. 불쾌한 감정이나 분노를 제대로 표현하지 못하는 사람, 거절을 잘 못하는 사람, 혹은 애정이나 호감을 잘 표현하지 못하는 사람들에게 효과가 크다. 이 훈련은 특히 치료자와 내담자가 문제적 대인관계 상황 속에서 서로 역할을 바꾸어 가며 자유로이 자신의 감정과 의사를 표현하는 역할 행동 연습을 통해 이루어질 수 있다. 이 훈련방법은 집단 프로그램으로 많이 사용된다.

4) 토큰법

토큰법 또는 토큰 강화(token economy)는 스키너의 강화원리를 포함하여 조작적 조건화의 원리를 적용시킨 행동주의 상담기법이다. 토큰법은 칭찬이나 다른 무형의 강화인자를 쓸 수 없을 때 직접적으로 강화인자를 쓰는 대신에 후에 내담자가 원하는 다양한 물건과 교환할 수 있는 토큰을 보상으로 제공하는 것이다. 예를 들어 내담자가 바람직한 행동을 했을 때 토큰을 나누어주어 나중에 음료수, 사탕, 입장권 등 내담자가 원하는 물건이나 권리와 바꿀 수 있도록 한 것이다. 토큰법은 토큰이라는 강화인자를 갖고 적응행동을 발달시키려는 목적을 갖고 있기에 때로는 토큰을 뺏는 것으로 인해 바람직하지 못한 행동을 소거시키려는 목적으로도 사용된다.

5) 프리맥의 강화원리

프리맥(David Premack, 1965)에 의해서 제안된 프리맥의 강화원리는 선호하는 반응은 덜 선호하는 반응을 강화하여 행동의 발생 빈도를 증가시킬 수 있다는 원리이다. 예를 들면 어린이가 인터넷 게임을 선호하고 수학을 공부하는 것을 별로 원하지 않는 경우, 어린이가 수학을 스스로 공부하는 행동을 증가시키기 위하여 수학을 한 뒤에 인터넷 게임을 하도록 하는 방법을 사용하기도 한다.

6) BASIC-ID

라자러스(Arnold Lazarus, 2005)는 인간은 움직이고, 느끼고, 접촉하고, 상상하고, 생각하고, 관계를 맺는 복합적인 존재라고 보고 다중양식치료(multimodal therapy)를 제시하였다. 그는 인간의 성격 기능에는 행동(Behavior), 정서 반응(Affective response), 감각(Sensation), 상상(Image), 인지(Cognition), 대인관계(Interpersonal relationship), 생물학적 기능(Biological functioning)이라는 7가지 기능이 있는데, 이들 간의 상호작용에 의해 인간의 기능 정도가 결정된다고 보았다. 복합모형적 평가로서 개인의 BASIC-ID란 위의 7가지 기능의 첫 글자를 따서 붙인 명칭이다. BASIC-ID의 각 영역에 대한 1차 조사를 통하여 영역별로 프로파일을 작성하고 다른 기능 영역들과의 관련성을 검토한다. 그 다음으로 개인의 문제 영역을 압축시켜 문제가 되는 기능 영역에 효율적으로 대처할 수 있는 치료를 실시한다. 이때 사용되는 기법으로는 고정된 형태가 없다. 이것은 많은 다른 치료체계로부터 기법들을 차용하기 때문이다.

7) 타임아웃

타임아웃(time-out)은 내담자의 긍정적 강화를 받을 기회를 박탈시키는 것이다. 세심한 모니터링이 요구되는 약한 혐오기법으로 10분 이내 정도로 짧은 시간을 설정하는 것이 효과적이다. 강화가 많은 상황에서 적은 상황으로 이동시킴으로써 강화물을 얻을 수 있는 기회로부터 제외되는 것이다. 예를 들면, 수업시간에 학생이 수업에 방해가 되는 부적절한 행동을 할 때 약간의 시간을 정해서 잠깐 동안 급우들과 격리시키는 방법 등이 있다.

8) 혐오치료

혐오치료(aversion therapy)는 바람직하지 않는 행동을 부정적 경험과 연합시켜 행동

변화가 일어나게 하는 방법이다. 주로 알코올중독, 약물중독, 동성애, 의상도착증 등과 같이 개인적으로나 사회적으로 용납되기 어려운 이상행동을 치료 대상으로 하여 바람직하지 못한 습관에 대하여 혐오 조건화를 형성시키는 것이다. 혐오자극으로는 구토제, 전기쇼크 등이 사용되며 행동주의의 기본은 처벌보다는 보상을 적용한 기법이 선호되기 때문에 이러한 혐오치료가 행동주의 기법의 범주에 들어가는 것에 대해서는 논쟁의 여지가 많다.

9) 홍수법

홍수법(flooding)은 상담자가 내담자를 강력하고도 지속적으로 문제 상황에 노출시키는 방법이다. 체계적 둔감화와는 대조를 이루는 불안 치료법으로 상담에 참여한 내담자는 관련된 문제에 마치 퍼붓는 홍수를 맞는 것과 같은 경험을 한꺼번에 받게 된다. 예로 자동차를 무서워하는 사람을 치료자가 차에 태워 하루에도 몇 시간씩 차를 몰고 다님으로써 자동차에 대한 공포는 소실되고 오히려 자동차 타는 것을 즐거워하게 되는 경우이다.

6 공헌 및 제한점

행동주의 상담은 행동과학적 입장에서 책임성 있는 상담을 위한 기초자료와 정확한 측정을 근거로 하는 상담기법이라 할 수 있다. 따라서 다른 어떤 상담이론과 접근법보다도 경험적 연구를 통한 치료 성과와 평가를 강조하고 있다. 행동주의 상담의 공헌은 첫째, 내담자의 바람직한 행동을 바꾸는 데 도움을 주기 위해 합의에 따

라 개개인에게 맞는 구체적인 상담기술을 다양하게 적용할 수 있다는 점이다. 둘째, 행동주의 상담은 학습이론에 기반을 두고 체계적 관찰, 철저한 통제, 자료의 계량화, 결과의 반복이라는 과학적인 방법을 강조하여 상담에 적용하기에 정신지체, 자폐아, 불안장애 등 각종 정신병적 행동장애 치료뿐만 아니라 아동과 청소년의 문제행동을 교정하는 데 효과적으로 사용되고 있다는 점이다. 그리고 일상적인 임상 장면 영역 외에도 노인의학, 소아과, 재활계획, 스트레스 대처 등 다양한 분야에서 광범위하게 활용되고 있다.

행동주의 상담의 제한점으로 첫째, 인간의 행동을 너무 기계적인 방식으로 볼 수 있다는 점이다. 행동주의 상담에서는 기본적으로 인간을 외부적 요인에 의해 조형되는 존재로 인식한다. 그러므로 인간의 주관적인 경험과 내면의 심리적 과정을 도외시하는 비인간화된 상담방법이 될 수도 있다는 지적이다. 따라서 상담 장면에 있어서도 상담자가 내담자의 가치와 행동을 지나치게 조형하고 지시하며 통제한다는 논쟁이 있다. 이러한 이유로 오늘날 행동주의 상담에서는 내담자의 문제 해결에만 집중하는 것이 아니라 내담자의 인지적 요소와 상담관계를 고려하여 상담의 효과를 높이려고 노력하고 있다. 둘째, 행동주의 상담은 구체적인 문제행동을 수정하는 데 초점을 두다 보니 내담자의 자아통찰 또는 자아실현적인 측면에서 매우 부적합하다는 점과 내담자가 가지고 있는 현재 문제의 역사적 기원을 경시한다는 평가를 받고 있다.

연습문제

1. 행동주의 상담의 주요 기법들에 대해서 토의하시오.
2. 고전적 조건화와 조작적 조건화 이론에 대해 논하시오.
3. 행동주의 상담의 공헌과 제한점에 대해 설명하시오.

CHAPTER

04

인간중심 상담

학습 내용

1. 로저스의 생애와 인간중심 상담의 발전과정
2. 인간관
3. 주요 개념
4. 상담의 목표 및 과정
5. 상담의 주요 기법
6. 공헌 및 제한점

학습 목표

1. 인간중심 상담의 4단계 형성과정에 대해서 이해한다.
2. 인간중심 상담의 인간관과 주요 개념들을 살펴본다.
3. 인간중심 상담의 목표, 상담자의 역할과 기능, 12단계 상담과정에 대해서 이해한다.
4. 인간중심 상담의 주요 기법들을 이해하고 적용하게 한다.

학습 개요

상담심리학의 제3세력이라고 하는 인간중심 상담은 칼 로저스에 의해서 인본주의 철학 이론에 기초해서 발전되었다. 인간중심 상담은 1950년부터 1987년까지 4단계 형성과정을 통해서 완성되었다. 로저스의 성격이론을 이해하는 데 중요한 구성개념은 유기체와 현상학적 장, 자기 개념, 자아실현 경향성, 가치의 조건화 등이다. 인간중심 상담의 목표는 내담자의 자기 개념 불일치를 수정하고 방어기제를 제거하여 충분히 기능하는 사람이 될 수 있도록 도움을 제공함으로써 자기 자신이 되도록 하는 것이라 할 수 있다.

인간중심 상담자는 근본적으로 내담자 스스로를 변화의 수단으로 활용한다. 따라서 인간중심 상담에서 상담자의 역할은 내담자를 위하여 계획한 기법보다는 존재방식에 기초를 두고 있다.

인간중심 상담과정의 특성은 상담과정 혹은 문제 해결에 대하여 내담자의 책임과 주체성을 강조한다. 따라서 인간중심 상담의 진행과정은 상담관계의 수용적인 분위기 속에서 내담자 스스로 자신을 개방하고, 수용하며, 문제의 해결점을 찾아가고, 더 나아가 충분히 기능하는 인간으로 성장하도록 도와주는 과정이다. 인간중심 상담의 주요 기법은 경청, 공감, 무조건적 수용, 반영, 일치성, 요약, 명료화, 반복연습 등이다.

1 로저스의 생애와 인간중심 상담의 발전과정

| 칼 로저스

상담심리학의 제3세력이라고 하는 인간중심 상담은 1940년대 초에 칼 로저스(Carl Ransom Rogers, 1902~1987)에 의해 인본주의 철학이론에 기초해서 발전되었다.

로저스는 미국 일리노이주 시카고 외곽 오크 파크에서 6남매 중 넷째로 태어났다. 그는 위스콘신 대학교(University of Wisconsin–Madison)에서 농업학을 공부하고 신학 전공을 위해 뉴욕의 유니언 신학교(Union Theological Seminary)로 진학했으나 2년 만에 신학교를 그만두고, 콜롬비아 대학교(Columbia University)의 사범대학으로 자리를 옮겨 그곳에서 임상 및 교육심리학을 전공해 석사와 박사학위를 받았다.

로저스는 정신분석 상담이 인간의 본능적 욕구를 지나치게 강조하면서 상담자가 진단적이고 해석적이며 지시적인 태도를 취하는 것에 반대하였다. 이어서 행동주의 이론은 개인 행동의 자극에 대한 반응을 지나치게 단순화시킨다고 비판하였다. 그는 이 두 이론을 대체할 수 있는 새로운 이론으로서 인본주의에 기반을 둔 비지시적인 인간중심 상담을 주창하였다.

로저스는 1942년에 출간한 『상담과 심리치료(*Counseling and Psychotherapy*)』에서 상담자와 내담자가 맺는 관계의 질(quality)에 대한 중요성을 강조하였다. 그리고 그는 인간의 잠재 능력을 강조하였고, 상담자는 내담자가 스스로 성장할 수 있도록 동기화할 수 있는 최적의 환경을 제공하는 사람이어야 한다고 주장하였다.

로저스의 인간중심 상담은 다음의 4단계 형성과정을 통해서 완성되었다.

제1단계는 비지시적 단계(1940~1950)이다. 이 시기에는 감정의 반영과 비지시적

기술들이 특징이며 상담자의 허용적이고 비간섭적인 분위기를 강조하였다. 제2단계는 내담자 중심(client-centered) 단계(1950~1957)이다. 로저스는 1951년에 저서 『내담자 중심 치료(*Client-centered Therapy*)』를 출간하였다. 이 시기에 로저스는 상담을 통하여 도움받는 사람을 의존적인 환자로 취급하기보다는 책임감 있는 한 사람의 내담자로서 여겨야 한다는 점을 강조하였고 성격이론과 상담이론을 확립하기 시작했다. 제3단계는 이론의 적용 단계(1957~1975)이다. 이 시기에 로저스는 내담자의 행동과 더불어 상담자의 유기체적 경험이 상담과정에 있어서 중요하다고 강조하였다. 상담자와 내담자의 긴밀한 상호보완적 관계에 대한 그의 이론은 다른 영역의 접근까지 널리 확장되어 상담의 공통적인 요인으로 인식하게 되었다. 제4단계는 인간중심(person-centered) 단계(1975~1987)이다. 이때는 그의 이론이 널리 퍼지게 되는 시기이다. 로저스는 개인의 성장에 주력하면서 많은 사람들을 대상으로 '참 만남 집단'을 구성하였고 자신의 이론을 적용하였다. 그는 내담자뿐만 아니라 사회의 전반적인 측면이나 교육, 정치 분야까지 자신의 관심을 확대시켰다(Corsini & Wedding, 2017).

2 인간관

로저스는 개인마다 각각 현실을 달리 지각하고 그 사람의 주관적인 경험이 행동을 지배한다고 믿었다. 다시 말해서 인간을 외부 현실보다는 오히려 내부적인 경험에 의해 좌우되는 존재로 보는 관점이다. 그는 인간을 이해하려면 각 개인이 처한 세계 안에서 내적 참조체계를 살펴봐야 한다고 주장하였다. 로저스는 다양한 임상을 경험하면서 인간은 선천적으로 자유롭고 자신의 행동에 책임을 지며 합리적이고 건설적

인 방향으로 지속적인 성장을 하는 미래지향적인 존재라고 보았다. 따라서 인간은 선천적 잠재력을 활용할 수 있는 여건이 적절하게 마련된다면 무한한 성장과 발전이 가능하다고 강조하였다.

로저스의 인간관은 자유와 합리성 및 자아실현 경향성이 서로 연결되어 있다. 또 개인의 인생은 스스로가 통제할 수 없는 다른 것에 의해 수동적으로 이루어지는 것이 아니라, 개개인이 소유한 자유롭고 능동적으로 선택한 결과로 만들어진다는 관점이다. 대부분의 사람은 과거와 현재 상황을 명확하게 인식할 수 있는 만큼 자신의 인생과 미래에 대하여 능동적인 선택이 가능하다. 즉, 인간을 선천적으로 타고난 성장 가능성을 실현하는 과정에서 목표와 행동을 자신이 결정하며 여기에 따르는 책임까지 수용할 수 있는 자유로운 존재로 설명하였다.

이와 같이 로저스는 인간에 대하여 자유론적 관점을 가지고 인간을 합리적인 존재로 규정한다. 이러한 인간의 합리성은 자아실현 경향성이 발휘되고 보다 더 자유로울 때 강력하게 나타난다. 그는 대부분의 인간은 자기에 대한 이해와 자기 개념과 태도의 변화, 그리고 자기 지향적 행동을 위하여 중요한 내적 자원을 소유하고 있는 것으로 이해하였다. 이와 같은 선천적 능력을 자아실현 경향이라고 칭했다. 그는 자아실현 경향을 자기 충족, 성숙의 방향을 지향하는 경향성, 인간의 대부분의 동기를 포함하는 진보적 추진력으로 설명하였다. 또한 각 개인은 이것을 성취하기 위해 지속적으로 노력하고 도전하고 어려움을 극복함으로써 진정한 각 개인이 되어간다고 주장하였다. 아울러 인간을 발전적으로 성장하는 창조적 가능성이 무한히 잠재되어 있다고 보았다. 즉, 개인은 선천적으로 타고난 청사진을 가지고 있고 잠재력을 달성하고자 하는 자성 능력이 있기 때문에 어려운 역경에서도 빠르게 회복할 수 있다고 설명하였다.

3 주요 개념

로저스의 성격이론은 프로이트의 유전적 성격이론과는 달리 현상 이론에 보다 가깝다. 인생에 대한 로저스의 학문적 관심과 실존주의적 철학이 그의 성격이론을 만드는 원동력이 되었다. 이것은 개인의 발달에 영향을 미치는 주변의 환경을 중요시했다. 다시 말해서 인간의 문제는 개인의 내부 역동보다는 주로 대인관계에 있는 것으로 보았다. 로저스의 성격이론을 이해하는 데 중요한 구성개념은 유기체와 현상학적 장(phenomenal field), 자기 개념, 자아실현 경향성, 가치의 조건화 등이다.

1) 유기체

유기체, 즉 전체(신체, 지성, 정서)로서 개인은 모든 경험의 소재이다. 인간은 경험에 대하여 유기체적으로 반응하는데 특히 자극에 대하여 전 존재가 반응을 하게 된다. 로저스가 "경험은 나에게 최고의 권위이다"라고 말한 것처럼, 그는 유기체의 경험을 중시하였다. 경험은 어떤 주어진 순간에 유기체 내에서 진행되어 잠재적으로 자각할 수 있는 모든 것을 포함한다.

2) 현상학적 장

유기체의 경험 전체가 현상학적 장(phenomenal field)을 구성한다. 현상학적 장은 오직 '경험하는 개인'에게만 알려질 수 있는 자신의 참조 틀이다. 따라서 개인이 행동하는 방식은 외적 현실인 자극 조건 때문에 정해지는 것이 아니라, 자신의 현상학적 장에 의존하여 형성된다. 로저스는 '의식 혹은 자각은 우리가 경험하는 어떤 것

의 상징화'라는 점에서 현상학적 장은 의식의 장과 동일하지 않다는 것을 지적하였다. 그러므로 특정한 순간의 현상학적 장은 의식적(상징화된) 및 무의식적(상징화되지 않는) 경험으로 구성된다고 보았다.

3) 자기 개념

개인 스스로가 자신 혹은 자기로서 보는 현상학적 장의 일부를 '자기(self)'라고 할 수 있다. 개인의 지각과 의미의 전체적 체계는 각자 자신의 현상학적 장을 구성한다. 즉, 현상학적 장 안에 자기가 있다. 로저스의 성격이론에서 핵심적인 개념은 바로 자기 개념(self-concept)이다. 특히 인간은 외적 대상을 지각하고 경험하며 의미를 두는 존재로서 강조된다. 로저스는 자기가 불안정하며 끊임없이 변화하는 실체라는 점에서 '과정으로서 자기'를 강조하였다. 그리고 '자기'는 조직화되고 일관된 지각 패턴을 나타낸다. 구조적 개념 중에 '이상적 자기(ideal self)'는 개인이 소유하고자 하는 자기 개념이며 잠재적으로 자기와 관련되어 스스로 높게 가치를 부여하는 지각과 의미를 포함한다.

4) 자아실현 경향성

인간의 자아실현은 경험의 개방과 스스로에 대한 신뢰, 내적 평가, 지속되는 성장에 대한 의지로 나타난다. 자아실현을 성취한 사람은 자기 방어를 위한 현실 왜곡이 없고 자신에 대한 솔직한 이해로 신뢰감과 융통성을 지니고 있다. 그리고 실존에 대한 답을 자신의 내부에서 발견하고 인간적 성숙은 계속되는 과정으로 인식한다.

로저스에 따르면 인간은 각자 타고난 '자아실현 경향성(self actualization)'으로 인해서 진취적인 존재가 될 수 있다고 보았다. 로저스(Rogers, 1951)는 인간은 자아를 유지하고 향상시키고 실현화시킬 경향성에 의해 동기화한다고 믿었다. 프로이트가

추동(drive)과 행동의 긴장 감소 측면을 강조한 것에 비해 로저스는 추동 대신에 인간의 기본적 경향성으로 자아실현을 강조한 것이다. 그는 자아실현, 즉 인간의 타고난 잠재력의 실현을 강조하였다.

5) 가치의 조건화

로저스는 가치 조건화(conditions of worth)를 주관적으로 경험하는 사실을 왜곡하기 때문에 인간의 성숙을 방해하는 주요 원인으로 보았다. 특히, 어린이의 경우 기본적 욕구인 '긍정적 자기 존중(부모로부터의 인정과 보상)'을 얻기 위해 노력하기 때문에 가장 영향력 있는 부모의 양육 태도에 따라 가치의 조건이 형성된다. 그 결과 자신의 욕구는 무시하고 타인의 반응에 민감하게 된다.

4 상담의 목표 및 과정

1) 상담의 목표

인간중심 상담의 목표는 내담자의 자기 개념 불일치를 수정하고 방어기제를 제거하여 충분히 기능하는 사람이 될 수 있도록 도움을 제공함으로써 자기 자신이 되도록 하는 것이라 할 수 있다. 이러한 목표를 이루기 위해서 우선 내담자는 사회화를 통하여 자신의 가면을 탈피해야 한다. 인간중심 상담의 핵심은 상담자와 내담자의 관계에서 내담자가 스스로 목표를 개념화하여 명료화시킬 수 있도록 하는 것이다. 상담자는 신뢰를 바탕으로 내담자가 자연스럽게 자기 개방을 할 수 있도록 도와야 한다. 즉, 내담자 스스로가 자신의 내면세계와 문제를 인식할 수 있도록 도움을 제

공해야 한다. 이러한 상담관계에서 내담자가 환경에 대해 왜곡된 내용을 수정하여 현실적 경험과 자아개념 간의 조화를 이루게 된다. 그 다음에는 능력과 개성을 최대한 발휘하는 자아실현을 촉진할 수 있게 된다.

2) 상담자의 역할과 기능

인간중심 상담자는 근본적으로 내담자 스스로를 변화의 수단으로 활용한다. 따라서 인간중심 상담에서 상담자의 역할은 내담자를 위하여 계획한 기법보다는 존재방식에 기초를 두고 있다. 때문에 상담자는 진행과정에서 내담자가 성장할 수 있도록 돕는 분위기를 형성해야 한다. 이렇게 할 때 내담자들이 지금까지 거부하거나 왜곡했던 일상의 부분을 살피기 위해 필요한 자유를 경험하도록 조력관계를 만들어 줄 수 있다. 즉, 어떤 이론 혹은 기법보다 상담자의 태도가 내담자의 변화를 촉진시킨다고 볼 수 있다.

따라서 인간중심 상담에서 상담자는 충고자, 해석자 또는 교육자로서가 아니라 진실한 상담관계를 통해 공감적 이해, 무조건적인 수용, 솔직한 태도를 제공해 주는 자라고 할 수 있다(Rogers, 1952).

3) 상담과정

인간중심 상담과정의 특성은 상담과정 혹은 문제 해결에 대하여 내담자의 책임과 주체성을 강조한다. 따라서 인간중심 상담의 진행과정은 상담관계의 수용적인 분위기 속에서 내담자 스스로 자신을 개방하고, 수용하며, 문제의 해결점을 찾아가고, 더 나아가 충분히 기능하는 인간으로 성장하도록 도와주는 과정이다. 로저스는 그의 저서 『카운슬링의 이론과 실제(*Counseling and Psychotherapy: Newer Concepts in Practice*)』(1942)에서 상담의 진행과정을 다음과 같이 12단계로 나누어 설명하고 있다.

(1) **1단계**: 내담자가 도움을 받기 원하여 상담자를 방문한다. 이는 치료에 있어서 가장 중요한 단계 중에 하나이다. 상담을 원하는 것은 내담자는 스스로 책임 있는 행동을 개시한 것이다.

(2) **2단계**: 상담 상황을 결정하는 단계로 이 단계에서 조력(助力) 상황이 설정되고, 상담자는 내담자의 문제의 답을 가지고 있지는 않으나 내담자로 하여금 도움을 얻어 스스로 노력해 가는 과정임을 알게 해야 한다.

(3) **3단계**: 상담자는 내담자의 정서 반응을 반영하고 명료화하며, 내담자가 문제에 관련된 감정을 자유롭게 표현할 수 있도록 돕는다. 이것은 상담자의 친밀하고 관심 있는 수용적인 태도에서 가능하다.

(4) **4단계**: 상담자는 내담자가 표현하는 부정적 감정을 수용할 수 있어야 하고 알아주며 정리해 주어야 한다. 상담자는 이런 감정을 수용하기 위해서 상대가 말하는 지적인 내용에 대해서가 아니라 그 밑바닥에 깔려 있는 감정에 대해 대응하여야 한다.

(5) **5단계**: 내담자가 부정 감정을 완벽히 표현한 후에는 미비하고 잠정적이기는 하나 성장에 도움이 될 만한 긍정적인 감정과 도전이 나타나게 된다.

(6) **6단계**: 상담자는 내담자의 부정적 감정을 수용하면서 더불어 긍정적인 감정 또한 인정하고 수용해야 한다.

(7) **7단계**: 내담자가 부정적인 감정과 긍정적인 감정을 모두 경험하면 자기 이해, 자기 수용, 자기 통찰이 나타난다.

(8) **8단계**: 통찰과 함께 여러 가지 의사결정할 수 있는 방법을 선명하게 알 수 있게 된다.

(9) **9단계**: 내담자는 긍정적인 행동을 취하게 되며, 다양한 생활 장면에 대하여 더욱 정확하고 완전한 분별을 하게 된다.

(10) **10단계**: 내담자는 보다 성장하고 긍정적인 행동을 하면서 통찰 정도가 확대되고 심화되는 과정을 통해 명확한 자기 이해가 가능하게 된다.

(11) **11단계**: 내담자가 자신에 대해 신뢰하게 되면서 일상의 선택과 의사결정에 두려움이 없어지고, 자신감을 회복하며 보다 발전된 통제로 인해 긍정적인 행동이 점차적으로 증가하게 됨으로써 충분히 기능할 수 있는 사람으로 변하게 된다.

(12) **12단계**: 내담자는 이제 도움을 받을 필요가 줄어들고 치료관계를 종결해야겠다는 생각을 하게 된다. 다시 말해서, 현실적 자아와 이상적 자아 간의 균형을 찾게 된다. 이 단계는 종결을 준비하고 내담자는 이전보다 성숙해지고 바람직한 분위기로 상담을 종결하게 된다.

5 상담의 주요 기법

1) 경청

경청(listening)은 내담자에게 자신이 한 말이나 또는 상담 진행에 대해 생각할 여유와 함께 통찰의 기회가 될 수 있기 때문에 상담에 성공적인 요인으로 작용한다. 따라서 상담자는 경청을 적절하게 사용해서 내담자가 자신의 생각과 감정을 자유롭게 표현하면서 상담에 참여하는 자신의 모습에 책임감을 느끼는 동시에, 상담의 긍정적인 효과를 기대할 수 있도록 한다.

인간중심 상담은 내담자 중심으로 상담을 진행하므로 경청을 매우 중요시하며, 올바른 경청의 태도는 상담자가 온화한 시선과 이완된 자세로 내담자 말을 방해하지 않고 끝까지 관심을 가지고 들어주는 것이다.

2) 공감

공감(empathy)은 내담자에 대한 인간적인 동일시로서 단순히 내담자에 대한 객관적 지식만을 의미하는 것이 아니라 내담자에 대한 깊고 주관적인 이해이다. 로저스는 상담자들이 자신의 주체성을 잃지 않고 내담자가 보고 느끼는 사적 세계에서 현재 경험하고 있는 것을 같이 경험할 수 있을 때 건설적인 변화가 일어날 것이라고 강조하였다. 상담자의 높은 수준의 정확한 공감은 내담자들이 불확실하게 경험한 감정들을 분명한 느낌으로 인식할 수 있도록 돕는 것 이상의 의미를 가진다.

3) 무조건적 수용

무조건적 수용(unconditional acceptance)은 상담자가 내담자를 한 인간으로서 깊고 순수한 관심과 배려를 가지고 감정, 사고, 행동에 대한 평가나 판단에 따라 오염되지 않는다는 것을 의미한다. 상담자가 내담자를 존중하며 조건을 제시하지 않고 따뜻하게 수용할 때, 내담자는 자신의 감정이나 경험으로 인해 상담자의 수용을 잃지 않을 것이라는 확신을 하게 된다. 수용은 내담자로 하여금 감정을 표현할 수 있는 권리를 인정해 주는 것이다. 상담자가 비소유적인 방식으로 내담자에 대한 관심을 가지고 수용과 존중하는 정도가 클수록 성공적인 치료가 될 가능성이 높다. 만약 상담자가 내담자에 대한 수용을 하지 않으면 내담자들은 관심의 결핍을 느끼게 되면서 점점 더 방어적으로 될 수밖에 없고 상담의 효과는 거의 기대할 수 없게 된다. 하지만 상담자가 모든 행동을 수용해야 한다는 것은 아니다. 즉, 모든 외현적 행동들을 승인하거나 수용할 필요는 없다.

4) 반영

반영(reflection)은 상담 중에 내담자가 표현한 주요 내용과 태도에 대해 상담자가

새로운 용어로 부연해 주는 것을 말한다. 내담자의 감정 중에서 외부로 나타나는 감정이 아니라, 내면의 감정을 정확하게 파악해서 상담자가 내담자를 충분히 이해하고 공감하고 있음을 전달하는 것이다(Rogers, 1986). 반영은 상담의 초기 단계에서부터 진행되며, 상담자가 내담자의 감정을 반영해 주기 위해서는 감수성 훈련(sensitivity training)을 통해 준비되어 있어야 한다.

5) 일치성

일치성(congruence)은 상담자의 진정성(genuineness), 진실성(realness)을 말한다. 이는 상담자가 상담 시에 순수하고 통합되어 있고 솔직해야 한다는 의미이다. 즉, 일치성은 내담자와 상담자의 관계에서 반응할 때, 내담자가 가진 내적인 경험과 느낌이 매 순간 합치되는 상태를 의미한다. 일치에 대한 로저스의 개념은 완벽하게 자기실현된 상담자만이 효과적인 상담을 할 수 있다는 의미가 아니다. 상담자도 인간이기 때문에 완전히 솔직해지기를 기대하기는 어렵다. 단지 상담자들이 내담자와의 관계에서 일치할 수 있다면 상담과정은 원만히 진행될 것이라고 가정하는 것이다. 여기서 일치라는 것은 관계를 통한 느낌으로 분노, 좌절, 좋음, 매력, 관심, 권태, 귀찮음 등의 감정들을 표현한다는 의미이다.

6) 요약

요약(summarization)은 상담 중에 출현했던 내담자의 생각과 감정을 매회 상담이 끝날 무렵 하나로 정리하는 것이다. 요약의 주요 목적은 내담자가 미처 의식하지 못했던 내용을 깨닫게 하고, 문제 해결의 과정을 이해시키며, 자신의 생각과 느낌을 탐색하도록 돕기 위한 것이다. 그러므로 상담자는 요약에서 자신의 새로운 견해를 절대 추가해서는 안 된다. 내담자의 진술 중에서 중요한 내용과 감정에 주의해서 자

신이 파악한 내용과 감정을 통합하여 내담자가 이해하기 용이하도록 간결하게 정리해서 전달한다(Corsini & Wedding, 2017).

7) 명료화

명료화(clarification)는 상담자가 내담자의 진술 중에서 모호하거나 잘못 이해하고 있는 내용이나 문제에 대해 내담자의 구체적인 설명을 요청해서 내담자로 하여금 자신의 문제를 확실하게 이해할 수 있도록 돕기 위한 기법이다. 명료화의 과정으로 상담자는 내담자의 말이 분명하지 않고 잘 이해되지 않았을 때에는 내담자에게 상담 중에 진술했던 말을 다시 반복하게 하거나 또는 구체적인 예를 들어 다시 정확하게 설명해 줄 것을 요청한다. 또한 명료화는 내담자의 진술에 대해 상담자가 자신의 반응을 정확하게 나타냄으로써 내담자로 하여금 자신의 사고와 감정을 재확인시키기 위한 목적으로도 사용된다. 그러나 이때 상담자의 반응이 개인적인 반응이 되지 않도록 주의해야 하며, 또한 명료화의 과정이 직접적으로 내담자에게 영향을 미치지 않도록 한다.

8) 반복연습

반복연습(rereading practice)은 내담자로 하여금 새롭게 획득한 자신의 생각이나 감정·행동을 반복해서 연습하게 함으로써 내담자의 생각을 구체화하고 재확인시키는 것이다. 따라서 반복연습을 통해 내담자는 현실적 자기를 충분하게 경험하게 되면서 자신의 문제에 대한 통찰과 함께 자기 이해 능력이 증가하게 된다. 또한 반복연습 과정 중에 나타난 자신의 새로운 모습과 심리적 변화를 통해 자신감을 회복해서 자아실현을 위해 노력하게 된다.

6 공헌 및 제한점

로저스의 인간중심 상담은 인간에 대한 부정적인 관점이 아닌 각 개인의 성장 가능성과 자아실현의 경향성 및 문제 해결을 위한 잠재 능력 등에 대한 믿음을 근간으로 한다. 로저스는 심리학의 '제3세력 운동'을 대표하는 학자로서 정신분석과 행동치료 이론을 대체할 수 있는 인간중심 상담을 체계화시킴으로써 상담과 심리치료뿐만 아니라 사회 각 분야에 지대한 공헌을 하게 되었다. 인간중심 상담의 공헌에 대해서 구체적으로 살펴보면, 첫째, 인도주의적 입장에 근거한 신념은 인간을 보다 긍정적으로 바라볼 수 있는 여유를 갖게 했다. 특히 물질문명의 비인간화 사회 속에서 인간의 존재가치에 대한 긍정적인 안목을 주었다. 둘째, 상담의 대중성에 긍정적인 공헌을 하였다. 인간중심 상담방법은 높은 수준의 심리학을 공부하지 않은 사람도 관계의 친밀성을 강조함으로써 충분히 활용할 수 있다. 셋째, 다른 상담이론들보다는 상담자 스스로가 개인적 상담 스타일을 개발할 수 있는 융통성을 지니고 있다. 넷째, 상담자와 내담자의 관계에 있어서 친밀성을 강조하여 상담자 스스로가 치료적 도구가 될 수 있어서 상담관계 자체로 치료가 이루어질 수 있다. 다섯째, 상담관계에서 내담자와 상담자의 동등한 위치를 강조함으로써 내담자 스스로 문제를 해결하는 것을 중시한다. 여섯째, 상담자의 태도와 자질 그리고 상담관계의 기본적 기법(micro-skill)의 중요성을 일깨워 주고 있다. 마지막으로 상담자와 내담자 사이에 일어난 기분이나 반응 또는 대화를 상담 대화록에 재생시킨 것은 상담 발전에 결정적인 공헌이라 할 수 있다.

반면에 인간중심 상담이론의 제한점으로는 첫째, 지나치게 현상학에 근거하고 있다는 것이다. 예를 들어, 어떤 사람이 자신에 대해 말을 할 때 상황에 따라 거짓이나 방어적인 속임수를 사용하므로 그 내용이 왜곡될 수도 있다는 점을 들 수 있다. 둘

째, 내담자의 내면세계에서 정서적 요소를 지나치게 강조하였고 지적이고 인지적 요소는 소홀히 하는 경향이 있다. 셋째, 인간중심 상담은 내담자를 무조건 지지하는 내담자 중심의 상담이기 때문에 상담자로 하여금 자신의 정체성과 독특성을 상실하게 할 수도 있다는 우려가 있다.

연습문제

1. 인간중심 상담의 4단계 형성과정을 설명하시오.
2. 인간중심 상담의 인간관과 상담자의 역할에 대해서 토의하시오.
3. 인간중심 상담의 주요 기법들에 대해서 설명하시오.

CHAPTER

05

게슈탈트 상담

학습 내용

1. 펄스의 생애와 게슈탈트 상담의 발전과정
2. 인간관
3. 주요 개념
4. 상담의 목표 및 과정
5. 상담의 주요 기법
6. 공헌 및 제한점

학습 목표

1. 게슈탈트 상담이론의 주요 배경과 인간관에 대해서 살펴본다.
2. 게슈탈트 상담이론의 주요 개념과 기법에 대해서 이해한다.
3. 게슈탈트 상담 적용에 대해서 정확한 통찰을 가지도록 설명한다.

학습 개요

게슈탈트 상담은 프리츠 살로몬 펄스에 의해 창안된 심리치료로서 기존 형태심리학이 지각 연구에만 국한된 데 반해 그 적용 범위를 사고, 감정, 욕구, 신체감각, 행동 등 전체 유기체 영역으로 확장시킨 이론이다. 게슈탈트 상담의 인간관은 실존주의 철학과 현상학 장(filed) 이론에 근거하여 각 개인은 스스로 삶의 문제를 효과적으로 처리할 수 있다고 본다. 게슈탈트 상담에서는 결정의 힘이 현재에 있다고 강조하기 때문에 여기 그리고 지금(here and now)이라는 개념이 가장 중요하다. 펄스는 인간의 유기체적 삶을 형태 형성과 해소의 반복 순환 과정으로 보았다. 그리고 이러한 반복 순환 과정에서 알아차림은 형태 형성과 관계하며 접촉은 형태의 해소에 관계한다고 하였다. 그리고 펄스는 접촉이 일어나는 곳 즉, 유기체와 환경이 만나는 장소를 접촉 경계라고 보고 모든 심리적인 사건들이 이 접촉 경계에서 일어난다고 보았다. 접촉 경계 혼란을 유발하는 대표적인 심리적 기제로는 내사, 투사, 융합, 반전, 자의식, 편향이 있다.

게슈탈트 상담의 기본적인 목표는 내담자로 하여금 자신의 삶에 책임을 질 수 있는 성숙된 모습이 될 수 있도록 도와주는 데 있다. 게슈탈트 상담과정은 내담자가 지금 여기에서의 경험을 통하여 자기를 충분히 각성하고 부적응 행동의 본질과 그것이 어떻게 자기 삶을 방해해 왔는지를 알 수 있도록 돕는 데 있다. 게슈탈트 상담의 주요 기법으로는 빈 의자 기법, 대화 실험, 투사놀이, 역전 기법, 감정에 머물러 있기, 행동 연습의 실험, 과정 실험, 직면, 꿈의 작업에 대한 형태적 접근, 실험 등이 있다.

1 펄스의 생애와 게슈탈트 상담의 발전과정

Ⅰ프리츠 살로몬 펄스

게슈탈트 상담(Gestalt therapy)은 프리츠 살로몬 펄스(Fritz Salomon Perls, 1893~1970)에 의하여 창안된 심리치료이다. 'Gestalt'라는 단어는 전체, 형상, 형태, 모습 등의 뜻을 지닌 독일어이다. 펄스는 독일 베를린의 중류층 유태계 가정에서 3남매 중 둘째로 태어났다. 펄스는 초등학교 시절에 학교 성적이 우수하였으나 사춘기에 접어들면서 반항적 성향으로 학업을 소홀히 하여 7학년 때는 두 번이나 낙제를 하고 또한 학교에서 문제를 일으켜 퇴학을 당했다. 하지만 학업을 계속해 1920년에 프레드리히 빌헬름 대학(Friedrich Wilhelm University)에서 의학 학위를 수여받았고, 독일군에 입대하여 의사로 군복무를 마친 후 오스트리아 빈에서 정신신경과 의사 쉴더(Paul Ferdinard Schilder, 1886~1940)의 지도를 받고 박사학위를 취득하였다. 그리고 빌헬름 분트(Wilhelm Maximilian Wundt)의 실험심리학에 한때 심취하였으나 이에 만족할 수 없었다. 그 후 1926년 뇌 손상 군인들을 연구하던 '골드스타인 연구소(Goldstein's Institute for Brain Damaged Soldier)'에서 쿠르트 골드스타인(Kurt Goldstein, 1878~1965)의 조수로 일하기 위해 프랑크푸르트 암 마인(Frankfurt am Main)에 가게 되었다. 여기서 쿠르트 골드스타인 교수와 게슈탈트 심리학의 전체주의설을 세운 젤브(Adhemar Gelb)를 만나면서 전체로서 통합된 유기체 이론을 접하고 매우 깊은 감명을 받게 되었다.

펄스의 게슈탈트 상담은 기존 형태심리학이 지각 연구에만 국한된 데 반해 그 적용 범위를 사고, 감정, 욕구, 신체감각, 행동 등 전체 유기체 영역으로 확장시킨 이론이다. 게슈탈트 상담이론은 호나이(Karen Horney)의 정신분석 치료이론을 비롯하

여 많은 이론들의 영향을 받았다. 골드스타인의 유기체 심리학, 라이히(Wilhelm Reich)의 신체이론, 레빈(Lewin)의 장이론, 모레노(Moreno)의 심리극 기법, 라인하르트(Max Reinhardt)의 연극과 예술철학, 하이데거(Martin Heidegger), 부버(Martin Buber), 틸리히(Paul Tillich) 등의 실존철학, 그리고 동양사상 그중에서도 특히 도가(道家)와 선(禪)사상 등의 광범위한 영향을 받으면서 펄스는 그의 치료기법을 탄생시켰다. 따라서 게슈탈트 상담은 어떤 다른 치료보다도 개방적이다. 이것은 게슈탈트 상담이 어떤 고정된 것을 고집하지 않기 때문에 가능하다. 게슈탈트 상담은 다른 치료이론이나 사상 혹은 치료기법과의 접촉을 통해 발전해 왔으며 현재도 발전하고 있다(Seligman, 2006).

2 인간관

게슈탈트 상담의 인간관은 실존주의 철학과 현상학 장(filed)이론에 근거하여 각 개인은 스스로 삶의 문제를 효과적으로 처리할 수 있다고 본다. 특히 주위에서 어떤 일이 일어나는지에 대한 인식을 완전히 할 수 있을 때는 더욱 그렇다고 본다. 따라서 게슈탈트 상담에서 중점을 두고 있는 것은 단순히 분석하는 데 있지 않고 인식 또는 환경과 접촉하는 데 있다. 여기서 환경 또는 장이란 외적 세계(다른 사람들)와 내적 세계(인정하지 않는 자신의 일부)로 이루어져 있기에 이 둘 사이의 접촉의 질을 검토하는 것이 중요하다. 그리고 게슈탈트 상담에서는 과거에 인정하지 않았던 자신의 일부 들을 '재소유' 하여 통합하는 과정으로 내담자가 인격적 성장을 수행할 만큼 강해질 때까지 차근차근 진행한다. 여기서는 사람이 자기 내부나 주변에서 일어나는 일에 대해 완전히 인식할 수 있으면 '자기 조절' 능력을 갖게 된다고 보았다. 따라

서 게슈탈트 상담의 치료적 접근은 인식이 지지되고 재건되는 환경과 기회를 제공한다. 그리고 상담자가 그 과정에서 내담자의 현재 경험과 신뢰에 머무를 수 있으면 내담자는 인식, 접촉, 통합이 향상될 수 있을 것으로 보았다. 또한 게슈탈트 상담에서의 변화는 다른 존재가 되는 것이 아닌 있는 그대로의 자신을 완전히 받아들이는 것이 중요하다고 보았다. 때문에 내담자가 '되어야 하는 사람'이 되려고 노력하는 것이 아닌 현재 입장에서 될 수 있는 한 완전히 존재하는 것이 중요하다.

3 주요 개념

1) 여기 그리고 지금

게슈탈트 상담에서는 결정의 힘이 현재에 있다고 강조하기 때문에 여기 그리고 지금(here and now)이라는 개념이 가장 중요하다. 펄스는 "과거는 지나가버린 것이고 미래는 아직 오지 않는다. 지금 이외에 존재는 없다"라고 말하며 현재를 가장 중요하게 보았다. 그렇다고 해서 과거나 미래를 무시하는 것은 아니다. 개인의 과거에 대한 기억과 미래에 대한 기대는 오직 현재의 시기에서만 경험할 수 있기 때문에 '과거의 현재화'나 '미래의 현재화'도 요구된다.

2) 전경과 배경

전경(figure)은 어느 한순간에 관심의 초점이 되는 부분이며 배경(ground)은 관심 밖으로 물러나는 부분을 의미한다. 사람들은 대상을 지각할 때 자신에게 관심 있는 부분을 전경으로 삼고 나머지는 배경으로 간주한다. 건강한 사람의 경우는 매 순간 전

경으로 떠오르는 욕구나 감정을 바탕으로 형태를 만들고, 그 형태를 감소시켜서 배경으로 사라질 수 있도록 만들 수 있다. 하지만 건강하지 못한 사람은 전경과 배경을 확실하게 구분하지 못하기 때문에 자신의 형태를 만들지 못한다. 이에 전경의 형태가 해소되지 못하면 결국 전경이 되지도 못하고 배경으로 사라지지도 못한 상태로 계속 머물게 된다.

3) 미해결 과제

미해결 과제(unfinished business)는 개체가 어떤 형태를 형성하였지만 상황적 여건에 따라 이를 해결하지 못하였거나 아니면 아예 형태 형성 자체가 방해받았을 때 마음에 남아 있는 감정들을 의미한다. 따라서 미해결 과제가 많은 개인은 자신의 형태를 효과적으로 완성하지 못해서 심리적, 신체적인 어려움을 겪게 된다. 이러한 미해결 과제가 생기는 이유는 개인 스스로 자신의 형태 해소를 방해하는 인위적인 차단활동을 하거나 환경과의 유기적인 관계를 차단하기 때문이다. 그러므로 게슈탈트 상담의 목표는 내담자의 미해결 과제를 완결지을 수 있도록 차단행위를 알아차림으로써 미해결 과제를 형태로 떠올리게 하는 것이다.

따라서 게슈탈트 상담은 미해결 과제를 완결짓는 일을 매우 중요한 목표로 생각한다. 미해결 과제를 해결할 수 있는 방법은 '지금 여기'를 알아차리는 것이다. 즉, 미해결 과제는 끊임없이 해결을 요구하며 전경으로 떠오르려고 노력하기 때문에 항상 지금 여기에 그 모습을 드러내고 있으며, 따라서 개체는 단지 그것을 회피하지 않고 알아차리기만 하면 된다는 것이다.

4) 알아차림과 접촉

펄스는 인간의 유기체적 삶을 형태 형성과 해소의 반복 순환 과정으로 보았다. 그

리고 이러한 반복 순환 과정에서 알아차림(awareness)은 형태 형성과 관계하며, 접촉(contact)은 형태의 해소에 관계한다고 하였다.

알아차림은 지금 이 순간 유기체의 전경으로 드러나는 분명한 생각, 감정, 욕구, 행위를 지각하고 게슈탈트로 형성하여 전경으로 떠올리는 행위를 말한다(김정규, 2006). 즉, 인간이 현재 자신의 삶에서 일어나고 있는 외적 현상과 더불어 자신의 욕구나 정서 그리고 생각과 같은 내적 현상들을 방어기제를 통해 피하거나 곡해하지 않고 구체적으로, 현실적으로, 있는 그대로 지각했다는 것을 의미한다. 게슈탈트 상담에서는 이럴 때 게슈탈트를 형성했다고 한다.

접촉은 개체가 알아차림을 통해 형성한 게슈탈트를 행동을 통해 완결하는 행위이다(Perls, 1976). 만약 개체가 알아차림을 통해 자기의 유기체적 욕구를 알아차렸다고 할지라도 진실하게 접촉하지 않는다면 유기체적 욕구를 해결하지 못한 것으로 환경에 적응하는 데 실패하게 된다. 이때 유기체의 접촉이란 개체가 새로운 환경에 일방적으로 순응 당하는 것이 아니라 새로운 환경에 창조적이고 역동적으로 적응하는 것을 의미한다(Polster & Polster, 1973).

건강한 유기체는 자신의 게슈탈트를 형성하여 전경으로 떠올리고 이를 환경과의 상호작용을 통해 해결하여 배경으로 사라지게 하는 순환과정을 되풀이하면서 적응하고 성장한다. 펄스는 이러한 게슈탈트 형성과 해소의 반복 순환을 장에 대한 알아차림과 운동 반응이라고 명명하고 4단계 접촉 단계로 설명한다(Perls, 1971). 이후 징커(Zinker, 1977)는 게슈탈트 접촉 주기 단계를 좀 더 세분화하여 6단계로 설명하고 있다. 이렇게 성공적인 알아차림과 접촉은 나-타인-환경-세계가 하나로 통합하여 조화롭고 평화로운 일치 상태를 이루게 한다. 통합 상태의 개체는 사회체계와 독립되어 있는 동시에 모순과 갈등 없이 자연스럽게 소통하고 있기 때문에 삶에서 생동감과 활기가 넘치고 지속적인 창조와 성장과정에 있을 수 있다(Polster, 2006).

5) 접촉 경계 혼란

접촉 경계(contact boundary)는 개체와 환경 사이의 경계를 의미한다. 펄스는 접촉이 일어나는 곳 즉, 유기체와 환경이 만나는 장소를 접촉 경계라고 보고 모든 심리적인 사건들이 이 접촉 경계에서 일어난다고 보았다(Perls, 1969a). 건강한 개체는 접촉 경계에서 환경과 교류하면서 자신에게 필요한 것은 경계를 열어 받아들이고, 환경에서 들어오는 해로운 것에 대해서는 경계를 닫음으로써 해악으로부터 자신을 보호한다. 그러나 이러한 경계에 문제가 발생하면 환경과의 접촉과 교류가 차단되고 신체적, 심리적, 관계적 혼란이 발생한다. 게슈탈트 상담에서는 이처럼 게슈탈트가 자연스럽게 형성되거나 해소되지 못해서 발생되는 현상을 접촉 경계 혼란이라고 한다(Zinker, 1977).

접촉 경계 혼란을 유발하는 대표적인 심리적 기제로는 내사, 투사, 융합, 반전, 자의식, 편향이 있다(Perls, 1969b; Polster & Polster, 1974). 이러한 기제들은 알아차림과 접촉을 방해하는 전형적인 방어기제로 내용적으로 제각기 구분하기도 하지만 기능적, 과정적으로는 상호 관련되어 복합 혼란의 형태로 나타난다(김지원, 2015). 이러한 기제들을 살펴보면 다음과 같다.

첫째, 내사(introjection)는 개체가 환경의 요구를 선별하면서 자신의 것으로 동화시키지 못하고 무비판적으로 받아들이는 것이다. 즉, 부모나 사회로부터 요구된 가치관이나 사고방식을 비판적인 시각으로 검토한 후 수용 혹은 거부의 태도를 갖지 못한 채 그대로 받아들이는 것이다(Perls, 1969a). 이러한 태도는 개인의 인격을 발전시킬 여지를 없게 한다. 한편 내사는 긍정적 내사와 부정적 내사로 구분할 필요가 있다. 긍정적 내사 수준이 높은 것은 반드시 병리적이지 않으며, 한 사회의 문화에 적응적일 수 있다(박재우, 이수진, 2019). 긍정적인 대상의 내사는 타인과 친밀한 접촉에 긍정적 영향을 미치게 되지만 부정적 내사는 진정한 자신의 욕구를 알아차리지 못한 채 타인의 기대에 따라 행동하게 함으로써 접촉 경계 혼란을 초래하고 미해결 과제

를 증가시키게 된다. 펄스는 신경증의 원인을 부모가 지닌 태도의 나쁜 측면을 동일시한 것으로 쉽게 소화시키지 못하고 내사된 상태로 남아 개체의 통합성을 방해하여 장애를 일으킨다고 보았다(김정규, 2006).

둘째, 투사(projection)는 자신의 생각이나 욕구 그리고 감정 등을 타인의 것으로 지각하는 것이다. 내사와 마찬가지로 투사 또한 창조적 투사와 병적인 투사를 구분할 필요가 있다. 창조적 투사는 개체의 능동적 대처방안으로 상상력과 창의력을 사용하는 행위로 병리적인 현실 왜곡의 양상을 나타내지는 않는다. 그러나 병적인 투사는 개체가 직면하기 힘든 자신의 내적인 욕구나 감정 등을 회피하기 위한 무의식적 행위를 반복하게 한다(Zinker, 1977). 개체가 투사의 기제를 사용하는 이유는 자신의 욕구를 타인의 욕구로 인식함으로써 자신의 욕구가 좌절되는 고통을 덜 받게 되는 동시에 자신의 억압된 욕구를 타인을 매개로 충족시키는 효과를 갖기 때문이다(Clarkson, 1990). 따라서 특별히 투사는 접촉 경계 혼란을 다루는 게슈탈트 상담 장면에서 가장 먼저 심도 있게 접근하는 것이 필요하다.

셋째, 융합(confluence)은 밀접한 관계에 있는 두 사람이 각자 독립된 개체임에도 불구하고 동일한 감정과 가치와 태도를 지닌 것으로 합의하는 것에서 오는 접촉 경계 혼란이다(Perls, 1951). 부모나 자녀, 형제간, 부부간, 친구 간 등의 사이가 지나치게 융합되어 있는 경우 이들은 서로 간의 불일치를 인정하지 않는다. 이들은 마치 일심동체인 것처럼 착각하며 길들여진 관계에 익숙하다. 이러한 경우 한 개인의 개성과 주체성이 포기되고 의존관계를 형성하게 되는데 경계선 성격장애를 지니는 내담자들에게서 많이 나타난다(권석만, 2020).

넷째, 반전(retroflection)은 개체가 다른 사람이나 환경에 하고 싶은 행동을 자기 자신에게 하는 것 혹은 타인이 자기에게 해주기를 바라는 행동을 자기에게 하는 것을 의미한다(김정규, 1995). 이러한 기제가 문제시되는 이유는 자신을 두 부분으로 분열시켜 자기 자신과 행동을 주고받는 것에 있다(Perls, 1976). 즉, 개체의 에너지가 두 부분으로 나뉘어져 한쪽은 밖으로 다른 한쪽은 나가려는 에너지를 붙드는 데

사용되면서 타인이나 환경과 접촉하기보다는 자기 자신을 행동의 대상으로 삼게 되면서 접촉 경계 혼란을 일으키는 것이다. 이를 알아차리지 못한 개체는 신체의 긴장과 통증과 같은 신체질환 및 강박, 죄책감, 열등감, 우울증과 같은 심리장애를 겪게 된다.

다섯째, 자의식(egotism)은 개체가 자신에 대해 지나치게 의식하고 관찰하는 현상을 의미한다. 이러한 행동은 개체가 자신의 행동에 대한 타인의 반응을 지나치게 의식하기 때문에 발생하는 것으로 다른 사람들로부터 존경의 욕구가 크거나 거부에 대한 두려움이 많은 사람들에게서 나타난다. 개체는 자의식을 통하여 자신의 모든 행동 및 타인의 반응을 예상하고 의식함으로써 환경과의 자연스러운 교류와 접촉을 방해하고 자기 내부에 갇히게 된다. 이렇게 억제되어 표현하지 못한 충동은 배경과 전경의 중간층에 머물며 접촉 경계 혼란을 일으킨다(Perls, 1969b). 자의식의 기제를 살필 때 주의할 점은 알아차림과 구분해야 한다는 것이다. 자의식의 경우 개체가 두 부분으로 분열되어 관찰자와 피관찰자로 나누어지지만 알아차림은 유기체의 현실이 하나의 통합적인 현상으로 체험된다는 점에서 그 차이가 있다.

여섯째, 편향(deflection)은 환경과의 접촉을 피해버리거나 자신의 감각을 둔화시킴으로써 환경과의 접촉을 약화시키는 것이다. 즉, 불안을 막기 위하여 애당초 흥분에너지 자체를 피해버리거나 둔화시키는 것이다. 편향의 대표적인 행동은 말을 장황하게 하거나 초점을 흐리는 것, 말하면서 상대를 바라보지 않거나 웃어버리는 것, 세부적으로 말하지 않고 추상적인 차원에서 돌려 말하는 것 등이다(Polster & Polster, 1974). 이러한 기제가 습관화되어 성격으로 굳어지면 타인과 환경으로부터 소외되고 생활의 활력과 생동감이 감소되어 무기력하게 된다(Perls, 1976).

4 상담의 목표 및 과정

1) 상담의 목표

펄스는 심리적 장애나 고민은 인간의 심리과정에서 서로 대립된 요소가 생겨서 일어난다고 보았다. 따라서 게슈탈트 상담의 기본적인 목표는 내담자로 하여금 자신의 삶에 책임을 질 수 있는 성숙된 모습이 될 수 있도록 도와주는 데 있다. 즉, 내담자가 외부에 투사하거나 자신 속의 내부에서 격리되어 자신의 것으로 인식되지 못한 에너지나 감정을 자각하고 이것을 통합함으로써 성장하도록 하는 것이다. 더 나아가서 게슈탈트 상담은 내담자로 하여금 삶의 자연적인 한 부분으로서의 현실적 고뇌를 수용하고 실존적 삶의 상황에서 열려 있는 성숙한 인간이 될 수 있도록 도와주는 데 그 목적이 있다(Peterson & Nisenholz, 1995).

2) 상담자의 역할과 기능

펄스(Perls, 1976)는 개인을 환경과 별개가 아닌 개인과 환경을 통합적으로 보아야 한다고 주장했다. 게슈탈트 상담은 전체로서의 유기체를 다루는 치료방법으로 치료사의 역할은 개인으로 하여금 지각, 정서, 행동 등의 조직화된 전체를 회복하도록 돕는 것이다. 게슈탈트 상담자는 무엇보다도 내담자의 내면에서 자각 또는 알아차림을 방해하는 장애물을 극복할 수 있도록 도와주는 역할을 한다. 이를 위해 상담자는 내담자 자신의 본성에 따라 그 존재를 실현해 가도록 허용해 주며 스스로 문제를 발견할 수 있도록 안내하는 역할을 한다. 이런 의미에서 게슈탈트 상담자의 역할은 교사나 지도자로서의 입장이 아닌 내담자에게 하나의 거울과 같다고 볼 수 있다. 상담자의 기능과 역할을 구체적으로 정리하면 다음과 같다.

첫째, 게슈탈트 상담자는 창조적이고 애정 있는 만남을 이루는 예술가의 자세로서 내담자와 나와 너의 인격적 관계의 맥락에서 상호작용을 이루어 나가는 역할을 하는 존재이다(Zinker, 1978).

둘째, 상담자는 인격적인 만남을 통해 내담자로 하여금 새로운 존재방식으로 현재적 경험을 시도할 수 있는 분위기를 창조해 나가야 한다. 이를 위해 게슈탈트 상담자는 반드시 삶에 대한 활력과 흥미 그리고 충만함을 지녀야 한다(Polster & Polster, 1973).

셋째, 상담자는 내담자로 하여금 과거의 상황을 현재의 장면에서 재경험하고 스스로 해석하도록 함으로써 자신의 미해결 과제를 통찰하도록 도와준다.

넷째, 상담자는 내담자의 자립적인 태도나 행동을 격려하고 지지하여 준다.

다섯째, 상담자는 내담자의 회피행동을 좌절시키고 내담자의 현재적 감정과 인식 그리고 신체언어 등에 초점을 두어 자신의 느낌을 충분히 경험할 수 있도록 도와준다.

3) 상담과정

게슈탈트 상담은 내담자가 지금 여기에서의 경험을 통하여 자기를 충분히 각성하고 부적응 행동의 본질과 그것이 어떻게 자기 삶을 방해해 왔는지를 알 수 있도록 돕는 과정이다. 따라서 게슈탈트 상담의 발달 단계는 지속적이고 종단적인 행동의 분석으로 이루어지는 것이 아닌 각 상담 장면 내에 발달 단계가 포함되어 있는 것으로 본다. 일반적으로 내담자는 심리적 형편이 깨진 상태로 상담자의 도움을 요청하게 된다. 이 과정에서 상담 장면을 통해 자각을 증진시키기 위한 여러 가지 기법과 치료방법이 제시된다. 이를 통해 내담자의 차단된 욕구와 감정이 다루어지며 훈습(working through)을 거쳐 종결에 이른다.

게슈탈트 상담과정에서 중요하게 다루는 것은 알아차림과 접촉을 증진시키는 과정과 부분들로 양극화된 내면의 통합을 이루는 과정이 어떻게 진행되는가를 살펴보는 것이다. 펄스가 제시한 '알아차림–접촉 증진 과정'과 피버트(Fiebert, 1983)가 제

시한 '양극화 통합과정'을 제시하면 다음과 같다.

(1) 알아차림의 증진과정

펄스(Perls, 1969b)는 심리상담이 진행되면서 성격이 변화하는 과정을 다섯 단계의 층(five layers)으로 구분하여 설명하고 있다. 신경증의 층들을 연속적으로 제거하는 것의 변화과정이 양파 껍질을 벗기는 이미지와 유사하다고 하여 '펄스의 양파 껍질 벗기기 과정'이라고도 한다. 이러한 과정은 한 회기 내에서 일어날 수도 있고 여러 회기를 거치면서 연속적으로 발생할 수도 있으며, 각각의 층은 타인을 포함한 환경과의 접촉에서 서로 다른 수준을 표상한다. 펄스는 신경증의 층마다 이름을 부여하였는데, 그 내용을 살펴보면 다음과 같다.

① **피상층**(cliche or phony layer): 이 단계는 사람들이 서로 형식적이고 의례적인 규범에 따라 만나 피상적으로 교류하는 단계로서 서로 간에 명목상의 관계만이 존재할 뿐이다. 그래서 사람들은 타인이나 환경을 통제하고 조작하려고 하며 자신이 아닌 것처럼 행동함으로써 타인에 의해 만들어진 현실 속에서 살아간다. 이로 인해 자신의 참된 모습을 볼 수 없으며 자신에게 속한 여러 가지 특질을 스스로 포기하고 만다.

② **공포층 또는 연기층**(phony layer or role-playing layer): 이 단계에서는 환경에 적응하기 위해 자신의 욕구를 억압하고 부모나 주위 환경에서 바라는 기대에 맞추어 행동한다. 이 단계는 타인이 기대하는 역할 행동을 연기하며 살아간다. 역할 연기를 하는 가운데 진정한 자신으로부터 점점 멀어지게 되며 의존적 태도를 취하게 된다. 이런 태도가 깊어질수록 사람은 자신이 정말로 바라고 있는 행동을 취하면 자신이 거부되는 결과를 가져오지 않을까 하는 예기불안을 품기 때문에 새로운 행동을 회피하려고 한다.

③ **교착층**(impasse layer): 이 단계는 이제껏 해왔던 역할 연기의 무의미성을 깨닫

고 이를 포기하지만 다른 한편으로는 아직 스스로 자립할 수 있는 능력이 생기지 않아 실존적인 딜레마와 허탈감 그리고 심한 공포를 체험하는 단계이다(Polster, 1995).

④ **내파층**(implosive layer): 이 단계에서는 내담자가 이제까지 자신이 억압하고 차단해 왔던 욕구나 감정을 알아차리게 된다. 이 단계에서 내담자는 자신이 내적으로 죽어 있고, 자신의 이전 자기와 단절된다고 느낀다. 이러한 알아차림으로 인해 내담자는 자신이 지금까지 해오던 심리적 게임을 그만두게 되지만, 이로 인해 절망감과 공포감이 엄습해 오며 자신의 내부가 마비되는 듯한 느낌을 갖게 된다. 펄스(Perls, 1969b)는 솔직한 자신에 이르기 위해서는 이 내파층을 극복해야 한다고 주장한다.

⑤ **외파층**(explosive layer): 이 단계는 재탄생의 경험을 하는 단계로서 자신의 감정이나 욕구를 더 이상 억압하거나 차단하지 않고 밖으로 표출하여 직접 외부 대상에게 표현하게 된다. 이는 지금까지 활용하지 않았던 에너지가 작렬하여 충분히 발휘되고 순수한 자기와의 접촉을 통해 게슈탈트를 순조롭게 해소하고 완결하는 단계이다(Perls, 1973).

(2) 양극화 통합과정

피버트(Fiebert, 1983)는 게슈탈트의 관점에서 바라보는 심리적 문제가 성격의 두 측면의 양극화된 갈등으로 비롯되기에 이러한 갈등을 자각하게 하며 내적 경험을 드러내어서 해결을 돕기 위한 상담자의 4단계 행동을 다음과 같이 제시했다.

① **1단계: 문제 출현 단계**

1단계에서는 지금-여기에서 주요한 갈등의 강도가 높아지면서 내담자가 그것을 알아차리게 하는 단계이다. 이는 자신의 억압된 측면, 투사된 측면 즉, 통합되지 못한 다른 측면이 일으키는 갈등을 인식하고 알아차리게 되는 것을

의미한다. 이렇게 알아차릴 수밖에 없는 것은 양극성이 억압되면 투사되거나 억압되어 내적 혹은 대인 갈등을 유발시키기 때문이다.

② 2단계: 외적 대립 작업 단계

2단계에서는 내담자에게 증가하는 긴장을 받아들이고 외적 대화의 형태로 그것을 탐색해 보도록 요청한다. 대인관계의 문제가 있을 때에는 두 개의 의자를 사용하여 내담자가 자리를 바꾸어 앉으며 대화를 하게 한다. 이러한 작업은 내적 갈등을 표현함으로써 감춰진 감정을 자각하는 것이다. 게슈탈트는 자신의 억압된 측면을 지금-여기에서 실제로 대화할 수 있게 하는 것을 선호한다.

③ 3단계: 내적 대립 작업 단계

3단계 활동의 주요 초점은 내담자의 인격 내에 존재하는 중요하고도 상충되는 두 가지의 측면을 더욱 극화시켜 대화를 진행하는 것이다. 긴장의 양극을 충분히 극화하고 경험할수록 갈등이 더 많이 해결될 수 있다. 예를 들면 자신의 가학적 측면과 그것을 억압하여 통제하고 싶은 측면이 있다면 계속 대화를 하게 하고, 이런 부분들을 내담자가 스스로 더 잘 파악하고 직면할 수 있게 한다.

④ 4단계: 통합 단계

통합 단계는 내담자의 인격 내에 분리되어 있던 요소들이 통합되고, 새로운 게슈탈트의 출현을 알려주는 신호이며, 음과 양의 대립 속에 도(道)가 있음을 반영한다. 내담자는 이 양극성들을 통합해 가는 과정들을 통해 더욱 확장되고 성장하며 타인과 창조적인 만남을 할 수 있게 된다. 양극성의 통합과정은 게슈탈트 상담과정 안에서 전체적으로 일어나는 것이다. 그리고 사회적으로 허용되지 않는 부정적 충동이나 기능장애를 일으키는 것들만 통합시키려고 하는 게 아니다. 부드러움, 생동감, 자신감 등 사회적으로 바람직한 측면들도 억압할 경우 통합에 이르도록 돕게 된다. 그리고 통합은 지속적이고 발전적이며 삶을 지탱해 나가는 경험이다.

5 상담의 주요 기법

1) 빈 의자 기법

빈 의자 기법은 게슈탈트 상담에서 가장 많이 쓰는 기법 가운데 하나로서, 현재 치료 장면에 와 있지 않는 사람과 관련된 사건을 다룰 때 사용한다. 예컨대, 돌아가신 아버지가 빈 의자에 앉아 계신다고 상상하고서 아버지에게 하고 싶은 말을 하도록 시키는 것이다. 가끔 빈 의자와 대화하는 것에 대해 거부감을 표시하는 내담자도 있지만 대부분 내담자는 이 기법에 쉽게 적응한다.

이 기법은 누구에 대해서 말하는 대신 그 대상에게 직접 말하도록 하는 직접 대화의 장점이 있다. 직접 대화에서는 간접적인 묘사에 비해 성원들이 내담자의 문제 상황과 함께 여러 가지 행동들을 직접 관찰할 수 있으며, 또한 내담자가 처한 상황을 직접 관찰할 수 있기 때문에 내담자의 행동이나 감정을 이해하거나 공감하기 쉽다. 빈 의자 기법은 과거 사건이나 미래 사건을 현재 사건으로 체험하게 해 주는 큰 장점이 있다. 사실 내담자에게 중요한 것은 과거 사건 그 자체나 혹은 예상되는 미래 사건 그 자체라기보다는 그 사건들에 대한 현재적 의미라고 볼 수 있다. 때문에 빈 의자 기법을 통해 내담자는 이러한 사건들의 현재적 의미를 탐색하고 실험해 볼 수 있다.

2) 대화 실험

대화 실험은 내담자의 인격에서 분열된 부분을 찾아내어 그것들끼리 서로 대화를 시킴으로써 분열된 자기 부분들을 통합시키는 것이다. 내담자의 대표적인 내적 분열은 '우월한 자(topdog)'와 '열등한 자(underdog)'의 대립이다. 이에 대화 실험에서는

마음속에 있는 갈등하는 마음을 우월한 자와 열등한 자 각각의 입장에서 대화하도록 하여 스스로 내면을 통합할 수 있도록 도와주는 기법이다.

3) 투사 놀이

투사의 역동성은 개인이 자신에게서 보고 받아들이고 싶지 않은 그것들을 다른 사람들의 모습을 통해서 명확히 보는 것이다. 어떤 사람은 자신의 감정을 부정하고 동기를 다른 사람에게 돌리는 데 너무 많은 에너지를 투자한다. 특히 집단에서는 가끔 한 개인이 자신에게 또는 다른 사람에게 하는 말들이 사실은 자신이 갖고 있는 어떤 속성의 투사인 경우가 있다. 예를 들어 집단상담에서 투사 게임을 통해 상담자는 "난 당신을 믿을 수 없어요"라고 말하는 사람에게 믿을 수 없는 사람의 배역을 하도록 시도할 수 있다. 즉, 내담자가 상대방이 되어 보도록 요구하여 불신감이 어느 정도로 내적 갈등을 일으키는지 알아볼 수 있다. 여기서 치료자는 참여자에게 그가 집단의 다른 사람들에게 하는 말들을 시험적으로 해 보도록 요구할 수 있다.

4) 역전 기법

어떤 증후와 행동은 종종 그 바탕이 되는 잠재적인 충동의 역전 형태로 나타난다. 그래서 치료자는 심한 억제와 소심증으로 고통받는 사람에게 집단상담에서 노출증 환자의 배역을 맡도록 요구한다. 이 역전 기법을 뒷받침하는 이론은 내담자로 하여금 불안으로 가득찬 바로 그것에 뛰어들게 함으로써 침전되고 부정된 자신의 부분들과 직면하게 하는 것이다. 따라서 이 기법은 내담자가 부정하려고 노력하던 자신의 속성을 받아들이도록 도울 수 있다.

5) 감정에 머물러 있기

어떤 감정을 표현하지 않고 누르면 감정이 해소되지 못할 뿐 아니라, 다른 정서까지도 형성되지 못하도록 막아버리므로, 내담자의 막힌 에너지가 발견되면 거기에 머묾으로써 그 에너지와 접촉하도록 해주어야 한다. 이때 개념적이 아니라 직접 그 감정과 접촉하도록 해주는 것이 필요하다. 감정의 흐름은 연속적이므로 중간에 차단하고 방해하면 깊은 차원으로 진전하지 못한다. 반대로 어떤 고통스러운 감정도 이를 차단시키지 않고 그대로 현재 의식을 따라 머물러 있으면, 마침내 끝이 보이고 새로운 감정이 떠오르게 된다.

6) 행동 연습

우리는 사회에서 기대하는 배역을 상상 속에서 연습한다. 펄스에 의하면 우리 사고의 대부분은 행동 연습이라고 한다. 그것을 실제로 연기하게 될 때 우리는 무대공포증이나 불안을 경험하는데, 이것은 우리가 자신의 배역을 잘 연기하지 못할 것이라는 두려움 때문에 생기는 것이다. 내적인 연습은 너무 많은 에너지를 소모시키고 때로는 새로운 행동을 실험해 보려는 의욕과 자발성을 억제시킨다. 치료집단의 구성원들은 행동 연습 실험에 참여하게 되면서 점차적으로 다른 사람의 기대에 부응하며, 인정받고 수용되고 사랑받으며 스스로 노력하는 범위 등에 대해 자각하게 된다.

7) 과장 실험

게슈탈트 상담의 목표 중 하나는 내담자로 하여금 그가 신체언어를 통해 보내는 미묘한 신호와 단서를 보다 잘 깨닫게 하는 것이다. 움직임, 자세, 몸짓은 중요한 의미를 전달하기도 하지만 이런 단서들은 불완전할지도 모른다. 그래서 치료자는

어떤 행동에 따르는 감정을 강렬하게 하고 내적 의미를 더 분명하게 하기 위해 행동이나 몸짓을 과장하도록 요구한다. 또 신체언어의 한 변형으로서 언어적 행동도 과장 게임에 적합하다.

치료자는 내담자에게 그가 교묘하게 핑계 삼은 말들을 반복하여 말하게 한다. 반복할 때마다 더 크게 반복하도록 요구한다. 이것은 내담자로 하여금 자신의 말에 진정으로 귀를 기울여 듣게 하는 효과를 가져다준다.

8) 직면

내담자가 자신의 미해결 과제들을 직면하면 오히려 유기체적 변화가 일어난다. 억압되었던 에너지들이 전경으로 떠올라 접촉되고, 미해결 과제는 해소되어 개체를 자유롭게 해주며, 결과적으로 유기체는 성장 변화한다. 이 변화는 통찰에 의하기보다 체험에 의해 가능하다. 통찰은 단지 체험을 다져주는 시멘트와 같은 역할을 할 뿐이다.

9) 꿈의 작업에 대한 형태적 접근

게슈탈트 상담에서는 정신분석적 접근처럼 꿈을 해석하거나 분석하지 않는 대신에 꿈을 현실화하고 재현시켜 보게 된다. 꿈이 과거의 사건으로서 이야기되는 것이 아니라, 꿈을 꾼 사람에 의해 재연되므로 꿈을 꾼 사람은 그 꿈의 일부가 된다. 펄스에 의하면 꿈은 인간 실존의 가장 자발적인 표현이다. 꿈은 미해결 과제를 나타내지만 미결된 상황이나 성취되지 못한 염원이며 나아가 그 이상이다. 모든 꿈은 자신의 실존적인 메시지와 현실투쟁을 내포하고 있다.

또한 꿈은 내담자의 성격에서 결여된 부분과 그가 회피하는 방법을 나타내게 됨으로써 성격의 결함을 발견하는 좋은 재료가 된다. 만약 어떤 사람이 자신의 꿈을 기억하지 못한다면 그는 자신의 생에서 잘못된 것에 직면하기를 거부하고 있다는 증거

이다. 꿈의 모든 부분들이 이해되고 소화된다면 모든 것이 꿈을 통해 발견될 수 있다. 꿈에 대한 작업들은 그 하나하나가 꿈을 이해하도록 도와준다. 펄스는 꿈이 만약 적절히 해석된다면 그 실존적 의미가 더욱 명확해진다고 본다.

10) 실험

실험은 내담자의 문제를 밝히고 이해하여 해결하기 위해, 치료자가 창의적인 아이디어를 구상하여 내담자와 함께 하나의 상황을 연출해 냄으로써 문제 해결을 돕는 기법을 뜻한다. 실험기법은 어떤 현상을 관념적으로 분석하는 대신, 실제 행위를 통해 어떤 현상을 탐색하고 전개해 봄으로써 문제를 명확히 드러내고 새로운 해결책을 모색해 볼 수 있다. 많은 다른 기법들과 함께 실험이 사용될 수 있다.

6 공헌 및 제한점

게슈탈트 상담은 다른 상담이론과 달리 실존적 특성을 강조하며 인간의 본성에 대한 숨겨진 갈등을 가진 사람들에게 통찰을 제공할 수 있도록 돕는 데 매우 유용하게 활용되고 있다. 게슈탈트 상담의 공헌은 첫째, 이 상담은 매우 다양한 기법을 갖고 있기에 적용 가능 분야가 매우 넓으며 다른 상담이론들과 적극적인 교류를 통해서 다양한 분야에 적용되고 있다. 현재 교류분석(TA), 현실치료, 재결정치료, 인간중심치료, 자기심리학, 행동치료, 가족치료 등 많은 치료 영역에 영향을 미치고 있다. 둘째, 게슈탈트 상담은 개인의 단순한 과거적인 사건일지라도 그 사건이 지금 여기까지 영향을 미쳐서 개인의 원활한 심리적 기능을 방해하는 미해결 과제를 자각하고

처리하도록 돕게 된다. 때문에 이러한 원리는 상담과 심리치료 분야에 매우 유익한 공헌을 하였다.

하지만 게슈탈트 상담은 몇 가지 한계점을 가지고 있다. 첫째, 이 상담이론은 이론적 기초, 특히 인간의 성격 발달에 대한 이론이 약하다는 비판을 받고 있다(Peterson & Nisenholz, 1995). 둘째, 게슈탈트 상담은 인간의 감정을 지나치게 강조하므로 중요한 인간의 인지적 사고를 무시했다는 지적을 받고 있다. 셋째, 과도한 주관적 개인주의에 기초하고 있기에 좀 더 넓은 공동체적 영향을 등한시하고 있다. 마지막으로, 게슈탈트 상담자는 상담과정에서 감정적 접촉을 위한 많은 기법을 사용하는데, 때로는 기법을 기계적으로 구사함으로써 오히려 인간으로서의 상담자의 모습이 가려질 수도 있다(Sharf, 2004).

연습문제

1. 게슈탈트 상담에서 상담자와 내담자의 알아차림에 대해 설명하시오.
2. 게슈탈트 상담에서 '여기 그리고 지금'의 활용에 대해 자세히 논하시오.
3. 게슈탈트 상담의 각 기법과 개인에게 적절한 기법을 예로 들어 설명하시오.

CHAPTER

06

합리정서행동치료

학습 내용

1. 엘리스의 생애와 합리정서행동치료의 발전과정
2. 인간관
3. 주요 개념
4. 상담의 목표 및 과정
5. 상담의 주요 기법
6. 공헌 및 제한점

학습 목표

1. 합리정서행동치료의 발전과정과 인간관에 대해서 이해한다.
2. 합리정서행동치료의 ABC 모델에 대해서 잘 이해하도록 한다.
3. 합리정서행동치료의 주요 개념과 상담과정에 대해서 설명한다.
4. 합리정서행동치료의 주요 기법에 대해서 설명하고 현장에서 활용할 수 있도록 한다.

학습 개요

합리정서행동치료는 앨버트 엘리스에 의해 창시된 이론으로 인지 변화를 통해 정서·행동 변화를 유발하는 데 주안점을 두고 있다. 합리정서행동치료는 인간의 복합성과 유연성에 강조를 둔 가정에 기초하고 있으며, 인간은 합리적 사고를 할 수도 있으며 비합리적 사고를 할 수도 있는 잠재적 기능을 지니고 태어났다는 가정 하에서 출발한다. 엘리스의 성격이론의 핵심인 ABC 모델은 인간이 비합리적인 신념으로 인해서 부적응적인 정서와 행동에 고착되는 것으로 설명한다. ABC 모델은 감정, 사고, 사건, 행동 등의 상호관계를 설명하기 위해 고안된 것으로, 이들 사이의 관계를 이해할 수 있는 틀을 제공한다.

합리정서행동치료의 목표는 기본적으로 증상을 제거하기 위한 것이 아니라 인간의 성장을 방해하는 여러 가지 기본적인 가치들을 조사하여 변화시키기 위한 것이다. 또 다른 중요한 치료목표는 인생에서 잘못된 것에 대해 자신 또는 타인을 비난하는 경향을 감소시키고 미래의 어려움을 효과적으로 다루는 방법을 내담자에게 가르치는 것이다. 합리정서행동치료의 상담과정은 내담자가 가지고 있는 비합리적 생각과 그 생각에 근거한 자기 언어를 찾아서 이의 비합리성을 확인하고 논박하여, 합리적 생각과 자기 언어로 바꾸고 이를 토대로 적절한 정서를 가지며 바람직한 행동을 할 수 있도록 돕는다. 합리정서행동치료의 주요 기법에는 크게 인지적 설명기법, 정서적 환기기법, 행동적 적극적 지시기법으로 구분되며, 세부적으로는 더욱 다양한 기법이 활용되고 있다.

1 엘리스의 생애와 합리정서행동치료의 발전과정

| 앨버트 엘리스

앨버트 엘리스(Albert Ellis, 1913~2007)에 의해 창시된 합리정서행동치료(Rational Emotive Behavior Therapy: REBT)는 인지 변화를 통해 정서·행동 변화를 유발하고자 하는 이론이다.

엘리스는 가난한 유태인 집안의 2남 1녀 중 장남으로 내성적인 성격의 소유자였으며, 어려서 병치레로 오랜 투병생활을 하였고, 12세 되던 해 부모님은 이혼을 하였다. 그는 돈을 벌기 위해서 상업고교를 진학하였고, 뉴욕 시립대학(City College of New York)에서는 경영학을 전공하였다. 하지만 1930년대 대공황으로 사업가로서 부자가 되는 꿈을 포기하고 콜롬비아 대학교(Columbia University)에서 임상심리학 전공으로 1943년에 석사, 1947년에 박사학위를 받았다.

엘리스는 박사학위를 취득한 후 정신분석 훈련을 받고 1950년대 초반까지 분석적 상담이나 심리치료를 이전과 같은 방식으로 실시했었다. 그러나 그는 임상과정에서 고전적 정신분석보다 변형된 분석을 활용한 기법을 사용했을 때 더 좋은 효과를 확인하게 되었다. 그리고 충고나 정보제공과 같은 지시적인 방법과 비교적 수동적인 분석적 절차와 혼합된 방법이 변화가 빠르며 더 좋은 결과를 가져온다는 것을 알게 되었다. 따라서 엘리스는 1955년에 자신의 치료법을 '합리적 치료(Rational Therapy: RT)'라는 명칭으로 알리기 시작했다. 하지만 그가 말하는 '합리적(Rational)'이라는 용어는 많은 사람들에게 오해를 불러일으키기도 했다. 즉, 인간의 모든 경험의 우위에 존재하는 이성을 강조한 합리주의와 관계가 있는 것으로 혼동되어 인간의 정서적 측면을 무시한다는 비난을 받게 되었다. 때문에 인간의 정서적 측면을 중시한다는

것을 알리기 위해 1961년에는 '합리적 정서적 치료(Rational Emotive Therapy: RET)'로 개명하였다.

그 후 1993년 코르시니(Raymond, J. Corsini)의 의견을 받아들여 행동적 측면이 이론에 중요한 부분을 차지한다는 명목 하에 공식 명칭을 '합리정서행동치료(Rational Emotive Behavior Therapy: REBT)'로 바꾸게 되었다(Corey, 2009).

엘리스의 이론은 고대와 현대의 철학을 비롯한 다양한 학문과 종교로부터 영향을 받았다. 합리정서행동치료기법에서 내담자들이 자신이 지닌 비합리적 신념을 스스로 논박할 수 있도록 돕기 위하여 소크라테스식의 질문법을 사용한다. 또 엘리스는 심리치료 기법을 개발하는 데 있어서 스토아 철학자들의 생각을 많이 활용하였다. 특히 그는 에픽테토스(Epictetos)의 "사람들은 사물이 아니고 사물을 보는 견해에 의해서 방해를 받는다"는 문구를 자주 언급하는데, 이것은 엘리스의 ABC 틀의 기초가 되었다. 그뿐만 아니라 합리정서행동치료의 이론은 "죄는 미워하되 인간은 미워하지 말라"는 기독교적 견해를 가지고 있다.

엘리스는 실존철학의 영향으로 모든 인간은 자기 자신만의 우주 속에서 중심에 위치하며 그들의 정서적 영역에 관하여 선택의 힘을 가지고 있음을 강조했다. 이 외에도 엘리스는 쿤(Thomas Kuhn), 러셀(Bertrand Russell), 듀이(John Dewey), 아들러(Alfred Adler), 도교 및 불교 등의 영향을 받으면서 자신의 학문적 깊이를 더해 갔다. 엘리스는 1956년부터 왕성한 활동을 통해 매년 200여 회 이상 강연과 워크숍을 인도하며 합리정서행동치료(REBT)의 적용과 이론에 대해 50권의 저서와 600편 이상의 논문을 발표하였고, 많은 영상 녹음 자료를 남겼다. 엘리스는 상담과 치료 분야에서 가장 많은 저작을 남긴 사람 중 한 명이지만 결혼생활은 원만하지 못하여 3번 결혼생활을 하였고, 아이는 없으며 여러 번의 이성과 관계는 갈등으로 늘 짧은 기간에 종결되곤 하였다(박경애, 1997).

2 인간관

합리정서행동치료(REBT)는 인간의 복합성과 유연성을 강조하고 있다. 즉, 합리정서행동치료에서 인간은 합리적(올바른) 사고를 할 수도 있으며 비합리적(왜곡된) 사고를 할 수도 있는 잠재적 기능을 지니고 태어났다는 가정 하에서 출발한다(Ellis, 1979). 그리고 합리정서행동치료에서 모든 인간은 생각하고 감정을 나타내며 행동하는 것을 동시에 할 수 있다고 본다. 엘리스가 주장하는 합리정서행동치료의 주요 인간관을 요약하면 다음과 같다(Ellis & Dryden, 1987).

첫째, 인간은 외부의 조건에 의해서가 아니라 스스로 자신의 정서적 혼란을 일으키는 여건을 만든다. 특히 정서적 혼란을 가져오는 신념을 자신이 창출하고 그 신념에 따라 스스로 정서적 혼란을 겪는 경향이 있다. 둘째, 인간은 사실을 왜곡하고 정서적 혼란을 일으키게 하는 생리적, 문화적 경향성을 가지고 있다. 셋째, 인간은 동시에 사고하고 느끼고 행동하며 이들은 상호 간에 영향을 주고받는다. 넷째, 인간은 자신의 인지적, 정서적, 행동적 과정을 변화시키기 위한 역량을 지니고 있다.

합리정서행동치료에서 인간은 자기와 대화할 수 있고(self-talking), 자기를 평가할 수 있으며(self-evaluating), 자기를 유지할 수 있는(self-sustaining) 존재라고 결론지었다. 그리고 인간은 단순히 선호하는 것들(사랑, 인정, 성공에의 소망)을 절박하게 필요한 것으로 생각하는 실수를 범하면서 정서와 행동의 어려움을 겪게 된다는 것이다. 그러나 인간은 독특하고 자신의 한계를 이해할 만한 힘을 지녔으며 어린이기에 무비판적으로 주입되었던 관점과 가치를 변화시킬 능력을 가지고 있다고 보았다. 또 자기패배적 경향에 도전할 능력을 갖고 있는 것으로 설명했다(Sharf, 2004).

3 주요 개념

1) 적절한 정서와 부적절한 정서

사고의 결과인 정서에는 적절한 정서가 있는가 하면 부적절한 정서가 있다. 적절한 정서는 원하는 것들을 얻도록 하고, 인생의 중요한 목표 성취에 도움이 되는 태도나 행동방식으로 이루어진다. 이러한 정서는 "~하기 좋아한다"와 "~하기를 더 좋아한다"는 생각들과 관련된 정서이다. 반면 부적절한 정서는 절대적 명령이나 요구와 관련된다. 즉, 자기가 좋아하거나 원하는 일이 이루어지지 않을 때 느끼는 불안, 모욕감, 우울, 절망감, 적대감, 무가치감 등과 같은 격렬한 부정 감정이다. 부적절한 정서는 자기 패배적 생각, 즉 "나는 ~때문에 쓸모가 없는 사람이다", "~은 끔찍하고 두려운 일이다", "~을 참고 견딜 수가 없다" 등과 같은 생각과 관련되는 정서다. 이는 인생에서 바라는 바를 성취하는 데 방해가 되는 경향을 지닌 정서이기도 한다. 이를 부적절한 정서라고 일컫는 이유는 바람직하지 않은 상황을 바꾸는 데에 전혀 도움이 되지 않을 뿐 아니라 오히려 악화시키며 목적 달성에 방해가 되기 때문이다.

특히 비합리적인 생각에 부적절한 정서가 동반되면서 정서장애가 발생한다. 불안, 우울, 분노, 죄책감, 소외감 등과 같은 정서는 삶의 초기에 무비판적으로 받아들인 비합리적, 비논리적 사고와 부정적, 독립적, 비논리적 자기 진술의 반복을 통해 형성된 자기 패배적(self defeating) 신념체계에 의해서 발생·유지된다. 자기 패배적 신념에 따른 자기 패배적 감정과 행동은 무지, 어리석음, 확고함, 방어, 그리고 자신보다 상황 변화에 초점을 맞추는 등과 같은 인간의 속성과 연합하여 정서장애의 근원이 된다(Ellis, 1999).

2) 비합리적 신념

비합리적 신념 또는 비합리적 사고는 자기 패배적 정서를 야기하는 사고를 말한다. 비합리적인 신념의 대표적인 예는 당위성(should, must, ought to) 사고이며, 이로 인해 야기된 부적절한 감정이나 역기능적 행동은 또 다른 비합리적 신념을 촉발하게 되는 악순환을 되풀이하게 된다. 일반적으로 비합리적인 신념들은 부모로부터 배우고, 주어진 사회환경에 의해 강화된다. 그리고 비합리적 신념이 계속되거나 심할 경우 정서장애의 원인으로 작용하게 된다.

엘리스(Ellis, 1991)가 제시한 인간에게 심리적 고통과 문제를 유발하게 되는 비합리적 신념과 이에 상응하는 합리적 신념을 요약하면 <표 6-1>과 같다.

〈표 6-1〉 **비합리적 신념과 합리적 신념**

비합리적 신념	합리적 신념
나는 다른 사람으로부터 칭찬, 사랑, 인정을 반드시 받아야 한다.	자기를 존중하고 사랑하는 것에 신경을 쓰는 것이 보다 바람직하고 생산적이다.
나는 능력 있고 선하며 모든 일에 성공적이어야 한다.	인간은 한계가 있고 실수하기도 하는 불완전한 존재이다.
어떤 사람은 나쁘고 악하며 야비하기 때문에 그 사람은 반드시 처벌을 받아야 한다.	다른 사람을 비난하고 처벌하기보다는 그들의 행동을 변화시킬 수 있도록 도와주는 것이 좋다.
보상받지 못한 기대나 실현되지 못한 계획에 대해 몹시 실망하거나 파국이라고 생각한다.	일이 뜻대로 되면 좋겠지만 원하는 대로 되지 않는다고 해서 파국이라고 생각할 필요는 없다.
생활의 어려움이나 문제에 대해 책임을 지기보다는 회피하는 것이 더 쉽다.	회피한다고 해서 일이 없어지는 것은 아니므로 오히려 일 처리에 최선을 다하되, 여의치 않다면 받아들이는 것이 좋다.
인간의 불행은 외부적인 환경에 기인하며, 인간은 자신의 비극이나 장애를 극복할 수 있는 능력을 가지고 있지 않다.	불행은 주로 내부에서 생기고, 외부에서 일어난 사건에 대한 인식 변화는 얼마든지 가능하다.
현재 행동의 요인은 과거의 잘못에 의한 것이며, 또한 과거는 평생을 지배하며 일생동안 영향을 미치게 된다.	과거에 대한 지각과 영향에 대한 해석의 재평가로 과거의 영향을 극복할 수 있다.

비합리적 신념	합리적 신념
인간의 문제는 항상 바르고 정확하며 완전한 해결책이 있으며, 만약 그 해결책을 찾지 못하면 파멸이다.	세상은 불확실한 세계이므로 삶을 즐기기 위해서는 보장이 없더라도 스스로 결정하고 위험을 무릅쓰는 것이 낫다.
인간은 다른 사람에게 의지해야 하며, 또 의지할 수 있는 사람이 필요하다.	도울 사람을 찾기보다 다른 사람들과 친밀하게 지내고 자신을 믿고 의지하는 것이 바람직하다.
늘 위험하거나 두려운 일이 일어날 수 있으며, 실제로 일어날 가능성에 대해 염려하는 것은 당연하다.	걱정한다고 해서 일이 없어지는 것은 아니므로 오히려 일 처리에 최선을 다하되, 여의치 않다면 받아들이는 것이 좋다.
인간은 다른 사람의 문제에 대해 온갖 신경을 써야 한다.	다른 사람이 어려움을 겪을 때 도울 수 있으면 좋지만, 반드시 도와야 하거나 돕지 못한다고 큰일이 나는 것은 아니다.
세상은 반드시 공평해야 하며 정의는 반드시 승리해야 한다.	세상에는 불공평한 경우가 발생하는데, 불만보다는 시정하려는 노력이 더 낫다.
나는 항상 고통 없이 편안해야 한다.	고통 없이 얻을 수 있는 것은 없다. 좋아하지 않아도 불편을 참아내고 견딜 수 있다.
나는 미쳐가고 있는지도 모른다. 그러나 미쳐서는 안 된다. 왜냐하면 그것을 견딜 수 없기 때문이다.	정서적 곤궁은 즐거운 일은 아니지만 참을 수는 있다.

엘리스는 추후에 비합리적 신념과 태도들을 세 가지로 압축했는데, 주요한 '의무(musts)' 혹은 요구사항으로 첫째, 스스로에 대한 요구 둘째, 타인에 대한 요구 셋째, 세상 혹은 삶의 조건에 대한 요구라고 하였다. 이 내용을 구체적으로 요약하면 다음과 같다(Dryden, 1990; Ellis, 1996; Livneh & Wright, 1995).

첫째, 스스로에 대한 요구

"나는 무슨 일이 있어도 항상 성공해야 하고, 모든 일에 나의 유능함을 입증해야 하며, 내 인생에서 주요한 모든 사람들로부터 인정받아야만 한다"와 같은 신념은 종종 불안, 우울, 수치심, 죄책감 등의 감정과 회피, 퇴행(withdrawal), 탐닉 등의 행동으로 이어진다.

둘째, 타인에 대한 요구

"다른 사람들은 언제든지 나를 사려 깊고, 친절하며, 공정하고, 애정을 가지고 대해 주어야 한다. 만일 나를 그렇게 대해 주지 않는다면 그것은 끔찍한 일이며, 그들은 나쁜 사람들이고 행복할 자격이 없는 사람들이다"와 같은 신념은 종종 분노, 격노, 수동적 공격성, 증오 등의 감정과 싸움이나 폭력과 같은 행동으로 이어진다.

셋째, 세상 혹은 삶의 조건에 대한 요구

"나는 내가 원하는 것들이 필요하고 그것들을 반드시 가져야 한다. 내가 사는 생활 조건은 반드시 안락하고, 즐겁고, 보람 있는 것이어야 한다. 만일 그렇지 않다면 나는 그것을 견딜 수 없으며, 이는 끔찍한 일이다"와 같은 신념들에서 기인되는 감정들로는 격노, 자기 연민, 좌절에 대한 낮은 인내심 등을 들 수 있다. 그 결과로 나타나는 행동으로는 퇴행, 지체, 탐닉 등이 있다.

3) ABC 모델

엘리스의 성격이론의 핵심은 ABC 모델이다. 이 모델은 인간이 비합리적인 신념으로 인해서 부적응적인 정서와 행동에 고착되는 것을 잘 설명해 주고 있다. ABC 모델은 감정, 사고, 사건, 행동 등의 상호관계를 설명하기 위해 고안된 것으로, 이들 사이의 관계를 이해할 수 있는 틀을 제공한다(Ellis & Ellis, 2011). 이 모델에서 A는 선행사건(Activating event), B는 신념체계(Belief system), C는 결과(Consequence)를 의미한다. 이 모델에 의하면, 정서·행동 결과(C)는 선행사건(A)이 아니라, 신념체계(B)로 인해 유발된다.

엘리스는 ABC 확장 모델로 ABCDE를 제시했는데, A, B, C, D, E는 선행사건(Activating event), 신념체계(Belief system), 결과(Consequence), 논박(Dispute), 효과(Effect)의 머리글자를 따온 것이다. 각각의 개념을 설명하면 다음과 같다.

(1) 선행사건

선행사건(activating event)은 개인에게 정서적 혼란을 야기하는 어떤 사건이나 행위를 의미한다(예: 시험 실패, 실직).

(2) 신념체계

신념체계(belief system)는 어떤 사건이나 행위 등과 같은 환경적 자극에 대해서 개인이 갖게 되는 태도 또는 사고방식을 말한다. 신념체계에는 합리적 신념(rational beliefs: rB)과 비합리적 신념(irrational beliefs: iB)이 있다.

(3) 결과

결과(consequence)는 내담자의 비합리적 신념으로 사건을 해석함으로써 나타나는 정서적, 행동적 결과를 의미한다. 내담자의 신념체계가 합리적이라면 합리적 결과를 초래하지만, 그렇지 않고 비합리적이라면 부적절한 결과를 초래한다. 따라서 상담자는 내담자의 비합리적 신념체계에서 비롯된 내담자의 부적절한 정서나 행동 결과를 탐색한다.

(4) 논박

논박(dispute)은 자신과 외부 현실에 대한 내담자의 비합리적 신념을 논박하는 것을 의미하며, 상담자는 이러한 논박을 통해 내담자의 비합리적 신념을 합리적 신념으로 수정한다. 본질적으로 논박은 내담자가 자신의 비합리적 신념에 도전하도록 도와주기 위해 과학적인 방법을 적용하는 것이다. 여기서 내담자는 논리적 원리를 배우고, 이 원리를 통해 비현실적이고 증명할 수 없는 가설을 파괴할 수 있다. 이러한 논박 과정의 세 요소로 탐지(detecting), 반박(debating), 변별(discriminating)이 있다. 첫째, 내담자는 자신의 비합리적 신념, 특히 "하지 않으면 안 된다", "해야 한다"는 식의 절대적 신념과 "~하는 것은 끔찍스러운 일이다"는 식의 자기 비하적 신념을 탐지하

는 방법을 배운다. 그리고 나서 내담자는 논리적이고 경험적으로 질문하는 방법과 자신에게 강력하게 논쟁해서 그것을 행하지 않는 방법을 배움으로써 자신의 비합리적 신념을 반박한다. 마지막으로 내담자는 합리적 신념과 비합리적 신념을 변별하는 것을 배운다(Ellis, 1996).

(5) 효과

효과(effect)는 내담자가 가진 비합리적인 신념을 철저하게 논박함으로써 합리적인 신념으로 대치한 다음에 느끼게 되는 자기 수용적인 태도와 긍정적인 감정의 결과를 지칭한다.

ABCDE 모델에 따르면 어떤 사건(A)이 일어나면 각 개인은 이 사건을 자신의 신념체계(B)를 매개로 하여 지각하고, 사건을 자신의 가치관이나 태도에 비추어 평가하고 그로 인해 정서적이거나 행동적 결과(C)를 나타낸다.

그러나 합리정서행동치료(REBT)의 확장된 관점에서는 정서적 반응(emotional consequence: C)은 주로 개인의 신념체계(belief system: B)에 의해서 발생한다. 즉, 심한 불안과 같은 바람직하지 못한 정서 반응(C)의 원인은 어떤 사건 발생(activating events: A) 때문이 아니라 그 사건에 대해 가지는 자기 자신의 비합리적 신념(irrational belief: iB) 때문이며, 그러한 혼란된 정서는 합리적 신념(rational belief: rB)에 의해 효과적으로 논박(dispute: D)될 때 사라진다. 그리고 이러한 논박의 결과로 새로운 철학이나 인지체계를 가져오는 결과(effects: E)와 그에 따른 감정(feeling)을 낳게 된다. 여기서 감정은 합리적 신념을 갖게 된 후에 새로이 갖게 되는 자기 수용적 태도와 긍정적인 느낌을 말한다. 부적절한 사고에서 적절한 사고로 바뀌면 새로운 감정을 낳게 된다. 이러한 감정을 갖게 하는 최상의 방법은 효과적이고 합리적인 철학을 발달시키는 것이다(Ellis & Harper, 1997).

합리정서행동치료(BEBT)의 인지적 재구조화를 위한 ABCDEF 체계로 구성된 확장 ABC 모델을 도식화하면 [그림 6-1]과 같다.

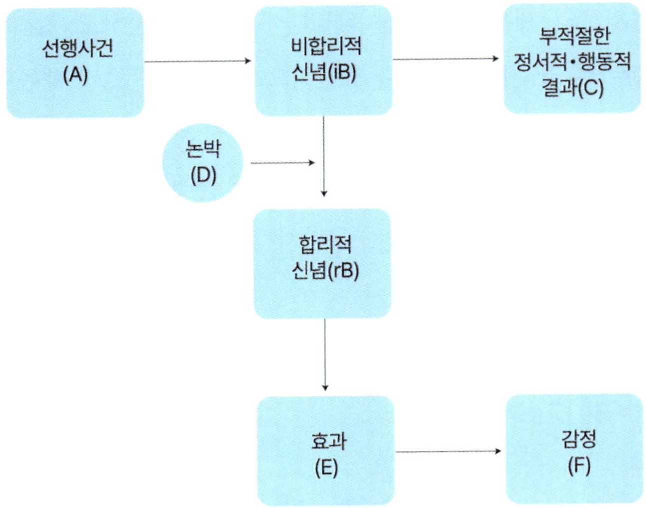

[그림 6-1] 확장 ABC 모델

4 상담의 목표 및 과정

1) 상담의 목표

합리정서행동치료에서 인간의 문제는 철학적인 문제에 있다고 가정하고 철저한 철학적 재평가를 위해 노력한다. 그러므로 합리정서행동치료의 목표는 기본적으로 증상을 제거하기 위한 것이 아니라 인간의 성장을 방해하는 여러 가지 기본적인 가치들을 조사하여 변화시키기 위한 것이다. 즉, 내담자의 중요한 자기 패배적 견해의 극소화와 더 실제적이고 관대한 인생철학을 습득하는 것이다. 또 다른 중요한 치료 목표는 인생에서 잘못된 것에 대해 자신 또는 타인을 비난하는 경향을 감소시키고 미래의 어려움을 효과적으로 다루는 방법을 내담자에게 가르치는 것이다(Ellis, 1987).

합리정서행동치료의 세부 목표로는 내담자가 보다 명확하고 합리적으로 사고하고, 보다 적절한 느낌을 가지며, 보다 효율적으로 행동함으로써 행복한 삶을 영위할 수 있도록 돕는 것이다. 합리정서행동치료를 통해 사람들은 슬픔, 후회, 좌절, 불쾌감 같은 부정적 감정을 효과적으로 다루는 방법을 습득한다. 이들은 또한 효과적인 합리정서행동 철학에 의해 우울, 불안, 무가치감 등과 같은 부적절한 부정적 감정을 다루게 된다(강진령, 2009).

2) 상담자의 역할과 기능

합리정서행동치료는 근본적으로 인지적, 지시적, 행동적인 과정이기 때문에 상담자와 내담자 간에 형성하는 상담관계의 중요성을 강조하지 않는다. 따라서 상담자는 지시적인 형태를 취하며 권위를 가진 교사와 같은 역할을 한다. 상담 장면에서 상담자는 적극적이며 교훈적인 역할을 하면서 정서장애의 바탕이 되는 비합리적 신념을 찾아내어 내담자에게 지적해 줌으로써 문제를 정의하고 또한 내담자의 비합리적 신념을 논박한다. 그러나 상담자는 내담자가 전적으로 선하거나 악한 존재가 아닌 평범한 인간일 뿐이라는 관점에서 무조건적 수용자의 역할도 아울러 함께 수행한다. 따라서 엘리스는 합리정서행동치료를 이용하고 있는 상담자들에게 정신건강의 중요성을 강조하였다(Ellis & Dryden, 1997).

합리정서행동치료 상담자는 내담자의 비합리적인 사고와 역기능적인 행동을 변화시키기 위한 역할과 기능을 수행하는 데 있어서 다음과 같은 내용들을 포함한다(Grieger, 1986).

첫째, 내담자의 정서적 문제는 자신의 비합리적 신념으로부터 기인하기 때문에 책임이 자신에게 있음을 인정하게 한다.

둘째, 내담자는 자신의 문제와 장애를 극복해서 자신을 변화시킬 수 있는 능력을 가지고 있다는 것을 인식시킨다.

셋째, 내담자는 자신의 비합리적 신념을 분명하게 인식하고 이를 상담자가 논박하는 과정을 수용하게 한다.

넷째, 내담자가 변화하기를 원한다면 상담자의 지시와 과제를 잘 이행하면서 열심히 노력해야 한다는 것을 주지시킨다.

3) 상담과정

합리정서행동치료의 상담과정은 내담자가 가지고 있는 비합리적 생각과 그 생각에 근거한 자기 언어를 찾아서 이에 대한 비합리성을 확인하고 논박(disputing)하여, 합리적 생각과 자기 언어로 바꾸고 이를 토대로 적절한 정서를 가지며 바람직한 행동을 할 수 있도록 돕는다. 그 과정을 구체적으로 살펴보면 다음과 같다.

(1) 상담관계 수립 및 상담분위기 조성

상담자는 내담자가 자유스럽게 이야기할 수 있도록 무조건적 수용하는 태도를 보이며 내담자의 마음을 편안하게 하는 동시에 원만한 관계를 수립한다. 그리고 내담자의 정서를 수용하고 환기시킬 수 있는 상담분위기 조성에 유의한다.

(2) 부적절한 정서 및 행동 결과 탐색

합리정서행동치료의 첫 단계는 내담자의 부적절한 정서와 행동의 결과를 탐색하는 것이다. 합리정서행동치료에서는 내담자가 상담자를 찾게 되는 이유를 부정적 정서 경험이나 부적응 행동의 경험으로 간주하기에 상담자는 내담자의 정서와 특정 문제와의 관련성을 파악한다. 즉, 내담자의 행동 단서를 통해 생활사건에서 초래되는 정서를 이해하고 사고체계의 탐색을 통해 특정 정서 상태를 유추한다.

(3) 내담자가 자신의 비합리적 사고와 신념에 대한 인식

상담자의 충분한 격려와 설득 및 지시를 통해 내담자가 비합리적 신념과 합리적 신념을 구분할 수 있게 되며, 또한 자신의 비합리적 사고와 신념을 발견하고 현재 자신이 가지고 있는 문제와의 연관성을 인식할 수 있게 된다. 이 과정에서 상담자는 내담자의 비합리적인 생각과 그 생각에 근거한 자기 언어를 찾도록 한다.

(4) 내담자 인식의 증진을 위한 상담자의 설명과 논박

내담자가 자신의 비합리적인 사고와 신념에 대해 충분하게 인식할 수 있게 되면, 상담자는 내담자의 비합리적 신념과 현재의 문제행동과의 관계에 대해 구체적으로 설명한 후에 논박을 통해 현재 문제의 원인이 자신에게 있음을 분명하게 인식시킨다.

논박은 합리정서행동치료 상담과정의 핵심절차로서, 그 본질은 비합리적 신념을 합리적 신념으로 변화시키는 것이다. 논박은 자칫 내담자의 저항을 불러일으킬 수 있으므로 내담자에 대한 동기 수준이 충분히 높을 때 실시한다. 논박을 수행하기 위해서는 다양한 인지·정서·행동기법, 지속적 노력, 그리고 열정이 요구된다.

(5) 내담자가 자신의 행동 변화를 위한 방법 모색

전 단계에서 진행된 상담자의 설명과 논박을 통해 내담자는 자신의 비합리적인 사고와 신념이 자신의 재교육에 의한 것임을 깨닫게 되면서 자신의 정서 및 행동 변화를 위한 방법을 모색하게 된다.

(6) 내담자의 신념이 합리적인 사고와 신념으로 대체

내담자가 상담자의 지시에 적극적으로 따라오게 되고, 자신의 변화를 위해 계속해서 노력하게 되면서 내담자의 비합리적인 신념은 사라지고 합리적인 사고와 신념으로 대체된다.

(7) 내담자의 대처능력 증강과 긍정적인 인생관 습득

내담자의 변화된 합리적·이성적인 사고는 자기와 타인 및 사회에 대한 인식과 기대를 변화시키는 동시에, 개인적 대처능력을 증강해서 합리적 긍정적인 인생관을 통해 삶의 변화를 경험하게 된다.

5 상담의 주요 기법

1) 인지적 설명기법(cognitive-explicatory technique)

(1) 암시

내담자는 종종 자신이나 타인 혹은 세계에 관하여 자기 패배적인 진술을 스스로에게 말하고 있는 심각한 부정적 사고형일 수도 있다. 따라서 합리정서행동치료에서는 상담자가 내담자에게 부정적인 사고를 긍정적인 사고로 대체시키는 방법을 보여줌으로써 내담자가 개선될 수 있다는 것을 암시한다.

(2) 논박

합리정서행동치료의 인지적 방법은 상담자가 내담자의 불합리한 신념을 논박하고, 내담자 스스로 이러한 신념에 도전할 수 있도록 방법을 가르치는 것이다. 즉, 상담자는 내담자가 겪고 있는 어려움이 외부의 사건이나 상황 때문이 아니라, 내담자 자신의 지각과 자기 진술의 특성 때문이라는 사실을 가르친다.

(3) 자기 방어의 최소화

내담자가 비록 여러 가지 잘못을 저질렀다 하더라도 이것 때문에 내담자가 경멸당

하거나 저주받을 이유는 결코 없다는 것을 보여주어야 한다. 이러한 자기 수용은 내담자의 방어욕구를 최소화시켜 준다.

(4) 대안의 제시

내담자들에게는 자신이 가지고 있다고 생각하는 것보다 더 많은 선택들이 가능한 경우가 종종 있다. 따라서 합리정서행동치료 상담자들은 내담자에게 모든 가능한 대안들을 볼 수 있도록 도울 수 있다. 이상적으로는 내담자가 이러한 대안들을 스스로 찾아내도록 격려할 수 있다.

(5) 기분전환시키기

합리정서행동치료에서는 이완훈련, 요가 혹은 운동 같은 신체적 기법도 인지적인 것이 될 수 있다고 주장한다. 이는 내담자로 하여금 자기 패배적인 생각이나 행동에서 벗어나 신체 활동들에 집중하도록 해 주기 때문이다. 합리정서행동치료 상담자는 내담자로 하여금 진정으로 몰두할 관심거리 특히 장기적이고 건설적인 목적에 관심을 갖도록 격려한다.

(6) 인지적 과제수행

내담자의 내면화된 자기 메시지의 일부인 추상적인 'should 또는 must'를 제거시키는 방법으로 과제를 부여한다. 이러한 과제의 가정은 인간은 가끔 부정적이고 자기 충족적인 예언을 만들며 자신이 그렇게 될 것이라고 스스로에게 말하기 때문에 실패하게 된다는 것이다. 내담자는 상담치료기간 동안에 특수한 과제를 매일 매일의 생활 속에서 이행하도록 격려한다. 이런 방법을 통해 내담자는 점차 불안을 다루게 되며 기본적인 비합리적 신념에 도전하게 된다.

(7) 정확한 언어 사용

합리정서행동치료는 명백하지 않은 언어를 사고 과정 중 장애의 표현이라고 주장한다. 치료자는 내담자의 언어 유형에 특히 주의를 기울이는데, 이는 언어가 사고를 조형하고 사고가 언어를 조형한다는 근거에서 왔다. 내담자는 '해야 한다(must, ought, should)'를 '하고 싶은(perferable)'으로 대치하는 법을 배운다. '만약 ~한다면 정말 두려울 거야'라고 말하는 대신에 '만약 ~한다면 좀 불편할 거야'라는 말로 바꿔보는 것이다. 무기력하고 자기 경멸적인 관점으로 말하던 내담자는 새롭게 자기 진술하는 법을 배울 수 있게 된다. 내담자는 절대적인 의미로 '해야 한다'를 절대적인 의미가 아닌 '하고 싶다'로 대치함으로써 개인적인 힘을 얻을 수 있다.

(8) 유추기법

유추기법(inferencing)은 가령, 항상 미루는 습관이 있다거나 지각하는 습관이 있는 내담자에게 그러한 행동이 자신의 어떤 행동 특성 때문에 나타나는지 유추해 보도록 하는 기법이다. 이 기법의 목적은 내담자로 하여금 자신의 특성을 이해하여 유해한 습관의 단점을 확실히 깨닫도록 해 주는 데 있다.

(9) 유머의 사용

합리정서행동치료는 사람들이 너무 진지하게 생각하거나 생활에 대한 개인의 심각한 측면을 반격하고 법칙적 생활방식을 논박하도록 조언하는 데 유머를 사용한다. 엘리스는 내담자를 문제 상황으로 이끄는 과장된 사고에 대처하는 수단으로서 유머의 사용을 강조하고 있다. 또한 워크숍이나 상담시간에 대개 합리적이고 유머러스한 노래를 이용하고 사람들로 하여금 혼자서 혹은 집단에서 노래를 부르도록 격려한다. 유머가 내담자의 고집스럽게 유지하고 있는 불합리한 생각들을 볼 수 있게 해 준다. 그것은 내담자로 하여금 그들 자신을 덜 진지하게 생각하도록 하는 방법이다.

2) 정서적 환기기법(evocative-emotive technique)

(1) 합리적 정서 상상

합리정서행동치료 상담자들은 두 가지 방법으로 합리적 정서 상상(rational emotive imagery: REI)을 사용한다. 먼저 하나의 방법은 부정적 상상이며, 또 다른 하나는 긍정적 상상이다. 부정적 상상을 사용하는 경우 내담자에게 특정 상황에 대하여 전형적인 부적절한 정서를 느끼고 있는 자기 자신을 열심히 상상하도록 한다. 그 다음은 후회나 행동을 변화시키려는 결단 같은 적절한 정서로서 부적절한 정서를 대체시키고 있는 자신을 생생하게 떠올리도록 한다. 반대로 긍정적 상상에서 내담자는 불쾌한 장면을 상상하고 자기 감정의 기초가 된 신념들에 집중한다. 그런 다음 내담자는 이러한 비합리적 신념을 포기하고, 합리적 신념을 대체했을 때 자신에게 어떤 느낌이 드는지에 집중하게 된다.

(2) 부끄러움 제거 연습

부끄러움 제거 연습(shame attacking exercises)은 정서적인 요소와 행동적인 요소 두 가지가 모두 포함된다. 엘리스는 정서장애의 중요한 핵심 중 하나는 부끄러움 혹은 자기 비난이라고 주장한다. 따라서 합리정서행동치료 상담자는 때때로 내담자에게 창피하거나 부끄럽게 느끼는 방식으로 행동해 보도록 과제를 부과하기도 한다. 이러한 과제를 통해 내담자는 자신이 생각했던 것만큼 다른 사람들이 자신에 대하여 별 관심이 없으며, 다른 사람의 비난에 대해 지나치게 신경쓸 필요가 없다는 것을 발견하게 된다.

(3) 역할연기

역할연기(role-playing)는 행동적 요소와 함께 극적인 정서적(dramatic-emotive) 요소도 가지고 있는 기법이다. 합리정서행동치료 상담자들은 내담자가 자신의 정서를 이

끌어내기 위해 타인과의 상호작용을 행동화(행동적 재연)할 때 역할연기기법을 사용한다. 그 다음 상담자는 나타난 감정을 이용하여 내담자로 하여금 기초가 되고 있는 비합리적 신념을 극복하도록 돕는다.

(4) 감정적 언어 사용

합리정서행동치료 상담자는 상담과정에서 감정적 언어(emotionally charged language)를 사용한다. 즉, 색채를 띤 단어, 구절 및 문장을 구사하여 내담자들이 자기 자신에게 이것을 사용할 수 있도록 한다. 엘리스는 내담자로 하여금 자신의 비합리적 신념을 변화시키도록 유도하는 데 있어 강한 언어가 훨씬 많은 영향력을 가지게 되는 경우가 있다고 주장한다.

3) 행동적 적극적 지시기법(behavioristic-active-directive technique)

(1) 보상기법

바람직한 행동의 빈도를 증가시키는 보상(자극)은 바람직한 행동을 수반하게 될 것이다. 이 보상원리는 TV 보기, 수영하기 등과 같이 일어날 확률이 높은 행동과 공부하기, 논문쓰기 등과 같이 일어날 확률이 낮은 행동의 발생 가능성을 증가시키기 위한 보상 또는 강화로서 사용될 수 있다는 것이다.

(2) 과제부과

과제부과는 합리정서행동치료의 중심기법 중 하나로 행동지향적인 과제를 부과하는 것이다. 일반적으로 내담자가 수행하기 어려워하거나 두려워하는 일을 과제로 부여한다. 이러한 과제에는 난이도가 서서히 높아지는 일련의 점진적인 과제들이 포함되어 있다.

(3) 자극 통제

합리정서행동치료 상담자들은 때때로 내담자에게 특정 종류의 자극을 어떻게 통제하는가를 보여줌으로써 내담자가 역기능적으로 행동할 가능성을 줄이도록 할 수 있다. 그러므로 자극 통제의 목적은 환경을 재구성하여 내담자로 하여금 역기능적 행동을 하도록 유인하는 자극들에 노출되지 않도록 하는 것이다.

6 공헌 및 제한점

합리정서행동치료는 인간의 신념체계가 정서나 행동에 크게 영향을 미칠 수 있다는 가정에서 출발한 이론으로, 짧은 시간에 큰 효과를 낼 수 있다는 점에서 많은 사람들로부터 주목과 지지를 받게 되었다. 합리정서행동치료의 공헌은 다음과 같다. 첫째, 합리정서행동치료에서는 사고나 신념을 경험이나 느낌만큼 가치 있게 보았다는 것과 인간의 정서적 부적응에는 비합리적인 신념체계나 사고방식이 깔려 있다는 것을 체계화하여 제시한 것이다. 둘째, 합리정서행동치료는 내담자들에게 자신의 사고의 신념을 분류할 수 있는 모형(ABCDE)을 제공해서 자신의 정서와 행동의 합리성을 검토하고 분석할 수 있게 했다. 셋째, 내담자가 자기 분석을 통해 획득한 통찰은 자기 스스로를 재교육하는 과정을 통해 상담자의 개입이 없이도 스스로 자기 변화를 일으키도록 한 것이다. 넷째, 합리정서행동치료의 다양한 기법은 불안, 적개심, 성격장애, 정신장애, 우울증, 성(性), 사랑, 결혼, 육아, 청소년, 자기 관리 등의 다양한 분야에 폭넓게 적용되었고 효과 또한 입증되고 있다(Corsini & Wedding, 2014).

반면에 합리정서행동치료의 한계로는 첫째, 낮은 인지적 수준으로 인하여 논리적 분석을 할 수 없는 내담자에게는 효과가 없다는 점과 지시적이고 교훈적인 상담으로

인하여 상담자의 가치관이 강요될 수 있다는 단점을 가지고 있다. 둘째, 인간 경험의 복잡성을 너무 단순화시키고 있다는 점과 내담자와의 관계 형성과 내담자의 아픔에 대한 공감적 반응을 무시한다는 것 등 여러 가지 한계점으로 인하여 비판을 받기도 한다(Wedding & Corsini, 2019).

연습문제

1. 합리정서행동치료의 주요 개념에 대해 설명하시오.
2. 합리정서행동치료에서 잘못된 신념을 논박하는 데에 사용되는 효율적 대화 기술에 대해 설명하시오.
3. 합리정서행동치료의 각 기법을 비교하여 설명하시오.

CHAPTER

07

현실치료

학습 내용

1. 글래서의 생애와 현실치료의 발전과정
2. 인간관
3. 주요 개념
4. 상담의 목표 및 과정
5. 상담의 주요 기법
6. 공헌 및 제한점

학습 목표

1. 현실치료의 발전과정과 이론적 배경을 이해한다.
2. 현실치료의 인간관과 주요 개념들을 살펴본다.
3. 현실치료과정 8단계, WDEP, SAMIC3/P에 대해서 이해한다.
4. 현실치료의 다양한 치료기법에 대해서 이해한다.
5. 현실치료의 상담 활용에 대해서 설명하고 논의하도록 한다.

학습 개요

윌리엄 글래서에 의해서 체계화된 현실치료는 도움을 필요로 하는 사람이 진정으로 원하는 욕구를 깨닫고 그것을 효율적으로 충족시키는 방법을 모색한다. 글래서는 인간이라면 누구나 자신이 삶의 주인이 되어 자신의 인생을 선택할 수 있을 때 행복을 느낀다고 보았다. 글래서는 다섯 가지 기본 욕구를 구뇌에 자리한 생존의 욕구와 신뇌에 자리한 사랑과 소속의 욕구, 힘의 욕구, 자유의 욕구와 즐거움의 욕구로 구분하였다. 인간의 모든 행동체계는 활동, 생각, 감정, 신체 반응으로 구성되며, 이러한 4가지 행동체계가 합하여 전행동이 된다. 현실치료의 주요 목표는 내담자가 정서적으로 건강하고 합리적인 사고를 하도록 돕는 것이다. 따라서 글래서는 상담자의 수용적인 태도를 강조하며 내담자는 당연히 무비판적인 치료환경을 필요로 한다는 것을 강조한다.

현실치료에서의 상담과정 8단계는 내담자가 자신의 삶에 책임을 지면서 주변 세계를 통제하고 긍정적이고 낙관적인 삶을 향해 적응하며 기능하기 위해 자신의 두뇌를 사용하는 것을 돕도록 고안되었다. 그리고 우볼딩(Wubbolding)은 8가지 상담과정을 WDEP(Want, Doing, Evaluation, Plan)로 제시하였고 이것들은 단계적으로 진행된다. 현실치료에서 일반적으로 사용하고 있는 기법 가운데는 질문기법, 토의와 논쟁기법, 직면기법, 역설적 기법, 유머기법 등이 있다.

1 글래서의 생애와 현실치료의 발전과정

| 윌리엄 글래서

현실치료는 윌리엄 글래서(William Glasser, 1925~2013)에 의해서 체계화된 상담이론으로 도움을 필요로 하는 사람이 진정으로 원하는 욕구를 깨닫고 그것을 효율적으로 충족시키는 방법을 모색한다. 즉, 인간의 행동은 스스로 선택한 결과이며 인간은 자신이 선택한 세계에 책임이 있고 이를 통해 보다 나은 삶을 살 수 있다는 것이다. 글래서는 미국 오하이오주 클리블랜드에서 화목한 가정의 셋째이자 막내로 태어났다. 19세에 케이스 공업전문학교(Case Institute of Technology)를 졸업하고 화학공학 전공으로 학사학위와 화공기사 자격증을 취득하였다. 그리고 1948년 대학 졸업과 동시에 임상심리학 전공으로 23세의 나이로 석사학위를 받았으나, 박사논문은 통과되지 못했다.

그 후, 클리블랜드 소재 케이스 웨스턴 리저브 대학교(Case Western Reserve University) 의과대학에 입학하여 1953년에 졸업하고 28세에 정신과 의사가 되었다. 그리고 글래서는 1957년에 로스앤젤레스 예비군관리센터(Veterans Administration Center in LA)와 UCLA에서 정신과 전문의 과정을 거치면서 현실요법에 대한 아이디어를 처음 생각하게 되었다.

글래서의 지도교수였던 해링톤(G. L. Harrington)은 그에게 환자의 과거사나 감정을 중요시하는 것보다 환자가 현재 무엇을 하고 있는가에 중점을 두는 것이 더 중요하다고 가르쳤다. 해링톤과 글래서는 함께 7년간 현실요법의 적용에 대해 연구했고 이것이 오늘날 현실요법이라고 부르는 상담방법의 시작이 되었다. 그리고 글래서는 해링톤과의 아이디어를 접목시켜서 『정신건강 아니면 정신병인가?(*Mental Health or*

Mental Illness? Psychiatry for Practical Action)』(1962)라는 제목으로 첫 책을 저술하였다. 그는 정신과 의사들뿐만 아니라 '다른 사람들을 도와주는 직업'을 가진 많은 사람들을 위하여 처음에 '현실정신의학'이라고 지칭하던 것을 '현실치료'라고 명칭을 바꾸어 강의와 연구를 시작하였다.

이어서 글래서는 현실요법연구소의 부설기관으로 교육훈련센터를 만들었다. 이후 1968년 시범학교 경험을 토대로 현실치료요법을 일반 공사립학교 현장에 적용하였다. 그리고 『낙오자 없는 학교(*School without failure*)』(1969)를 저술하기도 했다. 1968년부터 1976년까지 '도움을 주는 전문직'에 종사하는 사람들의 요구에 따라 현재의 현실치료요법 집중훈련 과정 프로그램을 만들어 훈련을 실시하게 되었다. 그리고 현실요법 확산을 위해서 1977년부터 1982년까지 조직 개편의 시기를 거쳐서 1980년 초부터 현실치료요법 논문집인 현실치료저널과 현실치료연구소 회보를 간행하였다. 현실치료요법 집중훈련은 한국을 포함하여 여러 나라에서 1년 내내 계속적으로 실시되고 있으며 그 지지도도 점차 높아지고 있다. 1996년에 글래서는 통제이론을 선택이론이라고 명칭을 바꾸고 그의 현실요법연구소 명칭도 'William Glasser 연구소'라고 바꾸게 되었다(Wedding & Corsini, 2019).

2 인간관

글래서는 인간이라면 누구나 자신이 삶의 주인이 되어 자신의 인생을 선택할 수 있을 때 행복을 느낀다고 보았다. 즉, 자신의 삶에서 중요한 선택을 스스로 할 수 있고 선택한 것에 책임질 줄 아는 사람이 행복한 사람이라는 것이다. 따라서 누구든지 선택이론과 현실치료를 이해함으로써 우리의 욕구를 충족시키는 한편 다른 사람

들의 욕구를 방해하지 않을 때, 우리들은 행복하고 건강하게 삶을 효과적으로 통제할 수 있다고 주장한다. 인간은 누구나 의식이 있는 한 책임 있는 인간이 될 수 있고 자기 운명의 주인이 되어 자기 삶을 바꿀 수 있는 힘을 가지고 있다고 설명했다(김인자, 1996). 그러므로 현실치료는 기존의 심리학인 행동주의적 접근과 인본주의적 접근에서 벗어나서 인간을 바라보는 새로운 시각을 제시해 준다. 그리고 인간은 내면의 심리적 욕구에 의해 동기가 유발되는 자율적이고 창조적인 존재이며 우리들 각자가 성장과 변화의 잠재력을 가지고 있다는 입장을 취하고 있다.

현실치료를 뒷받침하는 이론체계인 선택이론(choice theory)에서는 인간의 모든 행동이 기본적으로 외부 작용이 아닌 내부 작용에 의해 행해지고 있다고 가정한다. 우리가 어떻게 느끼고 생각하고 행동하는가 하는 것은 타인이나 외부 상황에 의해 좌우되는 것이 아니라 스스로가 선택한다는 것이 중요하다(Glasser, 1981). 현실치료의 가르침은 자신이 원하는 삶을 살도록 조력하는 것이며, 자신의 욕구를 충족하는 데 있어 중요한 것은 타인의 욕구를 침해하지 않는 인간 존중과 상호 배려 측면을 강조한다는 것이다.

현실치료의 가장 기본이 되는 핵심 개념은 책임감(responsibility)인데 글래서는 책임감이란 '다른 사람의 욕구 충족의 능력을 박탈하지 않는 한계 내에서 자신의 욕구를 충족시킬 수 있는 능력'이라고 정의하고 있다. 또한 현실요법은 과거의 경험을 중시하는 전통적인 상담치료와는 달리 현재와 미래를 중시하며 전이 및 역전이의 필요성을 인정하지 않는다. 현실요법은 내담자의 무의식과 꿈의 해석보다는 의식세계에서의 현실 지각을 중시하며 내담자로 하여금 자기 욕구 충족을 위한 행동의 효과성을 통해 자기 평가를 할 수 있도록 교육적인 도움을 주는 과정이다.

바람직한 인간관계는 좋은 관계를 맺기 위한 행동 선택을 하고 각자 자신의 선택에 책임지는 관계이다. 현실치료와 선택이론에 대한 이해를 바탕으로 효과적인 행동 선택을 위한 구체적인 방법을 모색하고 상담자로서의 역할을 배울 때 자기 치료와 상호 도움이 되고 함께 성장하는 인간관계가 유지될 수 있을 것이다.

3 주요 개념

1) 기본적 욕구

글래서는 매슬로우의 욕구단계이론을 기초로 하여 1985년에 출간한 통제이론에서 뇌의 기능과 인간의 기본적 욕구(basic need)를 연관시켜 설명하였다. 글래서의 욕구에 대한 관점은, 욕구는 선천적이기에 따로 배우는 것이 아니며, 특수한 것이 아니라 일반적이다. 그리고 특정한 인종이나 문화에 국한되지 않고 범세계적이다. 매슬로우의 욕구이론은 위계가 있지만 글래서의 욕구이론은 위계가 없으며, 욕구들이 의자의 다리처럼 모든 다리가 균형이 잘 잡혀 있을 때 가장 효과적으로 기능을 발휘한다고 하였다(Wubbolding et al., 2004). 글래서는 다섯 가지 기본 욕구를 구뇌(old brain)에 자리한 생존의 욕구와 신뇌(new brain)에 자리한 사랑과 소속의 욕구, 힘의 욕구, 자유의 욕구와 즐거움의 욕구로 구분하였다. 글래서가 강조한 인간의 다섯 가지 욕구의 특성을 살펴보면 다음과 같다.

(1) 생존의 욕구

생존의 욕구(survival need)는 생명을 유지하고 생식을 통해 자기 확장을 시키고자 하는 인간의 속성을 의미한다. 이 욕구는 척추 바로 위에 위치한 구뇌로부터 생성된 것으로서 호흡, 소화, 담, 혈압 조절 등 신체구조를 움직이고 건강하게 유지하도록 하는 중요한 과업을 수행하고 있다. 생존 욕구의 특성은 보수적, 절약적, 잘 못 버림, 소비보다는 저축, 안전을 추구, 건강과 몸에 관심, 건강한 식생활 노력, 단정한 외모에 관심, 상식과 규칙 중시, 안전을 중시함, 계획적, 예측을 원함, 꼼꼼함, 세세한 설명, 대비함, 안정에 가치, 적응에 시간 걸림 등이 있다.

(2) 사랑과 소속의 욕구

사랑과 소속의 욕구(love and belonging need)는 사랑하고 나누며 협력하고자 하는 인간의 속성을 말한다. 청소년들이 또래집단에 들고 싶어 하는 경우 등이 여기에 속한다. 사랑과 소속의 욕구의 특성으로는 사람들을 좋아함, 함께함, 친절함, 배려, 친밀함, 나눔, 도움, 다른 사람을 위해 시간을 냄, 사랑과 관심을 원함, 필요를 잘 살핌, 공감, 협력하고 싶은 등이 있다.

(3) 힘의 욕구

힘의 욕구(power need)는 타인과 경쟁하고 무엇인가를 성취하며 중요한 존재가 되고 싶어 하는 속성으로 현실치료에서 요구하는 힘은 성취, 인정, 존중, 능력의 의미를 포함하고 있다. 힘의 욕구의 특성은 인정, 내 말이 옳다, 내 방식, 탁월성, 리더, 승부욕, 자신감, 통제형, 사람을 소유하려 함, 지시, 충고, 조언, 추진력, 표현, 경쟁, 성취 등이 있다.

(4) 자유의 욕구

자유의 욕구(freedom need)는 이동하고 선택하는 것을 마음대로 하고 싶어 하는 속성을 말한다. 또한 내적으로 자유하고 싶은 욕구이다. 개인이 원하는 곳에 살고 모든 삶의 영역에서 선택하고 표현하고 싶은 욕구를 말한다. 단, 이것은 타인의 자유를 침해하지 않는 범위에서 절충되어야 한다. 자유의 욕구의 특성으로는 오래 지속되는 관계 힘듦, 소유되는 것 싫음, 같은 욕구 공유 어려움, 규칙에 순응 어려움, 한 장소(집단)에 오래 머무는 것 어려움, 지시 강요 싫어함, 상대방의 자유도 구속하고 싶지 않음, 열린 마음, 다양한 상황 수용 등이 있다.

(5) 즐거움의 욕구

즐거움의 욕구(fun need)는 새로운 것을 배우고 놀이를 통해 즐기고자 하는 속성을

말한다. 글래서는 즐거움에 대한 욕구는 기본적이고 유전적인 지시(instruction)라고 말한다. 즐거움의 욕구의 특성은 잘 웃음, 유머, 감탄, 자기 만족, 새로운 것, 배움, 가르침, 더 알고 싶고 알아내고 싶어함, 호기심, 게임 놀이, 여행, 독서, 영화, 음악감상, 새로운 방식 등이 있다.

2) 감각체계와 지각체계

인간이 경험하는 현실세계는 오감, 즉 시각, 청각, 후각, 미각 그리고 촉각으로 이루어진 감각체계(sensory system)와 총체적 지식여과기(total knowledge filter)와 가치여과기(value filter)로 구성된 지각체계(perceptual system) 등의 과정을 거치면서 특별한 장면으로 인식되고 지각세계(perceived world)에 전달된다. 실재하는 세계로부터 감각체계를 통하여 감각된 것 중에서 우리가 원하는 것과 비교될 때 의미 있어 보이면 이 감각들은 우리의 지각체계에서 총체적 지식여과기를 통과한다. 지식여과기는 지각된 현실을 있는 그대로 받아들이는 작업을 하는 일차적인 지각체계이다. 다음으로 우리들 각자가 가지고 있는 이차적 지각체계인 가치여과기를 통해서 각자가 이상적이라고 믿고 또한 욕구를 즉시 채워줄 수 있는 수단들을 긍정적인 장면들로서 질적인 세계에 보관하는 작업을 한다.

3) 전행동과 행동체계

인간의 모든 행동체계(behavior system)는 활동하기(acting), 생각하기(thinking), 느끼기(feeling), 생리적 반응(physiology)으로 구성되며, 이러한 4가지 행동체계가 합하여 전행동(total behavior)이 된다. 우리는 특정 행위를 보았을 때 전행동의 한 부분을 보지 않고 하나의 분리된 행위로 이해하는 경향이 있다. 그러나 겉으로 드러나는 것만 다를 뿐이며 모든 행동은 항상 4가지 구성요소가 모두 포함되어 있는 전행동이라

고 할 수 있다.

현실치료에서는 전행동의 구성요소 중에서 '활동하기'를 중시한다. 그 이유는 '활동하기'가 거의 완전한 통제가 가능하기 때문이다. '생각하기' 또한 어느 정도의 통제가 가능하지만 '느끼기'는 통제가 어렵고 '생리적 반응'인 신체 현상은 더더욱 통제하기가 어렵다. 그러므로 전행동을 변화시키고자 할 때는 '활동하기'와 '생각하기'를 먼저 변화시켜야 한다. 그렇게 되면 '느끼기'와 '생리적 반응'도 따라오게 된다. 즉, 적극적인 활동하기에 많이 관여할수록 좋은 생각과 유쾌한 느낌 그리고 더욱 쾌적한 생리적 반응이 따라오게 되어 행동의 변화가 용이해진다는 견해이다.

글래서는 이러한 인간의 행동체계에 대해서 자동차에 비유하여 설명한다. 5가지 기본 욕구(생존의 욕구, 사랑과 소속의 욕구, 힘의 욕구, 자유의 욕구, 즐거움의 욕구)는 자동차의 엔진을 구성하고, 개인의 욕구를 충족하기 위한 바람(Want)은 핸들에 해당된다고 하였다. 그리고 행동하기와 생각하기는 자동차의 두 앞바퀴에 해당되고, 느끼기와 생리적 반응은 두 뒷바퀴에 해당된다고 하였다([그림 7-1] 참조). 즉, 자동차 앞바퀴에 해당하는 활동하기와 생각하기를 구체적으로 변화시킨다면 나머지 두 뒷바퀴에 해당되는 느끼기와 생리적 반응에도 자동적인 변화가 수반된다. 따라서 적극적 활동과 긍정적인 생각에 많이 관여할수록 좋은 감정과 생리적인 편안함이 따라오게 된다(Glasser, 1992).

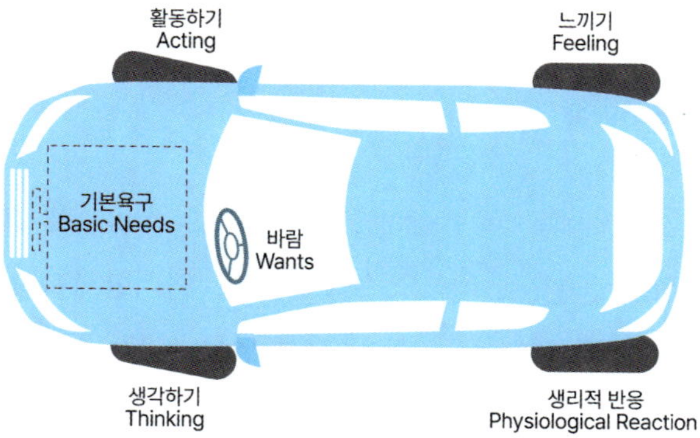

[그림 7-1] 전행동체계

4) 의학적 모델의 거부

글래서는 어떤 만성질환에 대해 신체적 원인이나 특별한 의료적 치료방법이 알려지지 않고 있다면, 그 질환은 우리의 몸이 어떤 욕구를 충족시키기 위한 싸움에 창조적으로 개입하고 있다고 주장하였다. 기존의 신경증과 정신장애를 포함한 정신적인 질환들의 개념에 대한 전통적인 견해를 부정하는 것이 처음에 현실치료를 태동하게 한 원동력이 되었다. '정신병적 행동'은 단지 우리에게 일어난 어떤 것이 아니고 오히려 우리가 외부의 세계를 조정하려는 방식으로 자신이 선택한 행동이라는 것이다(Clara, 2012).

5) 선택이론

선택이론이란 모든 살아 있는 유기체는 끊임없이 자신의 목적에 따라 외부세계를 통제하기 위해 행동을 선택한다는 것이다. 현실치료에서는 치료를 위한 이론적 기초로 '선택이론'을 사용한다. 이 주제를 발전시키면서 그는 외부세계를 가능한 한 내부세계에 밀접히 접근시키기 위해 현실세계를 다루는 통제체제로서 두뇌가 어떻게 작용하는가에 대해 자세히 논의하고 있다.

6) 성공적 정체감과 긍정적 탐닉

성공적인 정체감을 가진 사람은 자신의 존재를 중요하게 여기며 다른 사람의 비싼 대가를 요구하지 않고 자신의 욕구를 충족시킨다. 성공적 정체감이라는 개념은 현실치료를 이해하는 데 있어 핵심 요소로 작용한다. 또한 글래서는 삶의 심리적인 에너지 자원으로서 긍정적 탐닉의 개념을 발전시켰다. 이러한 긍정적인 탐닉을 얻는 두 가지 방법으로 달리기와 명상을 소개하기도 했다.

7) 책임에 대한 강조

현실치료는 책임을 매우 강조하는데 책임성은 개인이 그의 삶을 효과적으로 통제하는 것을 배운다는 의미이다. 글래서는 책임성에 대해 설명하기를 다른 사람의 목표 달성을 방해하지 않는 방식으로 자신의 욕구를 만족시키는 행동이라고 정의하고 있다. 즉, 자신을 수동적으로 보기보다는 자신이 원하지 않는 현재의 행동은 자신을 변화시킬 수 없다고 본다(Corsini & Wedding, 2017).

8) 과거 탐색에 대한 과소평가

과거의 외상이나 실패 또는 내담자의 현재 문제에 영향을 주는 외부 조건을 탐색하는 이론과는 달리 현실치료는 지금 여기에 초점을 둔다(Corey, 1993). 이 접근에서는 책임과 현실이 중요한 관계성을 가진다. 책임이 현실의 직면과 직결된다는 것은 현실세계를 정확하게 받아들여야 한다는 점과 현실세계가 정해 주는 어떠한 범위 내에서만 자신의 욕구충족이 가능하다는 점을 분명히 이해해야 함을 의미한다.

현재의 행동은 관찰되는 것 중의 하나이고 현실의 세계에서 당연한 사실이기 때문에 현실의 한 부분으로서 강조된다. 글래서는 감정보다도 더 확실한 행동이 상담에서 강조되어야 한다는 점을 지적하고 있다. 그는 감정이 변하기 전에 행동이 변해야 함을 강조한다. 즉, 행동의 변화가 감정을 변화시킬 수 있음을 지지하는 입장이다(Glasser, 1990).

9) 전이에 대한 과소평가

현실치료에서는 내담자가 현재 갖고 있는 지각을 다루며 내담자에게 그의 반응과 관점이 과거에는 어떠했는가를 탐색하려 하지 않는다(Corey et al., 2011). 글래서는

전이의 개념을 그릇되고 왜곡된 개념으로 거부하면서 인습적인 치료자들이 내담자의 머릿속에 전이의 개념을 주입시킨다고 주장했다. 현실치료에서는 초기에서부터 내담자 자신이 실패한 사건을 되풀이하는 것이 아니라 오히려 현 실존에서 인간적인 만족을 추구한다고 설명했다.

4 상담의 목표 및 과정

1) 상담의 목표

현실치료의 주요 목표는 내담자가 정서적으로 건강하고 합리적인 사고를 하도록 돕는 것이다. 즉, 현실치료는 개인이 자율성을 이루도록 돕는 치료인데 자율성이란 본질적으로 인간이 환경적인 지원을 거부하고 내적 지원으로 대치하는 성숙의 상태이다. 성숙이란 개인이 그가 되려고 하는 것에 책임을 지는 것이며 삶의 목표를 발전시키는 것이다. 현실치료의 궁극적 목적은 내담자가 성취하려고 노력하는 바를 성취할 수 있도록 상담자가 내담자를 돕는 것이다.

2) 현실치료자의 역할과 기능

글래서는 상담자의 수용적인 태도를 강조하며 내담자는 당연히 무비판적인 치료환경을 필요로 한다는 것을 강조한다. 상담자의 역할은 치료기간 중에 보다 적극적으로 내담자가 특수한 계획을 수립하도록 돕고 행동적 선택의 대안을 제공하며 내담자가 바라는 것을 얻도록 보다 효율적인 길을 안내하는 것이다. 상담자는 내담자가 성공적인 자아정체감을 형성하고 유지할 수 있도록 확인하고 질문해야 한다. 자기의

문제를 인식하고 변화를 계획하며 그 계획을 수행해 나가도록 지원하는 것이다. 단, 그 계획은 자기의 동기와 능력의 한계 안에서 현실적으로 가능한 것으로서 처음에는 아주 간단하고 쉬운 것부터 시작하여 내담자가 만족과 성취감을 경험하도록 하는 것이 좋다.

상담자는 내담자가 각 개인의 강점, 태도 그리고 성공으로 이끌 수 있는 가능성에 초점을 맞추도록 해야 한다. 이때 치료기간의 한계를 설정하고 삶은 개인에게 달려 있다는 것을 내담자에게 인식시켜 줘야 한다. 그리고 내담자가 원한다고 말하는 변화를 어떻게 이룰 수 있는가에 대해 특수한 방법을 알도록 내담자에게 '확실하게' 지적해 주는 것이 좋다. 또한 내담자가 그의 계획을 완수하지 못할 때 늘어놓는 변명을 받아들이지 않아야 한다. 여기서 만약 필요하다면 계획을 수정할 수 있도록 도움으로써 내담자를 직면시키도록 해야 한다.

3) 상담과정

(1) 상담과정 8단계

현실치료에서의 상담과정 8단계는 내담자가 자신의 삶에 책임을 지면서 주변 세계를 통제하고 긍정적이고 낙관적인 삶을 향해 적응하며 기능하기 위해 자신의 두뇌를 사용하는 것을 돕도록 고안되었다.

① **관계 형성 단계**(create a relationship)

관계 형성 단계는 치료자와 내담자가 마음을 열고 친구가 되는 것을 의미한다. 글래서는 이러한 우정이 끝까지 이루어지지 않는다면 효율적인 조력관계는 어렵다고 보았다.

② **현재 행동 초점 단계**(focus on current behavior)

현실치료에서는 과거를 중요하게 다루지 않는다. 내담자의 과거는 고정되어 있고

변화가 가능한 것은 현재와 미래뿐이기 때문이다. 그래서 글래서는 상담과정에서 과거를 다루는 것을 피해야 한다고 주장하였다. 현재 행동에 초점두기의 단계는 내담자가 그의 욕구 충족을 위해 현재 어떤 행동을 하고 있는지를 알아보기 위한 것이다.

③ **행동 평가 단계**(invite client to evaluate his/her behavior)

상담자는 내담자에게 자신의 행동이 도움이 되는지 자신의 욕구 충족을 위해 어떤 노력을 하고 있는지에 대하여 질문함으로써, 내담자가 자신의 행동에서 얻을 것이 없다는 것을 자각하게 하여 긍정적 변화가 일어날 수 있도록 해야 한다. 현실치료 상담자의 주요 임무는 내담자로 하여금 그의 행동이 자신에게 도움이 되는지를 스스로 평가하게 하는 것이다. 이 내담자의 행동 평가 단계는 현재의 내담자 행동이 그의 욕구 충족에 긍정적인지 부정적인지를 포함하여 내담자가 자신의 행동을 평가하도록 상담자가 내담자를 도와주는 과정을 말한다.

④ **행동 계획 발달 조력 단계**(make a plan of action)

이 단계는 욕구 충족과 관련된 내담자의 현재 행동 중에서 비효과적이고 부정적인 것들을 찾아 이를 효과적이고 긍정적인 것으로 고치기 위해 계획을 세우는 것이다. 계획의 목적은 성공적인 경험을 정리하는 것이어야 한다. 따라서 계획이 너무 야심적이거나 비현실적이어서는 안 된다. 현실치료에서는 계획 세우기를 매우 중요하게 여기며 일단 계획이 수립되면 내담자가 실천하는 것을 원칙으로 한다.

⑤ **의무 수행 단계**(get commitment)

이 단계는 내담자에게 그가 계획한 활동을 일상생활에서 그대로 실천하겠다는 다짐을 받아내는 것을 말한다. 이러한 다짐은 내담자가 의미 있는 타인에 대한 책임감을 가지게 함과 동시에 내담자가 혼자가 아님을 각성하도록 하는 것이기도 하다. 계획한 활동을 실천하겠다는 의지를 상담자를 포함한 여러 사람에게 내담자가 다짐하지 않으면 그것을 실천할 가능성이 그만큼 줄어들거나 계획 자체가 무의미해질 가능성이 크다.

⑥ **변명을 받아들이지 않는 단계**(refuse to accept excuse)

글래서는 치료자가 내담자의 변명을 받아들인다는 것은 내담자가 바라는 변화가 그에게 적절하지 않고 불가능하다는 점을 상담자가 받아들이는 것이라고 설명하였다. 상담자와 내담자가 함께 활동계획을 수립하고 상담자가 내담자로부터 다짐을 받아낸 것에 대해 내담자가 실행을 하지 못했을 경우, 상담자는 내담자의 어떠한 변명도 받아들여서는 안 된다. 내담자가 계획에 실패했을 경우, 상담자는 계획을 실행하지 않은 내담자의 잘못을 지적하고 4단계나 5단계로 다시 돌아가서 새로운 활동계획을 다시 수립하고 실행하도록 내담자와 함께 노력해야 한다.

⑦ **처벌 배제 단계**(refuse to use punishment)

상담자는 내담자의 행동에 대해 비난하지 않고 변명을 받아들이지 않으며 판단하지 않아야 한다. 또 현실치료에서는 처벌을 배제하고 있다. 내담자의 행동을 변화시키기 위해 처벌을 사용하게 되면 내담자가 더욱 패배적 정체감을 가지게 되고 상담자와 내담자의 관계가 악화된다고 본다. 벌을 사용하지 않는 대신 상담자는 내담자의 행동 결과에 대한 책임을 알고 이를 받아들이도록 해야 한다.

⑧ **포기 거절 단계**(refuse to give up)

상담자는 내담자가 어떤 말이나 행동을 하더라도 내담자의 변화 가능성을 끝까지 믿어야 한다. 이것은 둘 사이의 이러한 믿음을 기초로 소속감이 생겨 계획을 실행하고 상담의 효과를 높일 수 있다고 보기 때문이다. 그러므로 현실치료 상담자는 끈기가 있어야 한다. 치료자가 내담자의 변화 가능성에 대해 희망을 버리거나 그 가능성을 완전히 포기하는 것은 내담자가 자신에 대해 책임을 지도록 하는 데 도움이 되지 않는다.

(2) WDEP

현실치료의 보급에 기여한 우볼딩(Wubbolding, 1989)은 앞의 8가지 상담과정을

WDEP로 제시하였다. WDEP는 각각 Want(욕구), Doing(현재 행동), Evaluation(평가), Plan(계획)을 의미하며, 이것들은 단계적으로 진행된다.

① W: Wants(욕구)

욕구 탐색하기 단계에서는 내담자가 원하는 것(Want)이 무엇인지를 인식하도록 돕는다. 이 단계에서는 내담자가 원하는 것을 얻기 위해 무엇을 어떻게 해 왔는지를 탐색한다. 따라서 이 단계에서는 내담자로 하여금 자신이 정말로 이루고 싶은 삶의 모습을 구체화하도록 하는 것이 주된 목적이다. 이때 상담자는 내담자에게 "무엇을 원합니까?", "진정으로 원하는 것이 무엇입니까?", "사람들이 당신에게 원하는 것이 무엇이라고 생각합니까?"라고 질문함으로써 자신의 욕구를 충족시킬 수 있는 방법을 발견할 수 있도록 한다.

② D: Doing & Direction(현재 행동 및 방향)

현재 행동 및 방향은 내담자가 현재 무슨 행동을 하면서 시간을 보내고 있는지, 무엇을 향하여 살아가고 있는지를 명확하게 인식하도록 알아보는 단계이다. 이 단계에서 치료자는 내담자가 자신의 전체 행동(행동하기, 생각하기, 느끼기, 생리적 반응)을 구체적으로 서술하도록 격려하면서 무엇을 지향하고 있는지를 살펴보는 것이 중요하다. 현실치료는 현재 행동을 강조하고 과거 사건에 대해서는 내담자가 지금 행하고 있는 행동에 영향을 끼칠 때에만 관심을 갖는다. 상담자는 내담자에게 "당신은 현재 무엇을 하고 있습니까?"라고 질문한다. 이는 내담자의 전행동(total behavior)에 대한 인식을 획득하는 것에 초점을 둔다.

③ E: Evaluation(평가하기)

평가하기는 내담자가 현재 하고 있는 행동을 평가하는 것을 말한다. 이 단계는 내담자가 충족하고 싶은 욕구와 현재의 행동 간의 관계를 점검해 보고 내담자 스스로 자기 평가를 하도록 돕는 단계이다. 내담자가 스스로 자신의 행동을 평가하여 효과

적인 선택을 하도록 돕기 위해 상담자는 내담자에게 자신의 행동 결과를 직면시켜야 한다. 현실치료에서 내담자 전체 행동의 각 요소(행동하기, 생각하기, 느끼기, 생리적 반응)를 평가하도록 하는 것은 매우 중요하다. 이때 상담자는 내담자가 자신의 행동을 평가하도록 도와주기 위해 "지금 현재 하고 있는 행동이 당신에게 도움이 됩니까? 해가 됩니까?", 당신이 지금 하고 있는 것은 원하는 것을 얻는 데 도움이 됩니까?", "당신이 행동하고 있는 것이 규칙에 어긋납니까?", "당신이 원하는 것은 현실적이거나 실현 가능한 것입니까?", "그런 식으로 보는 것이 당신에게 도움이 됩니까?"와 같은 질문을 한다.

④ P: Planning(계획하기)

계획하기는 치료자가 내담자로 하여금 자신의 욕구를 충족시킬 수 있는 새로운 행동을 계획하고 실천하도록 돕는 것을 의미한다. 현실치료의 상담과정에서 내담자의 욕구를 충족시킬 구체적인 방법을 찾는 것은 중요한 과제이다. 이 단계는 내담자의 욕구를 충족시킬 수 있는 구체적인 계획을 수립하는 것이다. 내담자는 계획을 세우고 실천하는 과정을 통해 자신의 생활상의 문제들을 효과적으로 통제하고 선택할 수 있게 된다. 만약, 계획이 어떤 이유에서건 효과가 없다면 상담자와 내담자는 함께 다른 계획을 수립해야 한다.

보통 계획에서 초점을 두는 것은 행동이나 행위를 수정하는 것이다. 왜냐하면, 행동이나 행위는 전체 행동 중 가장 통제하기 쉬운 요소이기 때문이다. 하지만, 경우에 따라서 '생각하기(thinking)'에 먼저 초점을 맞추어도 된다. 이것은 생각하기에 초점을 맞춰서 결국 지금과는 다른 행동을 선택하면 도움이 된다는 점을 설득하기 위해서이다. 현실치료에서 '느끼기'는 직접 다루는 경우가 거의 없다. 감정은 '욕구(wants)'와 '지각(perceptions)'에 관해 중요한 정보를 제공해 주지만, 행동이 변하면 자동으로 감정이 바뀐다고 믿기 때문이다.

(3) SAMIC3/P

우볼딩(Wubbolding, 1991)은 WDEP와 효율적인 계획을 세울 때 고려할 사항에 대해서 영어의 머리글자를 사용하여 SAMIC3/P로 표현하였는데, 계획자(planner)를 나타내는 문자 P는 분모에 속한다. 이는 계획에 대한 수립과 이행에 있어서 모든 책임이 계획자인 내담자에게 있다는 것을 함축한다(노안영, 2005). 일곱 가지 고려사항에 대해서 살펴보면 다음과 같다.

첫째, 계획은 단순해야 한다(simple). 계획이 너무 복잡하면 수행될 수 없다.

둘째, 계획은 도달할 수 있는 것이어야 한다(attainable). 즉, 계획은 현실적이어야 한다.

셋째, 계획은 측정할 수 있어야 한다(measurable). 계획은 구체적이고 정확해야 한다.

넷째, 계획은 즉각적이어야 한다(immediate). 계획은 가능한 한 빨리 수행되어야 한다.

다섯째, 계획은 계획자에 의해 통제되어야 한다(controlled). 계획은 다른 사람이 하는 것에 의존하지 않는다.

여섯째, 계획은 일관성이 있어야 한다(consistent). 가장 훌륭한 계획은 정규적인 근거로 반복된다.

일곱째, 계획은 이행하겠다는 언약이 있어야 한다(committed). 계획은 확고한 의지를 가지고 수행되어야 한다.

5 상담의 주요 기법

현실치료에서 일반적으로 사용하고 있는 기법 가운데는 질문기법, 토의와 논쟁기법, 직면기법, 역설적 기법, 유머기법 등이 있다(Corsini & Wedding, 2017).

1) 질문기법

질문기법은 전행동(total behavior)을 탐색하고 행동을 평가하고 구체적인 계획을 세우는 데에 중요한 역할을 한다. 이 기법은 내담자가 원하는 것이 무엇인지 알 수 있는 정보를 얻을 수 있는 데 유용하다. 또한 질문기법은 내담자에게 선택을 제공하고, 선택을 통해 그들의 삶을 바꾸기 위해서는 어떻게 해야 하는지에 대한 통제를 갖도록 해 준다(Wubbolding, 1990).

2) 토의와 논쟁기법

상담자와 내담자가 질문을 주고받는 가운데 내담자의 대답이나 말이 현실성이 없는 등 합리적이지 못하면 이때 상담자는 내담자와 토의를 하거나 논쟁을 한다. 상담자는 현실치료이론에서 강조하는 욕구 및 이의 충족을 위한 방법이 현실성이 있는지와 그 책임성에 초점을 두고 내담자와 토의 또는 논쟁을 하게 된다.

3) 직면기법

질문과 토의 및 논쟁 중에 내담자의 현실적 책임과 관련된 모순성이 보이면 이에 대해 상담자는 내담자와 직면(confrontation; 맞닥뜨리기)을 해야 한다. 상담자는 내담

자의 변명을 받아들이지 않고 직면을 하되 긍정적인 태도를 취하도록 해야 한다. 그리고 상담자들이 내담자를 비판하거나 반박하지 않고 오히려 전행동을 탐색하는 일과 효과적인 계획을 세우는 일을 계속함으로써 직면시킬 수도 있다.

4) 역설적 기법

직접적인 기법을 주로 사용하는 현실치료에서 때로는 내담자에게 예상 밖의 질문이나 행동을 요구하고 지시해서 내담자를 곤경에 처하게 하는 역설적 기법을 사용해서 변화를 시도하기도 한다. 역설적 기법에는 재구성하기와 처방하기가 있는데, 재구성하기는 개인들이 어떠한 주제에 대해 생각하는 방식을 바꾸도록 하는 것이다. 그리고 처방하기는 내담자에게 증상을 선택하도록 지시하는 것을 말한다. 이러한 역설적 개입은 훈련과 익숙해짐 후에 사용되어야만 한다.

5) 유머기법

현실치료에서 강조하는 기본 욕구 중 하나는 즐거움과 흥미이다. 친밀한 관계를 형성하기 위해서 적절한 유머를 사용하는 것은 중요하다. 상담자는 계획이 실행되지 않았을 때 적절한 유머를 사용하여 내담자의 실망감에 대한 압박감을 덜어주고 긴장감을 풀어줄 수 있다. 내담자뿐만 아니라 상담자 자신도 실수 등과 관련된 긴장감을 유머를 통해 해소시킬 수 있다.

6) 과제

과제(homework)는 상담을 진행하는 과정에서 각 회기의 연속성을 유지하고, 내담자가 회기 간의 문제들을 잘 해결할 수 있도록 격려하며 상담 효과를 촉진하기 위해

사용된다. 과제는 일반적으로 새로운 행동 시도와 현 행동의 감소 혹은 중단, 현 행동의 기록 또는 구체적인 문제 해결 방안 모색 등이 포함된다.

7) 은유적 표현

은유(metaphor)는 직접적으로 표현하지 않고 비슷한 상황이나 대상에게 빗대어 간접적이고 비유적으로 표현하는 것을 의미한다. 현실치료 상담자가 내담자의 은유적 표현에 관심을 기울이고 은유적 표현으로 내담자에게 메시지를 전달하는 이유는 내담자를 이해하고 있다는 사실을 알리는 데 도움이 되기 때문이다. 그리고 내담자의 은유적 표현에는 많은 정보가 담겨져 있기에 그것을 잘 활용할 필요가 있다(Wubbolding & Brickell, 1999). 예를 들어 내담자가 "그 사람이 갑자기 제 곁을 떠났을 땐 온 세상이 내려앉은 것 같았어요"라고 말한다면, 상담자는 "온 세상이 내려앉았을 때 어떤 느낌이 들까요?"라고 반응할 수 있다. 이는 곧 치료자가 내담자의 개인적 지각과 일치된 방식으로 말하고 있음을 의미하는 것이다. 은유적 표현이 중요한 이유는 상담자가 내담자와 동일한 사고와 틀에서 익숙한 언어로 소통한다는 점이다.

6 공헌 및 제한점

현실치료는 명쾌한 치료모델을 근거로 하여 비교적 단기간에 효과적으로 시행될 수 있다는 점에서 상담 현장에서 광범위하게 적용되고 있는 기법이다.

현실치료의 공헌은 첫째, 과거나 어린 시절의 경험을 중요시하지 않고 '여기와 현재'에 중점을 두고 상담을 시작하기 때문에 문제 해결이 쉽게 시작된다는 점이다.

둘째, 행동의 변화를 위해 내담자로 하여금 자신의 활동을 계획하게 함으로써 내담자의 통제 능력을 향상시키는 데 용이하다. 셋째, 현실치료는 내담자들로 하여금 스스로 자신들의 행동을 평가하고 가치판단을 해보도록 함으로써 자신의 행동에 책임을 질 수 있도록 하는 데 실제적으로 도움이 된다. 넷째, 현실치료는 과거보다 현재의 행동에 초점을 맞추고 있기에 직업상담, 위기상담, 학교나 수용시설 등에서 적절하게 이용할 수 있어서 실제적이고 경제적인 상담기법이라고 할 수 있다.

하지만 현실치료의 제한점으로는 첫째, 인간 내면의 정신역동과 개인의 과거가 거의 무시될 뿐만 아니라 정신병의 개념을 거부하기에 큰 논란의 여지를 안고 있다. 둘째, 현실치료에서는 내담자의 내면에 잠재해 있는 감정은 검토하지 않는다. 그렇기 때문에 단지 상담자의 가치개념이 지나치게 내담자에게 강요될 수 있는 위험을 안고 있다. 셋째, 현실치료는 상담이론과 상담실제가 일관적인 체계를 갖추지 못하고 있다는 비판을 받고 있다. 현실치료가 비록 이론적 근거로 통제이론을 제시하고 있기는 하지만 통제이론 자체도 더욱 실증적으로 검증해야 할 필요성이 제기되고 있다.

연습문제

1. 현실치료의 주요 개념에 대해 논하시오.
2. 현실치료의 상담과정에 대해서 설명하시오.
3. 현실치료의 각 기법에 대해 논하시오.

CHAPTER

08

인지치료

학습 내용

1. 벡의 생애와 인지치료의 발전과정
2. 인간관
3. 주요 개념
4. 상담의 목표 및 과정
5. 상담의 주요 기법
6. 공헌 및 제한점

학습 목표

1. 인지치료의 배경에 대해서 살펴본다.
2. 인지치료의 인간관과 주요 개념에 대해서 이해한다.
3. 인치치료의 목표, 상담자 역할, 상담과정을 이해한다.
4. 인지치료의 현장 적용에 대해서 설명한다.

학습 개요

아론 벡에 의해서 창시된 인지치료는 정신장애를 유발하는 인지적 요인을 정교하게 설명하고 구조화된 개입방법을 갖춘 이론이다. 인지치료에서 인간 행동은 사고방식에 의해서 결정된다고 가정하는 관념론적 이원론에 기초한다. 인지치료에서 개인의 문제는 현실에 대한 인지적 왜곡으로 말미암은 것이며, 이렇게 왜곡된 사고방식은 인지발달 과정에서 잘못된 학습에 의한 것으로 본다. 하지만 인간은 자신의 인지적 왜곡을 자각할 수 있는 능력이 있으며, 자신의 심리적 기저에 있는 인지구조의 내용이 변화하면 정서 상태와 행동 패턴도 자동적으로 영향을 받아 변화된다고 설명한다.

인지치료의 주요 개념으로는 자동적 사고, 역기능적 인지도식, 인지왜곡, 인지삼제가 있다. 인지치료의 기본적 상담목표는 내담자가 보다 효과적으로 기능하도록 사고의 편견이나 인지왜곡을 제거하는 것이다. 따라서 인지치료에서 상담자는 논리적 분석가 혹은 교육가와 같이 객관적 사실이나 상황을 내담자가 주관적인 왜곡 없이 해석하고 사고할 수 있도록 지도하는 역할을 수행한다. 인지치료 상담과정은 4단계로, 상담의 구조화 단계, 역기능적 사고에 대한 통찰, 역기능적 사고와 핵심신념에 대한 논박, 상담 종결이 있다. 인지치료에서 활용되는 대표적인 기법으로는 세 가지 질문기법, 자동사고 구체화하기, 절대적 사고에의 직면, 재귀인하기, 왜곡 명명하기, 탈파국화 하기, 장점과 단점 목록 작성하기, 인지시연하기, 척도 및 질문지 사용하기 등이 있다.

1 벡의 생애와 인지치료의 발전과정

| 아론 벡

인지치료(cognitive therapy)는 정신과 의사인 아론 벡(Aaron Temkin Beck, 1921~2021)이 창시한 것으로, 정신장애를 유발하는 인지적 요인을 정교하게 설명하고 구조화된 개입방법을 갖춘 이론이다.

벡은 러시아계 유태인 미국 이민자의 셋째 아들이자 막내로 1921년 7월 18일 로드아일랜드주의 프로비던스(Providence, Rhode Island)에서 출생하였다. 벡은 아동기에 두 자녀를 잃은 어머니의 우울증적인 성향에서 비롯된 과잉보호와 미끄럼틀에서 떨어지면서 골절된 팔의 상처가 감염된 것이 완치되지 않아 평생을 고생하였고, 7세 때의 수술 경험으로 불안증과 공포증을 지니게 되었다. 하지만 벡은 어릴 적 자신의 어려움들을 유리하게 변화시킴으로써 부정적 신념을 지닌 사람들을 조력하는 데 이용하게 되었다.

벡은 1943년에 브라운(Brown) 대학을 졸업하고, 1946년에 예일대의 의과대학에서 의학박사 학위를 수여받은 뒤에는 로드아일랜드 병원에서 수련을 받았고, 신경학을 전공하기로 결정하여 본격적인 정신과 전공의의 삶을 살았다. 벡은 자신이 겪은 여러 공포 증상과 불안 증상의 상태에 관한 연구를 거듭하면서 인지치료에까지 이르게 되었고, 1954년에는 펜실베이니아 대학의 정신과 교수가 되었으며, 대부분의 여생을 펜실베이니아 대학에서 보냈다.

벡은 원래 정신분석적 이론을 기반으로 한 치료자였으나 호나이(Karen Horney), 아들러(Alfred Adler), 켈리(George Kelly), 엘리스(Albert Ellis), 라자러스(Richard Lazarus), 반두라(Albert Bandura) 등 많은 학자로부터 영향을 받으며 인지치료이론을 발전시켰다.

벡의 인지치료가 다른 이론에 비하면 비교적 근래에 개발된 치료법이라고 할 수 있으나, 역사적인 근원은 상당히 깊다고 할 수 있다. 인지치료의 철학적 기원은 스토아 철학자들에게서 찾아볼 수 있는데, 특히 '인간은 사물로 인해서 고통을 받는 것이 아니라 그것을 받아들이는 관점으로 인해서 고통을 받는다'라는 에픽테토스(Epictetos)의 말은 인지치료의 이론적 핵심을 보여준다. 이러한 인지적 맥락을 중심으로 한 주관적이며 현상학적인 사상은 비단 스토아학파뿐만 아니라 도교나 불교 등의 철학에서도 찾아볼 수 있다(Corey, 2009). 이러한 사상에 의하면 인간의 감정은 주관적 사고방식에 기초를 두고 있기 때문에 아무리 강력한 감정이라도 생각을 바꾸면 통제가 가능하다는 것을 암시한다.

벡은 1963년에 미국 펜실베이니아 종합병원에 우울증 클리닉센터를 개설하여 인지치료를 통해 우울증 환자들을 치료하면서 환자들이 매우 빠르게 호전되는 것을 확인하였다. 그는 인지치료 도중 몇 가지 지침을 적어놓은 것을 토대로 『우울증의 인지치료』라는 이름으로 책을 발간하였다. 그리고 1977년에 인지치료를 통한 우울증 치료 효과에 대한 연구 결과가 과학적으로 검증되고 그 효능이 다양하게 확인되면서 그의 이론은 급속하게 발전하게 되었다. 벡은 1989년에 우울증과 불안장애에 대한 초기의 연구 업적뿐만 아니라 인지치료에 관한 최근의 업적을 인정받아 브라운 대학으로부터 공로상을 받기도 하였다. 그뿐만 아니라 같은 해에 인지치료를 커플 치료에 도입하여 『사랑만으로는 살 수 없다(*Love is never enough*)』(1989)라는 책을 출판하였다. 벡은 펜실베이니아 대학 내에 있는 벡 인지치료연구소(Beck Institute)에서 우울, 자살, 불안, 공황장애, 성격장애 등에 관하여 광범위한 연구와 활동을 하였으며, 400편의 논문과 15권의 저서를 남기고 2021년 11월 1일 100세 나이로 사망하였다.

2 인간관

인지치료에서 인간 행동은 사고방식에 의해서 결정된다고 가정하는 관념론적 이원론에 기초한다. 즉, 일부의 환경적 요인 자체가 인간의 감정이나 행동에 인과적으로 나타나는 것이 아닌 환경에 반응하는 인간의 내면적 사고가 감정과 행동에 직접적인 영향을 준다는 것이다. 그러므로 인지치료에서 보는 인간에 대한 이해는 매우 주관적인 존재로 규정하고 있다. 인지이론에 의하면 객관적 외적 현실은 개인의 독특한 방식에 따라 구성되어 모든 사람에게 획일적이고 표준화된 영향을 미치지는 못한다. 그러므로 개인의 행동이나 사고를 이해하기 위해서는 그 개인의 주관적 현실을 이해해야 한다. 인지치료이론에 의하면 인간은 자기의 심리적 문제를 이해할 뿐만 아니라 해결할 수도 있는 인지적 자각능력과 의식 기능을 가지는 능동적인 존재라는 것이다. 그리고 인지적 관점에서 볼 때 개인의 문제는 현실에 대한 인지적 왜곡으로 말미암은 것이며, 이렇게 왜곡된 사고방식은 인지발달 과정에서 잘못된 학습에 의한 것으로 본다. 하지만 인간은 자신의 인지적 왜곡을 자각할 수 있는 능력이 있으며, 자신의 심리적 기저에 있는 인지구조의 내용이 변화하면 정서 상태와 행동패턴도 자동적으로 영향을 받아 변화된다고 설명한다(Wedding & Corsini, 2019).

3 주요 개념

1) 자동적 사고

자동적 사고(automatic thoughts)는 인지치료의 핵심개념으로 어떤 사건에 접하게

되면 아무런 의식적 노력 없이 자동적으로 떠오르는 어떤 생각을 말한다. 사람들이 경험하는 여러 가지 환경적 자극과 심리적 문제 사이에는 자동적 사고라는 인지적 요소가 개입되어 있다. 여기에서 환경적 자극에 대한 내용이 긍정적일 경우 문제가 야기되지 않지만 부정적일 경우 자동적 사고로 인해 심리적 혼란과 문제를 경험하게 된다.

벡의 이론에 따르면 사람들이 경험하는 심리적 문제는 스트레스 사건을 경험했을 때 자동적으로 떠올리는 부정적인 생각들로 인해 발생하는 것이다. 전형적으로 우울 증상을 경험하는 사람들의 자동적 사고는 크게 다음과 같은 세 가지 내용으로 구성되어 있는데 이를 인지삼제(認知三題, cognitive triad)라고 한다. 첫 번째는 자기 자신에 대한 부정적인 견해이다. 자기 자신은 결점이 많고 부적절하며 연약하고 아무것도 할 수 없는 존재로 본다. 또한 불유쾌한 경험을 자신의 심리적, 도덕적, 신체적 결함이라고 생각한다. 따라서 자신을 평가절하하여 쓸모없는 존재라고 믿어 자신을 비난하는 경향이 있다. 두 번째는 미래에 대한 부정적인 견해로 자신의 앞날에 희망이 없다고 생각하는 것이다. 그리고 세 번째는 세상에 대한 부정적인 견해로 세상은 매우 살기 힘든 곳이라는 생각을 가지게 된다(Beck, 1997).

2) 역기능적 인지도식

사람은 성장과정을 통해 자기 나름대로 자신과 세상을 이해하는 삶의 틀을 형성한다. 그리고 이러한 삶의 틀을 통해 세상과 자신 그리고 타인들에 대한 의미와 관계를 체계화시키는데, 이렇게 체계화된 인지적 틀을 인지도식(cognition scheme)이라고 한다.

여기에서 역기능적 인지도식은 개인의 내면에 있는 인지도식의 내용이 부정적인 것을 말한다. 다른 말로 하면 개인이 갖고 있는 독특한 부정적인 사고방식이라 말할 수 있다. 이러한 역기능적 인지도식은 개인의 심리적인 문제와 부적응적인 행동을

초래하는 근원적인 역할을 한다. 따라서 역기능적 인지도식을 가진 사람은 자동적으로 자신과 세상 그리고 다양한 삶의 상황에 대해 부정적인 해석을 하게 된다(Corey, 2009).

3) 인지왜곡

인지왜곡(cognitive distortion)은 인지의 과정에서 스스로 왜곡시키거나 잘못 인식하는 것이다(Corsini, 1999). 사고의 오류, 즉 인지왜곡으로부터 개인이 비논리적 결론들을 도출하면서 진행되는 잘못된 정보 구조로 인해 부정적 인지도식은 지속된다(Beck, 1976). 역기능적인 인지도식은 자동적 사고를 발생시키고 또한 인지적 오류를 발생시킨다. 벡은 정서장애를 경험하는 사람들은 사건의 의미를 부정적으로 왜곡하는 경향이 있으며 인지적 왜곡이 많다고 주장하였다. 특정한 개인은 진짜 사실과 사실에 대한 자신의 주관적인 해석을 혼동해서 그릇된 해석을 하는 오류를 범한다. 이러한 인지도식은 때때로 자기 비난의 도구가 되기도 한다. 이러한 현상은 그 사람의 대뇌의 의식과 감각이라는 틀이 이미 습관화되었기 때문이라고 볼 수 있을 것이다(Beck, 1997). 대표적인 인지왜곡에 대해서 살펴보면 다음과 같다.

(1) 임의적 추론

임의적 추론(arbitrary inference)은 어떤 결론을 내리기에 충분한 근거가 없는데도 최종적인 결론을 성급히 내려버리는 오류이다. 예를 들면, 여자 친구가 여러 가지 바쁜 상황으로 인해 연락을 자주 못하자 '이제 그녀가 나를 멀리 한다'고 결론을 내리고 이별을 준비하는 경우가 여기에 해당된다.

(2) 선택적 추상화

선택적 추상화(selective abstraction)는 상황이나 사건의 주된 내용은 무시하고 특정

한 일부 정보에만 주의를 기울여 전체의 의미를 해석하는 오류이다. 예를 들어, 발표를 할 때 많은 사람이 긍정적인 반응을 보였는데도 한두 명의 부정적 반응에만 선택적으로 주의를 기울여 실패했다고 단정하는 경우가 이에 해당된다.

(3) 과잉 일반화

과잉 일반화(overgeneralization)는 한두 번의 사건에 근거하여 일반적인 결론을 내리고 무관한 상황에도 그 결론을 적용하는 오류이다. 어떤 사람은 한두 번의 실연으로 '항상', '누구에게나' 실연당할 것이라고 생각하게 된다.

(4) 의미 확대 및 의미 축소

의미 확대 및 의미 축소(magnification and minimization)는 사건의 중요성이나 의미를 지나치게 과장하거나 축소하는 오류이다. 예를 들어, 한 번 낙제점수를 받은 것을 가지고 '내 인생은 이제 끝이다'라고 생각하거나 반대로 과수석을 차지하고도 '어쩌다가 운이 좋아서 그렇게 됐겠지' 하고 생각하는 경우가 여기에 해당된다.

(5) 개인화

개인화(personalization)는 외부 사건을 자신과 관련지을 근거가 없는데도 이것을 지나친 해석으로 자신과 관련짓는 경향이다.

(6) 이분법적 사고

이분법적 사고(absolutistic dichotomous thinking)는 사건의 의미를 이분법적인 범주로 둘 중 하나로 해석하는 오류이다. 어떤 일의 성과를 성공이냐 실패냐의 이분법으로만 나누어 평가하거나, 타인이 나를 사랑하느냐 미워하느냐의 둘 중 하나로만 생각할 뿐 중립지대를 인정하지 않는 경우가 해당된다.

(7) 꼬리표 달기 또는 잘못된 꼬리표 달기

꼬리표 달기 또는 잘못된 꼬리표 달기(labeling and mislabeling)는 개인 자신에 대한 부정적 관점에서, 과실 혹은 실수와 연관시켜 스스로에게 꼬리표를 붙이는 현상이다. 예를 들어 소개팅에 나간 한 남성이 긴장된 나머지 제대로 말 한 번 꺼내지도 못하고는, "난 바보천치야. 그러니 여자들에게 인기가 없을 수밖에"라며 자신을 비난하였다. 이러한 꼬리표를 통해 사람들은 자신에 대한 부정확한 감각이나 정체성을 창출하는 경향이 있다.

(8) 파국화

파국화(catastrophizing)는 자신이 걱정하는 사건에 대해 과하게 염려하거나 비극적인 결말을 예상하며 두려워하게 되는 현상이다. 예를 들어 한 남성이 세련된 미모의 여성을 보고는, "저 여성은 모든 면에서 나보다 뛰어나기 때문에 나 같이 못생기고 매력 없는 남자에게는 관심조차 없을 거야. 내가 데이트를 청하면 오히려 나를 비웃을 거야"라고 생각함으로써 결국 그 여성과의 실제 만남에서 자신이 우려했던 모습을 보이게 되는 것이다(강진령, 2021).

4) 인지삼제

인지삼제(cognitive triad)는 네거티브 트라이어드(Negative Triad)라고도 하는데, 벡(Beck, 1976)은 우울증을 가지고 있는 개인의 부정적인 신념체계를 인지치료적 관점에서 세 가지 핵심 요소로 파악한 것이다.

벡(Beck, 1972)은 인지삼제 즉, 네거티브 트라이어드는 "자기 비하", "미래 비관", "세상 비난" 세 가지 부정적인 생각 패턴으로 이루어져 있다고 하였다. 이러한 부정적인 생각 패턴은 우울증 환자들이 자신의 삶을 비관적으로 바라보고, 부정적인 감정을 느끼게 만든다.

첫째, 자기 비하, 즉 자신에 대한 부정적 사고는 자신이 무능력하다고 느끼며, 자신이 할 수 있는 것이 한계가 있다고 생각한다. 그래서 '나는 가치가 없어. 이루어 놓은 것도 없고, 스펙도 없어. 좋은 대학도 나오지 않았고 번듯한 직장도 없고, 돈도 없고, 좋은 집에 살지도 않고, 나는 아무런 가치도 없는 사람이야'와 같이 자기 비하적인 생각을 한다.

둘째, 미래 비관은 미래에 대한 부정적인 생각으로 미래가 불안정하고, 좋지 않을 것이라는 생각을 가지며 '내 미래는 어둡다'고 비관한다.

셋째, 세상 비난 즉, 세상과 환경에 관한 부정적 사고를 가진 내담자들은 세상에 대해 부정적인 생각으로 세상이 불공평하고, 자신을 이해하지 못한다는 신념을 갖게 되므로 "대한민국은 헬 조선이야. 평등하지도 않고, 불공정해. 이런 불평등하고 불합리한 세상에서는 그 어떤 것도 기대할 수 없어"와 같은 생각을 한다.

인지치료에서는 이러한 인지삼제가 우울증과 같은 정신건강 문제를 악화시키기에 부정적인 생각 패턴을 깨고, 긍정적인 생각 패턴이 형성하도록 치료하여 내담자의 정신건강 회복을 돕는다.

4 상담의 목표 및 과정

1) 상담의 목표

인지치료의 기본적 상담목표는 내담자가 보다 효과적으로 기능하도록 사고의 편견이나 인지왜곡을 제거하는 것이다. 인지치료에서는 무엇보다도 내담자의 부정적인 자동적 사고와 인지적 오류를 만들어 내는 역기능적 인지도식을 찾아내어 그 내용을 보다 현실적인 것으로 바꾸어 나가는 것을 상담의 목표로 삼는다. 이를 위해

상담자는 내담자에게 구체적인 학습경험을 통해 부정적이고 부적응적인 신념체계를 긍정적이고 적응적인 신념체계로 대체하도록 도움으로써 내담자가 자신의 왜곡된 신념을 적응적 사고로 바꾸고 비현실적인 사고를 현실에 기반을 둔 해석으로 대체하게 한다.

2) 상담자의 역할과 기능

인지치료에서 상담자는 논리적 분석가 혹은 교육가와 같이 객관적 사실이나 상황을 내담자가 주관적인 왜곡 없이 해석하고 사고할 수 있도록 지도하는 역할을 수행한다.

상담자는 내담자로 하여금 자신과 타인 그리고 세상과 미래에 대한 인지도식을 검토하도록 하며 보다 적합하고 적응적인 인지구조의 내용으로 바꿀 수 있도록 격려해야 한다. 이 과정에서 내담자의 적극적인 참여를 유도하는 것은 매우 필수적인 요소이다.

벡은 특히 상담자와 내담자의 '협동적 경험주의'를 강조했다. 상담자와 내담자는 협동적 경험주의를 통해 자동적 사고를 '행동적 실험'을 통해 검증할 수 있으며 이를 논리적으로 철저하게 조사할 수 있는 가설로서 다룬다. 또 상담자는 내담자의 협동적 대화를 하는 '소크라테스적 대화'라는 질문기법을 사용하여 스스로 자신의 해결책을 찾도록 도와준다(Wedding & Corsini, 2019).

3) 상담과정

(1) 1단계: 상담의 구조화 단계

상담의 도입과 초기 단계에서 상담의 구조화 작업은 상담자와 내담자 모두에게 시간과 노력을 효율적으로 사용할 수 있도록 해 준다. 이러한 상담의 구조화 과정에

있어서 상담자는 무엇보다도 내담자와의 친밀한 상담관계 형성을 위해 노력해야 하며 신뢰할 수 있고 협조적인 상담환경을 만들어야 한다.

(2) 2단계: 역기능적 사고에 대한 통찰

상담자는 내담자와 함께 내담자의 의식 속에 뿌리박혀 있는 자동적 사고와 핵심신념 그리고 인지적 오류들을 찾아내야 한다. 이러한 것들의 근본적인 원인이 되는 역기능적 인지도식의 내용들을 구별해 내는 작업을 한다. 따라서 상담자는 내담자의 삶 속에서 심리적 문제를 불러일으키는 구체적인 상황을 주의 깊게 경청하며 이를 통해 문제의 감정을 확인하고 문제에 대한 사고를 파악해야 한다.

(3) 3단계: 역기능적 사고와 핵심신념에 대한 논박

상담자는 여러 가지 기법을 통하여 내담자의 주관적 해석인 역기능적 사고의 내용과 핵심신념을 논박하여 보다 객관적이고 타당한 대안적 해석을 탐색하며 합리적으로 사고할 수 있도록 도와준다.

(4) 4단계: 상담 종결

내담자가 가지고 있던 기존의 자동적 사고와 비합리적 신념을 스스로 수정하여 자신의 감정에 대한 통제력을 회복하는 시기이다. 상담의 종결은 급박하게 이루어지지 않고 서서히 준비하면서 이루어진다. 이때 상담자는 현실적이고 합리적인 인지적 구조를 내면화할 수 있도록 유도한다.

5 상담의 주요 기법

다양한 인지치료기법이 내담자가 목표를 달성하도록 조력하는 데 사용된다. 어떤 기법은 자동적 사고를 끌어내고 도전하는 데 사용되며, 다른 기법들은 부적응적 가정이나 비효과적 인지도식을 발견하여 변화시키는 데 사용된다. 인지치료의 일반적 접근은 자동적 사고나 비합리적 신념을 해석하는 것이 아니라 실험이나 논리적 분석을 통해 그러한 것을 조사하는 것이다(Sharf, 2004). 인지치료에서 활용되는 대표적인 기법을 살펴보면 다음과 같다.

1) 세 가지 질문기법

세 가지 질문기법(The three-question technique)은 소크라테스적 질문법이라고도 하는데, 이 방법은 내담자가 자신의 부정적 생각과 이미지를 알아채고 불필요한 생각들을 수정하도록 돕는 데 사용된다. 세 가지 질문에는 "그 신념의 증거는 무엇입니까?", "그 상황을 어떻게 다르게 해석할 수 있습니까?", "그것이 사실이라면, 예상되는 결과는 무엇입니까?"가 포함된다.

2) 자동사고 구체화

자동사고(automatic thoughts)는 노력 없이 발생하는 인지의 소산으로, 보통 왜곡되어 건강하지 못한 정서 반응으로 이어진다. 따라서 인지치료에서는 자동사고를 구체화(specifying automatic thoughts)하여 이를 수정하는 것에 맞춘다. 이를 위해서 상담 초기에는 내담자에게 자신의 부정적 사고를 탐색하여 기록하도록 하는데, 사고용지

(thought sheet)라고 불리는 역기능적 사고 기록부(Dysfunctional Thought Record: DTR)를 통해 사고를 구체화한다(Beck et al., 1979).

3) 절대적 사고에의 직면

절대적 사고에의 직면(challenging absolutes)은 내담자의 절대적 진술에 대한 질문이나 직면을 통해 내담자가 보다 정확하게 진술할 수 있도록 돕는 기법이다. 내담자는 자주 "학교에 있는 모든 사람은 나보다 머리가 좋아요"와 같은 극단적 진술을 통해 자신의 고통을 나타낸다. 따라서 상담자는 내담자가 어떤 절대성 단어를 자주 사용하는가를 파악하여 내담자에게 도전하여 그러한 생각이 잘못된 것이라는 것을 깨닫게 한다.

4) 재귀인

재귀인(reattribution)은 특정 사건이나 상황에 대한 책임이 거의 없는 사람이 책임을 자신에게 돌려 정서적 어려움에 빠지는 경우, 이에 대한 책임을 분산시키는 기법이다.

내담자 자신이 상황이나 사건에 대한 책임이 거의 없는 경우에도 그러한 상황이나 사건의 책임을 자신에게 귀인시킬 수 있다. 자신을 비난함으로써 내담자는 많은 죄의식을 느끼거나 심한 우울을 느낄 수 있다. 상담자는 재귀인하기 기법을 사용해서 내담자가 사건의 책임을 정당하게 하도록 조력한다.

5) 왜곡명명

왜곡명명(labeling of distortios)은 내담자가 사용하는 인지왜곡이 흑백논리, 과잉

일반화, 선택적 추상 등과 같은 여러 가지 인지왜곡 중 어떤 것에 해당하는지 명명하도록 하는 것이다. 왜곡명명은 내담자가 자신의 추론을 방해하는 자동적 사고를 범주화하는 데 도움이 될 수 있다.

6) 탈파국화

탈파국화(decatastrophizing)는 일어나지 않을 것 같은 매우 두려운 어떤 결과를 해소시키기 위한 기법이다. 이러한 두려움을 다루는 기법은 '만약 ~하면 어떤 일이 일어날까(~하면 어떨까)?' 라는 기법이다. 이 기법은 내담자가 가능한 결과에 과잉반응할 때 매우 효과적이다.

7) 장점과 단점 목록 작성

장단점 목록 작성(listing advantages and disadvantages)은 내담자가 강한 강박적 신념에 의한 불안으로 고통을 받고 있을 때 장점과 단점을 나열하게 함으로써 잘못하면 큰일이 날 수 있다는 파국적 생각에서 벗어나게 하는 기법이다. 이 기법은 내담자로 하여금 흑백논리에서 벗어나도록 도울 수 있다.

8) 인지시연

인지시연(cognitive rehearsal)은 상상을 통해 장차 발생할 수 있는 사건에의 대처방법과 전략을 미리 연습해 보는 기법이다. 인지치료에서는 내담자에게 건강한 사고를 지속적으로 시연하게 하는 것을 중시한다. 인지시연을 통해 내담자는 자기 자신과 타인에게 보다 적절한 방식으로 적합한 말을 할 수 있게 된다.

9) 척도 및 질문지

척도 및 질문지(scales and questionnaires)는 내담자의 비합리적 신념, 자기 진술 혹은 인지왜곡의 정도를 평가하기 위해서 사용된다. 이때 사용되는 도구는 구조화된 자기 보고식 질문지나 평가척도들이 활용된다. 이 기법은 내담자에게 사고목록을 작성하게 하고 특정 상황에서 스쳐 지나가는 생각들을 모두 기록하게 하는 방법이다.

6 공헌 및 제한점

인지치료는 왜곡된 인지와 부적응적 사고를 바로 잡고 적응을 돕는 기법으로서 현재 임상에서 다양하게 활용되고 가장 주목받고 있는 심리치료기법 중 하나이다. 인지치료의 공헌은 다음과 같다. 첫째, 오늘날 인지치료는 인지과정에 학습이론을 통합한 새로운 치료 접근법에 기초를 제공하는 혁신적인 치료 접근법으로 자리매김하게 되었다. 이리하여 중다양식치료(multimodal therapy)를 비롯한 현실치료, 해결중심 단기치료의 발달에 이론적 기본을 제공함으로써 상담과 심리치료의 발전에 중요한 기여를 하게 되었다. 둘째, 인지치료는 우울, 불안, 공포, 분노, ADHD 치료와 다양한 성격장애를 포함한 광범위한 임상적 문제에 대한 효율성이 있는 것으로 입증되었다.

하지만 인지치료기법의 한계로는 첫째, 긍정적 사고의 힘을 지나치게 강조하고 문제의 근원을 탐색하지 않으며 무의식적 요인과 감정의 역할을 부정하고 기법에만 의존한다는 것이다. 둘째, 인지치료기법은 사고내용과 상념에 대한 내성 능력이 갖추어진 사람에게만 유효하다는 것이다. 즉, 인지치료를 받게 되는 내담자의 지적 수준은 자신의 생각을 자각하고 표현할 수 있으며, 상담자의 교육적 지시와 반응을 어렵

지 않게 수용할 수 있어야 한다(Beck, 2001). 때문에 지적 수준이 낮거나 사고가 지나치게 경직되어 있는 사람에게는 인지치료의 효과가 미비하고 자칫하면 치료자의 가치관이나 철학을 강제로 주입시키는 부작용을 낳을 수도 있다. 셋째, 사회적인 문제가 되는 사건의 경우 그 사건 자체의 중요성을 간과하게 될 수도 있다. 넷째, 인지치료 자체가 인지와 신념에 기반을 둔 것이기 때문에 인지 및 신념의 기반이 약한 집단에서는 효과를 보기가 힘들다고 할 수 있다(Wedding & Corsini, 2019).

연습문제

1. 인지치료의 주요 개념에 대해서 논하시오.
2. 인지치료 과정에 대해서 설명하시오.
3. 인지치료의 주요 기법에 대해 토론하시오.

CHAPTER

09

교류분석

학습
내용

1. 번의 생애와 교류분석의 발전과정
2. 인간관
3. 주요 개념
4. 상담의 목표 및 과정
5. 상담의 주요 기법
6. 공헌 및 제한점

학습
목표

1. 교류분석의 이론적 배경을 이해할 수 있게 한다.
2. 교류분석의 인간관과 주요 개념들을 살펴본다.
3. 교류분석의 목표, 상담자의 역할, 상담과정을 이해한다.
4. 교류분석의 주요 기법에 대한 이해와 적용에 대해서 설명한다.

학습
개요

교류분석은 에릭 번이 개발하여 가르친 성격이론이며 개인 성장과 변화를 위해 응용한 체계적인 상담 및 심리치료법으로 4단계의 과정을 거치면서 발달하였다. 교류분석은 정신분석적 접근을 기반으로 구축되었음에도 인간이 자신의 행동 유형에서 벗어나 새로운 목표와 행동을 선택할 수 있는 믿음, 즉 반결정론적 철학을 토대로 인간을 조망한다. 그리고 인간 자신이 사고, 감정, 행동이라는 세 가지 차원을 조화롭게 통합할 수 있다는 인간의 긍정성을 인정하는 가치체계에 기초를 두고 있다. 번에 의하면 모든 인간은 어버이 자아(P), 어른 자아(A), 어린이 자아(C)의 자아상태가 있으며, 기능에 따라서 어버이 자아상태는 양육적인 어버이(NP)와 비판적인 어버이(CP)로, 어린이 자아상태는 자유로운 어린이 자아(FC)와 순응적인 어린이 자아(AC)로 나눈다. 그뿐만 아니라 교류분석에서는 기본적인 대인관계를 교류 형태에 따라 상보적 의사교류, 교차적 의사교류, 이면적 의사교류 세 가지로 구분한다. 교류분석에서는 생활자세를 자기 긍정-타인 긍정, 자기 긍정-타인 부정, 자기 부정-타인 긍정, 자기 부정-타인 부정 등 네 가지로 구분하고, 인생 각본분석에서는 승리자 각본, 비승리자 각본, 패배자 각본으로 분류한다.

교류분석의 목표는 내담자의 자율성 성취와 통합된 어른 자아 확립 및 현재의 행동과 삶의 방향에 대한 새로운 결정을 내리는 것을 돕는 데 있다. 교류분석의 일반적 상담과정은 계약, 구조분석, 교류분석, 게임분석, 각본분석, 재결단 단계를 거친다. 교류분석의 주요 기법으로는 허용, 보호, 잠재력, 조작 등이 있다.

1 번의 생애와 교류분석의 발전과정

| 에릭 번

교류분석(Transactional Analysis: TA)은 미국의 정신의학자 에릭 번(Eric Berne, 1910~1970)이 개발하여 가르친 성격이론이며 개인 성장과 변화를 위해 응용한 체계적인 상담 및 심리치료법이다.

번은 1910년 5월 10일에 캐나다 몬트리얼(Montreal)에서 태어나 25살이 되던 1935년에 맥길(McGill) 대학에서 의학박사 학위를 받았다. 그 후 그는 1936년부터 미국 예일(Yale) 대학교에서 정신과 수련의(residency) 과정을 거쳐 1941년 뉴욕정신분석연구소에서 프로이트의 옛 동료였던 폴 페더른(Paul Federn, 1871~1950)으로부터 훈련과 분석을 받았다. 그곳 연구소의 경험이 훗날 교류분석이론을 형성하는 데 큰 영향을 미치게 된다. 제2차 세계대전 이후 에릭 에릭슨(Erik Erikson, 1902~1994) 밑에서 정신분석 연구와 심리치료를 수행하였으나 기존의 정신분석의 효과에 회의를 느끼기 시작하여 1950년대 초부터 정신분석과는 궤도를 달리하기 시작하였다. 이러한 이유로 1956년에는 샌프란시스코 정신분석연구소(Psychoanalytic Institute of San Francisco)로부터 회원가입이 거절된다. 그는 이것을 계기로 새로운 상담이론인 교류분석를 개발하였고 1970년 1월 15일 심장마비로 사망할 때까지 교류분석을 연구하고 발전시켰다.

1954년 9월에 에릭 번에 의해서 처음 시작된 교류집단은 4단계의 과정을 거치면서 발달하였다(Dusay, 1977).

제1단계는 생성기로 1955년부터 1962년까지이다. 이 시기에는 번을 중심으로 샌프란시스코 세미나 학파에 의해서 인간의 사고와 정서 그리고 행동을 3가지 자아상태 개념으로 정리되었다. 세 가지 자아상태는 어버이 자아(Parent ego: P), 어른

자아(Adult ego: A), 어린이 자아(Child ego: C)이다. 번에 따르면 각각의 자아상태는 서로 다르지만 관찰 가능하며 의식적이라고 주장함으로써 프로이트와 다른 입장을 취했다.

제2단계는 발전기로 1962년부터 1966년까지이다. 이 시기에는 개인들 사이에서 이루어지는 교류(transactions)와 게임(games)에 관심을 두면서 일반대중의 관심을 받게 되었다. 번에 따르면 교류는 두 사람의 상호 자아상태에서 일어나는 자극과 반응으로 구성된 커뮤니케이션의 체계이고, 게임은 예상되는 결과로 이끌어 가는 일련의 교류이다.

제3단계는 번 사망 전 단계로 1966년부터 1970년까지이다. 이 시기에 생활각본(life script)과 각본분석(script analysis)에 대한 개념이 확립되었고, 게슈탈트 상담이 도입되어 정서적인 치료법으로 활용되었다. 게슈탈트에서 각본은 어린 시절의 경험을 바탕으로 이루어진 것으로 삶의 방향을 결정하는 개인 자신의 내부 계획을 의미한다.

제4단계는 번 사후 실행 단계로 1970년부터 현재까지이다. 이 시기에는 상담과 심리치료의 전문적 현장에서 다양하게 응용되고 발전하게 되었으며, 자아도검사 개발과 상담방법과 목표에 따라서 4가지 접근이 나뉘게 되었다. 4가지 접근의 학파 명칭은 고전학파(the classical school), 카텍시스학파(the cathexis school), 재결단학파(the redecision school), 아스클레피온학파(the asklepion school)이다.

2 인간관

교류분석은 정신분석적 접근을 기반으로 구축되었음에도 인간이 자신의 행동 유형에서 벗어나 새로운 목표와 행동을 선택할 수 있는 믿음, 즉 반결정론적(anti-

deterministic) 철학을 토대로 인간을 조망한다. 그리고 인간 자신이 사고, 감정, 행동이라는 세 가지 차원을 조화롭게 통합할 수 있다는 인간의 긍정성(OK-ness)을 인정하는 가치체계에 기초를 두고 있다. 이러한 인간관은 모든 인간은 자신의 사고, 감정, 행동 등에 대한 책임이 있다는 의미이다. 따라서 교류분석에서는 상담자와 내담자의 능력을 동등하게 취급하여 내담자 스스로가 자신의 어떤 부분을 변화시킬 것인지에 대해 결정하는 데 있어서 주도권을 갖게 된다.

에릭 번이 교류분석의 인간관을 별도로 제시한 것을 찾아볼 수는 없지만 인간의 긍정성을 인정하는 가설을 바탕으로 하여 인간관을 살펴보면 다음과 같다(Harris, 1969; Corey, 2009; 이형득, 1992).

첫째로, 인간은 자율적인 존재이다. 인간은 현실세계와 자신의 내면에 대한 각성(awareness), 그리고 자신의 감정, 사고, 행동을 선택하고 표현할 수 있는 자발성(spontaneity)을 가지고 있으며, 다른 사람과 솔직하게 사랑을 나누고 친숙한 관계를 맺을 수 있는 친밀성(intimacy) 등의 능력을 통해 궁극적으로 자율적일 수 있는 존재이다.

둘째로, 인간은 자유로운 존재이다. 인간은 환경과 사회의 영향에서 완전히 벗어날 수 있는 것은 아니지만 그렇다고 완전히 사회나 어릴 때 경험에 의해 결정되는 것도 아니다. 비록 인간이 완전한 자유를 지닌 것은 아니라 하더라도 스스로 결정할 수 있는 자유를 가진 존재이다.

셋째로, 인간은 선택할 수 있는 존재이다. 인간이 자율적이고 자유롭다는 것은 여러 대안 중에서 선택하고 결정할 수 있는 존재라는 것이다. 비록 어린 시절의 경험에 의해 많은 영향을 받지만, 인간은 어릴 때 선택하거나 결정한 그대로 계속 살아가는 것이 아니고 만약 그것이 적절하지 않다고 여겨지면 다른 대안을 선택하여 새롭게 결정할 수 있는 존재이다. 즉, 인간은 비록 어렵더라도 과거의 자신을 새롭게 결정할 수 있는 존재이다.

넷째로, 인간은 책임질 수 있는 존재이다. 인간이 자신을 결정할 수 있고 자율적

이 될 수 있다는 것은 자신에 대해 책임질 수 있는 존재라는 의미이다. 어릴 때 부모의 영향을 받더라도 궁극적으로는 자신의 삶에 대해 책임질 수 있는 존재이다(Gelso et al., 2014).

3 주요 개념

1) 자아상태

자아상태(ego-state)는 특정 순간에 우리의 성격의 일부를 드러내는 방법과 관련된 행동, 사고, 감정을 말한다. 번에 의하면 모든 인간은 어버이 자아(Parent: P), 어른 자아(Adult: A), 어린이 자아(Child: C)의 세 가지 자아상태가 있으며, 개인의 욕구 충족과 문제 해결 상황에서 중심적으로 기능하는 자아의 형성에 따라서 성격이 형성된다고 보았다(서미애, 1997). 번은 인간의 세 가지 자아상태, 즉 어버이 자아(P), 어른 자아(A), 어린이 자아(C) 중에서 가장 먼저 발달되는 자아는 C의 어린이 자아이고, 그 다음은 부모의 행동과 모습을 모방함으로써 P의 어버이 자아가 발달하며, 그리고 C와 P의 관계에서 나타나는 모습에 따라 A의 어른 자아가 발달하게 된다고 하였다(Berne, 1977). 이러한 자아상태 모델은 영어의 첫 글자를 따서 'P-A-C 모델'이라고도 한다. 어버이 자아(P)는 중요한 인물의 영향을 받아 형성되며 프로이트의 초자아에 해당되는 개념으로 주로 부모나 형제, 기타 정서적으로 중요한 인물의 행동이나 태도의 영향을 받아 형성된다. 어른 자아(A)는 객관적 현실을 파악하는 기능을 하며 프로이트의 에고에 해당되는 개념으로 행위에 관한 정보수집, 자료처리, 현실적인 가능성을 추적하는 기능을 한다(윤순임 외, 2011). 어린이 자아(C)는 프로이트의 이드에 해당될 수 있는 개념으로서 인간의 어린 시절의 흔적을 저장해 놓은 곳이다. 인간의

출생 후 5세경까지의 외적인 일에 대한 감정적 반응으로서 그러한 일에 대한 어린아이의 감정적 반응체제가 내면화된 것이다.

2) 구조분석

구조분석(structural analysis)은 성격이나 일련의 교류에 대하여 자아상태 모델의 관점에서 분석하는 것으로 어버이 자아(P), 어른 자아(A), 어린이 자아(C) 상태가 어떻게 구성되어 있는지 분석하는 것을 의미한다(Corsini & Wedding, 2017).

이 세 자아상태 기능의 역할 정도에 따라서 의사소통 및 인간관계의 양상이 달라지게 되며, 문제가 해결되기도 하고 문제를 낳기도 한다. 자아 기능 장애를 주는 대표적인 경우로 혼합(contamination)과 배타(exclusion)를 들 수 있다. 혼합과 배타는 그 유형에 따라 다른 성격적 특징을 나타내 보이며, 이들에 대한 이해는 구조분석에 도움을 줄 수 있다.

혼합은 개인의 자아상태들(P-A-C) 간의 경계선이 지나치게 이완되어 한 자아상태가 다른 자아의 경계를 넘어 침식하게 되는 현상이다. 혼합에는 편견(prejudice)과 망상(delusion)이 있는데, 편견은 어른 자아의 경계를 어버이 자아가 침식한 혼합 상태이고, 망상은 어린이 자아가 어른 자아를 침식한 경우의 혼합 상태이다([그림 9-1] 참조).

배타는 경계가 지나치게 경직되어서 심적 에너지의 이동이 거의 불가능한 상태를 의미한다. 이 경우는 각 자아상태의 경계가 마치 두꺼운 벽과 같아서 심적 에너지를 한 자아상태에 가두어 둠으로써 다른 두 자아의 기능을 도외시한다. 즉, 배타적 어버이 자아는 어른 자아와 어린이 자아의 작용을 방해하고, 배타적 어린이 자아는 어버이 자아와 어른 자아의 기능을 용납하지 않는다. 그리고 배타적 어른 자아도 마찬가지로 다른 두 자아의 기능 작용을 방해한다([그림 9-2] 참조).

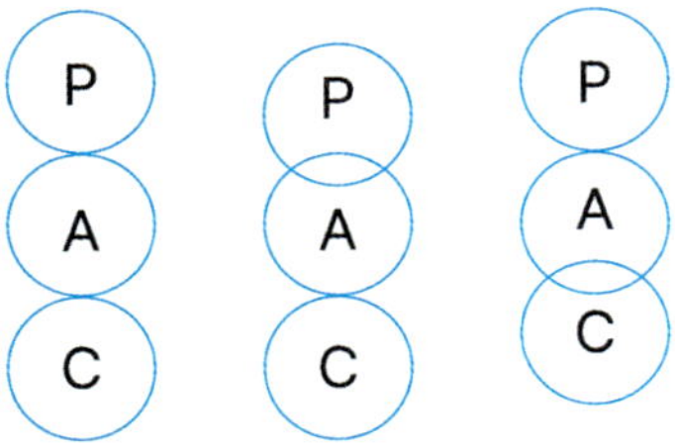

[그림 9-1] 혼합

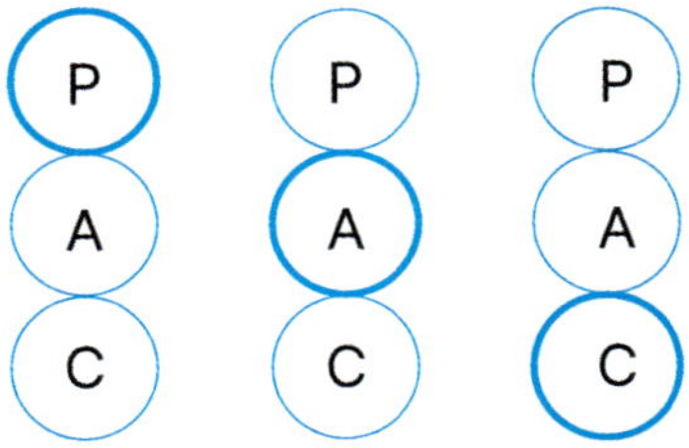

[그림 9-2] 배타

3) 기능분석

기능분석은 자아상태가 실제로 어떻게 활용되는가를 분석하는 것이다. 기능분석은 구조분석을 기능적으로 세분화하여 어버이 자아상태를 양육적인 어버이(Nurturing Parent ego-state: NP)와 비판적인 어버이(Critical Parent ego-state: CP)로, 어린이 자아상태는 자유로운 어린이 자아(Free Child ego-state: FC)와 순응적인 어린이 자아(Adapted Child ego-state: AC)로 나눈다. 그리고 어른 자아상태(Adult ego-state: A)는 나누지 않고 그대로 어른 자아상태이다. 그 기능을 도식화하면 [그림 9-3]과 같고 기능분석을 구체적으로 설명하면 다음과 같다.

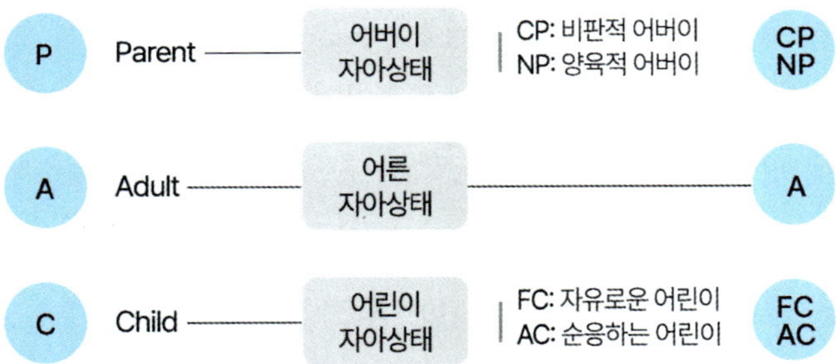

[그림 9-3] 자아 기능

(1) 어버이 자아상태

어버이 자아상태(Parent ego-state)는 프로이트의 초자아와 유사한 개념으로서 5세 이전에 부모를 포함한 의미 있는 연장자들의 말이나 행동을 무비판적으로 받아들여 내면화시킨 것이다. 어버이 자아는 기능상 비판적 어버이 자아상태(CP)와 양육적 어버이 자아상태(NP)로 나누어진다.

① **비판적 어버이 자아상태**(Critical Parent ego-state: CP)

비판적 어버이 자아상태는 부모의 윤리, 도덕, 가치판단의 기준을 그대로 내면화시킨 것으로서 다른 사람의 권리를 고려하지 않고 배타적이고 강압적이며 교훈적인 방식으로 기능한다. 이 자아가 강한 사람은 타인에 대한 윤리적 판단이 강하고 유머감각이 없고 자기 자신이 제1인자라는 식으로 말하거나 행동하며, 주위 사람을 불안하게 한다(제석봉, 2010).

② **양육적 어버이 자아상태**(Nurturing Parent ego-state: NP)

양육적 어버이 자아상태는 부모가 자녀를 사랑하고 돌보는 등 자녀를 양육하는 말이나 행동이 그대로 내면화된 자아로서 동정적이며 온화하고 부드러워서 매우 수용적이고 보호적인 면을 가지고 있다. 양육적 어버이 자아는 원만한 인간관계를 위해 꼭 필요하며 자신 스스로와 타인에게 인정자극을 제공하는 기능을 한다. 그리고 양육적인 어버이 자아는 타인에 대해서 수용적이어서 남을 돌보며, 대화를 경청하고, 친절하기 때문에 상대방에게 신뢰감을 준다. 또한 애정이 깊고 동정적이어서 상대에게 만족감과 행복감을 안겨 주고, 긍정적 스트로크(stroke)를 주기도 한다. 타인의 고통을 자신의 것으로 받아들이려는 따뜻한 면을 갖추고 있다(우재현, 2006).

(2) 어른 자아상태

어른 자아상태(Adult ego-state)는 프로이트가 말하는 자아(Ego)와 유사한 개념으로서 생후 10개월경부터 자신에 대한 자각과 독창적 사고가 가능해지면서부터 점진적

으로 나타난다. 어른 자아는 객관적, 합리적, 분석적, 지성적, 논리적, 사실평가적, 정보처리적이어서 일종의 컴퓨터와 같은 기능을 하며, 현실적인 가능성을 검토하는 기능을 한다(Sharf, 2004).

하지만 어른 자아가 어버이 자아의 자료나 어린이 자아의 감정을 평가하는 것은 이들을 폐기하기 위한 것이 아니고, 이들 자료를 자유롭게 검토하여 어버이 자아나 어린이 자아에 의한 기능장애를 방지하기 위한 것이다. 두 자아상태의 반응이 현재의 상황에 적절하지 않다고 판단될 때에는 이를 통제하여 보다 적절한 대안을 찾는다. 따라서 어른 자아의 기능은 정서적인 건강과 안정적인 성숙에 큰 영향을 미치며, 어른 자아가 기능하는 정도에 따라 그 개인의 기능 정도가 결정된다고 볼 수 있다(제석봉, 1996).

(3) 어린이 자아상태

어린이 자아상태(Child ego-state)는 인간 내에서 생득적으로 자연히 일어나는 모든 충동과 감정, 그리고 5세 이전의 경험, 특히 부모와의 관계에서 경험한 감정과 그에 대한 반응 양식이 내면화된 것으로 프로이트의 원초아의 개념에 해당된다. 어버이 자아를 학습된 생활개념(taught concept of life)이라 하고 어른 자아를 사고적 생활개념(thought concept of life)이라 한다면 어린이 자아는 감정적 생활개념(felt concept of life)이라 할 수 있다. 어린이 자아는 기능적인 면에서 자유로운 어린이 자아(FC)와 순응적 어린이 자아(AC)로 나누어진다.

① 자유로운 어린이 자아상태(Free Child ego-state: FC)

자유로운 어린이 자아상태(FC)를 '자연스러운 어린이 자아'라고 부르기도 하고 '천성적 어린이'로 해석하기도 한다(이원영, 1995). 자유로운 어린이 자아는 태어나면서부터 자연적으로 형성되는 부분으로 부모의 영향을 받기 이전에 발생한다. 이 자아의 기능은 자아중심적, 본능적, 적극적이고 동시에 창조성이나 호기심이 가득 차

있다(Sternberg & Williams, 2009).

자유로운 어린이 자아는 부모나 어른들의 반응에 상관없이 자유롭게 자신을 나타내고 느끼는 그대로를 즉흥적으로 표현하며 감정적, 본능적, 적극적, 자발적, 창조적, 직관적, 행동적이다(박원모, 2010). 자유로운 어린이 자아가 높은 사람은 잘 웃거나 잘 울고 긍정적인 감탄사를 자주 사용하고 좋고 싫은 것이 명확하며 자유분방한 사람이다.

② **순응적인 어린이 자아상태**(Adapted Child ego-state: AC)

순응적인 어린이 자아상태(AC)는 '자유로운 어린이 자아'가 어린 시절 부모에 의해 조정되므로 인해 천진성을 잃어버렸다는 의미를 담고 있다(Sharf, 2004). 즉, 욕구나 참된 감정을 누르고 부모나 주변 사람들의 기대 수준에 맞추려고 지나치게 노력하고 눈치를 보는 자아상태를 말한다. 순응적인 어린이 자아는 어릴 때부터 자기 마음대로 행동하다가 주위로부터 꾸중이나 야단을 맞았기 때문에 주위의 기대에 부응하기 위해 눈치를 보며 발달하게 되는 것이다(제석봉, 2002). 따라서 순응적인 어린이 자아가 강한 사람은 열등감이 나타나 현실을 회피하고, 욕구불만이 생기며, 의존적이고 주위의 동정을 기대하고, 자기 비하의 경향을 갖게 된다. 순응적인 어린이 자아(AC)의 감정은 죄악감, 비탄, 우울, 원한, 자기 혐오 등과 같이 일반적으로 부자연스럽고 불쾌한 것이다(Gelso et al., 2014).

4) 교류분석

교류분석(transactional analysis)은 사람 사이에서 이루어지는 의사소통 과정을 교류하고, 부모와 어른 및 어린이의 세 가지 자아가 어느 상태에서 기능하며, 또한 자극과 반응이 어떻게 교류하느냐에 따라 교류의 형태가 달라진다. 교류분석에서는 기본적인 대인관계를 교류 형태에 따라 상보적 의사교류, 교차적 의사교류, 이면적 의사

교류 세 가지로 구분된다(Corsini & Wedding, 2017).

(1) 상보교류

상보교류(complementary transaction)는 두 개의 자아상태가 상호 관여하고 있는 교류로서 발신자가 기대하는 대로 수신자가 응답해 가는 것이다. 그러므로 상보교류는 발신과 응답의 벡터(vector)가 병행해 있고, 서로의 관심이 있는 한 상호 지지적으로 대화가 계속된다. 상보교류에서는 언어적인 메시지와 표정, 태도 등 비언적인 메시지가 일치하며 평행적 교류, 무갈등교류라고 할 수 있다.

따라서 번은 상보교류를 건전한 인간관계의 자연스런 질서에 따르는 적절하고 기대되는 교류라고 정의했다(우재현, 2004)([그림 9-4] 참조).

예를 들면, 남편(A→A): 내가 맡겨 둔 서류가 어디 있지요?
아내(A→A): 첫 번째 책상 서랍 안에 있어요.

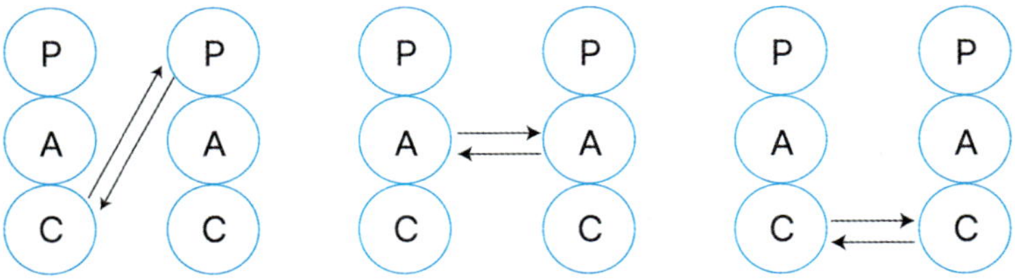

[그림 9-4] 상보교류

(2) 교차교류

교차교류(crossed transaction)는 발신된 자극이 예상했던 반응을 얻는 것이 아니고 전혀 엉뚱한 반응을 얻게 되는 교류로서 두 사람 사이에 의사소통하는 자아가 불일치 상태를 의미한다. 교차교류는 의사소통이 어긋나는 갈등교류로서 일상생활에서 이러한 교류가 빈번하게 일어난다면 대화의 단절, 화제의 전환, 침묵, 무시, 싸움 등이 일어나는 경우가 잦아서 여러 가지 인간관계 문제와 갈등의 근원이 된다(한진원,

2011)([그림 9-5] 참조).

예를 들면, 남편(A→A): 내가 맡겨둔 서류가 어디 있지요?

아내(C→P): 자기 것은 자기가 평소에 잘 챙겨야지 나한테 물어보면 어떻게 하란 말이에요?

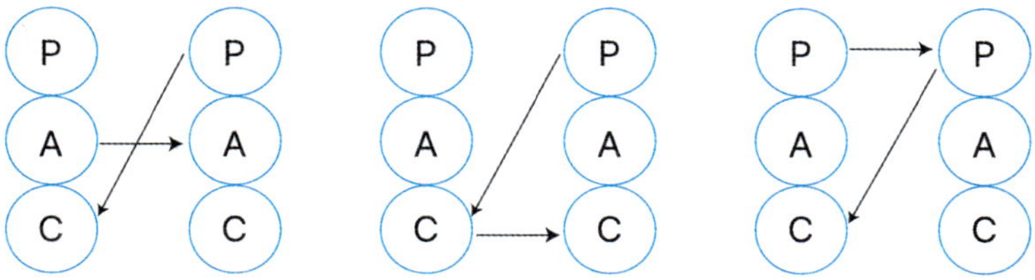

[그림 9-5] 교차교류

(3) 이면교류

이면교류(ulterior transaction) 또는 암시적 교류는 의사거래에 관계된 자아상태 중 겉으로 표현되어 나타나는 사회적 자아(social ego)와 실제로 내면에서 기능하는 심리적 자아(psychological ego)가 서로 다르면서 동시에 일어나는 교류 형태를 말한다. 즉, 이면이라는 말은 보이는 앞면이 아닌 숨겨진 뒷면이라는 뜻으로 이면교류는 대화를 할 때 자신의 진심인 속마음을 숨기고 말로는 전혀 다른 표현을 하는 교류를 의미한다. 이면교류는 하나의 교류 자극으로 두 가지 사실을 동시에 의미하는 이중적 교류방식으로 사회적 수준의 메시지(social message)와 심리적 수준의 메시지(psychological message)가 상반되어 의사소통에 부조화가 일어나게 되는 것이다.

따라서 이면교류는 이중적 상호교류 형태의 심리적 교차이므로, 이러한 문제에서 비롯된 교류 단절을 예방하기 위해서는 겉으로 나타난 언어나 태도보다 내면에 흐르는 메시지에 집중하여 이해하고 반응하여야 한다([그림 9-6] 참조).

예를 들면, 사회적 자아

아내(P→P 사회적 수준): 여보 오늘 몸이 안 좋아서 시댁에 갈 수 없을 것 같아요.

남편(P→P 사회적 수준): 그렇다면 잠시 부모님 얼굴만이라도 보고 옵시다.

심리적 자아

아내(C→C 심리적 수준): 시댁은 피곤해서 가기 싫어요.

남편(C→C 심리적 수준): 가기 싫어도 며느리 노릇을 해야지.

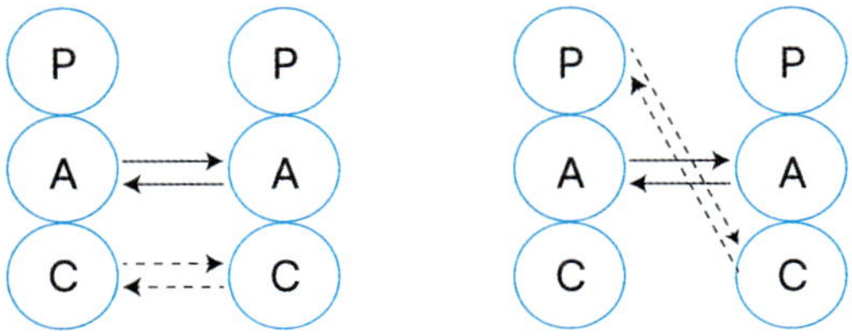

실선은 사회적 수준, 점선은 심리적 수준의 메시지

[그림 9-6] 이면교류

5) 스트로크

스트로크(stroke)는 사회적 행동의 동기를 제공하는 요인으로 타인으로부터 얻어지는 인정자극을 의미한다(이정산, 이홍숙, 2021). 스트로크는 신체접촉일 수도 있고 몸짓, 눈길, 말이나 '네가 어떠하다는 걸 안다' 하는 뜻이 담긴 모든 행위와 같은 형태를 취하기도 한다. 출생 후 아기는 다른 사람과 접촉 없이는 성장할 수 없다. 수유, 트림시키기, 배변, 보살피기, 달래기 등 애정적인 부모와 아기 사이의 친근한 교류에 의해 욕구가 채워진다.

좀 더 성장한 후에는 인정이나 칭찬, 격려 등 정신적 인정자극의 욕구로 이행하는데 모두 자기의 존재를 인정받기 위한 욕구가 내재되어 있는 것이다(Sternberg & Williams, 2009). 인간은 스트로크를 평생 동안 구하면서 살고 있는데 성장함에 따라

원하는 스트로크의 유형도 변화되어 간다. 즉, 인간이 사회생활을 영위하는 기본적 동기가 스트로크를 준다든지 혹은 받기 위한 것이라고 할 수 있다. 어릴 때 부모나 주 양육자로부터 받은 스트로크에 따라 타인에 대한 스트로크를 주고받는 방법이 정해지고 인생의 태도에도 커다란 영향을 끼친다고 할 수 있다.

스피츠(Spitz, 1945)는 오랜 기간 동안 부모와의 접촉을 받지 못한 유아는 되돌릴 수 없는 신체적·정서적 결함을 나타내게 되어 급기야 질병에 걸리기 쉬운 사실을 발견하게 되었는데, 그의 중요한 업적은 어머니의 자녀에 대한 양적, 질적 측면에서 대화의 중요성을 강조했다는 것이다.

스트로크에는 긍정적 스트로크와 부정적 스트로크, 언어적 스트로크와 신체적 스트로크, 조건적 스트로크와 무조건적 스트로크가 있다(Berne, 1972; Corey, 2009; Sewart & Joines, 1987).

(1) 긍정적 스트로크와 부정적 스트로크

긍정적 스트로크는 사람의 행복감을 높여주고, 지적인 능력을 발휘하게 해주며, 'I'm OK-You're OK' 라는 생활자세를 형성하게 하고 심신의 성장을 촉진하기 때문에 매우 바람직하다. 반면에 부정적 스트로크는 고통스러운 감정을 유발하고 미워하는 표정과 말, 상대방을 화나게 하거나 걱정 또는 곤란하게 만들거나 상처를 입히는 행위를 의미한다. 그리고 지속적인 부정적 스트로크는 'I'm not-OK, You're not-OK' 라는 심리적 자세 및 부정적인 인생각본을 형성하게 된다.

(2) 언어적 스트로크와 신체적 스트로크

언어적 스트로크는 말 그대로 스트로크를 언어적으로 주고받는 것이며, 신체적 스트로크는 어깨 두드림, 악수, 포옹 등 신체적으로 서로의 관심을 표현하는 것이다. 이웃 사람과 만나 반갑게 인사할 때 서로 말을 걸면서 미소 지으며 손을 잡고 악수를 할 경우에는 언어적 스트로크와 신체적 스트로크를 함께 주고받게 되는 경우이다.

(3) 조건적 스트로크와 무조건적 스트로크

조건적 스트로크는 사람이 한 행위에 대한 인정자극을 의미하고 무조건적 스트로크는 사람의 존재 자체에 대한 인정자극을 의미한다. 사람은 조건적 스트로크를 반복해서 받다 보면 계속해서 스트로크를 받기 위해 자연스럽지 못한 말이나 행동을 하게 되는 경우도 있다. 심지어 거짓이나 과잉행위를 하게 될 수도 있다. 자신의 존재 그대로를 인정해 주는 스트로크를 자주 받게 될 때 인간은 안정적이고 자신에 대한 가치감이 높아져 긍정적 인생태도를 갖게 된다(Berne, 1972).

6) 생활자세

교류분석에서 생활자세(life position)는 사람이 자신과 타인에 대해서 어떻게 느끼고 어떻게 결론을 내리고 있는가를 의미한다(송희자, 2010). 생활자세는 어릴 때 부모나 중요한 타인들과 주고받은 스트로크를 토대로 형성되는 자기, 타인, 세상에 대한 태도를 의미하며, 이는 개인의 생활각본을 구성하는 주요 요소가 된다. 교류분석에서는 생활자세를 자기 긍정-타인 긍정, 자기 긍정-타인 부정, 자기 부정-타인 긍정, 자기 부정-타인 부정 등 네 가지로 구분한다.

(1) 자기 긍정-타인 긍정(I'm OK-You're OK)

이 유형은 "나도 너도 모두 OK"로 자신과 타인에 대한 긍정적 삶의 태도로서 아주 건설적이며 전향적인 인생관을 가지고 있는 생활자세이다. 아동의 정서적·생리적 욕구가 애정적이고 수용적인 방식으로 충족되면서 성장한 아동의 경우 이러한 생활태도를 형성하고 승리자 각본을 갖게 된다.

(2) 자기 긍정-타인 부정(I'm OK-You're Not OK)

이 유형은 "나는 OK이지만 타인은 OK가 아니다"로 공격적인 생활자세로서 자신

의 잘못을 타인이나 사회의 탓으로 여겨 자신을 마치 가족이나 사회의 희생양으로 여기곤 한다. 이러한 생활자세를 가진 사람들은 지배감, 우월감, 타인에 대한 불신이 있어서 세상을 비난하고 좌절과 분노로 대응한다.

(3) 자기 부정-타인 긍정(I'm Not OK-You're OK)

이 유형은 "나는 OK가 아니지만 타인은 OK이다"로 다른 사람과 비교해서 무력감을 느끼는 사람들이 공통적으로 취하는 입장이다. 이러한 생활자세를 가진 사람은 자기 비하, 자책, 죄의식, 우울, 열등감, 무가치감, 무력감과 같은 정서적 태도를 갖게 된다.

(4) 자기 부정-타인 부정(I'm Not OK-You're Not OK)

이 유형은 "나도 너도 모두 OK가 아니다"로 비관적이고 부정적이면서 무용론적 입장을 보이는 사람들에게 나타난다. 이러한 생활자세를 가진 사람은 삶의 의미 상실, 자포자기, 정신분열의 상태에 빠지기도 하며, 심한 경우에는 우울증이나 심리적인 문제를 경험하며, 극단적인 경우 모든 것을 포기하기도 한다.

7) 인생 각본분석

각본분석(script analysis)은 자신의 자아상태에 대하여 통찰함으로써 자기의 각본을 이해하고 벗어날 수 있도록 하는 것을 말한다. 교류분석에서 말하는 인생각본은 연극에서 말하는 각본과 비슷한 것으로서 이 세상을 무대로 본다면 삶도 자신의 각본에 따라 내용이 전개되어 간다는 것이다(Stewart & Joines, 1987). 따라서 각본분석은 사람을 충동적으로 행동하게 하는 특별한 인생 드라마에 대한 분석이다. 번은 『각본분석(*What do you say after you say hello?*)』(1975)이라는 저서에서 각본은 어린 시절에 작성되어 부모에 의해 강화되고, 이어지는 사건들에 의해 정당화되어 결국 삶의 한 방법

으로 선택된 인생 계획이라고 정의하였다. 교류분석에서는 인생을 한 편의 연극과 같은 것으로 간주하고 연극 속에서 한 사람, 한 사람이 연출하고 있는 역할을 인생 각본이라 부르고 있다(박지수, 2013). 인생 각본(life scripts)은 개인의 가장 기본적이고 사적인 생활양식으로서, 개인이 생의 초기에 경험하는 외적 사태들에 대한 자신의 해석으로 인해 형성되고 결정된 행동반응 양식이라 할 수 있다. 인간은 의식하고 있지는 못하지만 자기 인생 각본에 따라 삶을 꾸려 나간다. 인생 각본의 형성은 자신에 대한 타인의 비언어적 태도와 자신에 대해 타인이 전해 주는 말(message)을 통해 자기 나름대로의 해석으로 이루어진다. 즉, 자신의 외모, 능력, 성격 등에 대해 다른 사람이 긍정적 태도를 보인다고 자신이 해석하게 되면 긍정적 각본이 형성되고 그렇지 않으면 부정적인 각본이 형성될 수 있다.

인생 각본의 종류는 여러 가지 관점에서 분류될 수 있지만 어린 시절의 결단에 의해 분류해 보면 다음과 같다.

첫째, 승리자 각본으로서 스스로 자신의 인생목표를 정하고 전력을 다해 이를 성취하며 양육적 어버이 자아의 가치관에 따라 살아가고자 하는 인생 각본이다.

둘째, 비승리자 각본으로서 남과 같은 수준에 이르면 그것으로 만족하며 비판적 어버이 자아의 지시에 충실히 따르는 인생 각본이다.

셋째, 패배자 각본으로서 과거의 실패에 얽매여 있으며 어린이 자아의 금지령에 의해 인생이 지배되는 각본이다. 이 각본에 의해 생활하는 사람의 특징은 내면 깊숙이 인생에 있어서 목표는 달성하지 못하는 것으로 생각하며, 일이 잘못될 경우 그 책임을 남에게 전가시킨다.

8) 게임

게임은 초기 인생 각본의 한 형태로서 숨겨진 동기를 가진 일종의 암시적 의사교류로서 초기 결정을 지지할 목적에서 이루어진다. 이 게임은 유쾌한 감정을 가장하

고 인생 각본을 추진시키기 위하여 반복해서 일어나는 일련의 상보 및 이면교류이며, 표면적으로는 합리적이라 하더라도 내부에는 다른 동기, 일종의 함정, 속임수를 수반하고 있는 계략을 가진 일련의 순환적 교류이다(Berne, 1964). 게임의 특징을 보면, 반복적으로 진행되고, 깊숙한 곳에 참된 동기나 목적이 숨겨져 있고, 어른 자아(A)가 모르는 무의식 상태에서 진행되며, 항상 게임하는 사람으로 하여금 라켓(racket) 감정을 체험하게 하는 것으로 종결된다. 그리고 게임에 임하는 약자들 사이에서는 이면교류를 교환한 것이 필연적이며, 항상 놀라움이나 혼돈의 순간이 포함된다.

게임을 하는 이유는 이것이 대인관계에서 스트로크를 얻기 위한 수단으로 시간을 구조화하는 방법 중 하나이며, 만성적 부정 감정을 유지하고 자신의 기본적 각본 신념을 강화시키며 생활자세를 정당화시키기 때문이다. 게임은 보통 보호받을 만한 환경이 되지 못할 때 나타나는데, 이렇게 게임을 하는 목적은 어려서부터 뇌에 각인된 부정적인 각본, 즉 어릴 때 결정한 부정적인 각본의 결말로 나아가기 위한 것들을 수집하기 위해서 선택하는 것이다(한진원, 2011). 사람은 자라고 난 뒤에도 각본을 따를 때 자신과 타인, 그리고 세상에 대해 자신이 가지고 있는 각본들이 옳다는 것을 끊임없이 확인하고 싶어 한다. 이에 따라 게임을 할 때마다 각본에 대한 신념을 강화하기 위한 결말을 맺게 되는 것이다. 게임의 종류에는 일상생활게임, 결혼생활게임, 성게임, 범죄자게임, 진찰실게임, 파티게임 등 다양한 범주의 게임이 있다. 게임에 대해 번(Berne, 1964)이 제시한 공식([그림 9-7])과 카프만(Karpman, 1968)의 드라마 삼각형([그림 9-8])을 살펴보면 다음과 같다.

(1) 게임공식

번의 게임공식에 의하면 게임 플레이어는 숨겨진 동기(Con)를 가지고 게임 연출의 상대자를 발견하면 계략(Trick)을 써서 유인장치에 의해 약점을 가진 상대, 즉 수락자(Gimmick)가 생기면 일렬의 표면적 교류(Response)인 반응이 나타나게 된다. 그리고 게임이 확대되고 교류과정에서 엇갈림, 대립, 허둥대기와 같은 형태의 전환

(Switch)이 생기며 양자 간의 혼란(Crossed-up)이 발생한다. 결국 게임을 시도한 감정을 맛보면서 결말(Pay-off)을 맺게 된다. 이렇게 게이머가 상대를 불쾌하게 만드는 이유는 자신이 얻는 '보상'이 있기 때문인데, 그 보상은 '스트로크'다.

C(con)	+	G(gimmick)	=	R(response)	→	S(switch)	→	X(cross-up)	→	P(pay off)
초대자	+	수락자	=	반응	→	전환	→	혼란	→	결말

[그림 9-7] 번의 게임공식

(2) 드라마 삼각형

카프만(Karpman, 1968)은 게임이 여러 면에서 드라마와 유사한다는 점에 주목하여 게임도 연극처럼 '박해자', '구원자', '희생자'의 세 가지 역할을 주어 이들 간의 삼각구도로 구성된 '드라마 삼각형(drama triangle)'을 고안하였다.

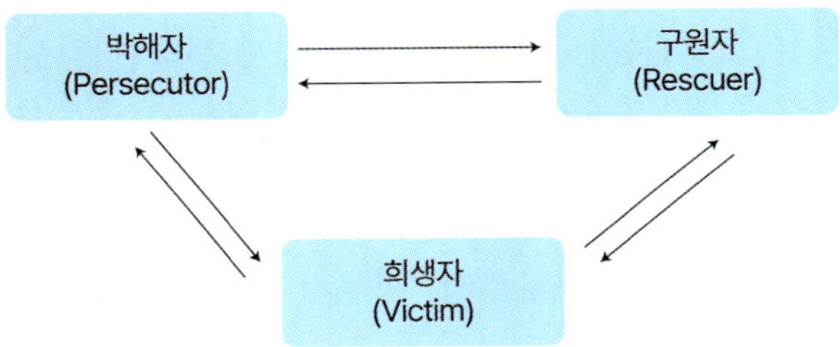

[그림 9-8] 카프만의 드마라 삼각형

박해자는 인간관계에서 주도권을 가진 자로 상대를 억압 또는 지시하며 주로 비판적 어버이 자아(CP)가 기능한다. 희생자는 인간관계에서 희생되는 자를 말하며 주로 순응적인 어린이 자아(AC)가 기능한다. 구원자는 희생자를 구제하거나 지지하여 가해자와 희생자를 화해시키거나 관대한 태도를 취하며 주로 양육적 어버이 자아(NP)가 기능한다.

한편 게임은 무의식적으로 행해지기 때문에 알아차리기 어렵다. 그러나 다음과 같

은 몇 가지 특징을 유념하여 자신이나 타인의 행동을 관찰해 보면 게임을 하고 있는지 발견할 수 있다. 첫째, 게임에는 그럴듯한 변명이 있지만 내면적으로는 도발자 자신도 깨닫지 못하는 의도나 목적이 있다. 즉, 게임에는 애정이나 자극을 얻기 위한 의도나 목적이 숨어 있다. 둘째, 게임은 반복된다. 비슷한 일련의 과정이 일상에서 되풀이된다. 셋째, 게임의 결과는 항상 불쾌한 감정을 동반한다.

9) 라켓 감정

라켓(racket)은 게임을 통해 습득한 불쾌한 감정(bad feelings)으로서 상대를 심리적으로 위협하거나 속일 목적으로 사용되는 비건설적이고 부정적인 감정을 말한다. 이는 초기 결정을 확증하기 위하여 다른 사람을 조작하기 위한 수단으로 자기도 모르게 벌어지는 일련의 '각본에 따른 행동'을 의미한다. 그리고 이러한 조작적이고 파괴적인 행동과 연관된 감정을 라켓 감정(racket feelings)이라 한다.

라켓 감정은 본인이 의식하지 못한 채로 자신에게 친숙한 감정을 자신의 의사와 다르게 표현하는 감정으로 아동기에는 개인의 주요 인물들(부모, 형제, 친인척 등)로부터 학습되고 장려되었다가 성인이 되어서는 자신의 감정으로 친숙해지는 정서를 말한다. 예를 들어 어린 시절에 부모로부터 "까불지 마라", "점잖게 행동해라", "조심조심 다녀라"라는 말을 귀에 못이 박히도록 듣고 자란 가정의 아이들은 마음껏 즐거워하고 큰 소리로 웃는 것이 억압될 수 있다. 이런 아이들은 자기 감정이 아니라 부모나 환경의 요구에 맞게 꾸며낸 거짓되고 가식적인 감정을 축적하게 된다. 이러한 라켓 감정에 사로잡힌 아동은 성인이 된 후에도 피상적인 대인관계밖에 형성하지 못할 가능성이 있다. 라켓 감정은 대체된 것이기에 '진정하지 않은 감정'이며, 살아 있는 현재에서의 적절한 반응이 아니기에 그것을 자각하지 않는다면 끊임없이 반복되는 악순환의 고리에 걸리게 되고, 이러한 감정 유형이 전형적인 행동방식을 만들어 내게 된다.

4 상담의 목표 및 과정

1) 상담의 목표

교류분석의 목표는 내담자의 자율성 성취와 통합된 어른 자아 확립 및 현재의 행동과 삶의 방향에 대한 새로운 결정을 내리는 것을 돕는 데 있다. 자율성 성취를 위해서는 각성, 자발성, 친밀성이 중요하며, 통합된 어른 자아 확립을 위해서는 어른 자아가 혼합이나 배타에서 해방되어 자유롭게 기능하도록, 즉 선택의 자유를 경험하도록 해야 한다. 그리고 현재의 행동과 삶의 방향과 관련해서는 새로운 결단을 내리도록 하는 것이 중요하다. 이에 교류분석은 개인이 자신의 생활자세에 대한 초기의 결단을 따름으로써 선택의 자유가 얼마나 제약되었는지를 각성하고 헛된 결정론적인 생활방식을 버리도록 하는 목표를 가진다(Corey, 2009).

2) 상담자의 역할과 기능

교류분석 상담에서는 대부분의 내담자들이 부모의 금지령에 근거하여 행동하기 때문에 상담자는 상담 장면에 들어오는 모든 내담자들에게 금지당했던 모든 일들을 하도록 한다(이원영, 1995). 또한 부모의 금지령에 눌려서 숨죽이고 있던 내담자의 어린이 자아가 자유롭게 가능할 때 나타나는 반응을 충분하게 지지함으로써 내담자로 하여금 보다 안전하게 새로운 자아를 경험할 수 있게 한다. 또한 상담자는 내담자의 교훈적·인지적 문제에 주의해서 내담자 초기 결정과 불리한 환경에 대해 탐색할 수 있도록 적극적으로 분석해 주고 이해시키며 다음과 같은 구체적인 역할을 수행한다(Goulding & Goulding, 1979).

첫째, 상담자는 구조분석, 교류분석, 각본분석 그리고 게임분석 등의 개념에 대해

설명하며 가르친다.

둘째, 상담자는 내담자로 하여금 자신의 초기 결정과 게임의 구조 및 교류 유형 등을 인식하고 이에 직면하여 새로운 결정을 내릴 수 있도록 도와준다.

셋째, 상담자는 내담자를 치료과정에 능동적으로 참여시키고 내담자로 하여금 개인적 자율성을 증진시켜 자신의 인지, 감정, 행동에 대한 책임을 수용할 수 있도록 도와준다.

넷째, 상담자는 내담자가 자신의 변화에 필요한 전략과 도구를 얻을 수 있도록 도와준다. 이 과정에서 상담자는 내담자로 하여금 상담자에게 의존하기보다는 내담자 자신의 어른 자아에 의지하도록 격려하고 가르친다.

3) 상담과정

교류분석은 내담자의 사고와 감정 및 행동의 변화를 통해 자기 긍정-타인 긍정의 생활자세를 형성해서 자율성을 증대시키기 위한 접근법이다. 교류분석의 일반적 상담과정은 계약, 구조분석, 교류분석, 게임분석, 각본분석, 재결단 단계를 거친다(McCormick & Pulleyblank, 1985; Corsini & Wedding, 2017; 이은미, 2010).

(1) 1단계: 계약

상담자와 내담자 사이에 라포 형성과 상담 구조화 그리고 상담목표를 세우고 달성하기 위해서 상담계약이 이루어진다.

(2) 2단계: 구조분석

구조분석은 개인의 자아상태에 관한 분석으로 내담자로 하여금 현재 자신의 자아상태가 균형 있게 기능하지 못한 원인을 찾아 수정하기 위해서 이루어지는 단계이다. 구조분석에서는 자아상태에 대한 분석으로 세 가지 자아상태(어린이 자아상태,

어버이 자아상태, 어른 자아상태)에 대한 이해를 바탕으로 저마다 고유한 사고, 행동 및 감정에 미치는 영향을 이해하도록 한다. 그리고 어른 자아가 기능하지 못하는 원인을 찾아 교정하고 에고그램을 활용하여 혼합이나 배타가 있는지 확인한다.

(3) 3단계: 교류분석

교류분석 즉, 대인 간 교류분석에서는 내담자가 어떤 유형의 의사교류를 하고 있는지를 알아보고, 그런 의사교류가 인간관계의 과정에서 발생시키는 문제가 무엇인지 확인하여 내담자의 문제 해결을 돕고자 한다. 인간관계는 의사소통에 의해 형성되어 발전하기도 하고 악화되기도 하는데, 교류분석은 각 개인의 의사소통 유형을 파악하여 의사소통의 문제를 발견하고 해결하며, 의사소통 기술을 발달시킬 수 있는 좋은 방법이 된다. 특히 교류분석에서는 중요한 타인과의 관계에서 이루어지는 의사교류분석뿐만 아니라 혼합과 배타에 의한 의사교류와 암시적 의사교류에 초점을 두고 분석한다.

(4) 4단계: 게임분석

게임분석에서는 상담자가 내담자에게 게임의 의미와 그 유형을 이해시키고 내담자의 암시적 의사교류가 어떻게 형성·유지되는지를 내담자와 찾아본다. 특히 게임을 분석할 때는 게임의 특성상 반복 진행되고, 어른 자아가 모르는 사이에 진행되며, 게임에 개입하는 약자들 사이에서 이면교류가 교환되고, 게임 당사자는 주로 구조자, 박해자, 희생자 등 세 가지 역할을 수행하면서 악순환적인 게임이 진행되므로 게임을 중단하고, 직접적이며 진솔한 친밀감을 교류할 수 있도록 시간을 구조화하는 것이 필요하다.

(5) 5단계 각본분석

각본분석에서는 어린 시절에 작성되어 부모에 의해 강화되고(Berne, 1966), 이어지는 사건들에 의해 정당화되면서 결국 삶의 한 방법으로 선택된 인생 각본이 어떻게 형성되었는지를 분석한다.

(6) 6단계: 재결단

재결단은 내담자의 문제 있는 각본이나 의사교류, 게임, 배타와 혼합 등으로부터 탈피하여 자율적이고 정상적인 자아상태를 회복하고 긍정적인 생활자세로 돌아오기 위한 과정이다.

5 상담의 주요 기법

교류분석의 상담기법으로는 상담분위기 조성 및 상담자의 자질에 관련된 기술과 대화를 통한 상담의 기본적이고 구체적인 조작 기술(operation skill), 그리고 다른 상담이론에서 개발된 기타 기술들이 사용된다.

1) 허용

상담자는 내담자의 모든 자아상태가 기능할 수 있도록 허용적 분위기를 만들어서 결국 내담자가 게임을 하지 않고도 상담자와 대화가 가능하다는 확신을 갖도록 해 주어야 한다.

상담을 받는 대부분의 내담자는 부모에게서 받은 불공평하고 부정적인 금지령에

따라 행동하게 된다. 그러므로 무엇보다 먼저 상담자가 해야 하는 것 중의 하나는 내담자의 어버이가 내담자에게 해서는 안 된다고 말했던 것을 허용해 주는 것이다. 두제이(Dusay, 1972)와 슈타이너(Steiner, 1974)는 교류분석 상담에서 허용이 주어지는 세 가지 경우를 다음과 같이 설명하고 있다.

첫째, 상담자는 내담자가 그들의 시간을 효과적으로 사용할 수 있도록 허용한다. 이것은 내담자가 의식이나 철수와 같은 비생산적인 시간의 구조화 절차로 빠져들어 가지 않도록 한다.

둘째, 상담자는 내담자가 그의 모든 자아상태를 경험하도록 허용한다. 이때 상담자는 내담자로 하여금 그의 합리적인 어른 능력과 인생을 즐기기 위한 어린이 능력을 사용하도록 격려한다.

셋째, 상담자는 내담자가 게임을 하지 않는 것도 허용한다. 만약 이를 허용하지 않으면 내담자는 자신이 필요로 하는 스트로크를 얻지 못한다.

2) 보호

내담자는 상담자의 허용으로 자신의 어린이 자아가 자유롭게 기능함으로써 당황하거나 놀랄 수 있다. 따라서 이때 상담자의 어른 자아가 내담자의 어린이 자아를 보호하게 되면 내담자는 보다 안정된 마음으로 상담에 임하게 된다.

그리고 상담자가 어버이 금지령과 내담자의 어른 자아를 포기할 수 있도록 허용하였을 때 내담자 내면의 어린이 자아는 쉽게 두려움을 느낄 수 있다(Steiner, 1974). 내담자 자신은 각본의 일부를 포기하도록 준비하기 때문에, 상담자는 내담자로 하여금 그것을 할 수 있도록 상담에서 안전한 환경을 조성해 준다는 점을 확신시켜 주어야 한다.

3) 잠재력

잠재력은 적절한 시기에 적절한 기술을 사용할 수 있는 상담자의 능력을 말한다. 상담자는 자아상태, 의사거래, 게임, 각본 등과 관련된 이론적 내용을 숙지하여 분석하고 이를 바람직한 방향으로 바꿀 수 있는 상담 기술을 가지고 있어야 한다.

4) 조작

번(Berne, 1966)은 교류분석이론에서 조작 기술(operation skil) 8가지를 소개하였다. 8가지 조작 기술 중에 첫 4가지는 단순한 치료적 개입이고 나머지 4가지는 중재 기술에 속한다(Corey, 1993).

(1) **질의**(interrogation): 교류분석 상담에서는 상담자가 필요한 질문을 통하여 내담자의 어른 자아가 기능할 수 있도록 돕는다. 이 기술은 강력한 기술이므로 조심성 있게 사용해야 한다.

(2) **특별 세부반응**(specification): 상담자가 내담자에 대한 어떤 정보를 특별한 분류 또는 유목에 넣으려고 하는 것이 특별 세부반응이다. 특별 세부반응 기술은 내담자의 세 자아상태의 기능 작용을 이해할 수 있도록 돕는 데 사용한다.

(3) **맞닥뜨림**(confrontation): 상담자가 내담자의 모순 또는 일관성이 없는 행동이나 진술내용의 불일치를 지적하는 것이다. 이 맞닥뜨림을 통해 내담자의 게임, 만성부정감정, 생활자세, 인생 각본의 문제점을 각성하는 데 도움을 줄 수 있다.

(4) **설명**(explanation): 설명은 상담자의 편에서 내담자에게 일종의 가르치는 행동이다. 설명은 내담자가 현재 행동하고 있는 이유에 대해 상담자와 내담자의 어른 자아 간의 즉, A대 A의 의사거래교류라고 할 수 있다.

(5) **예시**(illustration): 예시는 직면 기술의 긍정적인 효과를 강화시킬 목적으로 상담과정에서 일화, 미소, 비교 등의 방법을 이용하는 기술이다. 이 기술은 긴장을 완화시키는 측면과 가르치는 측면의 가치를 동시에 가지고 있으며 내담자의 어른 자아 기능을 정상상태로 회복시킨다.

(6) **확립**(confirmation): 확립은 일단 교정된 내담자의 행동이 원래의 행동으로 되돌아간다는 점을 깨달아 이를 막을 수 있도록 돕는 기술이다. 여기서 상담자는 아직까지 내담자가 그러한 행동을 실제로 포기하지 않고 있다는 점과 그러한 행동으로부터 벗어나기 위해서는 더 열심히 노력해야 한다는 점을 지적해준다.

(7) **해석**(interpretation): 해석은 전통적인 정신분석의 과정과 유사한 것으로서 상담자가 내담자의 행동 이면에 있는 이유를 내담자가 볼 수 있도록 하는 방법이다.

(8) **구체적 종결**(crystallization): 이 기술은 상담자가 내담자에게 인정 자극을 받기 위해 사용해 왔던 게임을 포기하도록 설명하는 것이다.

6 공헌 및 제한점

교류분석은 번에 의해 창시되었지만 그의 사망한 이후에도 지속적으로 발전하여 세계적으로 영향을 끼치고 있으며, 다양한 인간 문제를 해결하고 삶의 질을 개선하는 데 기여해 오고 있다. 교류분석의 공헌으로는 첫째, 교류분석이 정신분석적 접근을 기반으로 구축되었음에도 불구하고 반결정론적(antideterministic) 철학을 토대로 다른 상담이론들과의 연계성이 용이하다는 점이다. 특히, 교류분석과 게슈탈트

치료의 기법들을 결합하여 적용한 방법은 매우 효과적인 것을 볼 수 있다(James & Jongeward, 1996). 둘째, 대인관계에 있어서 의사소통의 질을 개선할 수 있는 구체적인 방안을 제시하고 있다는 점이다. 따라서 교류분석은 단순히 심리적 문제를 위한 상담 및 심리치료의 기법을 위해서만이 아니라 결혼 또는 가족문제, 인간관계 개선, 리더십 훈련, 효율적인 부모교육 등의 일반적 프로그램에 다양하게 적용될 수 있다. 셋째, 자율성과 친밀성, 그리고 책임성 등에 대한 교류분석의 가치관은 인간의 바람직한 삶에 대한 안내를 제시해 줄 뿐만 아니라 내담자의 자유와 책임을 분명히 하고 있다는 점에서 다른 상담이론에도 참고가 될 수 있다. 넷째, 교류분석은 목표지향적인 접근을 시도함으로써 상담자와 내담자가 상담 초기에 구체적이고 달성 가능한 목표가 명시된 계약서를 체결하여 상담 종결 시기를 명확하게 알 수 있다는 점에 장점이 있다.

반면에 교류분석의 한계로 첫째, 인지 지향적 접근으로 지적 능력이 부족한 내담자에게 비효과적이며, 감정의 중요성이 간과되고 있다는 비판을 받아왔다. 둘째, 교류분석은 지나치게 어린 시절의 중요성을 강조함으로써 아동 후기 및 청소년기의 성격발달의 영향을 간과하고 있다는 비판을 받고 있다. 셋째, 교류분석의 주요 개념이 임상적 경험에 의해서 도출된 것이 많고, 실증적 연구로 인한 과학적 타당성 검증에서는 보완점이 많다는 것이다.

연습문제

1. 교류분석 과정에 대해서 토의하시오.
2. 교류분석의 인간관에 대해서 설명하시오.
3. 교류분석의 주요 기법에 대해서 설명하시오.

CHAPTER

10

수용전념치료

학습 내용

1. 헤이즈의 생애와 수용전념치료의 발전과정
2. 인간관
3. 주요 개념
4. 상담의 목표 및 과정
5. 상담의 주요 기법
6. 공헌 및 제한점

학습 목표

1. 수용전념치료의 이론적 배경을 이해할 수 있게 한다.
2. 수용전념치료의 인간관과 주요 개념들을 살펴본다.
3. 수용전념치료의 목표, 상담자의 역할과 태도, 핵심 치료모델과 상담과정을 이해한다.
4. 수용전념치료의 다양한 치료기법에 대해서 이해한다.
5. 수용전념치료의 상담 활용에 대해서 설명하고 논의하도록 한다.

학습 개요

수용전념치료(ACT)는 미국의 심리학자 스티븐 헤이즈와 그의 동료들이 개발한 제3세대 인지행동치료 접근법이다. ACT는 사고나 감정을 바꾸려 하기보다는 그것들과의 관계를 바꾸는 것, 즉 수용과 전념, 그리고 가치에 기반한 행동을 강조한다. ACT의 인간관은 고통을 제거하려 하지 않고, 고통과 함께 살아가면서도 가치 있는 삶을 추구하는 존재로 인간을 이해한다.

ACT 주요 개념으로는 기능적 맥락주의와 관계구성 틀 이론, 심리 수용과 전념 행동, 심리적 유연성과 경직성, 인지적 융합과 탈 융합, 현재에 머무르기와 기꺼이 경험하기, 개념화된 자기와 맥락적 자기, 창조적 절망감과 경험 회피가 있다. ACT의 궁극적 상담 목표는 심리적 유연성을 증진시키는 것이고, 상담자의 역할은 지시하거나 통제하는 자가 아니라, 경험을 함께 탐색하는 파트너의 위치에 있다. ACT의 여섯 가지 핵심 치료모델은 수용, 인지적 탈융합, 현재에 머무르기, 맥락적 자기, 가치 있는 방향 정의하기, 전념적 행동이다. 상담 과정 5단계는 문제 맥락 이해 및 심리적 회피 패턴 탐색, 경험에 대한 새로운 관점 제시, 6가지 핵심 과정 적용 및 훈련, 가치 명료화 및 목표 수립, 전념 행동의 실천과 확장이다. ACT 상담의 주요 기법은 6가지 핵심 과정과 긴밀히 연결된다. 수용 관련 기법으로는 감정 열기, 마음의 문 열기가 있고, 인지적 탈융합 기법으로는 생각 이름 붙이기, 생각 따라 말하기, 생각 감사하기가 있다. 그리고 현재에 머물기 기법에는 마음챙김 연습, 주의 이동 훈련이 있고, 자기로서의 맥락 기법에는 관찰자 자아 훈련, 산속에서 생각 보기가 있다. 또한 가치 기법에는 가치와 목표 구분하기, 장례식 연습, 인생 나침반 만들기가 있고, 전념 행동 기법에는 행동 활성화, 장애물 인식과 수용이 있다.

1 헤이즈의 생애와 수용전념치료의 발전과정

| 스티븐 헤이즈

수용전념치료(Acceptance and Commitment Therapy: ACT)는 1980년대 후반 스티븐 헤이즈(Steven C. Hayes, 1948~)와 그의 동료들(Barnes-Holmes, Roche 등)에 의해 실시된 제3세대 인지행동치료의 대표적 접근이다. 인지행동치료의 발달과정을 보면, 고전적 조건형성과 조작적 조건형성의 원리를 기반으로 부적응적 행동을 수정하는 행동치료가 있고, 1970년 초 이후 인지 매개설이라는 구성개념에 기초하여 출현한 인지치료가 있다. 그리고 지난 몇 년간에 걸쳐 인지행동치료의 전통 내에서 제3의 동향이 출현하였는데, 리네한(Linehan, 1993)의 『변증법적 행동치료(Dialectical Behavior Therapy: DBT)』와 시걸과 그 동료들(Segal, Williams & Teasdale, 2002)의 『마음챙김에 기초한 인지치료(Mindfulness-Based Cognitive Therapy: MBCT)』 그리고 헤이즈와 그 동료들의 ACT가 대표적이다.

이 가운데 ACT치료는 언어와 인지의 기능에 대한 철학적·과학적 고찰을 바탕으로 심리적 유연성(psychological flexibility)을 증진시키고자 개발된 심리치료의 한 형태이다(Hayes, Strosahl, & Wilson, 1999).

ACT창시자 헤이즈는 1948년 미국 캘리포니아에서 태어나서 로욜라 메리마운트 대학교(Loyola Marymount University)에서 학부 과정을 마친 후, 1970년대에 웨스트버지니아 대학교(West Virginia University)에서 임상심리학 박사학위를 취득하였다.

헤이즈의 박사과정은 행동주의 심리학의 전통이 강하게 살아있는 환경에서 이루어졌으며, 프레드 시몬스 켈러(Fred Simmons Keller, 1899~1996)와 같은 현대 행동주의 학자들의 영향을 받았다. 특히 그는 스키너(B. F. Skinner, 1904~1990)의 철학적 전통,

즉, 기능주의(functionalism) 및 행동의 환경적 결정 요인을 계승하면서도 언어와 인지의 작용에 대한 기능적 분석을 시도하고자 하였다.

헤이즈는 자신의 심한 공황장애 경험을 통해 전통적 인지행동치료의 한계에 문제의식을 갖게 되었으며, 고통을 없애는 대신 고통과 새로운 방식으로 관계 맺는 접근이 필요하다는 확신을 갖게 되었다. 이는 이후 ACT의 철학적 기반이 되는 맥락주의(contextualism)와 기능적 관계적 관점(functional contextualism)을 형성하는 데 중요한 영향을 미쳤다.

ACT의 발전과정을 살펴보면 세 단계로 구분할 수 있다.

첫째, 1단계는 개념적 정립기(1980년대 후반~1999)이다. 1980년대 후반, 헤이즈는 심리적 문제를 언어와 인지 기능의 산물로 보고, 전통적 인지치료의 '사고 내용 수정' 모델을 비판하였다. 이 시기 그는 "경험 회피(Experiential avoidance)" 개념을 중심으로, 고통을 피하려는 시도가 오히려 고통을 강화한다는 모델을 제시하였다. 그리고 1999년에는 ACT의 기본 이론과 기법이 체계화된 첫 번째 저서 『수용전념치료(*Acceptance and Commitment Therapy: An Experiential Approach to Behavior Change: ACT*)』(Hayes, Strosahl, & Wilson, 1999)를 출간하였다. 그는 이 책에서 ACT의 핵심 요소인 여섯 가지 핵심 과정(수용, 인지적 탈융합, 현재 지향성, 자기 인식, 가치, 전념 행동)을 처음으로 통합적으로 제시하였다.

둘째, 2단계는 실증적 확장기(2000~2010)이다. 2000년대에 들어 ACT는 다양한 임상 영역에서 실증 연구가 활발히 진행되었다. 불안장애, 우울증, 만성통증, 약물중독, 직무 스트레스, 정신증 등 다양한 대상군을 중심으로 ACT의 효과성이 입증되었으며, 다수의 무작위 통제 시험(Randomized Controlled Trials)이 발표되었다.

2004년에는 헤이즈가 주도하여 RFT에 대한 종합적 저서 『관계 틀 이론(*Relational Frame Theory: A Post-Skinnerian Account of Human Language and Cognition: RFT*)』이 출간되었는데, 이 책이 ACT의 이론적 정당성을 뒷받침하는 중요한 기초 문헌이 되었다.

셋째, 3단계는 통합과 확산기(2011~현재)이다. 2010년 이후, ACT는 "심리적 유연

성 모델(Psychological Flexibility Model: PFM)"이라는 이름으로 건강심리, 조직심리, 교육, 스포츠, 커뮤니티 활동 등 비임상 영역으로 확산되었다. 헤이즈는 ACT를 '인지행동치료의 새로운 진화'로 규정하며, 이를 제3세대 인지행동치료로 정착시키기 위한 학술적 노력을 지속하였다. 그리고 "과정 기반 치료(Process-Based Therapy: PBT)"라는 새로운 통합 모델이 제시되었는데, 이는 ACT의 핵심 개념을 기반으로 하여 다양한 심리치료 모델을 기능적 원리 중심으로 재구성하려는 시도이다(Hayes, Hofmann, 2018). 이것은 ACT를 넘어서 심리치료 전반의 과학적 통합을 꾀하는 최신 경향을 보여준 것이다.

2 인간관

ACT의 인간관은 고통을 제거하려 하지 않고, 고통과 함께 살아가면서도 가치 있는 삶을 추구하는 존재로 인간을 이해한다. ACT의 인간관을 집약하면 다음과 같다.

첫째, 인간은 고통을 피할 수 없는 존재이다. ACT는 인간 존재 자체가 심리적 고통을 포함한다고 본다. 삶의 보편적 진실로서 고통을 인정하며, 이를 없애는 것이 아니라 고통과 새로운 방식으로 관계 맺는 것이 치료의 목표이다.

둘째, 인간은 선택하고 변화할 수 있는 존재이다. 비록 인간은 언어의 틀에 갇혀 고정된 사고와 회피 반응을 반복하지만, 가치에 따라 새로운 행동을 선택할 수 있는 능력을 지닌 존재로 본다. ACT는 이 가능성을 신뢰하며, 치료자는 이를 돕는 동반자로서 기능한다.

셋째, 인간은 자신의 경험과 관계 맺을 수 있는 존재이다. ACT는 자기 자신을 바라보는 능력(self-awareness)을 중시한다. 과거의 경험이나 현재의 고통이 '나 자신 그 자체'가 아니라는 점을 인식하게 함으로써, 인간은 자기 존재를 보다 넓은 맥락에서

이해할 수 있게 된다. 이는 '컨텍스트로서의 자기(self as context)' 라는 ACT의 독특한 개념을 통해 구체화된다.

정리하면, 수용전념치료의 인간은 고통을 제거해야 할 존재가 아니라, 고통과 함께 의미를 창출할 수 있는 존재로 이해한다. 그리고 인간 행동을 맥락적, 기능적, 과정 중심적으로 해석하며, 개인의 자유와 책임을 강조한다. 그러므로 심리적 건강은 고통이 없는 상태' 가 아니라 '고통 속에서도 가치에 따라 살아가는 능력' 으로 재정의한다.

3 주요개념

1) 기능적 맥락주의와 관계구성 틀 이론

ACT는 기능주의와 맥락주의를 결합한 기능적 맥락주의(Functional Contextualism)에 기반을 두고 있다. 기능적 맥락주의는 실용주의 철학(pragmatism)과 철저한 행동주의(radical behaviorism)의 영향을 받은 과학적 접근 방식이다. 이는 스키너(B. F. Skinner)의 철저한 행동주의를 계승하되, 인간 언어와 인지 현상을 과학적으로 설명하기 위한 분석틀을 제시하고자 발전되었다. 이 관점에서 인간은 고정된 본질이 아니라, 변화하는 환경 속에서 기능적으로 반응하는 존재로 이해된다. 즉, 인간의 모든 행동은 특정한 맥락에서의 기능을 중심으로 이해되어야 하며, 옳고 그름보다는 '삶의 방향에 유익한가' 가 판단 기준이 된다.

예를 들어, 공포 회피 행동은 단기적으로는 고통을 줄이지만, 장기적으로는 삶을 협소하게 만들 수 있다. ACT는 이러한 기능적 분석을 통해 인간의 행동을 비판하거나 교정하려 하지 않고, 그 맥락을 바꾸는 방향으로 접근한다. 또한 기능적 맥락주의는 실용적 진리 기준(Pragmatic Truth Criterion)을 추구하기에 과학적 개념의 '진리

성' 보다 '유용성(Workability)'을 평가 기준으로 삼는다. 따라서 어떤 심리적 개입이 이론적으로 타당하더라도 내담자의 삶의 질을 향상시키지 못한다면, 그 개입은 의미가 없다고 본다.

그리고 ACT의 심리학적 또 다른 기반은 관계구성 틀 이론(Relational Frame Theory: RFT)에서 출발하고 언어적 관계를 통해 세계를 해석하고 행동한다. RFT는 헤이즈와 동료들이 1990년대에 정립한 언어 및 인지에 대한 행동주의적 이론으로 전통적인 인지주의 이론이 인간 사고를 '내재적 인지 구조'로 설명하는 것과 달리, 언어는 '학습된 행동'이며, 관계 맺기의 방식으로 설명할 수 있다고 본다. RFT에 따르면 인간은 언어적 관계를 통해 세계를 해석하고 행동하는데, 이러한 능력은 고도의 인지능력을 가능하게 하지만, 동시에 심리적 고통의 원인이 되기도 한다. 예를 들어, "나는 실패자야"라는 사고는 과거의 경험을 현재에 일반화하고, 미래 행동을 제한하는 언어적 규칙이 될 수 있다. ACT는 이러한 언어적 규칙화(rule-governed behavior) 속에서 인간이 자기 자신을 언어적으로 규정하고 구속하는 존재임을 강조하며, 인간 고통의 본질을 언어에 내재된 심리적 융합(cognitive fusion)과 경험 회피에서 찾는다.

RFT와 ACT의 연결점을 살펴보면, ACT는 RFT의 관점을 바탕으로, 생각이나 감정이 우리의 행동을 지배하지 않도록 언어적 관계에 '거리 두기'를 시도한다(→ 인지적 탈융합). 또한, RFT는 자기 자신(Self)에 대한 다양한 관계 틀을 설명하며, 자기로서의 맥락(Self as Context) 개념의 이론적 토대가 된다.

2) 심리 수용과 전념 행동

ACT에서 심리적 수용(Psychological Acceptance)은 고통스러운 감정, 생각, 신체감각 등의 불쾌하거나 원치 않는 내적 경험을 회피하거나 억제하지 않고 있는 그대로 경험하려는 의도적 태도를 의미한다(Hayes et al., 1999). 이는 감정에 굴복하거나 무력하게 방치하는 것이 아니라, 내면적 경험에 대한 태도의 전환을 통해 행동의 자유를

회복하는 것이다.

심리적 수용은 특정 감정이나 사고를 없애는 데 초점을 두기보다는, 그것들이 어떻게 삶의 기능에 영향을 미치는지에 주목한다. 수용은 전통적인 인지행동치료에서 강조하는 '사고 수정'과는 달리, 사고와 감정이 존재할 수 있는 공간을 마련하고 그들과 새로운 관계를 형성하는 것을 목표로 한다. 임상에서 심리적 수용은 회피의 반대 과정으로 경험회피(experiential avoidance)에 대한 치료적 해독제로 작용한다. 이는 내담자가 불안을 피하려고 행동을 제한할 때, 오히려 삶의 질이 저하되는 경향을 해결하는 접근이다. 또한 의도적 개방성 또는 '의지적 개방성(willingness)'으로 내담자 자신이 선택한 삶의 방향에 따라 행동하기 위해, 고통스러운 감정조차도 감당할 준비를 갖추게 한다. 주의 기반 기법과 연계로 수용 훈련은 종종 마음챙김(mindfulness), 감정에 공간 만들기(making space) 등의 기법과 함께 사용되며, 내적 경험을 비판 없이 관찰하고 받아들이는 연습이 강조된다.

그리고 전념 행동(Committed Action)은 자신이 중요하게 여기는 삶의 가치에 근거하여 구체적이고 지속 가능한 행동을 설정하고 실천하는 과정을 의미한다(Hayes et al., 2012). 이는 내담자가 내면의 불편함에도 불구하고, 회피가 아닌 가치 지향적 삶을 추구하는 행동적 실천이다. 전념 행동은 행동주의 이론(특히 조작적 조건형성)의 영향을 받아, 행동의 지속과 강화, 목표 지향적 행동에 대한 기능적 분석에 기초한다. 그러나 단순한 행동 수정이 아닌, 의미 있는 삶의 방향성(가치)을 중심으로 행동을 구성하는 점에서 기존 행동치료와 구분된다. 전념 행동의 특징으로는 첫째, 가치 기반 행동이다. 전념 행동은 단순한 목표달성이 아닌, 내담자의 가치(value)를 반영하는 행동을 우선시한다. 목표(goal)는 가치의 표현 수단이며, 치료자는 내담자가 스스로의 삶의 방향성을 명확히 하도록 돕는다. 둘째, 행동 활성화와 유연성이다. 행동을 통해 내담자는 심리적 고통과 함께 움직이는 법을 학습하며, 변화에 대한 유연한 태도를 유지한다. 셋째, 실행 계획의 구체성이다. 전념 행동은 일반적 다짐이 아니라, 시간·장소·빈도·방법 등이 명확한 실행 계획을 수립하고 실천하는 데 초점을 둔다. 넷

째, 실패 수용과 재시도이다. 행동이 실패하거나 중단되었을 때에도, 비난이나 회피가 아니라, 다시 시작할 수 있는 태도와 자기연민(self-compassion)을 강조한다.

3) 심리적 유연성과 경직성

심리적 유연성(psychological flexibility)은 현재 순간에 완전히 접촉하고, 개인적으로 의미 있는 가치에 따라 행동을 선택할 수 있는 능력을 말한다(Hayes et al., 2012). 이는 내적 경험(생각, 감정, 기억 등)에 얽매이지 않으면서도, 개인의 가치에 기반한 삶을 살아갈 수 있는 심리적 태도와 행동 양식을 포괄한다. ACT에서는 심리적 유연성을 여섯 가지 핵심 과정인 경험에 대한 수용(acceptance), 인지적 탈융합(cognitive defusion), 현재에 존재하기(being present), 맥락적 자기 인식(self-as-context), 가치 명료화(value), 전념 행동(committed action)이 서로 상호작용하면서 촉진한다.

ACT에서 심리적 유연성은 치료의 목표이자, 삶의 전반적 기능 향상과 직결되는 핵심 요인으로 간주된다. 연구에 따르면 심리적 유연성은 우울증, 불안, 스트레스, 만성통증, 강박장애, 외상 후 스트레스 장애(PTSD) 등 다양한 심리적 고통에서 보호요인으로 작용한다(Hayes et al., 2011; Kashdan & Rottenberg, 2010).

심리적 경직성(psychological inflexibility)은 내면적 경험을 통제·회피하려는 시도로 인해 현재와 분리되고, 가치와 무관한 행동을 반복하게 되는 상태를 의미한다. 이는 심리적 고통을 악화시키는 핵심 병리적 메커니즘으로 작용한다. 심리적 경직성의 요소로는 경험회피(experiential avoidance), 인지적 융합(cognitive fusion), 개념화된 과거 및 미래(dominance of the conceptualized past and feared future), 개념화된 자기 집착(attachment to the conceptualized self), 가치의 혼란 및 접촉 결여(lack of values clarity), 비전념적 행동(inaction, impulsivity or avoidant persistence)이 있다.

이와 같이 심리적 유연성과 경직성은 ACT의 핵심 작동 메커니즘이며, 내담자의 고통을 해석하고 개입 방향을 설정하는 데 중심적 기준이 된다. 임상가는 내담자의 문제

를 증상 자체로 보기보다는, 그 증상에 대한 내담자의 '관계'에 주목하고, 심리적 유연성을 향상시키는 방향으로 개입을 설계해야 한다. 즉, 치료 목표는 증상을 없애는 것이 아니라, 증상과 더불어 가치 있는 삶을 살아가는 능력을 회복하는 데 있다.

4) 인지적 융합과 탈 융합

ACT에서 인지적 융합(cognitive fusion)과 인지적 탈융합(cognitive defusion)은 핵심적인 개념 쌍으로, 개인이 자신의 사고(thoughts)에 대해 어떻게 반응하고 그것과 어떤 관계를 맺고 있는지를 설명하는 데 중요한 역할을 한다. 이 개념들은 ACT의 이론적 기반인 관계구성 틀 이론(Relational Frame Theory: RFT)의 핵심 원리를 임상적으로 적용한 것이다. 인지적 융합은 개인이 자신의 사고(thoughts)를 객관적 사실로 받아들이고, 그것에 따라 자동적으로 행동하게 되는 심리적 상태를 말한다(Hayes et al., 2012). 다시 말해, 사고 내용과 자신의 현실 또는 자아가 동일시되어, 사고가 행동을 지배하는 현상을 의미한다. 예를 들어, "나는 무능해"라는 생각이 들었을 때, 이 사고를 있는 그대로 믿고 실제로 행동을 회피하거나 무기력하게 행동하는 것이 인지적 융합이다.

인지적 탈융합(cognitive defusion)은 사고(thought)를 자기 자신이나 현실과 분리하여 인식하고, 그 사고가 반드시 진실이거나 행동 지침이 될 필요는 없다는 것을 경험하게 하는 심리적 기술이다. 이는 사고 내용과 거리를 두고 '단지 하나의 생각'으로 바라보게 하는 것이다.

ACT에서는 다양한 탈융합 기법을 사용하여 사고의 지배력을 약화시키는데, 생각에 이름 붙이기(생각을 단순히 '생각'으로 분류), 생각 따라 말하기(반복적, 우스꽝스럽게 생각을 말함), 생각 감사하기(생각에 "고마워, 마음아"라고 말하며 거리 두기) 등이 있다.

이처럼 인지적 탈융합은 생각을 억제하거나 제거하는 것이 아니라, 생각과 새로운 관계를 형성하게 한다. 탈융합된 상태에서는 사고가 존재하더라도, 개인은 가치에 따라 행동을 선택할 수 있는 자유를 회복한다.

인지적 융합은 인간 고통의 핵심 메커니즘으로 간주되며, 이에 대한 탈융합적 접근은 증상 중심의 인지 재구성과 달리, 사고와 행동 간의 관계 자체를 변화시키는 기능적 접근을 가능케 한다. 따라서 치료자는 내담자가 자신의 사고에 '지배받기보다는', 사고를 '바라보고 선택'할 수 있도록 안내함으로써, 심리적 유연성과 회복탄력성을 증진시킬 수 있다.

5) 현재에 머무르기와 기꺼이 경험하기

현재에 머무르기(being present)와 기꺼이 경험하기(willingness)는 ACT의 기초가 되는 경험 중심적 기법으로, 내담자가 현실과 더 깊이 연결되고 회피 없이 삶을 살아가도록 돕는다. 현재에 머무르기는 지금 이 순간의 주의와 인식을 집중하고, 현재의 경험을 있는 그대로 수용하려는 능력을 말한다(Hayes et al., 2012). 이는 과거의 후회나 미래에 대한 불안을 최소화하고, 개인이 현재 삶에 직접적인 반응을 할 수 있도록 돕는다. 이 과정은 마음챙김(mindfulness)의 개념과 긴밀히 연관되며, 불교의 전통적 수행과 현대 임상심리학의 합류 지점으로 간주된다(Kabat-Zinn, 2003). ACT에서는 마음챙김을 단지 '주의 집중 훈련'이 아니라, 인지적 탈융합과 자기 맥락화, 가치 기반 행동을 실현함으로써 자기 삶에서 중요한 방향으로 나아갈 수 있게 하는 치료 기법으로 활용한다. 현재에 머무르기는 내면 경험에 대한 민감성을 증가하고, 반사적 반응이 아닌 가치에 따른 행동을 선택하게 하며, 불필요한 과거-미래 중심 사고에서 벗어나게 한다.

기꺼이 경험하기(willingness)는 개인이 현재 순간에서 경험하는 내면적 사건(예: 고통스러운 감정, 불쾌한 생각, 신체 감각 등)을 회피하거나 통제하려 하기보다, 그것들을 있는 그대로 수용하려는 태도를 의미한다. 이는 회피의 반대 개념으로, 경험을 바꾸려 하지 않고 그 경험이 존재하도록 허용(allowing)하는 것이다. 기꺼이 경험하기는 ACT의 철학적·과학적 근거인 기능적 맥락주의 및 언어와 인지의 관계 틀 이론에 기

반한다. 인간은 언어적 사고를 통해 고통스러운 내면 경험을 통제하려고 하지만, 이러한 통제가 오히려 심리적 문제를 고착화시킨다.

따라서 ACT는 이러한 내면적 사건을 없애거나 바꾸려 하지 않고, 있는 그대로 경험하고, 그 경험을 포함한 채로 의미 있는 행동을 선택하는 것을 목표로 한다. 기꺼이 경험하기의 현장에서의 적용은 수용 훈련, 은유 활용, 노출 기반 기법 등을 포함하며, 다양한 정신건강 문제에 효과적으로 활용되고 있다.

6) 개념화된 자기와 맥락적 자기

개념화된 자기(conceptualized self)는 개인이 언어와 사고를 통해 형성한 자기 개념(self-concept)으로, 자신에 대한 이야기(narrative), 범주화된 정체성(categorized identity), 특성에 대한 판단(evaluative attributes) 등을 포함한다. 이 개념은 행동주의 심리학에서 언어와 인지의 역할을 강조한 관계 틀 이론(RFT) 안에서 이해된다. 관계 틀 이론은 인간이 언어적 관계를 생성하고 확장하는 능력을 통해 세계를 해석하고 행동을 결정한다고 본다. 이러한 언어적 관계 중 하나가 자기 자신에 대한 이야기나 정체성의 구성이다. 즉, 사람은 "나는 ~이다"라는 문장을 통해 자기 자신을 특정 방식으로 규정짓고, 그 규정에 따라 행동하고 감정을 경험하게 된다.

개념화된 자기는 서술적 정체성(narrative identity), 평가적 자기 판단(evaluative self-judgments), 사회적 정체성(social identity), 고정된 자기 개념(fixed self-concept)과 같은 심리적 요소로 구성된다. 서술적 정체성은 시간의 흐름 속에서 개인이 구성한 자기 이야기이고, 평가적 자기 판단은 자신의 특성에 대한 긍정적 또는 부정적 평가이다. 그리고 사회적 정체성은 타인과의 관계, 역할, 지위에 따라 형성된 자아 개념이며, 고정된 자기 개념은 반복적으로 동일한 방식으로 자신을 해석함으로써 형성된 경직된 자기 이미지이다.

맥락적 자기(self as context)는 모든 경험(생각, 감정, 감각, 기억 등)을 관찰하고 포용할

수 있는 자리로서의 자기이다. 이는 경험의 '배경' 혹은 '무대'와 같은 존재로, 자신이 무엇을 느끼고 생각하든 그 경험을 인식할 수 있는 존재로 자기를 인식하는 것이다. 이러한 맥락적 자기는 ACT에서 독특하면서도 중요한 개념으로, 흔히 관찰자 자기(observer self)라고도 불린다.

7) 창조적 절망감과 경험 회피

창조적 절망감(creative hopelessness)은 ACT의 초기 개입 단계에서 중요한 전환점 역할을 하는 핵심 개념이다. 이는 단순한 '희망 없음'의 절망이 아니라, 지금까지 자신이 삶의 고통을 해결하기 위해 시도해 온 심리적 전략들(억제, 회피, 통제)이 장기적으로 효과가 없었음을 인식하는 데서 비롯되는 '창조적'인 통찰의 절망이다. 즉, 창조적 절망감이란 "나는 정말 최선을 다해왔지만, 그것들이 결국 나를 더 고통스럽게 만들었다."와 같은 인식을 내포한다.

"이 방식은 더 이상 효과가 없다. 완전히 다른 방식이 필요하다." 등의 절망감은 기존의 사고틀을 무너뜨리며, 새로운 행동 방식 즉, 현재의 경험에 대한 수용, 가치 중심의 삶을 향한 심리적 개방성을 가능하게 만든다. 따라서 ACT에서는 이 절망의 순간을 변화의 시작점, 즉 전통적 문제해결 모델에서 벗어나 심리적 유연성이라는 새로운 패러다임으로 나아가는 통로로 본다.

경험 회피(experiential avoidance)는 개인이 내면에서 발생하는 특정한 감정, 생각, 신체 감각, 기억, 충동 등을 고통스럽거나 위협적인 것으로 인식하고, 이를 회피하거나 통제하려는 시도를 의미한다(Hayes et al., 1996). 이러한 회피는 일시적으로는 고통을 줄일 수 있으나, 장기적으로는 삶의 영역을 제한하고 심리적 유연성을 감소시키는 주된 요인이 된다.

ACT에서는 경험 회피를 심리적 문제의 핵심 병리적 요소로 간주하며, 이것이 다양한 정신질환(불안, 우울, PTSD, 중독 등)의 공통된 유지 기제로 작용한다고 본다.

경험 회피는 행동주의 심리학과 언어이론(RFT: 관계틀 이론)에 기반을 두고 발전하였다. 초기 행동주의는 외현적 행동에 집중했으나, 현대 행동주의(Hayesian behaviorism)는 언어와 사고의 기능 분석을 포함한다.

특히, 관계 틀 이론에 따르면 인간은 언어를 통해 자기 자신의 내면 경험(예: "나는 무능하다", "나는 실패자야")을 특정 방식으로 해석하고 그에 반응한다. 이러한 반응이 회피적일 경우, 즉각적인 부정적 감정을 줄이려는 행동은 강화되며 반복된다. 그 결과, 장기적으로 삶의 가치나 의미를 추구하는 행동은 감소한다.

4 상담의 목표 및 과정

1) 상담의 목표

ACT의 궁극적 상담 목표는 심리적 유연성(psychological flexibility)을 증진시키는 것이다. 심리적 유연성이란 현재 순간의 내적 경험(생각, 감정, 신체 감각 등)을 회피하거나 억제하지 않고, 그것을 있는 그대로 받아들이며 자신이 소중하게 여기는 가치에 따라 행동할 수 있는 능력을 말한다(Hayes et al., 2012). ACT에서는 고통을 없애는 것 자체가 목표가 아니며, 오히려 고통을 수용하고, 그 안에서도 삶의 방향성을 추구할 수 있도록 돕는 것이 중심이다.

2) 상담자의 역할과 태도

ACT 상담자는 지시하거나 통제하는 자가 아니라, 경험을 함께 탐색하는 파트너의 위치에 있다. 따라서 ACT 상담자는 다음의 태도가 중요하다.

첫째, 마음챙김적 경청이다. 상담자는 판단 없이 내담자의 현재 경험을 수용하고 경청한다.

둘째, 유연한 개입 전략이다. 도구 중심이 아닌, 내담자의 상황에 맞춘 창의적 접근을 한다.

셋째, 치료적 모델링이다. 상담자 스스로 수용과 전념 행동을 보여주며, 실천적 본보기가 된다.

넷째, 맥락적 이해 강조이다. 증상보다 '행동이 어떤 맥락에서 나타났는가'를 중시한다.

3) 핵심 치료모델

ACT는 [그림 10-1]과 같이 6가지 핵심 치료모델(The Hexaflex Model)로 구성된다. 이들은 독립적이면서도 서로 긴밀하게 상호작용하며, 심리적 유연성을 향해 작동한다.

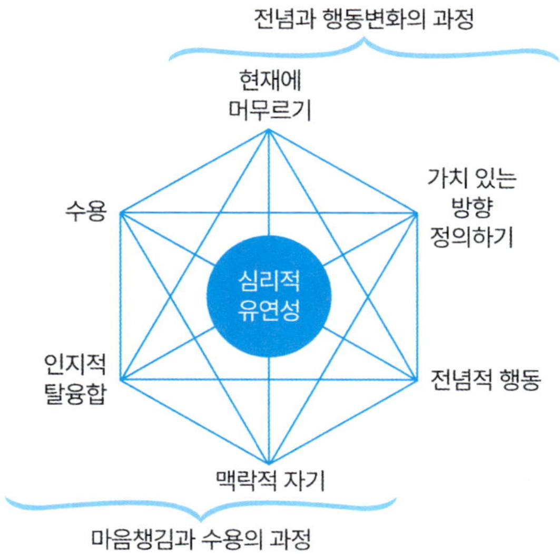

[그림 10-1] 수용전념치료의 여섯 가지 핵심 치료모델

(1) 수용

수용(acceptance)은 불쾌한 감정이나 기억, 신체 감각을 억제하거나 회피하려 하지 않고 불편한 내적 경험을 있는 그대로 열어두고, 그것이 삶을 방해하지 않도록 하는 능동적 태도이다. 예를 들어, "나는 지금 불안하다"는 감정을 억제하는 대신, "불안도 내 경험의 일부"라고 받아들이는 연습을 하도록 가르친다. 수용전념치료에 있어서 수용은 그 자체가 목적이 아니라 가치 지향적인 행동을 증가시키기 위한 단계다.

(2) 인지적 탈융합

인지적 탈융합(cognitive defusion)은 개인이 자신의 사고(thoughts)와 동일시되는 상태에서 벗어나, 그 사고를 하나의 심리적 현상으로 인식하게 하는 메타인지적 전환을 의미한다. 즉, 사고를 사실로 받아들이는 것이 아니라 단지 '떠오르는 심리적 사건' 혹은 '내면에서 일어나는 하나의 활동' 으로 인식하는 것이 탈융합의 핵심이다.

(3) 현재에 머무르기

현재에 머무르기(present moment awareness)는 과거에 대한 후회나 미래에 대한 불안이 아닌 지금 이 순간에 주의를 기울이고, 현재 일어나는 경험을 있는 그대로 인식하는 것이다. 이는 자동적으로 반응하지 않고, 의식적으로 선택하며 행동하는 기초가 된다. ACT에서는 '현재 순간' 에 머무름으로써 마음의 내용(생각, 감정 등)에 휘둘리지 않고, 가치에 따라 행동할 수 있도록 돕는다. 예를 들어, 한 직장인이 발표를 앞두고 "망치면 어쩌지?"라는 생각에 사로잡혀 긴장할 때, 그 생각을 단순한 "불안한 생각"으로 인식하고, 호흡에 주의를 기울이며 발표 순간에 집중한다.

(4) 맥락적 자기

맥락적 자기(self as context)는 변하지 않는 '관찰하는 나', 즉 생각, 감정, 기억 등의 경험들이 계속해서 변화하는 와중에도, 그 모든 것을 알아차리고 있는 자아의 관

점을 말한다. ACT에서는 경험의 내용(content)이 아닌, 경험의 '자리'(context)에 주목한다. 쉽게 말해, 나는 생각, 감정, 감각을 가지고 있는 존재이지, 그것과 동일한 존재는 아니다.

예를 들어, 시험에서 낙제한 후 "나는 무가치해", "내 인생은 끝났어"라는 생각에 휩싸여 우울해진 학생에게 치료자는 "지금 '나는 무가치해' 라는 생각이 머릿속에 떠오르고 있군요. 그 생각을 경험하는 당신은 어떤가요?", "그 생각을 바라볼 수 있다는 건, 그 생각 밖에 있는 나, 그것을 지켜보는 so가 있다는 뜻이에요." 이 과정을 통해 학생은 "나는 무가치하다는 생각을 가진 사람이지, 무가치한 존재 자체는 아니다"라는 인식을 하게 된다. 이러한 과정을 통해서 학생은 생각과 자신을 분리해서 바라보는 넓은 관점의 자기를 경험한다.

(5) 가치 있는 방향 정의하기

가치 있는 방향 정의하기(value clarification)는 개인이 삶에서 중요하게 여기는 가치들을 탐색하고, 명확히 인식하며, 그 가치를 따라 행동할 수 있도록 방향을 설정하는 과정이다. 이는 ACT에서 심리적 유연성을 향상시키기 위한 핵심 요소 중 하나다. ACT에서는 고통을 회피하려는 삶이 아니라, 고통을 수용하면서도 가치 있는 삶의 방향으로 나아가는 삶을 추구한다. 이때 그 삶의 방향을 구체적이고 현실적인 행동으로 이끌어내기 위해 반드시 필요한 과정이 '가치 명료화' 이다. 예를 들면, "나는 좋은 부모가 되고 싶다"라는 가치 탐색을 통해 행동의 방향이 정해진다.

(6) 전념적 행동

전념적 행동(committed action)은 개인이 자신이 중요하게 여기는 가치에 따라, 의도적이고 지속적으로 행동하려는 노력을 의미한다. 이는 단순한 계획이나 결심에 그치는 것이 아니라, 현실적인 목표를 세우고, 구체적인 행동으로 실천하며, 중간에 실패하거나 어려움이 있더라도 포기하지 않고 계속 나아가려는 태도를 포함한다.

즉, 전념 행동은 “가치를 향한 행동의 실천”이라고 볼 수 있다. 예를 들어, 실수할까 두려워 도전을 회피하고 있는 경우에 전념 행동은 “불안하더라도 새로운 프로젝트에 참여하겠다”, “실수가 생기더라도 그것을 배움의 기회로 삼겠다”, “결과보다 과정에서 최선을 다하는 데 초점을 맞추겠다”라고 행동하는 것이다. 이는 두려움을 없애는 것이 아니라, 두려움에도 불구하고 성장이라는 가치를 따라 행동하는 모습이다.

4) 상담과정

(1) 1단계: 문제맥락 이해 및 심리적 회피 패턴 탐색

초기 면담을 통해 내담자의 삶 속에서 고통스러운 경험(생각, 감정 등)을 어떻게 회피하고 있는지 탐색한다. 내담자가 고통을 없애려는 노력(experiential avoidance)이 오히려 삶을 제약한다는 점에 주목한다.

(2) 2단계: 경험에 대한 새로운 관점 제시

경험에 대한 새로운 관점 제시에서는 “당신이 느끼는 고통은 비정상이 아닙니다”라는 메시지를 통해 정서적 고통에 대한 정상화(normalization)를 제공한다. 그리고 고통과 싸우기보다는 열어주고 받아들이는 접근이 삶의 질을 높일 수 있음을 설명한다.

(3) 3단계: 6가지 핵심 과정 적용 및 훈련

6가지 핵심 과정 적용 및 훈련에서는 내담자의 주제와 상태에 따라 수용, 탈융합, 마음챙김 등의 개입이 선택적으로 적용된다. 예를 들어, 불안을 수용하고 ‘불안은 실패의 전조’라는 인지적 경직성을 탈융합하여, 가치 기반 행동을 시도하게 한다.

(4) 4단계: 가치 명료화 및 목표 수립

가치 명료화 및 목표 수립에서는 삶의 현장에서 중요한 것이 무엇인지 탐색하고,

내담자의 가치와 연결된 구체적인 행동 목표를 설정한다. 그리고 가치와 목표를 연결시켜 전념 행동으로 전환한다.

(5) 단계: 전념 행동의 실천과 확장

전념 행동의 실천과 확장에서는 일상의 가치 기반 행동을 실천하게 하며, 도전과 실수를 수용의 태도로 경험하게 한다. 그리고 실천 과정에서의 감정·사고·신체 반응을 수용하며 유연하게 대처하도록 돕는다.

5 상담의 주요 기법

ACT는 전통적인 인지행동치료(CBT)와는 달리, '증상의 제거' 나 '비합리적 사고의 교정' 보다는 심리적 유연성 증진시키기 위한 실질적인 심리기법들을 사용한다. 이들 기법은 다음의 6가지 핵심 과정과 긴밀히 연결된다.

1) 수용 관련 기법

(1) 감정 열기

감정 열기(open up to emotions)는 감정, 신체감각, 기억 등 회피하려는 내적 경험을 억제하지 않고 그대로 느끼게 하는 훈련이다. 감정 열기의 목적은 감정을 통제하거나 피하려는 시도를 줄이고, 감정과 더 친숙해지도록 하는 데 있다. 임상적 적용 예시로는 내담자에게 "불안을 없애려고 하지 말고, 단지 '지금 이 순간 불안이 나와 함께 있다' 는 것을 인식해 보세요"라고 안내한다. 불안을 '없애야 할 대상' 이 아닌 '동반자' 처럼 받아들이는 태도를 강화한다.

(2) 마음의 문 열기

마음의 문 열기(making space)는 고통스러운 감정이나 감각이 자신의 내면에서 존재할 수 있도록 '공간을 내주는' 이미지화 기법이다. 이 기법의 목적은 감정을 밀어내기보다 감정이 머물 수 있는 내적 여유와 공간을 상상함으로써 그 감정을 수용하는 태도를 기르는 데 있다.

임상적 적용 예시로는 내담자가 공황을 경험할 때, "이 감정을 내 안에 놓아주자"라는 이미지나 문장을 사용해 감정을 수용할 수 있도록 유도한다. 시각적 상상(예: 고요한 방 안에 감정을 앉히는 이미지)을 활용해 감정을 받아들일 내면적 공간을 형성할 수 있다.

2) 인지적 탈융합 기법

(1) 생각 이름 붙이기

생각 이름 붙이기(labeling thoughts)는 자동적으로 떠오르는 생각을 '생각'으로 구분하여 명명함으로써, 그것이 자신의 정체성이나 진실이 아님을 인식하게 하는 기법이다. 이 기법의 목적은 생각을 자신과 동일시하지 않고, 단지 '지나가는 심리적 현상'으로 인식하는 능력을 기르는 데 있다. 임상적 적용 예시로는 내담자가 "나는 실패자야"라는 생각에 휘둘릴 때, "아, 지금 '나는 실패자라는 생각'이 지나가고 있구나"라고 말하도록 한다. 이렇게 함으로써 '실패자'라는 생각을 객관화하고, 그것에 자동적으로 반응하지 않도록 돕는다.

(2) 생각 따라 말하기

생각 따라 말하기(saying thoughts slowly)는 떠오르는 자동 사고를 천천히, 반복적으로, 때로는 과장되거나 우스꽝스럽게 소리내어 말하게 하여 그 의미와 힘을 약화

시키는 기법이다. 이 기법의 목적은 생각을 '절대적 진실'이 아닌 '언어적 산물'로 인식하게 하여, 그로부터 감정적 거리를 둘 수 있게 한다. 임상적 적용 예시로는 내담자가 "나는 바보다"라는 생각을 반복해서 로봇 목소리로 말하거나, 노래하듯 말하게 한다. 이러한 방식은 생각의 '무게'를 줄이고, 그 생각에 대한 집착이나 감정 반응을 완화시키는 데 도움이 된다.

(3) 생각 감사하기

생각 감사하기(thanking the mind)는 불쾌하거나 부정적인 생각이 떠오를 때, 그것을 억제하거나 제거하려 하지 않고 "고마워, 마음아. 넌 날 보호하려고 하는 거지"라고 말하며 감정적으로 거리를 두는 기법이다. 이 기법의 목적은 생각과의 싸움 대신 '관찰자적 시각'을 기르며, 자동적 사고에 대한 수용과 유연한 대응을 촉진한다. 임상적 적용 예시로는 "나는 잘 안될 거야"라는 생각이 떠오를 때, "고마워, 마음아. 위험을 피하라고 알려주는 거구나"라고 말함으로써, 그 생각에 함몰되지 않도록 한다. 이는 내담자에게 생각의 기능을 이해시키고, 그에 대한 선택적 반응을 가능하게 만든다.

3) 현재에 머물기 기법

(1) 마음챙김 연습

마음챙김 연습(mindfulness)은 호흡, 감각, 신체 경험 등 현재 순간의 경험에 의식적으로 주의를 기울이며, 판단하지 않고 관찰하는 훈련이다. 이 기법의 목적은 자동적 사고나 감정 반응으로부터 벗어나 현재에 머무르며, 내면 경험과 유연하게 관계 맺을 수 있도록 한다. 임상적 적용 예시로는 "지금 왼쪽 발바닥의 감각에 주의를 기울여보세요. 따뜻한가요, 차가운가요, 바닥에 닿는 느낌은 어떤가요?" 이처럼 감각에 대한 초점을 통해 사고의 반복 루프에서 벗어나는 연습을 한다.

(2) 주의 이동 훈련

주의 이동 훈련(shifting attention)은 내담자가 집착하거나 압도되는 생각·감정에서 벗어나 외부 자극으로 주의를 전환하는 기법이다. 이 기법의 목적은 주의의 유연성을 기르고, 현재 상황에 적절하게 반응할 수 있는 기능적 행동을 가능케 한다. 임상적 적용 예시로는 "지금 주위에서 들리는 소리를 다섯 가지 찾아서 차례대로 들어보세요." 이렇게 함으로써 감각 기반 주의 이동을 통해 고통스러운 내면 경험에서 거리 두기를 연습한다.

4) 자기로서의 맥락 기법

(1) 관찰자 자아 훈련

관찰자 자아 훈련(observer self exercises)은 다양한 내면 경험(감정, 생각, 기억)이 계속 바뀌더라도, 그것을 바라보는 '자기'는 일관되게 존재함을 체험하도록 하는 기법이다. 이 기법의 목적은 생각과 감정을 객관화하고, 변화하는 경험 속에서도 자신을 안정적으로 인식하도록 돕는다. 임상적 적용 예시로는 "지난주에 당신이 느꼈던 감정과 오늘의 감정은 다르지만, 그 모든 것을 지켜본 '당신'은 여전히 동일하지 않나요?" '변화하는 것'과 '변하지 않는 관찰자'를 구분하도록 한다.

(2) 산 속에서 생각 보기

산 속에서 생각 보기(mountain metaphor)는 자신을 '변하지 않는 산'에, 감정과 생각은 '지나가는 날씨'나 '구름'에 비유하는 은유 기법이다. 이 기법의 목적은 자신을 고정된 정체성으로 보지 않고, 변화하는 심리적 경험과는 구별된 존재로 인식하게 한다. 임상적 적용 예시로는 "당신은 산입니다. 그 위로 구름이 지나가고, 비가 내리며, 바람이 붑니다. 하지만 산은 거기 그대로 있습니다."

5) 가치 기법

(1) 가치와 목표 구분하기

'가치'는 지속적으로 추구하는 삶의 방향이며, '목표'는 그 가치를 향한 구체적인 행동 결과임을 명확히 구분한다. 이 기법의 목적은 내담자가 삶의 방향을 명료히 설정하고, 그것에 기반한 실천을 계획할 수 있도록 한다. 임상적 적용 예시로는 "건강한 삶은 가치이고, '주 3회 운동하기'는 그 가치를 향한 목표입니다."

(2) 장례식 연습

장례식 연습(funeral exercise)은 자신의 장례식 장면을 상상하고, 타인에게 어떤 사람으로 기억되고 싶은지를 떠올리는 작업이다. 이 기법의 목적은 삶의 궁극적 가치에 대한 성찰을 유도하고, 그에 따른 진정성 있는 행동 방향을 설정한다. 임상적 적용 예시로는"당신의 장례식에서 가족이나 친구가 어떤 말을 하길 바라나요? 그 말 속에 담긴 당신의 진정한 가치는 무엇인가요? "

(3) 인생 나침반 만들기

인생 나침반 만들기(values compass)는 삶의 주요 영역(예: 관계, 직업, 건강, 개인 성장 등)에서 자신이 가장 중요하게 여기는 가치를 탐색하고 정리하는 기법이다. 이 기법의 목적은 가치에 기반한 일상 행동과 선택을 구조화하도록 돕는다. 임상적 적용 예시로는 내담자가 각 영역별로 자신이 원하는 삶의 방향을 적고, 그것과 일치하는 행동 계획을 세우게 한다.

6) 전념 행동 기법

(1) 행동 활성화

행동 활성화(behavioral activation)는 가치를 기반으로 한 행동을 작고 구체적 실천 과제로 설정하고 실행하는 기법이다. 이 기법의 목적은 심리적 고통에 매몰되지 않고, 가치 있는 삶의 방향으로 실질적 변화를 만들어 낸다. 임상적 적용 예시로는 "가족과의 연결이 중요하다면, 이번 주에 먼저 연락할 수 있는 한 사람을 정해보세요"이다.

(2) 장애물 인식과 수용

장애물 인식과 수용(identify barriers)은 가치 기반 행동을 실천하는 데 방해가 되는 감정, 생각, 두려움을 억제하지 않고 수용하면서 행동을 지속하는 기법이다. 이 기법의 목적은 내면의 저항과 싸우기보다 그것을 '가지고도 행동하는 능력'을 기른다. 임상적 적용 예시로는 "불안이 올 수 있어요. 그래도 전화는 할 수 있습니다. 우리는 불안과 함께 행동할 수 있어요"라고 하는 것이다.

7) 은유를 활용한 기법

ACT에서는 언어적 설명 외에도 내담자가 직접 느끼고 깨달을 수 있도록 하는 직관적·체험적 도구로 은유(metaphor)를 적극 활용한다. 은유의 대표적 예는 <표 10-1>과 같다.

〈표 10-1〉 은유

메타포명	설명	목적
진흙탕 싸움 메타포	진흙탕에서 괴물과 싸울수록 더 빠져드는 비유	고통을 없애려는 싸움이 더 큰 고통을 부름
손에 든 책 메타포	얼굴 가까이 책을 대면 아무것도 보이지 않는 상황	생각과 융합되면 현실을 잃게 됨
버스 운전사 메타포	마음속 인물이 행동을 방해해도 버스를 계속 운전함	감정이 있어도 전념 행동을 계속함

6 공헌 및 제한점

ACT의 공헌점으로는 첫째, ACT는 기존의 증상 중심 치료가 아닌, 심리적 유연성이라는 기능적 개념을 중심에 두었다. 이는 개인이 고통스러운 생각이나 감정을 회피하지 않고, 자신의 삶의 가치에 따라 행동할 수 있는 능력을 의미한다. 이 개념은 다양한 정신병리의 핵심 기제로 간주되며, 정신건강에 대한 새로운 패러다임을 제공하였다.

둘째, ACT는 마음챙김(mindfulness), 수용(acceptance), 가치 기반 행동 등 경험적 접근을 통합한 치료법으로, 기존 CBT의 한계를 극복하고자 했다. 이 접근은 이후 DBT(변증법적 행동치료), MBCT(마음챙김 기반 인지치료) 등의 발전에도 이론적 토대를 제공하였다.

셋째, ACT는 우울증, 불안장애, PTSD, 만성통증, 중독, 정신병, 성격장애, 직무 스트레스, 스포츠 심리학, 교육 심리학 등 다양한 영역에서 유효성이 검증되었다. 특히 만성 질환 및 신체 질환 환자군에서의 수용과 가치기반 접근은 기존 CBT보다 유리한 면이 많다는 평가를 받는다.

넷째, ACT는 사고와 감정을 변화시키기보다는 그것과 관계 맺는 방식(관점의 전환)을 변화시킨다. 은유(메타포), 체험적 연습, 마음챙김 등 직관적이고 수용적인 접근은 저항이 많은 내담자에게도 활용도가 높다. 실제 임상 장면에서 대화 중심의 자연스러운 적용이 가능하여 치료 동맹 형성에도 긍정적이다.

다섯째, ACT는 행동주의 철학인 기능적 맥락주의에 기반하며, 언어 이론으로는 관계 틀 이론(RFT)을 바탕으로 한다. 이는 ACT를 단순한 기술 모음이 아닌, 철학적·이론적 일관성을 지닌 치료 모델로 자리매김하게 했다.

여섯째, ACT는 인간 고통을 보편적 현상으로 이해하며, 특정한 규범적 판단을

피하고 개인의 가치에 따라 삶을 이끄는 것을 강조한다. 이로 인해 문화적 다양성과 개인차를 존중하는 접근으로 간주되며, 다양한 인구 집단에 효과적으로 적용될 수 있다.

ACT의 제한점으로는 첫째, 여러 메타분석 결과, ACT는 기존 CBT나 기타 치료법과 유의미한 차이를 보이지 않을 때도 많다. 이는 ACT가 새롭지만, 효과성 측면에서는 기존 치료법과 '동등'한 수준일 뿐이라는 비판을 낳기도 한다.

둘째, ACT는 관계틀 이론(RFT)에 기초하나, RFT 자체는 매우 복잡하고 비직관적이며 실험적으로만 검증된 이론이다. 따라서 대부분의 임상가가 이 이론을 깊이 이해하지 못한 채 기법만 차용하는 '기술 중심 치료'에 머무를 위험이 있다.

셋째, ACT의 핵심 개념인 '심리적 유연성'은 포괄적인 개념이지만, 이를 정량화하고 평가할 표준화된 측정 도구의 신뢰성과 타당성에 대한 논의가 계속되고 있다.

넷째, ACT의 개념(수용, 탈융합, 관찰자 자아 등)은 철학적이거나 추상적인 측면이 있어, 인지기능이 저하된 내담자나 지적 수준이 낮은 대상에게 적용이 어려울 수 있다. 메타포 사용이나 탈융합 기법은 내담자에 따라 지나치게 추상적이거나 혼란스러울 수 있다.

다섯째, ACT는 유연성과 가치 중심 행동을 강조하지만, 이를 구체적이고 단계적으로 통합하는 절차가 부족하다는 비판이 있다. 특히 복잡한 병리(예: 성격장애, 외상 후 스트레스 장애 등)에 있어 ACT만으로 충분하지 않으며, 타 치료기법과의 통합이 필요하다는 점이 제기된다.

여섯째, ACT는 단순히 기법을 적용하는 것이 아니라, 치료자가 수용적 태도와 마음챙김적 자각을 갖추고 있어야 효과적이다. 이는 치료자의 자기 성장과 지속적인 수련이 요구되는 접근이며, 단기간 교육으로는 충분하지 않다.

연습문제

1. 수용전념치료의 주요 개념에 대해 설명하시오.
2. 수용전념치료의 핵심 치료모델과 상담과정에 대해서 설명하시오.
3. 수용전념치료의 각 기법에 대해 논하시오.

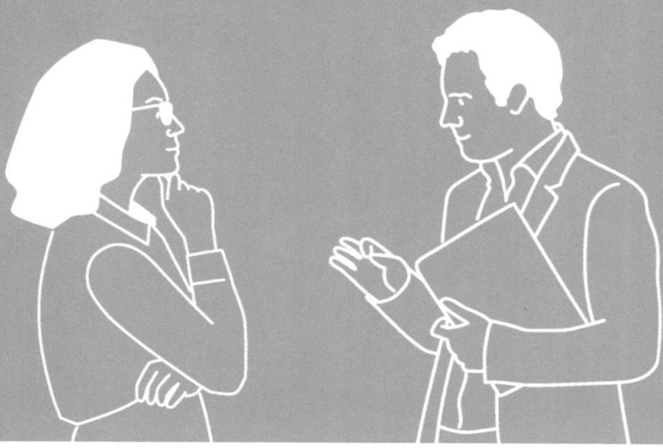

PART

03

상담의 실제

CHAPTER

11

상담과정의 이해

학습 내용

1. 상담의 준비
2. 상담과정

학습 목표

1. 상담의 물리적 환경 준비 및 내담자에 대한 준비에 대해서 이해한다.
2. 상담과정의 각 단계에 대해서 이해한다.
3. 상담과정에 대한 현장 적용에 대해서 설명한다.

학습 개요

상담의 물리적 환경 준비로는 상담실, 좌석의 위치, 상담 진행 표시, 상담자와 내담자 거리, 탁자와 물 및 휴지, 시계 등이 있고, 내담자에 대한 준비로는 자발적 상담과 비자발적 상담에 따른 준비가 필요하다. 현장에서 중요시되는 관점에서의 상담과정은 접수면접 단계, 초기 단계, 문제 해결 단계, 종결 단계로 구분할 수 있다. 접수면접 단계에서 상담을 받기 위해 전화, 이메일, 방문 등을 통해서 상담신청을 접수하게 되면, 상담자는 상담에 대한 안내를 진행하게 되고 내담자는 안내에 따라서 상담실을 내방하여 상담신청서를 작성하고 접수면접을 진행하게 된다. 초기 단계에서는 상담관계 수립, 상담의 구조화, 내담자 분류와 문제 확인, 목표설정 및 상담계획 수립이 실시된다.

문제 해결은 상담목표를 성취하기 위한 본격적인 작업이라고 볼 수 있다. 상담은 내담자와 접촉하는 순간부터 이미 다양한 방식으로 시작되지만 문제 해결 단계에서는 상담목표 성취를 위한 시도가 공식적으로 시작된다고 볼 수 있다. 문제 해결 과정은 상담자의 이론적 지향에 따라서 차이가 있다. 하지만 상담 현장에서는 한 가지 이론을 따르는 것보다는 절충적 접근을 지향하고 있기에 정서적 접근과 인지적 접근 그리고 행동적 접근을 포괄하기 위한 방안을 모색한다. 마지막 상담의 종결 여부를 결정할 때는 상담 초기에 내담자와 협의했던 목표가 달성되었는지가 중요하기에 상담의 목표 달성 정도를 고려하여 내담자와 종결 사안에 대해 합의해야 한다. 종결이 순조롭게 진행되기 위해서는 내담자 스스로가 문제 해결에 대한 확신뿐만 아니라 상담자와의 헤어짐까지 다루어야 한다.

1 상담의 준비

1) 물리적 환경 준비

(1) 상담실

상담은 어느 장소(outreach counseling)에서도 가능하지만 상담실에서 하는 것을 원칙으로 한다. 의사가 수술을 할 때 거의 무균 상태의 수술실에서 행해져야 하는 것과 마찬가지로 상담이 시행되는 장소는 사생활과 비밀이 철저히 보장될 수 있어야 하고 주의집중이 되는 곳이어야 한다(Narramore, 1977). 그리고 상담실은 밀폐된 장소가 아닌 공기가 잘 통할 수 있는 창문이 있어야 하며 창문은 외부에서 상담실의 내부를 쉽게 볼 수 없도록 커튼 등을 치도록 한다. 그리고 실내의 전등을 밝게 켜두는 것이 좋다. 또한 상담실은 상담 현장이 외부에 노출되지는 않으면서 내담자를 보호할 수 있어야 하고 방음장치가 필요하다. 이는 상담하는 과정에서 오가는 대화들이 방문자 또는 직원, 그 밖의 다른 사람들에게 알려짐으로 인해서 사생활 노출 등 예기치 않은 문제가 발생할 수 있는 소지를 막을 수 있기 때문이다.

(2) 좌석의 위치

상담실에 자리 배치는 매우 중요하다. 일반적으로 상담실 자리 배치는 상담자가 문을 향해서 앉고 내담자는 문을 등지고 앉는 것이 가장 바람직하다고 할 수 있다. 그 이유는 혹시 상담과 관련이 없는 다른 방문객이 갑자기 상담실 문을 열었을 때 내담자의 얼굴이 바로 보이지 않게 됨으로써 내담자의 사적 생활을 최소한 보호하기 위해서이다. 그리고 내담자의 주의가 산만해지는 것을 막기 위한 방법이기도 하다.

(3) 상담 진행 표시

상담을 하는 동안에는 밖에서 노크를 하거나 갑자기 사람들이 상담실로 들어와서 상담에 방해가 될 수 있으므로 '상담 중'이라고 쓴 메모를 문 앞에 걸어두는 것이 좋다.

(4) 상담자와 내담자 거리

상담자와 내담자 간 의자의 거리가 너무 가까워서 내담자로 하여금 불편함이나 불안감을 줘서는 안 된다. 반면에 두 사람 간의 거리가 너무 먼 경우에는 내담자가 큰 소리로 자신의 문제를 이야기해야 하고 상담자도 무리하게 귀를 기울여야만 들을 수 있어서 상담에 방해 요소가 될 수 있다.

상담자의 의자와 내담자의 의자의 거리는 일반적으로 120cm 정도가 가장 적절한 것(own personal comfort zone)으로 본다. 그리고 상담자와 내담자가 아무리 가까워도 60cm 이내의 거리에 앉아서 상담하는 것은 심리적 부담이나 위협을 주는 것으로서 바람직하지 않다.

(5) 탁자와 물 및 휴지

상담실의 내부는 상담자와 내담자 사이에 높이가 고려된 탁자가 놓여 있어야 한다. 그리고 탁자 위에는 물과 휴지를 마련하도록 한다. 내담자 가운데 자신의 감정을 통제하지 못하고 상담 도중에 눈물을 흘리는 경우가 많이 있기 때문에 마실 수 있는 물과 휴지를 준비하는 배려가 요구된다.

(6) 시계

상담실에 비치해 두어야 할 필수적인 것 가운데 하나는 시계이다. 상담자나 내담자가 상담 중에 고개를 숙이고 자신의 손목시계를 쳐다보는 것은 신체언어 요소로서 무엇인가 메시지가 있는 행위로 이해된다. 따라서 상담실을 설치할 경우에 상담실

내부에 커다란 시계를 상담자의 뒤쪽과 내담자의 뒤쪽에 부착하는 것이 좋다. 그렇게 함으로써 내담자가 자연스럽게 상담실 시계를 바라보면서 시간을 안배하며 자신의 문제를 이야기할 수 있게 된다.

2) 내담자에 대한 준비

상담에 임하는 내담자는 스스로 문제를 인식하고 문제 해결을 위해서 상담에 참여하는 '자발적 상담(spontaneous counseling)'과 타인에 의해서 참여하는 '비자발적 상담(non-spontaneous counseling)'으로 구분된다. 자발적 상담은 이미 문제 해결에 근접해 있다고 볼 수 있지만, 비자발적 상담은 내담자 스스로 상담을 필요로 하지 않은 상태로서 문제 해결과는 거리가 멀다고 하겠다. 비자발적 상담에는 '강제적 상담(coercive counseling)'과 '의뢰적 상담(referral counseling)' 또는 '전이 상담(transfer counseling)'으로 나눌 수 있다.

(1) 자발적 상담 내담자

브램머(Brammer, 2003)는 내담자 자신이 도움을 필요로 한다는 사실을 스스로 용납하기까지는 큰 고통이 따른다고 하였다. 모든 내담자가 심한 고통 가운데서 상담자를 찾는 것은 아니겠지만, 대부분의 내담자들은 자신이 겪어온 문제로 인하여 많은 고통과 상당한 심리적 갈등을 해왔다는 것을 상담자는 인식할 필요가 있다. 때문에 내담자가 자발적 의사를 가지고 상담실을 방문한 것과 그 용기에 대해서 칭찬과 격려를 충분히 해줘야 한다.

(2) 비자발적 상담 내담자

상담은 기관이나 제3자에 의해서 비자발적으로 이루어지는 경우가 많다. 특히 비자발적 상담의 경우 상담에 대하여 거부 또는 냉소적 태도를 나타내며 침묵이나 단

순히 고개를 끄덕이는 것으로만 반응하거나 흔히 소극적 태도로 일관되기도 한다. 따라서 비자발적인 상담은 상담자의 강한 인내력이 요구된다. 그리고 비자발적 상담관계가 자발적 상담관계보다 내담자에게 더욱 강한 긍정적 지지와 존중이 필요하다는 것을 인식해야 한다.

2 상담과정

1) 상담과정 모델

효율적인 상담 진행을 위해서는 체계적인 상담과정이 필요하다. 하지만 상담 현장에서는 상담자의 경험과 이론적 입장에 근거하여 상담이 진행되는 것을 볼 수 있다. 현재 많이 알려진 대표적인 상담과정 모델을 살펴보면, 『유능한 상담자(*The Skilled Helper*)』(2010)를 저술한 이간(Egan)이 제시한 문제 해결 모델과 인본주의 입장을 취하는 카프카(Carkhuff, 1987)의 공감지향 모델이 있다. 그리고 우리나라에는 홍경자(2001)가 동양의 유도와 노자사상의 원리를 중심으로 제시한 중심과제지향 모델이 있다. 모든 상담이론이 창시자의 독특성이 반영되었듯 상담과정 모델 또한 각자의 독특한 관점이 반영되어 개발되었다고 볼 수 있다.

본 장에서는 지금까지 전문상담자들이 발견한 가장 보편적인 상담과정을 중심으로 하되 현장에서 중요시되는 관점으로 상담과정을 접수면접 단계, 초기 단계, 문제해결 단계, 종결 단계로 구분하여 단계적으로 설명하고자 한다.

2) 접수면접 단계

(1) 상담신청 접수

상담을 받기 위해서 내담자가 전화, 이메일, 방문 등을 통해서 상담신청을 접수하게 되면, 상담자는 상담에 대한 안내를 진행하게 되고 내담자는 안내에 따라서 상담실을 내방하여 상담신청서를 작성하고 접수면접을 진행하게 된다.

① 상담 안내

상담 안내자는 내담자가 상담에 대해서 문의할 때 이를 설명하고 안내하는 활동을 주로 한다. 안내해야 할 주요 사항은 상담자, 상담기관, 상담서비스의 내용, 상담료, 상담기관의 위치 등이 포함된다. 일반적으로 내담자들은 문제와 관련된 갈등을 해결하기 위해 도움을 받고 싶어 하면서도 동시에 자신의 취약한 부분을 드러내거나 의존적인 상태로 빠져드는 것에 대한 불안을 가지고 있다. 따라서 상담을 받는 것이 자신에게 안전하고 유익한지와 관련된 정보를 탐색하려고 하며, 자신을 드러내지 않고 익명성을 유지하기 위해서 전화를 사용하는 경우가 많다. 여기서 상담 접수자는 반드시 상담신청과 관련된 업무만 할 수 있도록 해야 한다. 접수자가 상담 및 치료에 관하여 조치를 하는 것은 금지해야 하고 자신의 역할을 내담자에게 분명하게 알려야 한다. 자칫하면 내담자는 접수자를 상담자로 잘못 인식하여 자신의 문제를 장황하게 늘어놓을 가능성이 있다.

② 내담자 맞이하기

사람을 만날 때 첫인상이 중요한데, 접수자의 태도는 내담자에게는 상담에 대한 첫인상으로 기억되어 상담 전반에 영향을 줄 수 있다. 때문에 접수자의 자연스러운 인사와 미소 등 비언어적 태도와 행동은 중요하다. 하지만 지나친 메이크업, 시선거부, 거만한 태도, 무표정, 팔짱끼기 등은 거부감을 줄 수 있다. 그리고 접수자는 내담자를 배려하는 태도로 안내하면서 사적 공간 및 기타 편의를 제공해야 한다.

③ 상담신청서 작성 및 접수

접수자는 신청서 작성을 도와주어야 한다. 상담신청서 양식은 일반적으로 접수일자, 접수자 성명, 내담자 인적사항, 주호소 문제, 신청접수자의 의견 등의 사항을 포함한다. 접수자는 작성된 상담신청서 내용을 확인한 후 접수 날짜, 접수자 성명, 내담자가 가진 특정 행동 및 관련 사항을 기재하고 접수한다.

④ 면접 의뢰

상담신청 접수과정이 끝나면, 작성된 상담신청서를 첨부하여 접수면접자 또는 상담자에게 내담자를 의뢰한다. 신청을 마친 후에는 빠른 시간 안에 접수면접 또는 상담을 진행할 수 있도록 하는 것이 좋다. 하지만 갑자기 내담자가 방문한 경우, 접수면접자 및 상담자는 내담자와 논의하여 심리검사를 실시하고 상담시간을 효과적으로 배정할 필요가 있다. 이렇게 진행되는 상담신청 접수과정은 일반적으로 약 10~15분 정도 소요된다. 예외의 상황에는 다음과 같은 조치가 필요하다.

첫째, 내담자가 신청서를 작성하지 않으려고 하는 경우, 그 이유를 확인하고 적절한 조치를 취해야 한다. 신청서 작성에 대해서 충분히 설명을 했음에도 불구하고 작성을 거부하면 더 이상 강요하지 않아야 한다. 둘째, 신청접수자에게 상담을 받으려고 하는 경우, 접수자는 내담자에게 자신의 역할을 명확히 설명해야 한다. 셋째, 위기문제를 지닌 내담자가 내방한 경우 접수자는 먼저 내담자를 위기에서 보호한 후에 곧바로 위기개입 전문가에게 의뢰하거나 관련 기관에 연락해서 내담자가 도움을 받도록 요청해야 한다(오윤선, 김미숙, 2022).

(2) 접수면접

접수면접은 심리검사, 면접, 행동관찰 등을 통해 내담자에 대한 정보를 수집하고, 수집된 자료를 토대로 내담자의 특성, 문제 및 증상, 원인, 상담 방향 및 방법에 대해서 개념적으로 설명하고 적합한 상담자를 배정하기 위해서 실시하는 초기면접을 의미한다.

① 정보수집

상담자가 접수면접을 통해서 파악하는 중요 정보를 분류하여 살펴보면 다음과 같다.

a. 내담자에 대한 기본 정보: 성별, 생년월일, 주소 또는 연락처, 상담 경험, 상담 신청 경로 등을 파악한다.

b. 외모 및 행동: 내담자의 차림새, 표정, 말할 때 특징, 시선의 적절성, 대화 중 태도, 예의 등에 관해 관찰해야 한다.

c. 주호소 문제: 내담자에게 주호소 문제가 처음 발생한 시기와 상황적 배경, 생물학적 특성, 문제가 진행된 과정, 문제의 심각한 정도 등에 대한 이야기를 하도록 한다. 이때 내담자의 이야기와 용어를 그대로 기록하게 되는데 내담자의 고유한 상황이 반영될 수 있다.

d. 현재 및 최근의 주요 기능 상태: 내담자의 환경적·심리적·생화학적 기능 등을 비롯해서 현재 및 최근의 주요 기능 상태를 점검한다.

e. 스트레스원: 내담자의 스트레스원(stressor)이 되는 상황들을 분석한다.

f. 사회적 지원체계: 내담자가 어려운 일이나 억울한 일 등 문제가 생겼을 때 상의할 수 있고 도움을 줄 수 있는 다양한 사회적 지원체계를 파악한다.

g. 호소 문제 관련 개인사 및 가족관계: 호소 문제와 관련하여 개인 및 가족관계에 나타난 행동과 태도 등을 파악한다.

② 개념화

내담자에 대한 정보를 수집한 이후에는 수집된 정보들을 종합하여 심리적 특성이나 능력, 문제 및 증상, 원인, 상담 방향 및 방법 등을 설명해 나간다. 상담에서 내담자에 대한 정보를 수집하는 이유는 개념화를 위한 기초자료를 얻기 위해서이다. 접수면접에서 개념화는 간결하고 분명하며 정확하게 기술되어야 한다. 개념화 내용에는 문제 및 증상에 대한 분류와 명칭, 원인 또는 관련 요인에 대한 설명, 상담 개입 방향 및 방법에 대한 대안이 포함되어 있어야 한다.

3) 초기 단계

(1) 상담관계 수립

상담은 내담자가 상담자와 협력적이고 긍정적인 관계에서 참여해야 상담목표를 원만하게 성취할 수 있다. 이러한 중요성 때문에 상담에서는 관계 형성을 치료적 동맹이나 작업 동맹으로 이해하고, 상담자와 내담자의 호의적 관계, 협력, 목적 공유 등을 중요시한다. 상담자는 공감적 경청(empathy listening)을 통해서 내담자와 상담자 사이에 치료적이고 신뢰적 관계인 라포(rapport)를 안정적으로 만들어 갈 수 있다.

따라서 상담자가 내담자와 좋은 관계를 형성하기 위해서는 몇 가지 고려해야 할 사항이 있다.

① 상담을 하러 온 내담자들은 불안도가 높은 채 상담실로 온다는 점이다.
② 상담자는 내담자 스스로가 문제 해결을 위해 기존의 노력을 인정하고 이를 격려할 필요가 있다.
③ 상담자는 내담자와 전문적인 동시에 개인적 관계를 이루어야 한다.
④ 상담자는 내담자의 욕구와 그가 상담과정을 통하여 얻고자 하는 이득을 살펴봐야 한다.

(2) 상담의 구조화

상담은 상담자와 내담자의 치료적 계약관계로 상담목표와 계획에 대한 합의를 통해서 실시된다. 따라서 상담의 구조화(structure)는 상담자와 내담자의 상담관계를 명확히 하고 방향을 설정하며 상담자와 내담자의 권리, 역할, 책무 등을 보호함으로써 궁극적으로 상담을 성공적으로 이끄는 데 있다. 상담의 구조화를 위해서 먼저 상담 시간과 기간 등을 명확히 정하여 책임감 있게 지키도록 권고하고, 상담 중에 내담자의 공격적이거나 불합리한 행동은 금지됨을 알려주어야 한다. 또한 상담비용이나 비밀보장의 원칙 등 윤리적 차원의 문제도 명확히 해야 한다(Sharf, 2004). 뿐만 아니라

상담자와 내담자가 수행할 역할의 범위를 정하여 서로 실행할 수 있도록 해야 한다. 그리고 내담자의 변화를 위해서는 내담자 자신의 노력이 가장 중요하다. 따라서 상담자는 구조화를 통해 내담자 자신이 가장 중요한 역할을 수행해야 한다는 것을 알 수 있도록 내담자 스스로를 깊이 탐색하고 변화를 위해 노력해야 할 필요성을 주지시켜야 한다(Seligman, 2006).

구조화는 상담의 목적을 위한 하나의 유용한 수단으로 상담을 시작하며 진행한다. 이러한 구조화에 할애하는 시간은 상담자와 내담자가 모두 적절히 받아들일 수 있을 정도로 최소한 줄이는 것이 좋다. 또한 잘 구성된 구조화는 앞으로 진행될 상담에 긍정적으로 작용하게 된다(노안영, 2002).

그래이와 사라시오(Gray & Saracio, 1989)는 상담구조화 방식에 대해 다음 10가지로 설명하고 있다.

① 구조화는 타협되는 것이지 강요되어서는 안 된다.
② 구조화는 처벌하는 형식이 아니며 각별한 한계선을 만드는 행동인 경우, 특히 주의한다.
③ 구조화의 이유를 내담자에게 설명할 필요가 있다.
④ 내담자가 준비된 상태와 상담관계의 상황 등을 살펴보고 구조화할 시기를 정한다.
⑤ 구조화가 지나치게 경직된다면 상담자와 내담자 모두 과도하게 제한적일 수 있다.
⑥ 적절하지 않은 시기에 구조화를 하거나 구조화 내용 자체가 지나치게 길거나 세밀하지 않을 경우 부정적으로 작용하여 오히려 내담자의 저항이나 좌절을 가져올 수 있다.
⑦ 특별한 목적도 없고 필요하지 않은 규칙은 오히려 내담자보다 이것이 상대적으로 중요하다는 신호로 전달될 수 있다.
⑧ 내담자가 가진 개별적 인지·정서·행동적 특성에 따라 적절한 구조화가 필요하다.
⑨ 구조화는 특정 상담자와 특정 내담자가 상담과정 내내 서로 협력할 것을 전제한다.

⑩ 구조화는 원만한 상담관계를 위한 보조적 수단일 뿐, 그 자체가 치료적 능력을 대신하는 것은 아니다.

(2) 내담자 분류와 문제 확인

① 내담자 분류

내담자들은 다양한 배경을 가지고 여러 어려움을 호소하기 때문에 특정 기준에 근거하여 분류하게 되면 보다 효과적으로 상담전략을 구안하고 적용하게 되어 상담의 효율성을 높일 수 있게 된다.

② 문제 확인

상담자는 내담자가 가진 문제와 증상의 정도 및 상태를 잘 파악해야 한다. 또한 주호소 문제가 발생하게 된 계기와 이에 대한 내담자의 이해를 살펴봐야 한다.

(3) 목표설정 및 상담계획 수립

① 목표설정

문제가 확인되면 내담자와 더불어 상담의 목표를 설정해야 한다. 상담자 입장에서 보면 내담자보다 자신이 상담의 전문가이기 때문에 목표를 자신이 설정하고 싶은 욕구가 있다. 하지만 문제를 안고 있는 사람은 내담자이며, 어떻게 보면 내담자는 해결의 전문가는 아니지만 문제에 대한 전문가이다. 그러므로 상담자는 내담자와 협의하여 상담목표를 정해야 한다. 전문가의 입장에서 내담자에게 목표를 부여한다면 내담자의 참여도와 과제의 실행도가 낮아진다. 따라서 다소 시간이 걸리더라도 목표 수립과정에 내담자를 적극 참여시켜야 한다.

② 상담계획 수립

목표설정은 상담계획 수립과 자연스럽게 연결된다. 상담계획을 세울 때 상담자들이 귀담아 들어야 할 사항들에 대해서 기스버스, 헤프너와 존스(Gysbers, Heppner, &

Johnston, 1998)는 다음과 같이 제시하였다.

a. 내담자가 희망하는 상담의 효과를 도출하기 위해 욕구를 파악하고 목표와 행동계획을 세워야 한다.
b. 내담자가 기존에 시도해 왔던 경험은 합리적인 계획 수립에 도움이 되지 못하는 경우가 대부분이다. 따라서 상담자는 내담자가 새로운 목표와 계획을 구체적으로 세울 수 있도록 도와야 한다.
c. 행동보다는 계획 수립이 용이하기 때문에 상담의 목표를 달성하기 위해 상담자는 내담자에게 목표와 계획을 상기할 수 있도록 말하고 쓰고 연습시켜야 한다.
d. 내담자가 가진 특성에 따라 개별적인 행동계획 과정이 필요하다. 상담이 계획대로 진행되지 않더라도 전 과정을 통해 상담자 자신과 내담자의 노력을 평가절하해서는 안 된다.

4) 문제 해결 단계

문제 해결은 상담목표를 성취하기 위한 본격적인 작업이라고 볼 수 있다. 상담은 내담자와 접촉하는 순간부터 이미 다양한 방식으로 시작되지만 문제 해결 단계에서는 상담목표 성취를 위한 시도가 공식적으로 시작된다고 볼 수 있다.

문제 해결 과정은 상담자의 이론적 지향에 따라서 차이가 있다. 하지만 상담 현장에서는 한 가지 이론을 따르는 것보다는 절충적 접근을 지향하고 있기에 정서와 인지 그리고 행동을 포괄하기 위한 방안을 모색하며 각각의 특징을 중심으로 살펴보면 다음과 같다.

(1) 정서적 접근

정서적 접근의 문제 해결 방식은 감정 인식 → 표현 → 방출과정을 통해서 억압되었던 감정을 해소하고 정화시키는 데 초점을 두는 치료적 개입이다. 이러한 정서적

접근은 프로이트의 임상적 관찰에서 유래했지만 오늘날에는 어떤 이론적 접근과 상관없이 정서를 다루는 일에 있어서 내담자의 감정을 언어적·비언어적 행동 또는 상징적인 수단을 통해 표출하도록 하여 해소하는 치료적 메커니즘으로 자리 잡았다. 정서 작업은 라포와 신뢰관계가 뒷받침되어야 하며, 상담 전체 과정에서 이루어진다고 해도 과언이 아니다. 문제 해결 단계에서 정서적 작업의 흐름은 라포 형성 → 기억 인출 → 재경험 → 감정표현 → 일치경험 → 경험수용의 과정을 통해서 실행된다(강진령, 2021).

(2) 인지적 접근

인지적 접근을 통한 문제 해결 방식은 내담자의 생각, 사고, 신념, 믿음에 초점을 두고 이해 경험을 촉진시키기 위한 치료적 개입이다. 이러한 개입을 통해서 내담자의 변화를 유발하는 요소로는 의식화, 자각, 알아차림, 통찰, 인식, 깨달음, 이해 등이 있다. 이러한 인지적 접근을 통한 치료작업 또한 정서작업과 마찬가지로 오늘날 모든 이론에서 치료적 개입의 주요 영역으로 인식되고 있다. 인지적 접근을 통한 문제 해결은 내담자가 자신의 문제와 그 원인을 이해하고, 대안을 모색·확인하도록 돕는 일련의 과정으로 상담자는 내담자에게 인지작업을 통해 자신의 정신세계에서 일어났던 일들에 대해 명확하게 이해되도록 하는 것이다. 인지적 접근에서는 문제에 대한 새로운 인식과 이해를 통해서 종전에는 받아들이지 않았거나 차단되었던 경험을 의식적 인지도식에 통합시킨다. 다시 말해서 내담자가 힘든 일에 대해서 생각하지 않으려고 하거나 그 사건으로 인한 특정 감정을 외면하고 부인하면서 인지왜곡(cognitive distortion) 또는 인지오류(cognitive error)가 발생될 경우 인지수정(cognitive modification)을 통해서 합리적이고 생산적인 사고로 대체시키는 것이 인지적 접근의 문제 해결 방식이다.

(3) 행동적 접근

행동적 접근을 통한 문제 해결 방식은 내담자의 역기능적 행동을 감소 또는 제거하고 기능적 행동으로 대체하는 치료적 개입이다. 문제행동은 크게 외현적 행동과 내현적 행동으로 구분되는데, 외현적 행동은 외부로 드러나는 행동으로 역기능적인 언어적·비언어적 행동, 반복적인 부적응 행동 또는 습관을 포함한다. 그리고 내현적 행동은 겉으로 드러나지 않는 내적 반응으로 신경생리적 반응 또는 기능을 포함한다. 상담을 통해 내담자의 인지와 정서가 변했다고 해서 반드시 행동 변화로 이어지는 것은 아니다. 따라서 행동 변화가 수반되지 않는 정서와 인지 변화는 진정한 의미에서 변화로 보기 어렵다. 행동적 접근의 치료적 개입을 통한 행동 변화의 이론적 근거는 고전적 조건화, 조건적 조건화, 사회인지이론에 두고 있다(Wedding & Corsini, 2019).

5) 종결 단계

종결이란 상담목표가 도출된 후 내담자가 자신의 문제를 해결할 수 있다는 자신감을 가지게 되고 상담과정을 마감하는 것을 의미한다. 종결은 상담목표 달성 이후 진행하는 것이 적절하지만 실제 상담에서는 그렇지 못한 경우 조기에 종결(drop-out)될 수 있다. 종결 진행 시에 내담자 자신이 문제를 해결해야 한다고 스스로 받아들이면서 보다 깊은 통찰을 할 수 있다. 다른 한편으로는 상담자의 지지를 잃게 될까 두려운 양가적 감정을 가질 수 있다.

종결(termination)은 상담 전체 과정 중 다른 부분과는 확실히 구분되는 중요한 단계이다. 자신이 가진 모든 어려움을 토로하고 의지하던 상담자와의 신뢰관계를 마치는 것은 내담자에게 중요한 일이다. 때문에 일부 내담자들은 처음으로 경험해 보는 관계의 긍정적 분리가 될 수 있다. 이러한 관계의 종결은 결코 간단하지는 않다. 왜냐하면 이에 따른 상실감이나 불안감 또는 욕구의 포기로 인한 좌절감 등이 일어날 수 있기 때문이다. 이와 관련된 감정들을 능숙하게 다루며 극복하도록 돕는

것은 상담의 최종 결과에 큰 영향을 주게 된다.

상담자는 종결 단계를 각별히 중요하게 다루어야 한다. 왜냐하면 이 단계에서 내담자의 분리 경험은 내담자가 미래에 상실과 관계의 분리들을 잘 해결할 수 있는 능력에 영향을 주기 때문이다. 동시에 내담자는 자신감과 독립 가능성을 가지고 상담을 마칠 수 있을 것인가를 결정한다. 결국 종결 단계를 어떻게 다루느냐에 따라 상담과정에서 이루었던 효과가 증가되거나 반대로 축소될 수 있다.

(1) 종결의 결정적 시기

상담의 종결 여부를 결정하기 위해서는 먼저 상담 초기에 내담자와 협의했던 목표가 달성되었는지가 중요하다. 이어서 내담자가 문제를 해결할 수 있는 기술이 확실히 향상되었는지, 또는 이러한 변화에 대하여 내담자 스스로 만족하여 상담 종결 준비가 얼마나 되는지 살펴볼 필요가 있다. 상담의 목표 달성 정도를 고려하여 내담자와 종결 사안에 대해 합의해야 한다.

종결 진행 시 상담자는 내담자의 두려움을 다뤄주는 과정이 필요하다. 상담에서의 종결은 당연하지만 그것을 다루는 일은 상담자나 내담자에게 어려운 일일 수 있다. 상담의 종결 시점을 적절하게 선택해야 하고 상담자 자신이나 내담자의 정서에 대하여 주의 깊게 살펴야 한다.

상담자는 내담자의 태도와 반응에 따라 종결 시기를 결정할 수 있다. 첫째, 내담자가 먼저 종결에 대해 언급하고 여기에 대해 다루기 원하는 경우이고, 둘째, 내담자가 스스로의 문제나 갈등이 일부 해소되었다고 반복적으로 이야기하는 경우이다. 셋째, 내담자들은 개인적인 일을 이유로 상담을 연기하거나 생략하기를 제안하기도 하며, 넷째, 내담자가 자신의 문제를 스스로 진단하고 해석하는 등 상담자가 내담자에게 권했던 특정 행동들을 실제로 시도해 보인다. 다섯째, 종결과 관련된 감정의 변화를 보인다. 이렇게 내담자의 처음 문제가 해결되고 미래의 비슷한 경향의 문제에 직면하게 되면 내담자 스스로 대처할 자신감과 능력이 생겼을 때 자연스럽게 종

결하면 된다. 그렇지만 자연스럽고 만족할 만한 종결이란 사실상 드물다. 따라서 처음에 기대했던 해결 및 행동 변화와 상담과정에서 도달한 한계와의 타협점에서 이루어진다고 볼 수 있다(박옥임 외, 2013).

(2) 종결 방법

종결이 순조롭게 진행되기 위해서는 내담자 스스로가 문제 해결에 대한 확신뿐만 아니라 상담자와의 헤어짐까지 다루어야 한다. 그리고 상담자는 종결 평가 보고서 작성과 추수 상담 계획까지 수립한다. 추수 상담은 상담 종결 이후에도 일정 기간이 지난 뒤 내담자의 개선된 사항을 살피는 것을 의미한다. 상담 중 지지상담의 경우에는 긍정적이고 적극적으로 내담자의 분리를 지지해 주는 분위기로 마쳐야 한다. 그리고 종결은 내담자가 점진적으로 의존욕구를 다룰 수 있는 과정을 통해 이루어진다. 또한 지지상담의 종결 시에 상담자는 내담자와 상담관계가 완전히 끝나는 것은 아니라는 여지를 주는 것이 좋다.

하지만 통찰상담에서의 종결은 지지상담과는 전혀 다르다. 통찰상담에서는 종결 단계에 들어서도 기존의 상담 기조를 그대로 유지해야 한다. 당초 상담을 마치기로 한 시기까지 계획대로 상담기간을 끝까지 일정하게 유지한다. 또한 지지상담에서처럼 잘해 나갈 것이라고 지지를 하지만 지나친 격려는 피해야 한다.

연습문제

1. 상담의 물리적 준비에 대해서 설명하시오.
2. 상담과정의 절차에 대해서 토론하시오.
3. 상담과정에 대한 현장 적용 방안에 대해서 의견을 제시하시오.

CHAPTER

12

상담기법

학습 내용

1. 관계 중심 기법
2. 정보 중심 기법
3. 탐색 중심 기법
4. 통찰 중심 기법

학습 목표

1. 4가지 분류의 상담기법에 대해서 이해한다.
2. 상담과정에서 각 상담기법의 효율적인 적용에 대해서 살펴본다.
3. 상담기법 연습과 훈련에 대해서 설명한다.

학습 개요

상담기법은 상담목표를 성취하기 위해 상담이론에 기반하여 사고, 정서, 또는 행동 변화를 위해서 사용되는 사전에 계획된 활동이다. 현재 다양한 상담이론에서 제각기 상담기법을 소개하고 있다. 현재 활발하게 활용되고 있는 상담기법을 분류하면, 관계 중심 기법, 정보 중심 기법, 탐색 중심 기법, 통찰 중심 기법으로 구분할 수 있다.

관계 중심 기법 가운데는 주의 기울이기, 경청, 공감, 격려 등이 있고, 정보 중심 기법으로는 자기 개방과 정보제공이 있다. 그리고 탐색 중심 기법으로는 질문, 저항 다루기, 전이 다루기가 있고, 통찰 중심 기법으로는 반영, 명료화, 직면, 통찰, 해석, 훈습, 제안이 있다. 이상과 같이 다양한 상담기법이 있지만 이 가운데 가장 기본적이고 공통적으로 중요시 여겨지는 기법은 '내담자와 함께 느끼는' 공감이라 할 수 있다. 공감은 내담자가 가진 정서와 사고에 대한 상담자의 심도 있는 이해와 이러한 사실을 내담자가 알 수 있도록 하는 과정으로 내담자의 마음을 여는 열쇠와도 같다. 상담자의 공감 반응은 상담이 진행되면서 점점 더 확장해 가는데, 초기 단계에서는 내담자의 경험과 감정을 이해하는 것을 표현하는 수준이지만 중기로 가면서 내담자 스스로 자신을 탐색하고 통찰을 가져오기 위해 보다 깊은 수준으로 드러낸다.

1 관계 중심 기법

1) 주의 기울이기

주의 기울이기(attending) 또는 주의집중은 상담자의 내담자에 대한 내외적인 태도를 포함한다. 이것은 상담자와 내담자의 원만한 관계 형성에 도움을 줄 수 있다. 상담 초기 단계부터 주의 기울이기는 내담자와 긍정적인 관계를 형성하며, 상담자를 신뢰하게 하여 마음을 개방하게 하고 문제 탐색을 촉진시키게 한다(Seligman, 2006). 따라서 상담자는 주의 기울이기의 방법을 각각의 상황에 맞게 효율적으로 적용해야 한다. 주의 기울이기의 구체적인 방법은 다음과 같다.

첫째, 내담자를 바로 바라본다. 상담자가 말할 때 시선과 고개를 내담자에게 향하는 것은 내담자에게 관심이 있다는 사실을 전달해 주는 것이다.

둘째, 개방적인 자세를 취한다. 이러한 자세는 상담자가 내담자의 이야기에 마음을 열고 있는 것을 의미한다. 만약 상담자가 팔짱을 끼거나 다리를 꼬고 앉은 경우, 내담자에게 관심이 별로 없거나 그다지 도울 준비가 되지 않았다는 인상을 줄 수 있기 때문에 주의해야 한다.

셋째, 가끔 내담자 쪽으로 몸을 기울인다. 내담자를 향해 몸을 약간 기울이는 것은 내담자의 이야기에 관심을 표현하는 태도로 대화를 촉진시킬 수 있다. 하지만 몸을 너무 앞으로 구부려서 내담자에게 부담을 주거나 친밀함을 강요하는 것 같은 인상을 주는 것은 바람직하지 않다.

넷째, 좋은 시선을 유지한다. 내담자와 좋은 시선의 접촉 유지 또는 따뜻한 눈길을 주는 것은 내담자에 대한 관심의 표현이자 당신이 하는 이야기를 듣고 싶다는 의미이다. 상담 중에 종종 시선을 다른 곳에 둘 수도 있다. 그러나 상담자가 시선을 빈번하게 피한다면 내담자에게 관심을 주고 싶지 않다거나 상담자가 불편해 하는 태

도로 보여질 수 있다.

다섯째, 편안하고 자연스러운 자세를 유지한다. 여기에는 조바심내거나 주의를 흩뜨리는 표정을 짓지 않는 것과 필요한 접촉과 표현 및 행동을 편안하고 자연스럽게 한다는 두 가지 의미가 있다.

2) 경청

경청은 내담자가 하는 말을 들리니까 듣는 것(hearing)이 아니라 온 관심을 집중시켜서 적극적으로 열중하여 듣는 것(listening)을 의미한다. 따라서 적극적 경청이라고도 부르는 이 기법은 이야기하는 사람이 말하고자 하는 내용뿐 아니라 그 밑에 깔려 있는 심층적인 의미와 감정을 감지하고 그것을 다시 표현해 주는 일을 포함한다.

일상적인 대화의 경청은 타인의 말을 진지하게 살피거나 내용을 세밀하게 인식하기 위해 열심히 노력하지 않아도 된다. 하지만 상담에서의 적극적 경청은 말하는 이의 심층적 심리 상태와 진솔한 감정을 찾아 해석해 내는 과정이다. 상담자는 내담자의 이야기에서 그가 말하고자 하는 진실한 전달내용을 해석할 수 있다.

이간(Egan, 2010)은 상담자가 언어적 및 비언어적 경청을 통해서 파악하고 알게 되는 것을 네 가지로 나타내고 있다. 첫째, 상담자는 내담자가 하는 이야기에서 그의 행동이나 정서를 세심하게 살펴야 하고 그것을 통해 미해결된 문제를 발견할 수 있어야 한다. 뿐만 아니라 의도적으로 누락시키거나 왜곡한 이야기가 있는지 분별해야 한다. 둘째, 내담자의 비언어적 메시지를 인식하여 언어적 메시지를 이해하는 데 도움이 된다. 비언어적 메시지는 언어적 메시지를 반복적으로 이야기하고 강조하거나 반대로 부정하거나 통제하는 역할을 한다. 때문에 언어적 메시지가 사실에 근거한 것인지 진실성을 알 수 있다. 셋째, 적극적 경청을 통해서 상담자는 내담자의 환경적 상황을 이해할 수 있다. 넷째, 내담자가 경험해 온 환경을 살펴본다. 이러한 환경적

상황을 살펴보는 것은 내담자의 가치관과 경험 및 정서적 특성 등을 이해하는 데 필요하다.

3) 공감

상담에 다양한 기법이 있지만 그 가운데 가장 기본적이고 공통적으로 중요시 여겨지는 기법은 '내담자와 함께 느끼는' 공감이라 할 수 있다(Kirwan, 1984). 공감은 내담자가 가진 정서와 사고에 대한 상담자의 심도 있는 이해와 이러한 사실을 내담자가 알 수 있도록 하는 과정으로 내담자의 마음을 여는 열쇠와도 같다. 상담자의 공감 반응은 상담이 진행되면서 점점 더 확장해 가는데, 초기 단계에서는 내담자의 경험과 감정을 이해하는 것을 표현하는 수준이지만 중기로 가면서 내담자 스스로 자신을 탐색하고 통찰을 가져오기 위해 보다 깊은 수준으로 드러낸다. 상담자가 힘들어하는 내담자의 마음을 공감해 주는 것은 내담자에게는 커다란 위안이 되고 감동이 된다. 또한 상담자의 공감 반응은 내담자로 하여금 자신이 이해받고 수용받고 있다는 느낌을 가질 수 있게 한다. 그리고 상담자와 심리적인 유대감과 함께 내담자가 부정 감정에서 벗어나 당면한 문제를 해결할 수 있는 희망을 가질 수 있도록 도울 수 있다. 따라서 공감 반응은 상담자가 내담자에게 보이는 하나의 반응이나 반응의 연속이 아니라 상담 대부분에 나타나는 과정으로서 내담자에게 안정감을 제공하게 한다.

4) 격려

격려(encouragement)는 상담의 전 과정을 통해 활용되는 기본적 기법 중 하나로 내담자에게 기대감을 줄 수 있는 중요한 기법이다. 격려는 '용기를 세우기'라는 뜻으로 긍정적인 생애운동을 위한 용기를 촉진시키는 과정을 의미한다. 이를 심리학적

입장에서 보면 '심리적 근육'을 강하게 만들 수 있도록 용기를 주는 과정을 말한다. 그리고 격려는 개인의 자기 존중, 자기 확신 그리고 가치감 형성을 돕기 위해 내담자가 가진 자원을 탐색하는 과정을 포함한다. 또한 내담자가 가진 긍정적 자원을 발견하고 활용할 수 있도록 돕고 자신의 불완전함을 수용할 수 있도록 조력하는 과정을 의미한다(이은희, 2012). 그렇다고 격려는 개인의 삶 속에서 부정적인 측면을 회피하며 부인하게 하는 것이 아니다. 격려는 긍정적이거나 부정적인 영역을 모두 고려하면서 긍정적인 사항에 초점을 두고 자신에게 유익한 행동을 인식할 수 있도록 돕는 것이다.

따라서 격려기법은 여러 문제로 낙담에 처한 내담자 자신에게 부과적인 장애물을 제거하고, 자신을 신뢰할 수 있는 원동력을 제공하는 조력과정이라고 할 수 있다. 상담 현장에서 내담자에게 겪는 많은 문제 가운데 단순히 격려만 받아도 해결되는 경우가 많다. 아들러의 개인심리학 치료 단계에서 핵심기법으로 사용되고 있는 격려는 문제 해결에 동기화를 부여하고 개인이 추구하는 목적에 도달하게 하는 과정으로서 '심리적 치료 약'이 될 수 있다고 하였다.

2 정보 중심 기법

1) 자기 개방

자기 개방(self-disclosure)은 상담자가 가지고 있는 생각, 가치, 느낌, 행동 등 다양한 정보를 내담자에게 표현하여 공유하는 것을 의미한다. 자기 개방의 목적은 상담자 스스로가 통찰했던 경험을 나눔으로써 내담자가 새로운 관점의 생각을 가지고 기존의 관념을 바꿀 수 있도록 돕는 것이다. 즉, 자기 개방은 상담자가 내담자와 유사

한 경험을 했고 비슷한 느낌을 이해한다는 것을 알려주기 위한 방법이다. 내담자는 상담자의 자기 개방을 통해서 보다 편안한 마음으로 자신의 생각과 감정을 자각하여 새로운 통찰을 얻을 수 있게 된다. 그리고 내담자는 상담자가 자신을 이해하고 있는 것으로 받아들이면서 스스로를 이전보다 더 개방할 수 있다. 이와 함께 상담자에 대한 신뢰가 향상된다(Wedding & Corsini, 2019).

자기 개방에서 각별히 유념해야 할 것은 내담자 스스로의 통찰을 위한 것이라는 점이다. 지나친 개방은 오히려 내담자에게 부담이 될 수 있다. 그리고 상담의 초점 자체를 혼돈스럽게 만들거나 내담자의 문제가 아닌 상담자의 문제에 두게 되어 상담 과정에 오히려 방해가 될 수 있다. 또한 자신의 욕구 충족을 위해서나 자기 자신을 내세우기 위한 자기 개방은 오히려 상담자에 대한 신뢰를 떨어뜨리고 내담자의 통찰을 방해한다(Egan, 1990).

자기 개방을 유용하게 만드는 세 가지 원칙이 있다. 첫째, 자기 개방 반응의 내용에는 초점이 있어야 한다. 상담자의 경험 중 내담자 자신의 문제에 대한 이해를 돕기 위한 것을 선별하여 공유하는 것이 바람직하다. 둘째, 내담자에게 부담이 되지 않는 범위에서 이뤄져야 한다. 셋째, 지나치게 빈번하게 사용하지 않아야 한다. 불필요한 자기 개방은 내담자 자신이 스스로를 통찰하는 데 방해가 되며 상담자에게 초점이 변동될 수 있다.

2) 정보제공

정보제공(information)은 내담자에게 필요한 기초자료나 내담자의 물음에 대한 답변 내지는 이와 관련된 상담자의 의견 등에 해당되는 특정 정보를 주는 것을 의미한다. 이러한 정보제공은 초기에 내담자를 상담과정에 준비할 수 있도록 하는 데 도움을 준다. 정보제공을 통해서 내담자는 자신의 역할과 상담에 대한 기대 및 상담을 통한 대가와 이익에 대해 이해할 수 있다. 그 결과 내담자 스스로 상담의 목표를 세

우고 주체적으로 상담에 임하도록 내담자를 이끌어 준다(Sharf, 2004).

내담자에게 하는 정보제공의 목적은 내담자의 변화를 이끌어 내기 위함이다. 그러므로 상담자는 내담자에게 필요한 자료와 사실을 알려주어야 하고, 내담자가 잘 받아들이고 활용할 수 있도록 정보를 정리하여 전달해야 한다. 아울러 제공하는 정보는 직접적이며 간명하고 구체적으로 확실한 것이 바람직하다.

이러한 정보제공의 유형은 크게 두 가지로 나누어 볼 수 있다. 첫째, 사실이나 자료에 대한 설명이나 지침 등의 사항이다. 설명이나 지침은 변화가 필요한 내담자 행동과 관련된 정보를 전문가적 관점에서 제공하는 것을 포함한다. 구체적으로는 심리검사, 객관적 정보, 행동 변화를 위한 심리학적 이론, 구체적 실행 방법이나 지침 등이 있다. 둘째, 내담자에게 주는 피드백이 있다. 적절한 피드백은 내담자가 가진 인식을 변화시키고 확장한다. 피드백의 대상은 내담자의 상태나 행동과 같은 객관적 내용부터 내담자의 행동이나 상담자와 내담자의 상담관계에서 오는 상호작용의 주관적 영역까지를 모두 포함한다(Ladany et al., 2004). 정보제공은 내담자의 행동 변화를 촉진시킬 수 있는 효과적인 기법이긴 하나 신중하게 사용해야 한다. 정보가 오히려 내담자에게 혼란을 줄 수도 있기 때문이다. 더군다나 상담자가 제시한 정보가 틀리거나 내담자에게 그대로 전달되지 못할 수도 있다. 그러므로 상담자는 정확한 정보를 제공하면서 내담자에게 제대로 전달되었는지 세밀하게 살펴봐야 한다. 특별히 충고보다는 지지하는 분위기에서 정보를 제공하는 것이 내담자에게 보다 쉽게 받아들여진다는 점을 기억해야 한다(Egan, 1990).

3 탐색 중심 기법

1) 질문

질문(question)은 내담자를 탐색, 분석, 이해, 진단하는 데 있어서 중요한 상담기법의 하나이다(Collins, 1976). 상담자는 질문을 통해 내담자의 상태와 문제의식 그리고 어떤 생각과 자세를 가지고 살아가는지 등을 분석하게 된다. 따라서 상담에서 질문의 기능은 내담자를 충분히 알기 위한 탐색적이고 진단적인 질문이라고 할 수 있다.

질문의 유형에는 개방형 질문과 폐쇄형 질문, 직접적 질문과 간접적 질문, 완전 질문과 불완전 질문 등이 있다. 첫째, 개방형 질문은 내담자의 생각이나 느낌을 명확히 하거나 탐색할 것을 요구할 때 사용하는 방법이고, 폐쇄형 질문은 "예", "아니오" 또는 한두 마디의 제한된 대답을 요구하는 질문의 유형을 말한다.

둘째, 직접적 질문(directive question) 또는 의문형 질문(interrogative question)은 상담자가 내담자에게 직설적 문장 형태로 질문하여 답변하는 것을 말하고, 간접적 질문(non-directive question)은 의문문이 아닌 형태로 "... 궁금하군요", "... 하겠군요"와 같이 답변을 요구하는 질문을 의미한다(Ladany et al., 2004).

셋째, 완전 질문은 문장 구조가 온전한 문장(full sentence)을 요구하는 질문이고, 불완전 질문(incomplete sentence)은 문장 앞부분만 사용하여 "어머니는...", "최근에도..."와 같은 미완성 문장으로 답변을 유도하는 경우를 뜻한다.

이 외에 내면적 질문, 기적질문, 예외질문, 척도질문 등이 있다. 내면적 질문(inner question)은 내담자의 표면적 행동 이면에 가지고 있는 내담자의 인지적 구조, 생각, 느낌, 감정, 태도 등을 드러내도록 하는 질문이다. 기적질문(miracle question)은 내담자가 자신의 미래에 대해 매우 부정적이거나 절망적으로 인식한 상태에서 적용할 수 있다. 그리고 예외질문(exception question)은 내담자가 지니고 있는 문제 상

황과 반대상황에 주의를 환기시키는 질문이다. 또한 척도질문(scaling question)은 이해하기 어렵고 모호한 상황에서 수치로 나타내도록 요구하는 질문이다(전요섭, 2009).

질문 시 고려해야 할 사항으로는 첫째, 질문은 지나치게 많이 하지 말아야 한다. 둘째, 내담자의 대답을 주의 깊게 경청한다. 셋째, 구체적인 질문을 한다. 넷째, 가능하다면 '왜'를 사용하는 질문은 피한다. 다섯째, 이중 질문은 피한다.

2) 저항 다루기

저항(resistance)이란 내담자가 의식적으로 스스로의 문제를 해결하기를 원하지만 상담과정에서 발생하는 부담감으로 상담 진행과 문제 해결을 위한 노력을 무의식적으로 피하려는 행동을 의미한다. 내담자의 저항은 상담 초기부터 종결 단계까지 가리지 않고 발생할 수 있다. 상담자는 이러한 저항을 인식하고 내담자가 그것을 잘 극복하면서 상담이 진행될 수 있도록 각별한 관심을 가져야 한다.

상담에서 주로 나타나는 저항으로는 억압저항, 전이저항, 이차 이득저항을 들 수 있다. 첫째, 억압저항(repression resistance)은 상담을 방해하는 저항의 내용이 억압이라는 방어기제를 사용하는 경우를 말한다. 즉, 자신의 내면에 있는 갈등이나 좌절감이 인식되면 고통스럽기 때문에 무의식적으로 억압하여 잊으려고 한다. 둘째, 전이저항(transference resistance)은 내담자가 자신의 내면을 돌이켜 보며 문제를 해결하려 하지 않고 미성숙한 욕구충족을 무조건 상담자로부터 받으려고 하는 것을 의미한다. 셋째, 이차 이득저항(secondary gain resistance)은 갈등에 직면하게 되는 경우, 환자 역할(sick role)을 통해서 갈등을 피하려는 것이다. 예를 들어, 학교에 가기 싫은 청소년이 가족과 발생할 갈등을 피하기 위해 아프다며 누워버린다. 부모의 관점에서는 꾀병이라 생각하지만 자녀는 실제로 아파서 고통스러워한다. 물론 자녀도 처음에는 자신이 왜 아픈지 모른다. 이 증상으로 인해 처음에는 부모가 이해해 주고 학교를 안 가도 되는 명분이 되기 때문에 일시적으로는 평정을 찾는다. 그러한 경험을 하며 자

란 자녀들은 어떤 정신적인 갈등만 있으면 아프다는 이유로 문제를 해결하려 한다. 병원 진료를 받아 보면 아무런 신체적 이상은 없는데 환자 역할을 하면서 갈등을 해결하려는 것이다. 이 역시 무의식적인 행동이며 저항으로 볼 수 있다.

3) 전이 다루기

전이(transference)는 내담자가 자신과 중요한 인간관계에서 가졌던 정서 반응을 상담자에게 전치(displacement)하여 표출하는 것을 의미한다. 만약 상담자와 내담자 사이에 현실적 관계와 다른 전이관계가 형성되면 내담자가 상담자에 대하여 애정을 주는 대상, 권위자, 전능자, 경쟁자 등으로 왜곡되어 느껴지기 때문에 이에 따라 반응하게 된다. 그리고 전이관계에서 내담자는 자신이 과거에 가진 정서적인 경험들을 현재의 상담자에게서 충족하려고 한다. 아니면 과거의 갈등 상황을 상담자와의 관계를 통하여 극복하고 해결해 보려고 반복하게 된다.

상담에서 전이를 다루는 방법으로는 첫째, 전이의 적절한 정도 그 이상의 증폭을 조장하지 않아야 한다. 여기서 '적절한 정도'란 전이 반응을 하면서 동시에 내담자가 자기 감정의 왜곡을 충분히 경험하고 통찰할 수 있는 정도를 말한다.

둘째, 전이를 잘 다루기 위해서는 오히려 전이가 오염되지 않도록 철저히 주의해야 한다. 전이의 오염이란 내담자가 느끼는 상담자에 대한 전이가 내담자만의 왜곡된 심리적·내적 갈등의 전치가 아니라, 현실적인 상담자의 행동으로부터 영향을 받게 되는 경우를 뜻한다.

4 통찰 중심 기법

1) 반영

반영(reflection)은 내담자가 표출한 정서와 사고 및 태도를 상담자가 다른 참신한 말로 부연하는 것이다. 이러한 반영은 내담자 자신에 대한 이해를 향상시키는 것과 더불어 상담자에게 이해받고 있다는 인식을 갖게 한다.

감정의 반영은 내담자의 진술과 관련된 감정에 대한 명확한 주의와 함께 내담자의 표현을 부연하는 것으로서 상담에서 성공적인 치료적 관계를 만드는 데 필수적인 요소이다. 그런데 상담자가 고정관념적인 반영을 사용하거나 내담자가 말한 것을 그대로 계속해서 '앵무새처럼 되풀이' 할 경우 내담자는 자신의 말이 잘못되지 않았나 생각하거나 상담자의 반복에 지겨움을 느낄 수 있다(오윤선, 2020). 따라서 반영은 내담자가 한 말을 그대로 반복하는 대신 내담자의 마음속 깊은 내면적 감정을 정확히 파악하여 다른 표현을 통해 전달해야 한다.

상담자가 반영해야 할 감정은 정적인 감정, 부적인 감정, 양가적 감정 등 세 가지로 나누어 볼 수 있다. 상담자는 양가적 감정 혹은 모호한 감정, 즉 불일치한 감정이나 불분명한 느낌의 상태를 발견하여 내담자에게 반영함으로써 내담자의 내면적 긴장을 감소시키는 데 도움을 줄 수 있다. 그리고 상담자는 내담자가 언어로 표현하는 것과 태도, 행동 등으로 표현하는 것에 대해서도 반영할 필요가 있다. 또한 내담자의 말과 행동에 차이가 있거나 모순이 보일 때는 이를 반영시켜야 한다.

상담자가 반영 시 특히 고려해야 할 사항은 크게 두 가지가 있다. 첫째, 내담자가 말로 표현한 내용에 지나칠 정도로 반응하지 말아야 한다. 둘째, 반영 반응의 시기는 의미 있는 느낌에 초점을 맞추기 위해서 내담자의 말을 끝까지 듣지 않은 상태에서 할 수도 있다. 하지만 이 경우 내담자의 진술을 지나치게 급히 정지시켜서 감정

의 흐름을 중단시키는 일이 없도록 해야 한다.

2) 명료화

명료화(clarification)는 내담자의 말 중에서 모호한 점이나 모순된 점을 명확히 하여 내담자 자신의 생각이나 감정을 분명하게 표현할 수 있도록 도와주는 것이다. 명료화는 내담자의 이야기에 대하여 상담자가 이해하기 어려울 경우에는 내담자에게 다시 생각해 보고 구체적인 예를 들어 확실히 설명할 것을 요청하는 것이다. 또한 내담자의 이야기에 대한 상담자의 반응을 통하여 내담자의 진술내용을 명확하게 할 수 있다. 이때 상담자의 반응은 개인적 반응이어서는 안 되며 지나치게 직접적인 직면보다는 자연스럽게 해야 한다.

3) 직면

직면(confrontation) 또는 '도전(challenge)'은 내담자가 스스로 책임을 질 수 있도록 돕는 상담과정 중 하나로서 내담자가 표현한 정서, 행동, 생각들 사이의 불일치한 점들을 내담자와 함께 의논하는 것이라고 할 수 있다(박옥임 외, 2013). 다시 말해서 직면은 내담자가 지각하지 못하거나 인정을 하지 않는 사고나 느낌에 대하여 내담자가 스스로 문제에 직접 대면하도록 하는 기법이다.

직면은 내담자의 회복과 성장을 향상시킬 수도 있고, 반대로 심리적인 반감과 상처를 발생시킬 수도 있다. 때문에 직면은 반드시 내담자를 위해서만 활용되어야 한다. 상담자가 내담자의 불일치한 말과 행동을 확인시키는 일이나 직면 시에 내담자의 반응을 해석하는 일은 내담자 자신의 통찰을 통하여 긍정적 변화를 유도하는 방법으로만 사용해야 한다. 그리고 상담자의 분노를 나타내거나 명확한 이유 없이 직면기법을 사용하는 것은 금해야 한다.

직면의 내용에는 긍정적 요소와 부정적 요소를 모두 포함하여야 한다. 첫째, 내담자의 강점은 지속적 계발을 위해서 긍정적 측면의 직면을 시도할 필요가 있다. 다음으로 내담자의 비효율적인 행동을 수정하기 위하여 부정적 측면의 직면이 필요하다. 효과적인 직면을 위해서는 먼저 상담자와 내담자 간의 충분한 신뢰관계를 통하여 내담자 자신이 해당 내용을 받아들일 수 있어야 한다. 상담자가 내담자의 행동에 대한 실제적 느낌을 직접 알려준다면 내담자는 자신의 행동 결과를 파악할 수 있게 되고 특정 행동을 개선할 수 있는 기회가 될 수 있다.

4) 통찰

통찰(insight)은 내담자 자신의 무의식적인 영역에 대한 의식화를 통해 인식의 폭을 넓히는 것을 의미한다. 통찰은 지적 통찰(intellectual insight)과 정서적 통찰(emotional insight)이 있다. 지적 통찰은 자신에 대하여 지적이고 논리적인 깨달음을 얻게 되는 것으로서 피상적인 통찰을 의미한다. 그리고 정서적 통찰은 정서적인 반응을 수반하는 깊이 있는 통찰을 의미한다. 따라서 상담에서 중요시하며 추구하는 통찰은 감정적인 이해를 동반하는 정서적인 통찰이다. 이러한 통찰이 없이는 진정한 치유가 일어나지 않는다. 그러므로 자신의 문제에 대해 한 번 깨닫는 것만으로 문제가 모두 치유되었다고 할 수 없다. 이후에 다시 반복되어도 동일한 문제에 맞닥뜨릴 수 있어야 한다. 그리고는 마침내 내담자가 그 문제에 얽힌 자신의 감정을 깊이 느끼게 되면서 그동안 알고 있던 사실에 대한 정서적인 이해가 체험될 때 비로소 치료는 이루어진다.

상담자가 통찰을 잘하기 위해서는 감정을 드러내는 작업으로 환기(ventilation) 또는 제반응(abreaction)에 능숙해야 한다. 환기는 삶에서 생겨나는 여러 가지 갈등이나 불안 등의 힘든 감정을 상담자 앞에서 토로하여 불만을 해소시키거나 긴장이 풀리도록 하는 것이다. 그리고 제반응은 무의식 속에 억압되어 힘들었던 감정이 상담과정을 통해서 드러나고 표현됨으로써 그동안의 스트레스나 긴장을 제거시키게 된다.

5) 해석

해석(interpretation)은 내담자가 새로운 시선으로 자신의 처지와 문제를 살펴볼 수 있도록 내담자의 생각과 행동, 감정 등의 의미를 설명해 주는 상담자의 능동적 활동을 말한다. 이는 통찰을 촉진시켜 주기도 하지만, 그보다는 내담자가 앞으로 자신의 삶 속에서 마주칠 문제들을 스스로 해석할 수 있는 힘을 길러주는 데 목적이 있다.

해석은 상담자에게 상당한 분석적 전문성을 요구한다. 직면이 문제 원인에 대한 인식과 자각이라면, 해석은 원인과 문제가 어떻게 관계되어 있는지 그리고 그 결과와 의미가 무엇인지까지를 의식화시키는 것이다(이장호, 2005). 해석은 다양한 형태로 이루어질 수 있지만 메시지는 정해진 순차대로 전달하는 것이 바람직하다. 그리고 해석이 필요한 경우, 우선 해석해야 할 내담자의 메시지를 선택해야 한다. 이어서 그 내용이나 감정을 반영하여 재진술(restatement)이나 요약을 한다. 그 다음 여기에 대한 상담자의 해석을 부연해야 내담자가 이해하기 수월하다. 이러한 해석을 하는 목적은 상담자의 생각을 내담자에게 수동적으로 이해시키는 것이 아니라, 내담자가 능동적으로 자신의 문제를 해석할 수 있도록 돕기 위한 것이다. 때문에 해석 이후 상담자는 내담자가 이것을 수용하기까지 어느 정도의 시간을 두는 것이 좋다. 뿐만 아니라 해석을 할 때 내담자가 이해할 수 있는 수준에서 해석의 문장을 만드는 것이 중요하며, 상담자 개인의 가치관과 편견이 들어가지 않도록 주의해야 한다(오윤선, 2020).

6) 훈습

훈습(working through)은 내담자가 반복해서 말하는 주요 문제를 상담자가 다시 해석하는 과정이다. 갈등의 본질에 대한 한두 번의 통찰 경험만으로는 변화가 이루어지지 않는다. 전이의 분석은 여러 번에 걸쳐서 여러 가지 방식으로 지속되어야 하는데 이러한 통찰이 계속 반복되고, 정교화되고, 확대되는 과정이 바로 훈습이다.

내담자는 이러한 반복과정을 통하여 자신의 방어와 동기가 무엇인가를 의식하게 된다. 특히 주된 저항이나 방어는 한 번의 해석이나 한 번의 면접으로 해결되지 않으며 역동적 변화는 여러 주, 여러 달의 훈습과정을 거쳐 나타날 수 있다. 그러므로 상담자는 내담자의 삶이 변화되도록 지속적인 도움을 줄 수 있어야 한다(Corey, 2009).

7) 제안

제안 혹은 직접 안내(direct guidance)는 상담자가 내담자에게 필요사항을 직접 제시하거나 지시 및 충고를 하는 것을 말한다. 일반적으로 활용되는 상담기법은 내담자가 잠재력이나 문제 해결 능력을 가진 것으로 전제한다. 하지만 실제로 상담자와 내담자의 관계가 견고해진 후에는 내담자의 성장을 위해 상담자가 이전보다 적극적인 개입이 필요한 경우가 발생한다. 적절한 순간 주어지는 상담자의 제안은 내담자가 변화에 대한 주저함에서 벗어나 행동으로 옮겨가게 만드는 자극이 될 수 있다(Egan, 1990).

내담자의 변화를 위한 제안이나 직접 안내는 세 가지 정도의 유형으로 분류해 볼 수 있다(Ladany, Hill, Thompson, & O'Brien, 2004).

첫째는 과정숙고(precess advisement)이다. 이것은 상담과정 중에 내담자에게 필요한 내용을 잘 살펴서 표현할 수 있도록 시연이나 빈 의자 기법 등을 통하여 제공하는 것이다. 편안하고 지지하는 상담환경에서 역할연기를 통한 새로운 행동의 시도는 일상에서 실제로 적용하는 데 도움을 제공할 수 있다.

둘째는 지시(directives)이다. 지시는 상담자가 내담자에게 일상생활에서 무엇을 해야 하는지 알려주는 방법이다. 내담자가 자신의 책임을 회피하거나 마땅히 할 일을 하지 않을 경우 이 방법을 사용하는 것이 효과적이다. 일종의 과제를 내주는 방법으로 내담자가 상담에서 배운 것을 실습하고 자신의 삶 속에서 스스로 이를 적용시켜 나가는 데 유용하게 사용된다.

셋째는 상담자를 모델링(modeling)하는 것이다. 이 방법은 상담자 자신이 체험한 효과적인 방법 또는 관련된 생각을 공유하는 것을 포함한다. 이를 전략 개방이라고 명하기도 하는데, 이러한 방법은 직접적 지시보다는 간접적이고 대안을 제시하는 방법이므로 내담자에게 덜 위협적으로 다가갈 수 있다는 장점이 있다.

하지만 제안과 직접 안내는 신중하게 적용되어야 한다. 과도한 제안과 직접 안내는 내담자를 수동적으로 만들 위험이 있다. 따라서 상담자는 제안과 직접 안내 기법을 상당한 경험과 지혜를 토대로 한 분별력을 바탕으로 신중하게 절제하여 사용해야 한다(Egan, 1990).

연습문제

1. 상담의 주요 기법에 대해 설명하시오.
2. 각 상담기법의 적절한 활용 여부에 따라 상담 결과에 어떠한 영향을 미칠 수 있는지 설명하시오.

CHAPTER

13

내담자 평가와 심리검사

학습 내용

1. 내담자 평가
2. 심리검사

학습 목표

1. 내담자의 객관적인 평가를 위한 임상적 평가, 역동적 평가, 상담치료적 평가에 대해서 이해한다.
2. 각 내담자의 평가 영역에 대해서 상담 현장에 적용할 수 있도록 설명한다.
3. 심리검사 이론에 대한 이해와 실제 적용을 위해서 실습을 실시한다.

학습 개요

내담자의 평가 범주는 크게 임상적 평가, 역동적 평가, 치료적 평가로 나눌 수 있다. 임상적 평가는 내담자의 현재 모습에 대한 현상학적인 평가를 말하고, 역동적 평가는 현재 내담자의 문제를 구성하고 있는 역동이 무슨 내용인지를 평가하는 것이다. 치료적 평가는 내담자의 자아기능 평가로서 자아기능이 얼마만큼 성숙해 있느냐에 따라서 지지상담과 통찰상담을 결정짓게 된다.

심리검사는 개인의 지능, 성격, 능력, 적성, 태도, 가치관 등의 심리적 속성을 파악하려고 다양한 도구를 통해서 체계적·수량적으로 측정, 평가하는 일련의 과정을 의미한다. 상담에서 심리검사를 실시하는 목적은 개인 행동의 예측, 분류 및 진단, 문제 탐색, 조사를 통하여 내담자 이해의 증진과 문제 해결에 도움을 주는 데 있다.

상담을 위한 심리검사의 종류 가운데 현재 가장 많이 활용되고 있는 검사로는 MMPI(미네소타 다면적 인성검사), MBTI(성격유형검사), 로샤(Rorschach)검사, TAT(주제통각검사), BGT(벤더게슈탈트 검사), SCT(문장완성검사), HTP(집-나무-사람) 등이 있다.

1 내담자 평가

상담자는 상담을 진행함에 있어서 정확한 내담자의 평가에 의해 상담목표에 대한 접근과 방법을 결정하게 된다. 그러므로 올바른 평가가 초기에 이루어질 때 상담의 효과는 극대화될 것이다.

상담을 하다 보면 도중에 기법을 바꾸고 목표를 수정할 수는 있지만 이렇게 되면 내담자가 매우 혼란스러워하고 불필요한 혼란과 많은 노력이 요구된다. 그러므로 가능하면 초기부터 내담자에 대한 정확한 평가를 한 후 상담의 방향을 결정하는 것이 좋다. 내담자를 평가하는 내용은 여러 가지가 있지만 크게 임상적 평가(clinical evaluation), 역동적 평가(dynamic evaluation), 치료적 평가(therapeutic evaluation)의 세 가지 범주로 나눌 수 있다.

1) 임상적 평가

임상적 평가(clinical evaluation)는 내담자의 현재 모습에 대한 현상학적인 평가를 말한다. 즉, 정신병리적인 측면에서 내담자의 증상이나 능력의 손상을 알아보고 그것이 정상 기준에서 얼마나 벗어나 있는가를 평가하는 것이라고 하겠다. 임상적 평가를 위한 대표적 진단체계는 세계보건기구의 국제질병분류체계에 포함된 정신장애 진단분류방식(International Classification of Disease: ICD)이다. 또 다른 하나는 미국정신의학회에서 독자적으로 제작한 정신장애 진단 및 통계편람(Diagnostic and Statistical Manual of Mental Disorders: DSM)이다.

ICD의 출간 배경은 1830~1849년에 몰아닥친 콜레라로 인해 유럽에서 많은 사람이 사망하면서부터이다. 1851년에는 프랑스 파리에서 인간의 사망 원인을 보고하는

국제보건모임이 최초로 개최되었다. 그 후 1892년에는 국제보건모임에 의해 질병 통계 작성을 위한 국제질병분류모델이 건의되었으며, 마침내 1900년에 ICD-1이 출간되었다. 국제보건모임은 1946년에 세계보건기구(World Health Organization: WHO)로 명칭이 바뀌었다. 그리고 개정판으로 ICD-2(1910), ICD-3(1921), ICD-4(1930), ICD-5(1939), ICD-6(1948), ICD-7(1958), ICD-8(1968), ICD-9(1979), ICD-10(1992), ICD-11(2019)까지 나오게 되었다.

DSM은 진단체계의 일관성과 신뢰도, 타당도 등 여러 가지 비판을 받고 있지만 오늘날 정신의학계는 물론 인접 학문 분야에 종사하는 사람들에게는 가장 권위 있는 지침서로 활용되고 있다. DSM은 1952년 처음 발행된 이후 여러 차례의 개정과정을 거쳐 2013년 5월에 DSM-5가 발행되었다. DSM의 출간년도 및 주요 변화 특징을 살펴보면 〈표 13-1〉과 같다.

〈표 13-1〉 DSM의 출간년도 및 주요 변화 특징

구분	출간년도	전체 페이지 수	분류 범주의 수	전체 진단 개수	축 체계
DSM-Ⅰ	1952	132쪽	8개	106개	축 없음
DSM-Ⅱ	1968	134쪽	10개	182개	축 없음
DSM-Ⅲ	1980	494쪽	16개	265개	다축체계
DSM-Ⅲ-R	1987	567쪽	17개	292개	다축체계
DSM-Ⅳ	1994	887쪽	17개	297개	다축체계
DSM-Ⅳ-TR	2000	943쪽	17개	297개	다축체계
DSM-5	2013	947쪽	20개	300여 개	다축폐지

DSM-5 정신질환의 진단 및 통계편람에서는 20개 주요 범주로 나눈다. 그리고 그 하위 범주로 300여 개 이상의 정신장애를 포함하고 있다(〈표 13-2〉 참조).

〈표 13-2〉 DSM-5 정신질환의 진단 및 통계 편람 분류 주요 범주와 하위 범주

번호	주요 범주	하위 범주
1	신경발달장애	지적장애, 의사소통장애, 자폐스펙트럼장애, 주의력결핍 및 과잉행동장애, 특정 학습장애, 운동장애, 틱장애, 기타 신경발달장애
2	조현병 스펙트럼 및 기타 정신병적 장애	조현형(성격) 장애, 망상장애, 단기 정신병적 장애, 조현양상 장애, 조현병, 조현정동장애, 물질/약물치료로 유발된 정신병적 장애 등
3	양극성 및 관련 장애	제 I 형 양극성 장애, 제 II 형 양극성 장애, 순환성 장애, 물질/약물치료로 유발된 양극성 및 관련 장애 등
4	우울장애	주요 우울장애, 지속성 우울장애, 월경 전 불쾌감 장애, 물질/약물치료로 유발된 우울장애, 다른 의학적 상태로 인한 우울장애, 명시되지 않는 우울장애 등
5	불안장애	분리불안장애, 선택적 함구증, 특정공포증, 사회불안장애(사회공포증), 공황장애, 광장공포증, 범불안장애, 다른 의학적 상태로 인한 불안장애 등
6	강박 및 관련 장애	강박장애, 신체이형장애, 수집광, 발모광(털뽑기 장애), 피부 뜯기 장애, 물질/약물치료로 유발된 강박 및 관련 장애 등
7	외상 및 스트레스 관련 장애	반응성 애착장애, 탈억제성 사회적 유대감 장애, 외상후 스트레스장애, 급성 스트레스장애, 적응장애 등
8	해리장애	해리성 정체성장애, 해리성 기억상실, 이인증/비현실감 장애 등
9	신체증상 및 관련 장애	신체증상장애, 질병불안장애, 전환장애, 인위성장애 등
10	급식 및 섭식장애	이식증, 되새김 장애, 회피적/제한적 음식섭취장애, 신경성 식욕부진증, 신경성 폭식증, 폭식장애 등
11	배설장애	유뇨증, 유분증 등
12	수면-각성장애	불면장애, 과다수면장애, 기면증, 호흡관련 수면장애, 중추성 수면무호흡증, 수면관련 환기저하, 일주기 리듬 수면-각성장애, 사건수면, 악몽장애, 하지불안 증후군, 물질/치료약물로 유발된 수면장애 등
13	성기능부전	사정지연, 발기장애, 여성극치감장애, 여성 성적 관심/흥분장애, 성기-골반통증/삽입장애, 남성성욕감퇴장애, 조기사정 등
14	성별 불쾌감	성별 불쾌감, 달리 명시된 성별 불쾌감, 명시되지 않는 성별 불쾌감
15	파괴적, 충동조절 및 품행장애	적대적 반항장애, 간헐적 폭발장애, 품행장애, 반사회성 성격장애, 병적 방화, 병적 도벽 등

번호	주요 범주	하위 범주
16	물질 관련 및 중독장애	• 물질관련장애: 알코올관련장애, 카페인관련장애, 대마관련장애, 환각제관련장애, 흡입제-관련장애, 아편계관련장애, 진정제, 수면제 또는 항불안제관련장애, 자극제관련장애, 담배관련장애 등 • 비물질관련장애: 도박장애
17	신경인지장애	섬망, 주요 및 경도 신경인지장애 등
18	성격장애	• A군 성격장애: 편집성 성격장애, 조현성(분열성) 성격장애, 조현형(분열형) 성격장애 • B군 성격장애: 반사회성 성격장애, 경계성 성격장애, 연극성(히스테리성) 성격장애, 자기애성 성격장애 • C군 성격장애: 회피성 성격장애, 의존성 성격장애, 강박성 성격장애
19	변태성욕 장애	관음장애, 노출장애, 마찰도착장애, 성적피학장애, 성적가학장애, 소아성애장애, 물품음란장애, 복장도착장애 등
20	기타 정신질환	다른 의학적 상태로 인한 달리 명시된 정신질환 등

이처럼 임상적인 평가에서는 내담자의 병리적 증상들을 임상적으로 보아 정신병적 상태, 신경증적인 상태, 인격장애적인 상태, 혹은 특수문제에 국한된 것인가를 평가한다. 또한 이런 임상평가에 따라 상담기법을 결정하게 된다(오윤선, 2020).

2) 역동적 평가

역동적 평가(dynamic evaluation)는 현재 내담자의 문제를 구성하고 있는 역동이 무슨 내용인지를 평가하는 것이다. 각 개인이 가지고 있는 핵심감정(nuclear emotion, core emotion)은 모두 다르다. 어린 시절 부모로부터 일찍 분리되어 심한 분리불안(separation anxiety)을 느꼈던 사람은 성장해서도 남달리 의존욕구(dependency need)가 많은 사람이 되어 의존욕구를 충족시키기 위하여 행동하는 특성을 갖게 된다. 또한 어려서 폭력적인 아버지에게 눌려 살아야 했던 사람은 성장해서 불합리한 권위에 대한 끊임없는 분노를 무의식의 핵심감정으로 갖게 되어 그의 삶이 항상 분노를 폭발

할 것인가 억압할 것인가의 갈등의 기로에 서게 한다. 즉, 핵심감정은 무의식의 복잡한 요소들 중에서도 특히 어떤 것에 비교할 수 없이 강력한 영향을 그 사람의 심리와 행동에 미치게 되므로 내담자 평가에서 그것을 파악하는 것이 중요하다(이만홍, 황지연, 2007).

각 사람의 핵심감정은 출생 시 타고난 소질, 기질(temperament), 경향성 등의 생물학적인 요인들과 부모와 관계를 맺고 자신의 생명을 유지하기 위해 본능이 충족되거나 좌절되는 상호작용을 통하여 형성된 다양한 유아기적인 감정들이다. 따라서 아주 어린 시절 성장과정에서 상당한 결핍이 반복적으로 있을 경우 그 결핍된 감정은 어린아이의 심층심리에 다른 어떤 감정과도 비길 수 없는 깊은 골이 생기게 만든다. 이 핵심감정과 이에 대한 방어기제의 상호 역동적인 양상을 핵심역동(nuclear dynamic, core dynamic)이라고 부른다. 핵심감정이 가지고 있는 몇 가지 특성은 다음과 같다.

첫째, 핵심감정은 우리의 무의식 속에 묻혀 있는 어린 시절에 형성되어 성장한 후에도 성숙하지 못한 어린 시절의 감정 양상이다. 둘째, 핵심감정은 사람마다 다르다. 셋째, 핵심감정은 아주 끈질기게 일생에 걸쳐 반복된다. 넷째, 핵심감정은 본능, 자아 및 초자아 등과 같은 다른 역동심리적 용어들과 마찬가지로 에너지를 가진 힘으로 이해해야 한다. 역동적 평가에서는 내담자의 핵심역동을 평가함으로써 각 내담자의 심층심리적 문제를 파악한다.

3) 치료적 평가

치료적 평가(therapeutic evalution)는 내담자의 자아기능 평가이다. 자아기능이 얼마만큼 성숙해 있느냐에 따라서 지지상담과 통찰상담을 결정짓게 된다. 자아기능을 위해서 크게 세 가지 조건을 살펴볼 필요가 있다.

(1) 내담자의 대상관계(object relationship) 경험

① **가족내·외 관계**: 과거 및 현재의 가족들과 친구관계가 어떠했는지를 물어보면 그 사람의 대상관계를 알 수 있다. 인간관계를 맺기 위해서는 어느 정도 자아 성숙이 이루어져야 하는데, 친구가 거의 없다거나 있다가도 자꾸 떨어져 나가고, 관계에서 늘 배신감만을 안고 있다거나 만족스럽지 못한 경우 그 사람의 대상관계는 매우 좋지 않다고 할 수 있다.

② **상담자와의 관계**: 내담자의 대상관계 경험을 알아보는 또 하나의 방법으로는 이 상담에 오기 전에 다른 곳에서 상담을 받은 적이 있는지를 물어보는 것이다. 그리고 지난번 상담자와의 관계를 잘 탐색하는 것이 중요하다. 이를 통해 내담자가 어떤 종류의 관계를 맺고 상담에 임할지를 예측해 볼 수 있다.

(2) 자기 성찰(introspection) 능력

자기 성찰 능력은 자신의 문제를 돌아보며 문제가 자신에서 비롯된 것임을 인식할 수 있는 능력이라고 할 수 있다. 인격적으로 성숙하기 위해서는 이러한 자기 성찰 능력이 있는지의 여부가 중요하다.

(3) 고통에 대한 인내심(tolerance)

좌절이나 고통의 힘든 것을 어느 정도 참을 수 있는 인내심이 있는 내담자이어야 자기 조절이 가능하고 힘들고 좌절의 고통이 따르는 통찰상담의 과정을 이겨낼 수 있다. 이런 인내심을 평가할 때 한 가지 예외가 있는데, 무의식중에 고통을 필요로 하고 즐기기까지 하는 피학적인 인격의 소유자이다. 이러한 내담자가 자신의 역동적인 면을 통찰하는 것이 불가능한 것은 아니지만 상담자는 내담자의 이런 성격에 대해서 주의 깊게 평가하고 접근해야 할 것이다.

4) 평가 기록부

(1) **주요 문제**: 내담자의 문제를 기록하되 내담자가 표현한 말 그대로 기록한다.

(2) **현병력**(Present illness): 주요 문제의 발생과 경과와 현재까지의 영향 등

(3) **과거력**: 내담자의 과거 정신적, 심리적 질환 여부

(4) **가족력**: 가족나무(=가계도)

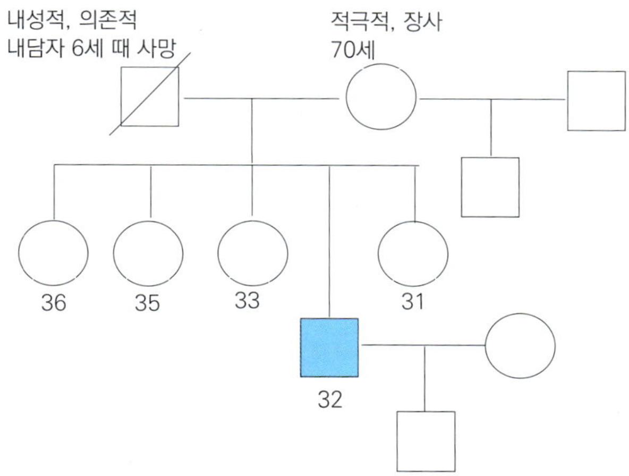

[그림 13-1] 가계도를 그린 예

(5) **개인력**: 출생부터 성장 이후의 문제점들을 기록

(6) **정신상태검사**: 상담자가 관찰한 내담자 상태에 관한 기록

(7) **평가와 진단**: 현재 내담자의 상태와 평가

(8) **상담 계획**: 상담의 구체적 내용을 명확히 하여 상담목표 설정, 상담 형태 및 기법 결정

(9) **상담 경과**

2 심리검사

심리검사(psychological testing)는 개인의 지능, 성격, 능력, 적성, 태도, 가치관 등의 심리적 속성(attribute)을 파악하려고 다양한 도구를 통해서 체계적·수량적으로 측정(measurement), 평가(evaluation)하는 일련의 과정을 의미한다. 상담에서 심리검사를 실시하는 목적은 개인 행동의 예측, 분류 및 진단, 문제 탐색, 조사를 통하여 내담자 이해의 증진과 문제 해결에 도움을 주는 데 있다. 따라서 심리검사는 심리적 장애의 해결을 위한 치료개입과 전략을 계획하고 수행하는 기초과정이라 볼 수 있다. 상담을 위한 심리검사의 종류는 다양하지만 현재 가장 많이 활용되고 있는 검사를 소개하면 다음과 같다(오윤선, 정순례, 2021).

1) MMPI 검사

MMPI(the Minnesota multiphasic personality inventory: 미네소타 다면적 인성검사)는 1930년대 후반부터 1940년대에 걸쳐 미네소타(Minnesota) 대학 해서웨이(Hathaways)와 맥킨리(Mckinley)에 의해 개발되어 1943년에 출간되었다. 그리고 미네소타 주립대학 출판부에서는 1989년에 MMPI-2를 출시하였고, 1992년에는 MMPI-A 청소년용을 출간하였다.

MMPI 검사지는 총 566문항으로 되어 있으나 이 가운데서 16문항이 중복되어 있으므로 실제적으로는 550문항이다. 수검자는 각 문항에 대해 '그렇다', '아니다', 또는 '말할 수 없다(결정, 판단할 수 없다)' 등 세 가지 중 어느 하나로 대답하는 질문지형 검사로 구성되었다. MMPI 문항별 구성에 대해서 구체적으로 살펴보면 <표 13-3>과 같다.

〈표 13-3〉 MMPI의 척도 구성

기호	척도명	약어	문항 수
	타당도 척도		
	모르겠다(Can not say)	?	
	L척도(Lie)	L	15문항
	F척도(Frequency)	F	64문항
	K척도(Defensiveness)	K	30문항
	임상척도		
1	건강염려증(Hypochondriasis)	Hs	33문항
2	우울증(Depression)	D	60문항
3	히스테리(Hysteria)	Hy	60문항
4	반사회성(Psychopathic Deviate)	Pd	50문항
5	남성 특성-여성 특성(Masculinity-Feminity)	Mf	60문항
6	편집증(Paranoia)	Pa	40문항
7	강박증(Psychasthenia)	Pt	48문항
8	조현병(Schizophrenia)	Sc	78문항
9	경조증(Hypomania)	Ma	46문항
0	사회적 내향성(Social Introversion)	Si	70문항

새로 개정한 MMPI-2는 중복이 없는 567문항으로 구성되어 각각의 문항에 대해서 "그렇다", "아니다"로 응답하게 되어 있다. 원판 MMPI는 4개의 타당도 척도와 10개의 임상척도로 구성되었지만 개정된 MMPI-2는 타당도 척도 10개와 임상척도 10개 총 20개의 척도로 구성되었다. 표준 타당도 척도와 임상척도는 바뀌지 않았으나, 기존의 타당도 척도 ?, L, F, K 4개의 척도에 반응의 일관성을 측정하는 VRIN, TRIN 및 F(B), F(P), FBS, S 등 6개의 타당도 척도를 추가하여, 수검자들을 보다 정확하게 진단할 수 있게 되었다. 여러 가지 유용한 타당도 척도는 무선반응 또는 고정반응을 측정하기 위해 무선반응 비일관성 척도(VRIN)와 고정반응 비일

관성 척도(TRIN)가 개발되었다. 검사 후반부에 수검자 태도의 변화를 확인하기 위해 비전형 척도 F(B)를 추가하였다. 또한 비전형 척도(F)가 심각한 정신병리에 의해 상승될 수 있다는 점을 보완하기 위해 비전형 정신병리 척도 F(P)가 개발되었다(Arnisi & Ben-Porath, 1995).

그리고 자신의 증상을 과장하는 수검자를 가려내기 위해서 증상 타당도 척도(FBS)가 추가되었으며(Lees-Haley et al., 1991), 마지막으로 상대에게 자신을 좋게 보이고자 하는 욕구가 강한 수검자를 가려내기 위해 자기 과시적 척도(S)를 개발하였다(Butcher & Han, 1995). MMPI-2를 구성하는 타당도 척도, 임상척도, 재구성 임상척도, 성격병리 5요인 척도의 명칭과 약어 등을 구체적으로 살펴보면 <표 13-4>와 같다.

〈표 13-4〉 **성격병리 5요인 척도의 명칭과 약어**

<table>
<tr><th colspan="3">타당도 척도(Valldity Scales)</th><th colspan="2">성격병리 5요인 척도</th></tr>
<tr><td>?</td><td>무응답(cannot say)</td><td rowspan="3">성실성</td><td rowspan="2">AGGR</td><td rowspan="2">공격성
(Aggressiveness)</td></tr>
<tr><td>VRIN</td><td>무선반응 비일관성
(Variable Response Inconsistency)</td></tr>
<tr><td>TRIN</td><td>고정반응 비일관성
(True Response Inconsistency)</td><td rowspan="2">PSYC</td><td rowspan="2">정신증
(Psychoticism)</td></tr>
<tr><td>F</td><td>비전형(Infrequency)</td><td rowspan="4">비전형성</td></tr>
<tr><td>F(B)</td><td>비전형(후반부)(Back Infrequency)</td><td rowspan="2">DISC</td><td rowspan="2">통제결여
(Disconstraint)</td></tr>
<tr><td>F(P)</td><td>비전형(정신병리)
(Infrequency Psychopathology)</td></tr>
<tr><td>FBS</td><td>증상 타당도(Symptom Validity)</td><td rowspan="2">NEGE</td><td rowspan="2">부정적 정서성/ 신경증
(Negative Emotionality/ Neuroticism)</td></tr>
<tr><td>L</td><td>부인(Lie)</td><td rowspan="3">방어성</td></tr>
<tr><td>K</td><td>교정(Correction)</td><td rowspan="2">INTR</td><td rowspan="2">내향성/ 낮은 긍정적 정서성
(Introversion/ Low Positive Emotionality)</td></tr>
<tr><td>S</td><td>과장된 자기 제시
(Superlative Self-Presentation)</td></tr>
</table>

임상척도		재구성 임상척도		
1. Hs	건강염려증 (Hypochondriasis)	RCd	dem	의기소침 (Demoralization)
2. D	우울증 (Depression)	RC1 RC2	som	신체증상호소 (Somatic Complaints)
3. Hy	히스테리 (Hysteria)	RC3	lpe	낮은 긍정정서 (Low Positive Emotions)
4. Pd	반사회성 (Psychopathic Deviate)	RC4	cyn	냉소적 태도 (Cynicism)
5. Mf	남성성-여성성 (Masculinity-Feminity)	RC5	asb	반사회적 행동 (Antisocial Behavior)
6. Pa	편집증 (Paranoia)	RC6	per	피해의식 (Ideas of Persecution)
7. Pt	강박증 (Psychasthenia)	RC7	dne	역기능적 부정정서 (Dyfunctional Negative Emotions)
8. Sc	조현병 (Schizophrenia)	RC8	abx	기태적 경험 (Aberrant Experiences)
9. Ma	경조증 (Hypomania)	RC9	hpm	경조증적 상태 (Hypomanic Activation)
0. Si	내향성 (Social Introversion)			

MMPI의 해석은 일반적 해석, 개별 척도 해석, 코드 유형에 따른 해석, 정신역동적 해석 등 다양한 해석방법이 있다. MMPI 해석 시 가장 유의해야 할 점은 다른 검사의 경우와 마찬가지로 면담이나 다른 정보 없이 무정보 해석(blind interpretation)을 해서는 안 된다. MMPI는 피검자에 대한 가설을 제공하는 것이지 피검자에 대한 확실하고 완전한 특성 파악이나 구체적인 행동을 예언하는 것이 아니기 때문이다.

2) MBTI 검사

MBTI(Myers-Briggs type indicator)는 1920년에 케서린 쿡 브릭스(Katherine Cook Briggs)가 칼 융(Carl G. Jung)의 심리유형(psychological type) 이론에 근거하여 개발하기 시작하여 그녀의 딸 이사벨 브릭스 마이어스(Isabel Briggs Myers)와 손자 피터 마이어스(Peter Myers)에 이르기까지 70년에 걸쳐 개발되고 수정되었다(Sample, 2017).

MBTI 검사 내용 구성은 네 개의 독립된 지표로 EI, SN, TF, JP라는 이분척도 상에서 반대되는 단어의 쌍으로 되어 있는데, 이는 4가지 선호경향([그림 13-2])으로 외향성(E)과 내향성(I), 감각형(S)과 직관형(N), 사고형(T)과 감정형(F), 판단형(J)과 인식형(P)이다.

			⇔			
E	외향형 Extraversion	폭넓은 대인관계 유지 사교적 정열적, 활동적	에너지 방향 주의초점	I	내향형 Introversion	깊이 있는 대인관계 유지 조용하고 신중 이해한 다음에 경험
S	감각형 Sensing	오감에 의존 실제 경험 중시 현재에 초점을 맞추고 정확, 철저히 일 처리	인식기능 (정보수집)	N	직관형 iNtuition	육감 내지 영감에 의존 미래지향적 가능성과 의미 추구 신속, 비약적으로 일 처리
T	사고형 Thinking	진실과 사실에 주관심 논리적, 분석적 객관적 판단	판단기능 (판단, 결정)	F	감정형 Feeling	사랑과 관계에 주관심 정상을 참작한 설명
J	판단형 Judging	분명한 목적과 방향, 기한 엄수 철저한 사전계획 체계적	이행양식 생활양식	P	인식형 Perceiving	목적과 방향은 변화 가능 상황에 따라 일정 변경 자율적이고 융통성 있음

[그림 13-2] MBTI 4가지 선호경향

MBTI 16가지 성격유형 검사는 성격의 선천적 선호성을 알려주는 검사로, 성격의 좋고 나쁜 것을 나타내는 것이 아니며, 개인의 능력, 지능검사가 아니다. 검사에서 시간제한은 없으나 한 문항에 너무 오래 생각하지 말고 자연스러우며 편안하게 느껴지는 쪽을 선택하고 자신이 행동하는 경향과 가깝다고 생각되는 것을 선택하도록 해야 하며 맞고, 틀린 답은 없다. MBTI 16가지 유형은 구분하면 [그림 13-3]과 같다.

ISTJ 소금형 한 번 시작한 일은 **끝까지 해내는 성격**	**ISFJ** 권력형 성실하고 온화하며 **협조를 잘하는 사람**	**INFJ** 예언자형 사람에 관해 **뛰어난** **통찰력**을 가진 사람	**INTJ** 과학자형 전체를 조합해 **비전을 제시**하는 사람
ISTP 배과사전형 논리적이고 뛰어난 **상황 적응력**	**ISFP** 성인군자형 **따뜻한 감성**을 가진 겸손한 사람	**INFP** 잔다르크형 **이상적인 세상**을 만들어가는 사람	**INTP** 아이디어형 **비평적인 관점**을 가진 뛰어난 전략가
ESTP 활동가형 친구, 운동, 음식 등 **다양함을 선호**	**ESFP** 사교형 분위기를 고조시키는 **우호적인 성격**	**ENFP** 스파크형 **열정적**으로 새 관계를 만드는 사람	**ENTP** 발명가형 **풍부한 상상력**으로 새로운 것에 도전
ESTJ 사업가형 실무적, 실용적, **현실적인 스타일**	**ESFJ** 친선도모형 친절, 현실감을 바탕으로 **타인에게 봉사**	**ENFJ** 언변능숙형 타인의 성장을 도모하고 **협동하는 사람**	**ENTJ** 지도자형 비전을 갖고 타인을 **활력적으로 인도**

[그림 13-3] MBTI 16가지 유형

3) Rorschach 검사

로샤(Rorschach) 검사는 1921년에 스위스의 정신과 의사 헤르만 로샤(Hermann

Rorschach, 1884~1922)가 개발한 성격검사 도구이다. 로샤는 1917부터 조현병 환자의 잉크반점 자극에 대한 반응자료를 체계적으로 수집하기 시작해서, 1921년 117명의 정상인을 포함한 총 405명의 카드검사 반응을 분석한 결과를 『정신 진단학(*Psychodiagnostik*)』으로 발표했고, 조현병 진단에 매우 유용한 도구가 될 것이라고 주장했다. 로샤는 이 검사를 예비 결과로 보고 자신의 이름을 따지 않은 채 '형태 해석 검사(form interpretation test)'라고 명명하여 연구를 더 진행하려고 했으나, 1922년 복막염으로 젊은 나이에 사망했다. 그의 죽음과 함께 로샤 검사는 역사 속으로 묻힐 뻔했으나 그와 함께 일했던 정신분석가 에밀 오버홀저(Emil Oberholzer, 1883~1958)에게 로샤 검사를 배운 데이빗 레비(David Levy)가 1929년 미국의 정신과 의사 사무엘 벡(Samuel Beck, 1896~1980)에게 이 검사를 소개하면서 다시 연구가 시작되었다. 그는 마거리트 헤르츠(Marguerite Hertz, 1899~1992)와 함께 로샤가 남긴 채점, 부호화 방식의 기본 틀을 발전시켜 1945년에 로샤 검사를 출판하였다.

로샤 검사는 구조화된 객관식 검사와는 다르게 투사기법을 사용한 검사로 10개의 모호한 그림을 수검자에게 보여주고, 각 그림이 어떻게 보이는지 말하도록 하는 것이다. 수검자의 성격구조는 로샤 그림의 모호한 자극을 통해 지각하고 인지하는 방식이나 반응으로 구성한다. 로샤 검사의 목적은 검사를 통해서 수검자의 전반적인 성격구조인 어떤 성격의 특성과 욕구, 동기, 내면의 갈등 등을 평가해 보려 하는 데 있다.

로샤 검사 도구는 대칭적인 잉크반점 카드 10매로 각 카드의 사이즈는 약 17.17×24.13cm로 되어 있는데, 이 중 Ⅰ Ⅳ, Ⅴ, Ⅵ, Ⅶ번의 카드는 무채색으로 된 흑백 카드이며, 나머지 5장 중 Ⅱ, Ⅲ번의 카드는 검정색과 붉은색이 섞여 있다. 그리고 Ⅷ, Ⅸ, Ⅹ번은 여러 가지 색채가 혼합되어 있다. 로샤 검사도구에 대한 잉크반점 카드 10매는 [그림 13-4]와 같다.

[그림 13-4] 잉크반점 카드

검사를 위해서는 10장의 로샤 카드와 반응기록지, 초시계, 필기도구 등을 준비해야 하며, 수검자가 검사에 집중할 수 있는 환경에서 검사가 이루어져야 한다. 검사 실시에 앞서 주의할 점은 첫째, 색채 효과에 영향을 줄 수 있는지 검토되어야 한다. 둘째, 카드 그림이 거꾸로 되지 않도록 주의한다. 셋째, 검사카드에는 연필자국이나 손톱자국 또는 낙서가 되어 있지 않아야 한다. 넷째, 앉는 자리 배치는 검사자가 수검자와 정면을 피하고 90도 각도의 측면에 앉게 한다.

로샤 검사의 체점체계는 반응 영역과 발달질, 결정인과 형태의 질, 반응 내용과 평범 반응, 조직화 활동과 특수 점수를 고려해서 실시하고, 검사의 구조적 요약과 해석으로는 상·하단부를 실시한다. 상단부로는 반응 영역, 결정인, 형태질, 내용, 접근방식, 특수점수를 요약 해석하고, 하단부에서는 핵심 영역, 사고 영역, 정서 영역, 중재 영역, 대인관계 영역, 과정 영역, 자기 지각 영역, 특수지표를 요약 해석한다.

4) TAT 검사

TAT(thematic apperception test, 주제통각검사)는 1935년 하버드 대학교(Harvard University)의 머레이(H. A. Murray)와 모건(C. D. Morgan)이 처음 소개하였고, 1938년

머레이가 성격 탐색(exploration in personality)에서 요구-압력체계를 근거로 한 성격 이론과 TAT의 이론적 체계를 발전시켰다. 머레이는 자신이 1936년 하버드 대학교 심리진료소에 사용한 카드를 1943년까지 세 차례 개정 작업을 거쳐 31장(10장 공통, 성별, 연령에 따라 10장, 공백 카드 1장)의 카드를 표준화시켰고, 1943년에 처음으로 검사요강을 출판하였다.

TAT 검사는 성별과 연령에 따라 20장만 실시하게 되며, TAT 검사의 카드 중 일부에는 번호만 적혀 있는 것도 있고, 어떤 것은 번호 뒤에 알파벳이 적혀 있는 것도 있다. 알파벳은 모두 4종류 F(female), M(male), G(girl), B(boy)로, 이것은 실시 대상을 표시한다.

TAT 검사의 실시과정은 31장의 카드 중 성, 연령을 고려하여 선정된 20장의 카드를 2회에 한 차례에 10장씩 사용하여 검사를 실시한다. 1장에 약 5분 정도 시간이 소요되므로 10장의 그림을 보는 데 50분이 필요하다.

TAT 검사의 해석은 주제에 대한 수준, 평가목록에 대한 변인, TAT 도판 반응에 따른 해석을 실시한다.

첫째, 주제에 대한 수준에는 서술적 수준(주제에 대한 간단한 재진술이 될 수 있음), 해석적 수준(한 걸음 더 나아가 일반적인 형태에 의미를 부여함. 이야기 이면에 내포된 의미를 가정해 보는 것임), 진단적 수준(진단적 수준에서 이러한 이상을 명확한 진술로 변형시키는 것), 상징적 수준(주제에 나타난 여러 가지 상징을 정신분석 가정에 따라 해석하게 됨), 정교화 수준(검사자는 수검자가 말하는 단어에 대하여 정교화하는 작업을 하여야 함)으로 평가될 수 있다.

둘째, 평가목록에 대한 변인으로는 주인공 및 주인공의 욕구(이야기 주제에 등장하는 주인공을 찾는 작업이 선행), 환경에 대한 압력과 사회적 관계(사회적 환경의 압력을 분석하는 것은 무의식적인 자기 지각과 과거의 기억 이미지에 의해 자극받은 왜곡된 혼합된 감정과 관련됨), 갈등과 불안, 두려움에 대한 방어(주인공의 내적 충동 혹은 에너지 등과 같은 내적인 심리 상태의 분석을 통해, 수검자의 갈등과 불안, 두려움에 대한 방어기제를 탐색함), 자아의 통합에 대한 분석(수검자의 자아가 얼마나 잘 통합되어 있는지 탐색함)이 있다.

셋째, 31개 TAT 도판 반응에 따른 해석 가운데 도판 1, 2, 8BM, 8GF, 16, 20에 대해서 간단하게 해석하면 다음과 같다([그림 13-5] [그림 13-6] [그림 13-7] 참조).

도판 1 한 소년이 탁자 위에 놓인 바이올린을 바라보면서 무엇인가 골똘히 생각하고 있다.

도판 1은 TAT 도판 중에서 가장 중요한 도판으로 전체 성격에 대해 말해준다.

도판 2 한 젊은 소녀가 손에 책을 들고 있고 그 뒤로는 들판에서 일을 하는 한 남자와 나무에 기대어 어딘가를 쳐다보는 나이 든 여인이 있다.

도판 2의 반응은 수검자의 처한 환경 및 가족관계에 대한 지표를 제공한다.

[그림 13-5] 도판 1, 2

도판 8BM 한 소년이 앞쪽을 바라보고 있으며 쪽에는 엽총이 보이고 배경에는 환상과 같은 수술 장면이 보인다.

도판 8BM의 반응에서 남자 수검자들은 대부분 앞에 서 있는 소년과 동일시한다. 내면화된 공격성이나 야망에 대한 주제가 나올 수 있다.

도판 8GF 젊은 여자가 손으로 턱을 고이고 앉아 어딘가를 응시하고 있다.

도판 8GF의 반응으로 여자가 무언가를 골똘히 생각하고 있다는 반응과 관련하여 수검자의 사고력에 대한 주제가 나올 수 있다.

[그림 13-6] 도판 8BM, 8GF

도판 16 공백	도판 20 어둠 속에서 가로등에 기대어 있는 남자(혹은 여자)의 희미한 모습이다. 
도판 16은 공백의 카드로, 아무런 단서 없이 자유롭게 이야기를 구성하도록 되어 있다. 수검자가 현재 느끼는 감정이나 생각, 인간관계에서 갈등 상황 등이 표출되기도 한다.	도판 20의 그림 속의 사람은 여자 혹은 남자로 인식될 수 있다. 희미한 가로등에 기대어 있는 여성이 사랑하는 남자를 기다리고 있는 주제가 나올 수 있고, 반대로 남성이 사랑하는 여인을 기다리고 있는 중이라는 주제가 나올 수 있다.

[그림 13-7] 도판 16, 20

5) BGT 검사

BGT(Bender gestalt test: 벤더게슈탈트 검사, 원명칭 Bender visual motor gestalt test)는 로레타 벤드(Lauretta Bender)가 1938년 미국예방정신의학협회(America Ortho Psychiatric Association)의 연구지 제3호에 「시각-운동 형태 검사 및 그 임상적 활용(A vsual-motor gestalt test and its clinical use)」이라는 논문을 발표하면서 개발되었다(Tolor & Schulberg, 1963).

BGT 검사 도구는 투사법이지만 검사 자체가 간편하고 그 실시와 채점 및 해석이 비교적 쉬운 편이라 다요인적 해석이 가능하며 단일 요인을 측정하고 있는 다른 검사들보다 경제적인 효과가 크다. 그러므로 정신의학 및 임상심리 분야에서는 물론 교육적 장면에서도 활발히 수행되고 있고 그 활용이 더욱더 증대되고 있다(Tolor & Brannigan, 1980).

BGT 검사도구의 도형은 모두 9개로 도형 A와 도형 1에서 도형 8까지의 명칭이 붙어 있다. 이들 도형은 각각 11.1×10.4cm 크기의 카드에 1개씩 도형 명칭에 따라 각각 다른 모양의 그림이 그려져 있다. 총 9매의 카드가 1조의 BGT를 이루고 있고, 그 모형들은 [그림 13-8]과 같다.

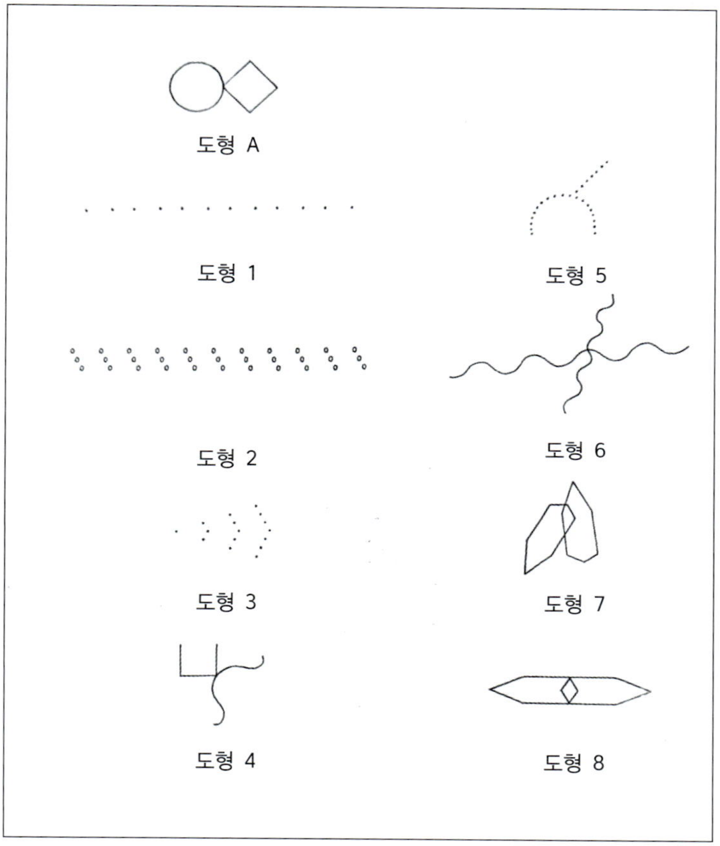

[그림 13-8] BGT 카드

BGT 검사를 수행하기 위해서는 우선적으로 간단한 기하학적(幾何學的) 도형의 BGT 카드 9장과 모사할 용지(A4) 여러 장, 지우개, 연필(중간 정도의 심), 도형 모사에 지장을 주지 않을 책상, 의자 등의 준비물이 필요하다. 검사는 도중에 방해받지

않을 만한 조용하고 독립된 장소에서 개별적으로 실시하도록 한다. 그리고 검사자는 수검자가 심리적 안정을 취할 수 있도록 해주고, 최선을 다할 수 있도록 격려해 주어야 한다. 검사를 실시하기 전에 검사 자체가 수검자에게 도움을 주는 것이라는 인식을 심어줘야 한다.

그리고 BGT 검사는 자극 도형이 어떻게 지각되며, 어떻게 조직화되는지 등을 채점하며, 또한 자극 도형이 수검자에게 무엇을 의미하고 있는지, 수검자가 자극을 단순화하는 것은 무엇인지, 자극에 대하여 과장되게 더 추가하는 것은 무엇인지 등을 중요하게 보고 채점한다(Hutt, 1985).

6) SCT 검사

문장완성검사(sentence completion test: SCT)는 수검자가 다수의 미완성 문장의 자극문을 읽었을 때 떠오르는 생각이나 느낌을 적어서 문장을 완성하도록 하는 검사로, 단어연상검사(word association test)의 응용으로 발전된 것이다. 최초로 미완성 문장을 심리검사에 적용한 사람은 에빙하우스(Ebbinghaus, 1897)이다. 그는 지능의 측정을 위하여 문장완성검사를 사용하였는데, 수검자의 사고 반응과 정서 반응이 풍부하고 복잡할수록 지능지수가 높을 것이라고 판단했다. 현재 많이 사용되고 있는 문장완성검사로는 스테인(Stein, 1947), 사이몬(Symonds, 1947), 로터(Rotter)와 웰러만(Willerman, 1947), 카터(Carter, 1947) 등이 임상 적용한 검사지이다(오윤선, 정순례, 2021).

현재 미국에서 가장 보편적으로 사용되고 있는 문장완성검사는 로터(Rotter, 1947)의 40문항으로 되어 있는 문장완성검사이다. 우리나라 임상 현장에서는 기관의 특성, 내담자의 연령, 문제의 특성 등에 따라 다양하게 변형된 문장완성검사가 실시되고 있는데, 가장 보편적으로 사용되고 있는 검사는 로터의 'Rotter incomplete sentence blank(RISB)' (Rotter & Rafferty, 1950)와 삭스(Sacks)가 개발한 'Sacks sentence completion test(SSCT)' (Sacks & Levy, 1950) 문장완성검사이다.

현재 우리나라 임상 현장에서 사용되고 있는 문장완성검사에서는 성인용 50문항, 청소년용 52문항, 아동용 33문항 등이 활용되고 있다.

SSCT(Sacks Sentence Completion Test)의 50문항을 구체적으로 살펴보면 〈표 13-5〉와 같고, 성인용 평점기록지는 〈표 13-6〉과 같다.

〈표 13-5〉 **성인용 문장 완성 검사(SSCT)**

이름 : ______________ 성별 : ______________ 연령(만 ______세)

* 다음의 기술된 문장은 뒷부분이 빠져 있습니다. 각 문장을 읽으면서 제일 먼저 떠오르는 생각을 뒷부분에 이어 문장이 완성되도록 하면 됩니다. 시간의 제한은 없으나 빨리 하십시오.

1. 나에게 이상한 일이 생겼을 때
2. 내 생각에 가끔 아버지는
3. 우리 윗사람들은
4. 나의 장래는
5. 어리석게도 내가 두려운 것은
6. 내 생각에 참다운 친구는
7. 내가 어렸을 때는
8. 남자에 대해서 무엇보다도 좋지 않게 생각하는 것은
9. 내가 바라는 여인상은
10. 남녀가 같이 있는 것을 볼 때
11. 내가 늘 원하기는
12. 다른 가정과 비교해서 우리 가정은
13. 나의 어머니는
14. 무슨 일을 해서라도 잊고 싶은 것은
15. 내가 믿고 있는 내 능력은
16. 내가 정말 행복할 수 있으려면
17. 어렸을 때 잘못했다고 느끼는 것은
18. 내가 보는 나의 앞날은
19. 대개 아버지들이란

20. 내 생각에 남자들이란
21. 다른 친구들이 모르는 나만의 두려움은
22. 내가 싫어하는 사람은
23. 결혼에 대한 나의 생각은
24. 우리 가족이 나에 대해서
25. 내 생각에 여자들이란
26. 어머니와 나는
27. 내가 저지른 가장 큰 잘못은
28. 언젠가 나는
29. 내가 바라기에 아버지는
30. 나의 야망은
31. 윗사람이 오는 것을 보면 나는
32. 내가 제일 좋아하는 사람은
33. 내가 다시 젊어진다면
34. 나의 가장 큰 결점은
35. 내가 아는 대부분의 집안은
36. 완전한 남성상은
37. 내가 성교를 했다면
38. 행운이 나를 외면했을 때
39. 대개 어머니들이란
40. 내가 잊고 싶은 두려움은
41. 나의 평생에 하고 싶은 말은
42. 내가 늙으면
43. 때때로 두려운 생각이 나를 휩쌀 때
44. 내가 없을 때 친구들은
45. 생생한 어린 시절 기억은
46. 무엇보다도 좋지 않게 여기는 것은
47. 나의 성생활은
48. 내가 어렸을 때 우리 가족은
49. 나는 어머니를 좋아했지만
50. 아버지와 나는

〈표 13-6〉 SSCT 성인용 평점 기록지

성명: 성별: 나이: 날짜: 상담사:

-2 : 심한 손상. 이 영역의 정서적 갈등을 다루기 위해서 치료적 도움이 필요하다고 보임.

-1 : 경미한 손상. 이 영역에 대한 정서적 갈등이 있는 것으로 보이지만 치료적 도움 없이 이를 다룰 수 있을 것으로 보임.

0 : 이 영역에서 유의한 손상이 발견되지 않음.

X : 확인 불능. 충분한 증거가 부족함.

구분	번호	자극내용
어머니에 대한 태도	13	나의 어머니는
	26	어머니와 나는
	39	대개 어머니들이란
	49	나는 어머니를 좋아했지만
해석적 요약		평점:
아버지에 대한 태도	2	내 생각에는 가끔 아버지는
	19	대개 아버지들이란
	29	내가 바라기에 아버지는
	50	아버지와 나는
해석적 요약		평점:
가족들에 대한 태도	12	다른 가정과 비교해서 우리 집안은
	24	우리 가족이 나에 대해서
	35	내가 아는 대부분의 집안은
	48	내가 어렸을 때 우리 가족은
해석적 요약		평점:
여성에 대한 태도	9	내가 바라는 여인상은
	25	내 생각에 여자들이란
해석적 요약		평점:
남성에 대한 태도	8	남자에게 대해서 무엇보다 좋지 않게 생각하는 것은
	20	내 생각에 남자들이란
	36	완전한 남성상은
해석적 요약		평점:
이성관계 및 결혼생활에 대한 태도	10	남녀가 같이 있는 것을 볼 때
	23	결혼생활에 대한 나의 생각은
	37	내가 성교를 했다면
	47	나의 성생활은

해석적 요약		평점:
친구나 친지에 대한 태도	6	내 생각에 참다운 친구는
	22	내가 싫어하는 사람은
	32	내가 제일 좋아하는 사람은
	44	내가 없을 때 친구들은
해석적 요약		평점:
권위에 대한 태도	3	우리 윗사람들은
	31	윗사람이 오는 것을 보면 나는
해석적 요약		평점:
두려움에 대한 태도	5	어리석게도 내가 두려워하는 것은
	21	다른 친구들이 모르는 나만의 두려움은
	40	내가 잊고 싶은 두려움은
	43	때때로 두려운 생각이 나를 휩싸일 때
해석적 요약		평점:
죄책감에 대한 태도	14	무슨 일을 해서라도 잊고 싶은 것은
	17	어렸을 때 잘못했다고 느끼는 것은
	27	내가 저지른 가장 큰 잘못은
	46	무엇보다도 좋지 않게 여기는 것은
해석적 요약		평점:
자신의 능력에 대한 태도	1	나에게 이상한 일이 생겼을 때
	15	내가 믿고 있는 내 능력은
	34	나의 가장 큰 결점은
	38	행운이 나를 외면했을 때
해석적 요약		평점:
과거에 대한 태도	7	내가 어렸을 때는
	33	내가 다시 젊어진다면
	45	생생한 어린 시절의 기억은
해석적 요약		평점:
미래에 대한 태도	4	나의 장래는
	11	내가 늘 원하기는
	16	내가 정말 행복할 수 있으려면
	18	내가 보는 나의 앞날은
	28	언젠가 나는

해석적 요약		평점:
목표에 대한 태도	30	나의 야망은
	41	나의 평생 가장 하고 싶은 일은
	42	내가 늙으면
해석적 요약		평점:
임상가 평가		1. 주된 갈등 영역: 2. 정서적 반응: 3. 현실검증 성숙도: 4. 갈등을 표현하는 방법: 5. 그 외 특이사항:

SCT 검사의 형식적인 특성으로서는 반응시간, 단어 수, 표현의 정확성, 질, 수식어구, 단순성, 강박성, 장황성이 있고, 내용상의 특성으로 정서, 강도, 소극성, 상징성 등을 분석할 수 있다. 그리고 SCT 검사 해석 시 주의할 점으로는 첫째, 내적인 충동에 주로 반응하는가 또는 외부 환경 자극에 주로 반응하는가의 여부와 둘째로 스트레스 상황에서 정서적 반응이 충동적인가 아니면 잘 통제되는가이며, 셋째로 자신의 책임이나 타인의 관심을 적절히 고려하는 등, 사고가 성숙된 편인가 아니면 미성숙하고 자기 중심적인가, 끝으로 사고가 현실적인가 아니면 자폐적이고 공상적인가이다.

검사자는 피검자 태도에 대한 임상적인 인상을 구체화시켜 해석적 요약을 하고, 해당 영역에서의 손상 정도에 따라, 영역의 정서적 갈등을 다루기 위해서 치료적 도움이 필요하다고 보일 때는 −2점으로(심한 손상) 처리하고, 정서적 갈등이 있는 것으로 보이나 치료적 도움 없이 다룰 수 있을 것으로 보일 때는 −1점(경미한 손상)으로 처리한다. 그리고 영역에서 유의한 손상이 발견되지 않을 경우에는 0점으로 하며, 확인 불능, 충분한 증거가 부족함일 때는 x로 한다.

7) HTP 검사

1940년대에 투사적 그림 치료가 개인의 정신적 측면과 성격을 평가하는 도구로

사용될 수 있다는 주장이 대두되면서 "투사적 그림(projective drawing)"이라는 용어가 등장하였고 투사적 그림 검사가 발전하게 되었다. 정신분석가인 벅(Buck, 1948)은 단일 과제의 그림보다는 집-나무-사람(House-Tree-Person: HTP)을 그리게 하는 것이 수검자의 성격을 이해하는 데 보다 효과적이라 생각하였고, 집-나무-사람(H-T-P) 그림을 발달적 투사적 측면에서 연구하였다. 벅이 집-나무-사람의 3가지 과제를 사용한 것은 첫째, 집-나무-사람은 누구에게나 친밀감을 주는 주제이며, 둘째, 모든 연령의 수검자가 그림 대상으로 받아들일 수 있고, 셋째, 다른 과제보다 솔직하고 자유스러운 언어표현을 시킬 수 있는 자극으로서 이용할 수 있기 때문이다(김동현, 공마리아, 최외선, 2002).

HTP 검사의 내용 구성은 집(House), 나무(Tree), 사람(Persons)을 자유롭게 그리도록 하는 투사법 검사로 수검자의 저항이 적으며, 동일한 환자의 그림을 배열했을 때 질병의 경과를 잘 파악하고 가족관계에 따른 문제를 이해할 수 있게 한다.

HTP 검사를 실시할 때는 동일한 재료, 일정한 지시, 절차에 의해 진행되어야 한다. 검사자는 수검자에게 자신이 그리고 싶은 대로 자유롭게 그리도록 해야 하며, 그림의 크기, 위치, 방법 등에 대한 어떠한 단서도 제공하지 않도록 주의해야 한다. 검사가 진행되는 동안에 수검자가 질문을 하더라도 단정적인 답을 하지 말아야 한다. 예를 들어 "지우개를 써도 되나요?", "작게 그려도 되나요?", "그림을 못 그리는데요. 괜찮은가요?" 등을 질문한다면 검사자는 "마음대로 하시면 된다", "그림을 잘 그리고 못 그리고 상관없다"와 같이 답해 줄 수 있다. 검사자는 수검자가 그림을 그리는 동안 보이는 특정한 행동들을 잘 관찰하여 기록해 둔다. 만약 아동이 그림을 잘 그리지 못하면 격려해 줄 수는 있으나 그리는 것을 도와줘서는 안 된다. 이러한 검사 실시 절차는 성인을 대상으로 할 때도 똑같이 적용된다. HTP 검사 질문지는 <표 13-7>과 같다.

〈표 13-7〉 HTP 검사 질문지

1) HTP 날짜 : 년 월 일	이름: 나이: 성별: 남 / 여
① House	② Tree
- 누가 살고 있어요? - 이 집 분위기는? - 집 안에서 무엇을 하고 있죠? - 어떤 사람들이 살고 있어요? - 이 집은 어디에 있는 집이죠? - 이 집에 살고 있는 사람들 기분은? - 창문이 열려 있나요? 닫혀 있나요? - 이 집에서 살고 싶은가요?	- 어떤 종류의 나무죠? - 어디에 있어요? - 나무의 나이는? - 나무는 죽었나요? 살았나요? - 나무 건강은? - 나무의 기분은? - 나무의 소원은? - 나무의 주변에는? - 앞으로 어떻게 될까요?
③ Person 1	③ Person 2
- 나이는? - 직업은? - 지금 뭐하고 있나? - 걱정거리는? - 성격은? - 기분은? - 가장 힘들었을 때는? - 소원은? - 이 사람의 미래는? - 해주고 싶은 말은?	- 남자? 여자? - 나이는? - 직업은? - 지금 뭐하고 있나? - 걱정거리는? - 성격은? - 기분은? - 가장 힘들었을 때는? - 소원은? - 이 사람의 미래는? - 해주고 싶은 말은?

연습문제

1. 임상적 평가, 역동적 평가, 치료적 평가에 대해서 설명하시오.
2. 심리검사를 각각 실시하고 토론하시오.

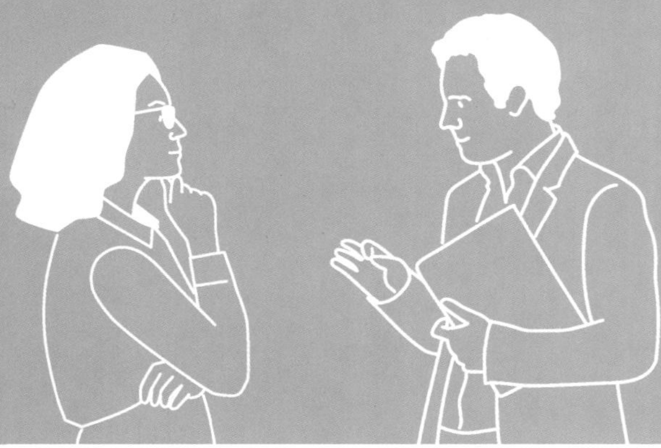

PART

04

상담의 적용

CHAPTER

14

유형별 상담

학습 내용

1. 단기상담
2. 집단상담
3. 진로상담

학습 목표

1. 단기상담의 이론과 실제에 대해서 학습하고 시연한다.
2. 집단상담의 이론과 실제를 이해하고 적용하게 한다.
3. 진로상담의 이론과 실제에 대해서 학습하고 자신의 진로계획을 설계하게 한다.

학습 개요

단기상담은 단기간에 내담자에게 전략적으로 상담적 지원을 하는 것으로 장기간의 상담과 대비된 개념이라고 할 수 있다. 단기상담은 제한된 시간 내에 계획적이고 의도적이며 적극적인 개입을 통해서 최고의 효율을 내고자 하는 목표 아래 인간 행동 변화의 원리를 새로운 관점에서 발견하고 새로운 방법으로 인간 행동을 변화시키고자 한다. 단기상담 가운데 해결중심 단기치료는 내담자가 자신이 가진 문제를 해결하려는 의지와 능력을 가지고 있다고 믿기에 내담자 스스로 해결책을 찾아 나가도록 돕는 데 주력한다.

집단상담은 전문적으로 훈련받은 한두 명의 집단상담자 지도 아래 비교적 정상 범위의 적응 수준에 속한 여러 명의 내담자를 대상으로 집단을 구성하고 그 집단원 간의 역동적인 상호작용을 통해서 개인의 태도와 행동의 변화, 그리고 성장발달을 촉진시키려는 대인관계의 학습과정이다.

진로상담은 내담자가 미래사회에 어떻게 대처해 나갈 것인가에 관한 여러 가지 개인적, 사회적인 문제를 합리적으로 탐색 및 결정하고 잘 적응하도록 돕는 체계적이고 전문적인 활동이라고 말할 수 있다. 진로상담의 궁극적인 목적은 진로상담을 통하여 개인적으로는 자아를 실현하고, 국가적으로는 효율적인 인력 활용으로 국가 발전에 기여하는 것이다. 이를 위한 구체적인 진로상담의 목표는 자신에 대한 보다 정확한 이해 증진, 직업세계에 대한 이해 증진, 합리적인 의사결정 능력의 증진, 정보탐색 및 활용 능력의 함양, 일과 직업에 대한 올바른 가치관 및 태도 형성에 있다.

1 단기상담

1) 단기상담의 의미

단기상담은 구체적으로 정한 상담의 목표를 빠른 시간 내에 해결하는 데 초점을 둔 것으로, 지칭하는 용어가 다양하다. 이는 '단기'의 의미가 학자들마다 다르고, 단기상담과 관련된 용어도 다양하기 때문이다. 단기상담과 관련된 용어에는 단기간 상담(short-term counseling), 단기치료(brief therapy), 단기개입(brief intervention), 단기 전략적 치료(brief strategic therapy), 시간-제한적 상담(time-limited or time-specified counseling), 시간-효과적 상담(time-effective counseling) 등이 있다. 이러한 용어를 종합하면 단기상담은 단기간(短期間)에 내담자에게 전략적으로 상담적 지원을 하는 것으로 장기간의 상담과 대비된 개념이라고 할 수 있다. 단기상담은 제한된 시간 내에 계획적이고 의도적이며 적극적인 개입을 통해서 최고의 효율을 내고자 하는 목표 아래 인간 행동 변화의 원리를 새로운 관점에서 발견하고 새로운 방법으로 인간 행동을 변화시키고자 한다. 즉, 단기상담에서는 내담자의 가장 절실한 불편함을 없애고 합리적이고 적절한 수준에서 기능하도록 문제 해결을 돕는 것이다.

상담을 단기화하는 궁극적인 목적은 제한된 시간 내에 최고의 상담 효과를 내고 비용을 절감하기 위해서이다. 일반적으로 내담자는 상담이 장기간 진행될 것으로 기대하지 않고 문제를 빨리 해결하기를 원한다. 그리고 실제로 상담자가 내담자와 상담하는 회기 수는 평균적으로 6회 내지 8회 정도가 많다(이장호 외, 2000). 또한 대학 상담센터에서의 상담이나 전화상담, 사회복지기관 등에서의 상담은 단기의 속성을 지니고 있으며, 상담의 효과에 있어서도 단기상담은 장기상담만큼이나 효과가 있는 것으로 보고 있다(김계현, 1995).

단기상담에서 회기와 기간을 어느 정도 할 것인가에 대해서는 학자들마다 의견이

다르지만 1회 상담으로 종결하는 문제 중심 단회상담(Talmon, 1990), 8회 미만의 초단기상담(Talley, 1992), 10회에서 20회의 단기상담(Fuhriman, Paul, & Burlingame, 1986)으로 정의할 수 있다. 단기상담의 상담 횟수(상담의 총회기 수)와 상담 빈도(주 몇 회를 상담하는가)를 구분해 보면, 교육적 단기 요법은 1회에서 15회의 횟수와 주 1회 또는 격주 내지 월 1회의 빈도이다. 그리고 정신역동적 요법은 7회에서 50회 정도의 횟수와 주 1회 또는 주 2~3회의 빈도이고, 문제 해결 요법은 1회에서 7회 정도의 횟수와 매일 또는 주 1~4회의 빈도를 예상하고 있다(김정택, 1995).

2) 단기상담의 이론

단기상담은 여러 이론을 바탕으로 발전되었고 단기상담 이론 또한 학자들에 따라 다양하게 구분된다. 초기의 단기상담은 기존의 장기상담 모델에 대한 이론을 부분적으로 수정하여 제한된 목표와 기한에 중점을 두고 단기정신역동치료, 단기내담자중심치료, 단기인지치료 등으로 제시되었다. 하지만 근래에 대두되는 단기상담은 기존의 상담방법과 비교해 제한된 목표와 기한에서만이 아닌 근본적으로 다른 차원에서 단기화를 시도하고 있다. 이 중 가장 두드러진 해결중심적 접근은 기존의 상담방법이 문제의 원인이나 핵심을 이해하기 위해 문제 탐색에 많은 시간을 할애한 것에 비해, 문제 탐색시간을 줄이고 상담목표 또는 문제 해결에 접근했던 경험, 앞으로의 작은 목표 수립과 달성을 위한 방법 탐색, 목표에 접근하기 위한 과제 부여 등에 더 초점을 두고 많은 관심을 쏟고 있다(Strosahl, Robinson, & Gustavsson, 2012).

단기상담 모델에 대한 구분은 학자들에 따라서 다양하게 구분되는데, 김계현(1995)은 내담자의 문제와 치료자의 전략을 연결지어서 단기상담의 모델을 교육적 단기상담요법, 치료적 단기상담요법, 지지적 단기상담요법, 문제 해결중심 단기상담요법 등으로 나누고 있다. 그리고 이장호 외(1999)는 내담자와 상담자가 일대일로 만나서 상담하는 경우를 고려할 때 정신역동적 접근, 인지행동치료, 위기상담, 절충

적 접근 등으로 구분한다. 류은영(2018)은 단기상담의 대표적 이론으로 위기개입, 계획적 단기상담, 과제중심 모형을 제시하였다. 또한 김정택(1995)은 단기역동정신치료, 문제 해결중심적 단기치료, 해결중심적 단기가족치료를 소개하고 있다. 본 장에서는 최근에 많이 활용되고 있는 해결중심 단기치료 모델을 중심으로 단기상담을 피력하고자 한다.

3) 해결중심 단기치료

(1) 해결중심 단기치료의 의미

해결중심 단기치료는 내담자가 자신의 문제를 해결하려는 의지와 능력을 가지고 있다고 믿기에 내담자 스스로 해결책을 찾아 나가도록 돕는 데 주력한다. 해결중심 단기치료는 단기가족치료에 대한 자신의 독자적인 모델을 발전시켜 오던 드 쉐이저(de Shazer)와 그의 아내 김인수(Insoo Berg)가 1950년 중반에 단기치료의 선구자인 밀턴 에릭슨(Milton Erikson)과 MRI(Mental Research Center)학파의 영향을 받으면서 발전시킨 모델이다.

드 쉐이저(de Shazer)는 1970년대 후반 정신건강연구소(Mental Research Institute: MRI)의 단기치료센터(Brief Therapy Center)에서 동료들(Watzlawick, Weakland, & Fisch, 1974; Fisch, Weakland, & Segal, 1982)과 활동하면서 전통적으로 시간이 많이 걸리는 정신역동치료와 달리 짧은 기간에 내담자의 문제를 해결해 보려는 착안을 하게 되었다. 그리하여 정신건강연구소(MRI)의 치료사들은 내담자의 편의를 위해 상담 횟수가 적어야 한다고 믿었으며, 상담의 초점을 문제의 원인을 파악하고 이해하기보다는 문제에 대해 효과적으로 생각하는 방법과 그것을 다루는 실용적인 방법을 찾는 것에 초점을 두었다(Furman & Ahola, 1994).

1975년에 드 쉐이저는 문제의 구성에 가족 구성원과 내담자를 포함시킴으로써 더 종합적인 단기치료 모델을 만들게 되었다(de Shazer, 1985). 그리고 1978년에 드 쉐이

저는 MRI를 떠나 동료들(Insoo Kim Berg, Elam Nunnally, Eve Lipchik, Alex Molnar)과 함께 미국 위스콘신 주의 밀워키에 단기가족치료센터(Brief Family Therapy Center: BFTC)를 설립하였다(de Shazer, 1985). 이리하여 해결중심 단기치료 모델은 1980년대에 발전되기 시작하였고, 1982년부터 그 이름을 사용하게 되었다(de Shazer & Berg, 1997). 드 쉐이저와 버그(Insoo Kim Berg, 한국명 김인수)의 MRI 경험은 해결중심 단기치료의 3대 중심 철학에 영향을 미쳤는데, 이는 '문제가 없으면 손대지 마라, 효과가 있으면 계속하라, 효과가 없으면 그만두라' 이다(de Shazer & Berg, 1994).

해결중심 단기치료가 MRI 모델과 다른 점은 문제 자체나 증상을 계속 유지시키는 잘못된 문제 해결책에는 관심을 가지지 않고, 오직 내담자가 원하는 바람직한 해결책이 무엇인지에 초점을 두어 목표를 설정하며, 이러한 목표를 성취할 수 있는 행동을 증가시키도록 유도하는 데 주안점을 두고 있다. 즉, 치료자가 반드시 내담자의 문제가 무엇인가에 초점을 맞추어야 할 필요는 없고 오히려 내담자가 성취하려는 구체적 목표가 무엇이며 앞으로 어떤 것을 바라는지를 분명히 하면 쉽게 목표에 도달할 수 있는 것으로 보았다.

(2) 해결중심 단기치료의 기본 원리

첫째, 인간의 병리적인 것보다는 건강한 측면에 초점을 두고, 내담자의 성공했던 경험이나 장점에 중심을 두고 치료해 나간다(Berg & Miller, 1992).

둘째, 내담자가 지닌 강점, 자원, 건강한 특성들을 발견하여 치료에 최대한 활용함으로써 제시된 문제의 해결책을 찾아 나간다. 내담자가 가지고 있는 자원, 강점, 능력, 지식, 동기, 증상, 사회관계망, 환경, 성공적인 경험 등을 이끌어 내고 확인하며 지지함으로써 제시된 문제의 해결에 활용한다.

셋째, 인간의 삶 속에서 끊임없이 일어나는 변화를 확인하고 그 변화를 해결책으로 활용할 필요가 있다. 누구에게나 변화는 삶의 일부이기 때문에 변화는 불가피하며, 체계는 서로 연결되어 있으므로 한 개인의 변화를 통해서 전체 체계를 변화

시킬 수 있는 것이다.

넷째, 내담자의 과거와 문제보다 현재와 미래에 적응하고 해결책을 지향하도록 도와 나가는 데 그 강조점이 주어진다.

다섯째, 내담자의 행동을 가설적 이론의 틀에 맞추어 평가하지 않고, 내담자가 호소하는 불평을 수용하고, 내담자의 의견과 관점을 액면 그대로 받아들여 개별성을 최대로 존중한다.

여섯째, 해결중심 단기치료는 상담목표를 달성하기 위해 상담방법의 경제성을 추구하기에 상담개입은 가장 단순하고 하기 쉬운 것부터 시작하여 상담의 파급효과를 가져오게 한다.

일곱째, 해결중심 단기치료에서는 상담자와 내담자 간의 상호 협의된 상담목표를 설정하여 해결방안을 발견하고 구축하는 과정을 중시한다(정문자 외, 2008).

(3) 해결중심 단기치료의 치료자의 자세

첫째, 내담자와 함께하는 자세가 필요하다.

해결중심 단기치료에서는 내담자의 문제를 해결하기 위해 내담자와 치료자가 함께 목표를 세우고 해결책을 구상하며 실행한다. 내담자는 자기 문제의 전문가이기 때문에 상담자는 내담자가 문제를 어떻게 지각하는지를 파악하며, 한 발짝 뒤에서 내담자를 인도한다(Cantwell & Holmes, 1994). 그리고 치료자는 적극적인 질문을 통해서 내담자가 문제를 다른 시각에서 바라보게 하며, 내담자의 생활에서 문제시되지 않았거나 문제가 해결되는 시점의 예외적 상황을 발견하도록 돕는다.

둘째, 알지 못함의 자세가 필요하다.

'알지 못함의 자세(not knowing posture)'를 발달시킨 앤더슨과 굴리시안(Anderson & Goolishian, 1992)은 '알지 못함의 자세'는 치료자가 언어적·비언어적 행동을 통해 내담자에게 풍부하고 진실한 호기심을 전달하는 것이라고 하였다. 이는 치료자가 내담자는 변화되어야 한다는 생각이나 기대보다는 내담자의 행동과 말을 좀 더 많이

알고 싶어 하는 의향, 즉 항상 '더 많은 정보를 얻고자 하는' 자세를 보여야 한다는 것을 의미한다. 이러한 '알지 못함의 자세'에서 나오는 대화적 질문은 '아직 말하지 못한 것'을 말해도 괜찮겠다는 안전함을 느끼는 시작점을 만들 수 있고 정서적·내면적 차원의 억압을 제거해 낼 수 있게 된다.

(4) 해결중심 단기치료 목표 및 내담자와 관계 형성

① 치료목표

해결중심 단기치료에서는 도움을 받으러 온 내담자의 어려움을 해소하기 위하여 다양한 방법을 함께 모색한다. 해결중심 단기치료는 목적지향적인 모델로서 목표 설정 시 내담자와 함께 내담자가 원하는 목표를 세우는 것이 매우 중요하다. 내담자와 협동적으로 목표를 세우는 데 있어서 7가지 원칙을 중시한다. 첫째, 내담자에게 중요한 것을 목표로 하기 둘째, 작은 것을 목표로 하기 셋째, 구체적이고 명확하며 행동적인 것을 목표로 하기 넷째, 문제를 없애는 것보다는 긍정적인 행동에 관심을 두기 다섯째, 목표를 종식보다는 시작으로 간주하기 여섯째, 내담자의 생활에서 현실적이고 성취 가능한 것을 목표로 하기 일곱째, 목표 수행은 힘든 일이라고 인식하기이다.

② 내담자와의 관계 형성

드 쉐이저는 치료자와 내담자의 관계 유형을 내담자의 상황에 따라 고객형, 불평형, 방문형으로 분류하였다(De Shazer, 1985; Berg & Miller, 1992).

첫째, 고객형 내담자는 문제를 분명히 인식하고 있고 변화를 위해 자발적인 동기와 적극성을 표현하며 치료자와 협력적인 치료관계로 쉽게 발전할 수 있는 이상적인 내담자다.

둘째, 불평형 내담자는 문제의 내용은 잘 알지만 문제를 자기 책임이 아니라 남의 책임으로 돌리는 유형으로 문제 상황을 다른 관점에서 관찰하고 깊게 생각할 수 있

게 해 주는 것이 중요하다.

셋째, 방문형 내담자는 누구에 의하여 보내진 내담자로 자신의 문제에 대한 의식이 없으므로 변화하고자 하는 동기가 매우 약한 편이다. 그러므로 문제에 대한 인식을 스스로 알 수 있도록 협조해 주는 태도가 중요하다(폭력가해자, 비행청소년, 약물중독자, 알코올중독자).

(5) 해결중심 단기치료 과정

해결중심 단기치료 과정은 학자에 따라서 4단계(De Jong & Berg, 2001), 7단계(de Shazer al., 1986), 5단계(Berg, 1994)로 제시되었다. 이 중 5단계 모형은 BFTC(Brief Family Therapy Center)에서의 치료 경험을 바탕으로 제시된 모형이다. 크랄(Kral, 1995)은 이 5단계 모형을 교육 현장형으로 재구성하여 해결중심 단기상담의 '5D Model'을 제시하였다. 5D Model을 중심으로 해결중심 단기치료 과정을 살펴보면 다음과 같다.

① 1단계: 내담자와 함께 일하기

1단계는 내담자와 상담자 간의 협력관계를 형성(working with the client)하는 단계로 처음 만나면서부터 상담자는 내담자에게 존중과 권한을 부여하는 분위기를 만든다.

② 2단계: 잘 형성된 상담목표를 설정하기 위한 협상

2단계는 잘 형성된 상담목표를 설정하기 위해 타협(negotiating well formed goals)하는 과정으로, 내담자가 바라고 기대하는 것이 무엇인지, 그 목표를 분명히 설정하는 것이 필요하다. 따라서 치료자는 알지 못함의 자세, 즉 언어적·비언어적 행동을 통해 내담자에게 풍부하고 진실한 호기심을 표현하여 내담자의 정보를 더 알고 싶어 하는 자세를 취해야 한다는 것이다(정문자 외, 2012).

③ 3단계: 내담자를 해결로 유도

3단계에서는 내담자의 문제 해결에 유용한 질문을 선택해야 한다. 질문을 통해 내담자가 자신의 힘과 자원을 이용할 수 있도록 돕는 것(Orientation the Client to Ward Solution)이 최상이다. 대화를 해결중심으로 이끌어 내면서 풍성하게 하는 질문기법은 상담 전 변화에 대한 질문, 예외질문, 기적질문, 척도질문, 대처질문이 있다(Berg, 1994).

④ 4단계: 해결중심적 개입

4단계 해결중심적 개입(Solution-Focused Intervention)과정은 30~40분간의 면접, 10분간의 협의, 확인과정, 연결과정, 과제 주기로 진행된다.

⑤ 5단계: 목표 유지

마지막 단계에서는 해결중심적 개입을 통해 이루어진 작은 변화를 어떻게 계속 유지시켜(Goal Maintenance) 나갈 것인가에 대한 전략에 초점을 맞춘다(김정택, 1995).

(6) 해결중심 단기치료의 치료기법

① 상담 전 변화에 관한 질문

대부분은 내담자들은 첫 상담 약속을 한 후 첫 면담에 오기까지 미리 많은 생각을 하고 해결책을 모색하면서 변화하는 경향이 있다(Berg, 1994). 따라서 첫 상담이 시작되었을 때는 먼저 상담 약속을 정한 후 지금까지 어떤 변화가 일어났는지를 묻는 질문으로 시작한다. 그리고 작은 변화나 시도가 있었을 때는 스스로 노력했다는 점과 변화를 가져온 능력과 가능성을 인정하고 격려하고 칭찬한다.

② 해결방안을 위한 질문법

첫째, 예외질문(exception question)은 내담자가 문제로 생각하고 있는 행동이 일어나지 않는 상황을 말한다. 이렇게 예외 상황을 발견하는 것은 어떠한 문제라도 예외는

있기 마련이라는 해결중심 단기상담의 기본 전제를 바탕으로 하고 있다. 상담자는 내담자가 과거에 성공했던 경험을 생각하게 함으로써 성공 경험을 발견해 주고, 계속적으로 강조해 줌으로써 과거 성공 경험을 강화시키는 기법이다.

둘째, 기적질문(miracle question)은 내담자가 문제나 상황이 해결된 상태를 상상해 보게 한다. 그리고 해결되기 원하는 것들을 구체적으로 생각해 보고 나타내 보게 함으로써 상담의 목표를 구체화하기 위한 기법이다.

셋째, 척도질문(scale question)은 내담자에게 자신의 문제나 우선순위, 문제 해결에 대한 희망과 자신감, 진전 상태에 대한 평가, 변화된 정도, 관계 개선을 위한 노력 정도, 문제 해결을 위한 동기와 의지, 자존감 등을 수치로 표현하도록 하는 방법이다(Berg & Miller, 1992).

넷째, 대처질문(coping question)은 자신의 미래를 매우 절망적으로 보아 아무런 희망이 없다고 보는 내담자에게 주로 사용하는 기법으로, 내담자가 어려운 상황에서 어떻게 견뎌왔는지를 질문함으로써 그동안의 자신의 노력과 의지를 발견하도록 그것을 인식, 강화, 확대하기 위한 근거로 이용한다(김유숙, 2015).

다섯째, 관계성질문(relationship question)은 면접 전 상황부터 이후 상황까지 폭넓게 사용될 수 있는 것으로, 내담자와 주요한 관계에 있는 사람들이 갖고 있는 생각, 의견 그리고 지각 등에 대한 질문이다. 관계성질문을 통해서 다른 사람과 어떤 상황에서 어떻게 서로 반응하는지 상호작용과 관계성을 잘 알 수 있다.

여섯째, 악몽질문(nightmare question)은 목적설정을 위한 상담 전 변화에 대한 질문, 예외질문 그리고 기적질문 등이 효과가 없을 때 이 질문을 사용할 수 있다. 내담자에게 뭔가 더 나쁜 일이 일어나야만 현재와 다른 무엇을 하려고 하거나 문제에서 벗어날 수 있을 것으로 생각될 때 이 질문을 사용한다.

일곱째, 간접적인 칭찬은 내담자의 어떤 측면이 긍정적이라는 것을 암시하는 질문으로 내담자로 하여금 자신의 강점이나 자원을 스스로 발견하도록 하는 것이다. 예로 '어떻게 그렇게 할 수 있었습니까?', '어떻게 집안을 그토록 평온하게 유지할 수

있었어요?' 등이 있다.

③ **칭찬과 치료적 피드백의 메시지**

첫째, 칭찬(compliment)은 내담자가 중요하게 생각하는 것, 내담자가 성공적으로 하고 있는 것과 이러한 성공을 통해 나타나는 내담자의 강점을 강조하는 것이다. 칭찬의 필요성은 근본적으로 문제 해결을 위한 촉진에 있다. 따라서 치료자는 내담자의 긍정적인 부분을 강조하며, 내담자가 지금까지 시도해 왔던 노력과 결과를 인정하며 칭찬해 준다(김혜숙, 2016).

둘째, 피드백 메시지는 치료자가 내담자의 문제나 변화되기 원하는 것들을 기초로 작성한다. 내담자가 문제 해결을 위하여 이미 실행한 것 가운데 성공적인 것은 지속적으로 할 수 있도록 한다. 메시지 전달의 의의는 내담자의 상황이나 해결에 관하여 다른 관점을 가지게 한다. 또한 메시지는 궁극적으로는 문제 해결을 촉진하도록 내담자에게 용기와 동기를 부여한다는 큰 이점이 있다(정문자 외, 2007).

④ **과제부여**

과제부여는 내담자와 치료자 간의 관계 유형에 따라 다르다. 고객형인 경우에는 행동과제를, 불평형인 경우에는 관찰 또는 생각과제를 준다. 방문형인 경우 내담자가 자신이 처한 어려운 상황에서도 자신에게 도움이 되기 위해 상담을 받으러 온 것에 대해 칭찬하고 다음 상담에 오도록 격려한다. 그리고 치료의 지속 여부는 내담자가 결정하게 한다(De Shazer & Molnar, 1988).

4) 단기상담의 장점과 제한점

단기상담의 장점으로는 첫째, 내담자의 현재 문제와 증상에 대한 상담자의 즉각적이고 적극적인 개입으로 인해 집중적이고 빠른 치료가 가능하다는 점이다. 특히 해결중심 단기치료는 비교적 짧은 기간 동안에 내담자의 문제 해결을 위해 상담자가

함께 노력함으로써, 불필요한 비용과 시간을 절약시켜 줄 수 있다. 둘째, 해결중심 단기치료는 긍정적인 관점을 강조하고, 개인이 어떻게 문제를 해결할 수 있는지에 초점을 맞추기에 긍정적인 자아 강화와 자기 효능감 증진에 도움을 준다.

하지만 해결중심 단기치료의 제한점으로는 첫째, 단기간 내에 문제를 해결하기 위해 초점을 맞추기 때문에 근본적인 원인에 대한 탐구가 부족할 수 있다. 둘째, 복잡한 문제나 중증 정신건강 문제를 가진 내담자에게 적용될 경우 치료의 한계가 따를 수 있다. 셋째, 해결중심 단기치료는 내담자의 문제 해결 능력을 강화하고 있기에 자신의 문제 해결 능력에 대한 불안감이나 불확실성을 느끼는 내담자에게는 치료의 제한이 따를 수 있다.

2 집단상담

1) 집단상담의 의미와 목적

집단상담(group counseling)은 전문적으로 훈련받은 한두 명의 집단상담자 지도 아래 비교적 정상 범위의 적응 수준에 속한 여러 명의 내담자를 대상으로 집단을 구성하고 그 집단원 간의 역동적인 상호작용을 통해서 개인의 태도와 행동의 변화, 그리고 성장발달을 촉진시키려는 대인관계의 학습과정이다(Corey & Corey, 2006).

집단상담의 목적은 일반적으로 각 개인이 집단상담을 통해 다음과 같은 사항을 달성하고자 하는 데 있다.

첫째, 집단과정 속에서 자기 개방과 자기 노출의 경험을 하고 이에 대한 집단원 간의 상호작용을 통해 자기 이해와 자기 수용을 한다.

둘째, 자기 이해와 자기 수용을 통해, 자신의 문제에 대해 객관적으로 검토하고

문제 해결을 위한 행동을 습득함으로써 자기 관리 능력을 향상시킨다.

셋째, 집단과정을 통해 집단생활능력, 사회적 기술과 대인관계능력을 발전시키고, 결국 개인의 인격적 성장을 향상시킨다.

종합적으로 정리하면, 집단상담의 목적은 궁극적으로는 개인의 성장과 이를 통한 대인관계능력의 향상 및 생활환경에 보다 잘 적응하는 것이라고 할 수 있다. 그리고 이러한 집단상담의 목적을 달성하기 위한 목표는 상황과 이론에 따라 다양하게 제시될 수 있는데, 일반적으로 공통적인 목표는 다음과 같다(Corey, 2007).

첫째, 자신에 대한 자각을 증진시키고 그 결과로 선택과 결정의 폭을 넓힌다. 둘째, 자신이 가진 가치관을 명료화하고 수정한다면 어떻게 할지를 결정한다. 셋째, 자신의 대인관계 스타일, 특히 친밀한 관계를 방해하는 요소에 대한 자각을 증진한다. 넷째, 자신과 타인을 신뢰하는 방법을 습득하고, 자신이 선택한 몇몇 사람에게 자신의 마음을 더 열고 진솔해지도록 한다.

2) 집단상담의 종류와 유형

집단상담은 프로그램 구성과 실시 형태, 목표와 성격, 집단상담이론 등에 따라 다양한 유형으로 구분할 수 있다.

첫째, 일반적으로 회기별 내용이 구체적이고 체계적으로 구성되어 있고, 프로그램의 목표와 방향이 분명하며 활동지가 준비되어 있는 경우 구조화 집단상담이라고 하고, 회기별 활동 주제가 정해져 있지 않고, 현재의 역동적인 상호작용을 주로 다루는 경우를 비구조화 집단상담이라고 구분한다. 그리고 비구조화 집단의 형태를 토대로 운영되면서 필요할 때마다 구조화 집단에서 활용되는 활동을 이용하는 반구조화 집단이 있다.

둘째, 목표와 성격에 따라 일상의 문제를 다루는 측면에서는 상담집단과 토의집단으로 구분할 수 있고, 집단의 가입과 탈퇴의 자유 여부에 따라서 개방집단과 폐쇄집

단으로 구분할 수 있다. 그리고 집단상담에 참여한 집단구성원들의 의지가 자발적인지의 여부에 따라서 자발적 집단과 비자발적 집단, 집단구성원들의 공통적 특성에 따른 동질집단과 이질집단, 집단의 목적에 따라서 교육집단, 성장집단, 상담집단, 자조집단, 치료집단으로 구분된다.

셋째, 집단상담자가 지향하는 이론적 근거에 따라 정신분석적 집단상담, 게슈탈트(형태주의) 집단상담, T-Group, 참만남, 성장집단, 해결중심 집단상담 등 다양한 형태로 구분된다.

3) 집단상담자의 자질과 역할

(1) 집단상담자 자질

집단상담자는 집단지도자 또는 집단치료자로서 집단상담에 대한 전문적인 교육과 훈련을 성공적으로 이수하고 수련감독자의 감독 아래 실습을 마친 전문가이다. 집단활동이 효과적으로 촉진되기 위해서는 집단지도자의 자질이 중요한데, 집단지도자의 자질 가운데는 인간적 자질과 전문가적 자질이 중요하다고 하겠다(이현림 외, 2015).

① 인간적 자질

집단상담은 상담자의 인격적인 특성과 행동에 밀접한 관계가 있다. 따라서 유능한 집단상담자가 되기 위해서는 다음과 같은 인간적인 자질이 필요하다고 하겠다.

첫째, 신뢰와 열정이다. 집단과정의 가치에 대한 상담자의 깊은 신뢰와 열정은 집단을 성공적으로 이끌어 가는 데 필수적인 요소이다.

둘째, 자발적 자기 대면이다. 집단상담자의 주요 임무 중 하나는 집단원의 자기 탐색을 유도하는 것이므로 상담자 또한 상담과정에서 나타나는 자신과 다른 구성원 모두에게 나타날 여러 문제요소들을 차단하기 위해서 지속적인 자기 대면을 통한 자기 인식을 해야 한다.

셋째, 성실성과 진실성이다. 상담자의 집단에 대한 성실성은 집단원의 행복과 성장에 지대한 영향을 미친다. 그리고 상담자의 위장하지 않은 진실성 또한 집단구성원들로 하여금 신뢰와 공감을 가지는 데 중요한 요소라고 하겠다.

넷째, 융통성과 포용성이다. 집단상담자는 집단 구성원들을 이끌어 가는 데 있어서 강요보다는 집단이 추구하는 방향을 자발적으로 따라 올 수 있도록 융통성과 포용력을 가져야 한다. 그렇게 하기 위해서는 집단구성원들의 표현된 욕구나 기대를 무시하거나 거부하지 않고 집단의 역동적 흐름에 조화롭게 반응함으로써 집단과정을 생산적으로 촉진해 가도록 해야 한다.

다섯째, 사랑과 유머 활용이다. 상담자의 집단구성원들을 향한 인간적인 사랑의 느낌은 수용과 공감을 느끼게 하기에 중요하다. 그리고 상담자는 인간적인 약점을 유머스럽게 받아들이고 집단의 분위기를 여유롭게 하며 의사소통이 보다 원활하기 위해서는 유머를 적절히 활용하는 능력이 필요하다.

여섯째, 창의성과 독창성이다. 상담자는 생기 없는 형식적인 기술과 예정된 인사치레에 얽매이지 않고, 자신과 다른 생활양식과 가치관, 새로운 도전 경험에 대해 개방적인 창의성과 독창성이 필요하다.

② 전문적 자질

첫째, 상담이론과 실제에 대한 지식이다. 집단상담자는 상담이론에 대한 해박한 지식뿐만 아니라 잠재적 집단원들이 겪을 수 있는 갖가지 복잡한 심리적 문제들을 이해하고 조력할 수 있는 실제적 지식까지 학습되어야 한다. 따라서 집단상담자의 상담이론에 대한 학습은 전문적인 자질뿐만 아니라 전문가로의 책무에 해당된다고 하겠다.

둘째, 개인 내담자로서의 경험이다. 유능한 집단상담자가 되기 위해서 스스로 내담자가 되어 개인상담을 통해서 상담자가 되고자 하는 자신의 동기 탐색과 내담자로서 상담의 효과를 몸소 체험해 보는 기회를 가질 필요가 있다. 이러한 과정을 통해

서 예비 집단상담자는 집단원에게서 나타날 수 있는 다양한 특성들이 미치는 영향들을 스스로 관찰하고 깨닫게 된다.

셋째, 집단에 대한 경험이다. 집단상담자가 되기 위해서는 먼저 집단의 한 구성으로 집단 경험을 직접 해 보는 것이 필요하다. 예비 집단상담자에게 집단 경험은 자기 탐색과 집단원을 이해하는 데 매우 중요한 학습 경험이 된다. 그리고 교육지도를 통해서 수련감독자의 지도 아래 집단상담자의 역할을 경험하는 것은 집단상담자의 수련에서 필수적 과정이다. 수련과정을 철저히 할수록 집단을 운영하는 능력이 함양될 수 있다.

(2) 집단상담자의 역할

집단상담에서 집단을 성공적으로 이끌기 위해서는 집단상담자의 역할이 매우 중요하다. 집단과정과 집단역동을 생산적인 방향으로 촉진시키기 위해서 집단상담자가 갖추어야 할 기본적인 역할은 다음과 같다.

첫째, 집단상담자는 자신의 감정, 태도 그리고 의견을 표현하고 참가자를 격려하여야 한다.

둘째, 집단상담자는 집단원에게 애정어린 감정을 표현하면서도 행동에 있어서 인정과 지지, 수용과 격려를 표현해 주어야 한다.

셋째, 집단상담자는 집단의 목표를 잘 실행하기 위해서 한계를 설정하며 집단의 규율을 제안하고, 집단규범과 여러 활동들의 순서를 정하고 작업양식을 설정하는 등 구조화 작업을 통해서 집단의 진행과 종료를 원만하게 조절할 수 있게 해야 한다 (Corey et al., 2011).

넷째, 집단상담자는 집단구성원이 새로운 행동 변화를 시도해 나갈 수 있는 환경적 분위기를 만들어 주기 위해서 바람직한 역할에 대한 모델링이 되어 주는 것이 중요하다.

다섯째, 집단상담자는 집단원들이 자신들의 과제를 수행하기 위해 무엇을 해야 하

는지 의식하도록 도와주고, 집단원들에게 집단의 개념과 기능적인 연계성을 설명함으로써 그들이 자기 자신의 행동과 집단과정에 대해 보다 더 잘 이해할 수 있도록 하는 역할을 해야 한다.

여섯째, 집단상담자는 집단상담의 윤리적인 면과 집단규준 등을 통해서 집단원을 보호해야 하며, 집단과정 중에 집단원들이 한 집단원을 공격하거나 하는 일이 발생할 때는 즉시 상담자가 개입해서 집단원을 보호할 수 있어야 한다.

일곱째, 집단상담자는 집단모임이 정해진 시간에 시작해서 정해진 시간 내에 마치도록 하며 집단모임의 회기도 처음에 정한 회기에 종결하도록 한다. 매회기의 종결 시에는 황급히 마무리하는 것이 아니라 마치기 전 10~15분 정도의 여유를 두고 회기를 요약하도록 한다.

4) 집단상담의 과정

집단상담의 과정은 집단원을 선발해서 집단을 구성하고 활동을 시작하여 종료하는 전 과정을 의미한다. 집단상담의 과정은 집단에 따라 다양하고, 상담자의 이론적 지향성, 집단의 목적과 집단원 등에 따라 상이한 차이가 있다(Corey & Corey, 2006; Mahler, 1969; Muro & Koltman, 1995; Myrick, 2002).

말러(Mahler, 1969)는 집단상담 과정을 형성, 차이, 전환, 작업, 종결의 5단계로 나누고, 네이피어와 거센펠드(Napier & Gershenfeld, 1973)는 시작의 단계, 대결을 향한 움직임의 단계, 정서와 과제의 연합을 통한 재평가 단계, 해결과 재순환의 단계로 구분하고 있으며, 한센, 워머와 스미스(Hansen, Warmer, & Smith, 1980)는 집단의 시작, 갈등과 대결, 응집성 발달, 생산, 종결로 구분한다. 또한 가즈다(Gazda, 1989)는 탐색, 전환, 작업, 종결의 4단계로, 코리(Corey, 2009)의 경우 시작 단계, 전환 단계, 작업 단계, 종결 단계의 4단계로 구분하고 있다. 이상의 여러 학자들의 집단상담과정에 대한 구분을 참고하여 정리하면 다음과 같다.

(1) 집단상담의 계획과 준비

집단상담을 시작하기 전에 상담자는 집단을 어떻게 구성할 것인지 결정하고 준비하여야 한다. 이러한 계획과 준비과정을 통해서 집단목표와 집단크기, 집단회기의 빈도와 기간, 집단 구성의 성격 등을 결정할 수 있다. 특히 집단상담의 계획과 준비단계에서 집단원 선정과 집단 구성의 성격을 결정하는 것이 중요하다.

첫째, 집단원의 선정이다. 집단상담 참여를 신청한 사람들 중에서 집단원이 될 사람을 선정하는 데 있어서 개별적 선별면담을 가질 수 있다. 선정조건은 집단에 참여함으로써 변화하고자 하는 동기가 있는지 그리고 집단활동에서 필요한 노력을 기울일 수 있는지, 그래서 집단을 통해 도움을 받을 수 있는지, 아니면 집단상담에 부적합한 면은 없는지 등을 살펴야 한다.

둘째, 집단구성의 성격을 결정하는 데 있어서는 다음과 같은 현실적 고려를 통해서 결정해야 한다. 가장 우선적으로 이질적 집단과 동질적 집단 중 어떤 집단으로 구성할 것인지를 결정해야 한다. 그리고 집단의 크기, 각 회기의 빈도와 길이, 전체 집단회기의 기간, 집단 실시 장소, 개방적 또는 폐쇄적 집단의 구성 여부, 집단의 조직으로 구조적 집단 또는 비구조적 집단 구성 중 어떤 것으로 하는 것이 더 효율적인지를 놓고 결정해야 한다.

(2) 초기 단계

집단상담의 초기 단계를 탐색기, 도입기, 시작 단계라고도 하는데, 이 단계에서 이루어지는 사항들은 다음과 같다.

① 사전모임

집단상담자는 첫 회기가 시작되기 전에 집단원들과 개별적으로 또는 집단적으로 사전모임을 갖는다. 사전모임을 통해 상담자는 집단원의 참가하는 동기나 기대를 탐색하고, 집단의 목표와 목적을 명료화하며, 상담자의 책임, 집단원들의 권리와 책

임, 집단과정의 세부절차에 대해 논의하고, 또한 집단원의 질문에 답할 수 있다.

② 초기 단계의 특성

초기 단계에서 집단의 특성은 집단원들이 서로를 탐색하고, 자신이 다른 사람에게 어떻게 보일까 하는 초기 불안과 두려움을 갖고 있으며, 집단에 참여함으로써 원하는 목표를 달성하고자 하는 기대 등을 갖고 있다는 점이다. 초기 단계는 1회기의 몇 분 만에 끝날 수도 있고, 1회기 전부 또는 2~3회기까지 지속될 수도 있다.

③ 초기 단계에서 집단상담자의 역할

첫째, 집단상담의 첫 회기는 집단상담자와 집단구성원들이 자신을 소개하는 프로그램을 시작한다. 자기 소개 시간을 갖고 지금-여기에서의 느낌과 감정, 생각 등을 표현하도록 한다. 이를 위해 2명씩 짝을 짓고 서로를 소개한 다음 다시 4명씩 소집단을 만들어 소개하고, 전체 집단이 다시 모여 소개하는 것도 한 방법이다.

둘째, 집단 초기의 두려움과 불안을 표현하도록 돕는다. 집단상담에 처음 참여하게 되면 집단과 집단구성원들 간에 신뢰관계가 형성되기까지는 서로 의구심을 가지고 불안하게 된다. 그러므로 이러한 의심을 떨쳐버리고 집단 내에서의 신뢰감 형성을 위해서 신체를 움직이는 프로그램 등을 진행한다. 따라서 상담자는 초기에 집단구성원들의 불안 감정을 감소시키고 긍정적인 분위기를 잘 조력할 수 있기 위해서는 자신의 것으로 완전히 소화할 수 있는 몇 가지 활동들을 구사할 수 있도록 해야 한다(Corey et al., 1988).

셋째, 집단상담자는 집단의 성격과 목적, 규칙, 기본적 행동규준, 상담자의 역할과 집단원의 책임과 권리 등에 대해 설명하는 구조화를 갖는다. 집단원의 책임과 집단규범은 비밀유지를 할 것과, 사적인 정보를 서로 나누고 솔직하게 자기 개방을 해보는 경험을 하며, 지금-여기의 감정과 생각에 충실하고, 다른 집단원의 말을 수용하고 서로 솔직한 피드백을 주고받으며, 서로 지지와 격려를 하지만 자신을 돌아보는 직면을 하고, 시간을 잘 지키는 것 등이다(Yalom, 1985).

넷째, 집단상담자는 집단 초기에 상담자와 집단원, 그리고 집단원과 집단원 간에 신뢰로운 관계가 형성되도록 노력한다. 집단 초기의 신뢰로운 관계 형성은 성공적인 집단상담의 진행과 목표 달성을 위해 상담자와 집단원 모두에게 중요한 과제이다. 집단상담자는 먼저 신뢰로운 태도와 행동을 집단원에게 보여줌으로써 집단원에게 모델링의 역할을 한다.

다섯째, 집단상담자는 집단의 목표와 집단원 개인의 목표를 세우도록 돕는다. 집단구성원을 모집할 때부터 명시되었던 집단목표를 집단이 시작될 때 전체 집단원들과 다시 확인하고, 집단의 목표 달성을 조력하고 확인할 수 있는 과정적 목표 또한 구체적으로 다양하게 설정한다. 그리고 집단구성원들과 합의를 통해서 집단상담 과정의 생산적 발달에 도움이 되는 또 다른 목표를 결정한다(Hansen et al., 1980).

(3) 전환 단계

① 전환 단계의 특성

전환 단계는 집단이 초기 단계에서 생산적인 작업 단계로 넘어가는 단계이다. 집단상담에서 전환 단계를 준비기, 과도기, 변화기라고도 하는데, 이 단계에서는 초기 단계에 이어서 불안의 고조, 방어적 태도 및 저항의 증가, 집단구성원과 집단상담자와의 갈등 발생, 지배권에 대한 추구 및 집단상담자에 대한 도전 등의 문제가 발생하는 특성을 보인다. 따라서 이 단계에서는 집단구성원들의 의존성, 저항, 갈등, 응집력의 문제를 잘 해결해야 한다.

② 전환 단계에서 집단상담자의 역할

첫째, 저항의 처리이다. 저항은 전환 단계에서 작업 단계로 발전하기 전 집단원들이 변화에 대한 두려움으로 자신의 개인적인 문제나 고통스런 감정을 탐색하지 못하게 방해하는 행동을 말한다. 저항은 자신을 개방하기 주저하는 태도, 다른 사람을 수용하지 못하는 태도, 다른 사람이 개인적인 문제나 고통스러운 감정을 탐색하지

못하도록 방해하는 행동 등을 포함한다. 따라서 집단상담자는 집단원의 저항을 치료적으로 다루는 데 있어서 정직하게 직접적으로 집단원에게 말해주고 집단원의 저항적 행동 때문에 상담자가 어떤 영향을 받고 있는지 알려주며, 자신의 감정을 이야기하도록 하고 유연하게 대처해야 한다(Hansen et al., 1980).

집단구성원들이 저항의 문제가 처리되는 경험을 하게 되면, 집단에 대한 신뢰가 어느 정도 형성되었다고 느껴지고 집단상담자나 다른 집단구성원들에게 자신의 부정적인 감정을 표출하거나 생각을 표현하게 된다. 이러한 부정적인 표현의 상호작용이 일어나는 것은 집단발달에서 지극히 정상적이고 자연스러운 현상이다. 전환 단계에 발생하는 저항을 생산적으로 처리하고 나면 집단은 점차 하나가 되는 것 같은 소속감으로 응집력을 발달시키게 된다. 집단에 대한 응집력이 높아지면 집단은 집단에 대한 무한한 신뢰와 더불어 자기 개방이 많아진다(Rogers, 1970).

둘째, 갈등의 처리이다. 집단상담자는 집단구성원 간 또는 구성원과 상담자 사이에 갈등이 표출될 때 이를 생산적으로 해결하도록 도와야 한다(Corey, 1995). 집단상담에서는 갈등이 효과적으로 다루어지는 것이 매우 중요하다. 갈등이 효과적으로 다루어지면 신뢰감의 수준이 상승하고 집단응집력도 강해질 뿐 아니라 갈등을 해결하는 방법을 학습할 수 있기 때문이다.

셋째, 지배력에 대한 경쟁을 건설적으로 다루어야 한다. 집단에 대한 지배력을 획득하기 위해서 경쟁하고 대결하거나 질투를 나타내며, 집단상담자에 대해 도전, 의사결정 과정에서 책임을 지나치게 많이 또는 적게 지려는 것 등의 현상이 나타난다. 이를 건설적으로 다루려면 상담자는 집단원의 언행을 저항의 일종으로 이해하고 방어적이지 않은 태도로 반응하며 그 주제를 표면으로 끌어내어 이야기를 나누어야 한다.

넷째, 집단원 간의 직면이다. 전환기 단계에 들어서면서 집단원들은 서로 간에 도전하고 직면하기도 한다. 집단원들이 서로 지지만 하고 다른 사람에 대해 직면이나 도전을 거의 하지 않는다면 집단원들은 서로에 대해 성장을 위한 촉매의 역할을 하

지 않는 것과 같다. 따라서 집단상담자는 도전적이면서도 건설적인 직면과 배려적인 직면이 되지 못하는 것을 구별하도록 설명해야 한다.

다섯째, 집단상담자에 대한 도전이다. 집단상담자는 집단원이 상담자에게 도전하는 것을 자신의 인격이나 전문가적 자질에 대한 공격으로 받아들이지 말아야 하고 개방적인 태도로 대해야 한다. 집단상담자가 집단원의 도전에 방어적으로 대하지 않는 태도는 집단원들로 하여금 집단을 신뢰하도록 하는 데 영향을 미친다(Yalom, 1985).

여섯째, 전이의 취급이다. 집단상담에서는 전이 현상이 상담자에게만 나타나는 것이 아니라 집단원 간에도 다양하게 일어난다. 따라서 집단상담자는 집단원들의 과거가 현재의 행동에 어떤 영향을 미치고 있는지에 대해 볼 수 있도록 도와주어야 한다.

(4) 작업 단계

① 작업 단계의 특성

집단상담에서 작업 단계를 생산기, 활동기라고도 하는데, 작업 단계는 집단과정의 대부분을 차지하는 핵심적인 부분이다. 앞 단계들이 잘 조정되면 작업 단계는 매우 순조롭게 진행되고, 집단원들은 개개인이 자신에게 개인적으로 의미 있는 문제를 깊이 탐색하게 된다(김형태, 2008). 작업 단계에서는 탐색의 깊이와 행동 변화 욕구에 알맞은 활동의 전개가 일어나며 집단 내의 역동적 문제를 집중적으로 다룰 수 있다. 또한 작업 단계에서는 이해와 통찰만 모색하기보다는 행동의 실천이 필요하기 때문에 집단원에게 실천의 용기를 북돋아 주고 새로운 행동 변화를 실행하려는 집단원에게 강력한 지지를 보내게 된다. 이러한 특징에서 개인상담보다 집단상담이 더 유리하게 작용할 수 있다(장성화 외, 2022). 이 단계의 초기에는 상담자와 집단원 간의 상호작용은 감소하고 집단원 간의 상호작용이 증대하게 된다. 시간이 지나면서 집단상담자는 집단원들의 상호작용을 관찰하고 촉진하는 사람으로서 활동할 기회를 더 많이 갖게 된다(이현림 외, 2015).

② 작업 단계에서 집단상담자의 역할

첫째, 집단상담자는 집단원이 좀 더 개인적이고 솔직한 자기 개방을 통해서 다른 집단원이 자신을 이해하도록 돕고 또한 다른 집단원의 피드백을 통해서 좀 더 자신을 이해할 수 있게 만든다.

둘째, 집단원들이 스스로 상호작용하는 방법을 터득하고 자발적으로 자기 개방을 할 수 있도록 함으로써 자신을 수용하는 경험을 하면서 자신이 원하는 방향으로 인생을 변화시킬 수 있다는 새로운 깨달음을 얻게 한다.

셋째, 작업 단계의 가장 큰 특징인 응집력을 통해서 집단원들이 우리라는 것을 느끼고 소속감을 느끼게 한다. 응집력을 통해 서로의 공통점을 볼 수 있게 되며 자신이 갖고 있는 문제가 서로 너무도 비슷하다는 사실도 알게 된다.

넷째, 희망은 자신의 삶이 달라질 수 있다는 믿음이므로 집단상담을 통해서 자신의 문제가 해결되고 자신의 인격과 삶이 달라질 수 있다는 믿음을 가지게 한다. 그러므로 집단상담자는 집단으로 하여금 변화 가능성에 대한 희망을 갖도록 도와야 한다(Yalom, 2005).

다섯째, 집단에서 변화하겠다는 의지를 격려하고 지지한다. 그리고 변화하기 위한 행동전략을 세운 다음 집단에서 마음껏 실험해 보고 일상생활에서 실천해 보도록 한다. 작업 단계에서는 통찰만으로 행동을 변화시키기에 부족하므로 새로운 행동을 실천할 수 있도록 용기를 북돋아 주고 어려운 행동을 실행해야 할 집단원에게는 강력한 지지를 보낸다.

(5) 종결 단계

종결 단계에 이르면 집단원은 집단에서 자신이 이루고자 한 소기의 목적을 달성하게 된다. 또한 이 단계에서는 집단원 각자가 자신의 문제를 해결하게 되어 자기 개방이 감소되는 경향을 나타낸다(천성문 외, 2015). 집단상담자는 집단의 종결을 준비하면서 집단상담에서 종결 단계는 끝이 아니라 새로운 출발이라고 생각하여야 한다.

각 집단원들이 집단의 과정을 통해 얻은 경험에서 자신의 성장이나 행동의 변화를 평가하고, 미래의 목표를 형성할 수 있도록 격려하여야 한다. 집단상담자는 종결해야 할 시간이 가까워지면 집단의 종결에 대해 미리 언급하고 집단원에게 준비를 시키는 것이 필요하다(장성화 외, 2022).

종결 단계에서 이루어지는 내용들을 좀 더 구체적으로 요약 정리하면 다음과 같다.

첫째, 종결 단계에서 취급해야 할 최초의 과업은 집단의 발달과정을 개관하고 요약해 보는 일이다. 둘째, 집단상담의 주된 목적은 집단원들의 자기 성장 또는 긍정적인 행동 변화를 일으키는 것이다. 그러므로 종결 단계에서 집단원 각자의 성장과 변화를 평가해 보는 일은 필수적이라고 할 수 있다. 셋째, 집단원 가운데는 집단을 떠나는 것에 대해서 불안감을 느낄 수 있다. 따라서 상담자는 종결은 집단 밖의 새 삶, 즉 학습한 대안행동을 밖에서 실행하는 새로운 시작임을 깨닫게 하고, 집단경험에 대한 긍정적인 느낌과 밖에서 새로이 시도할 행동에 대한 희망을 가지고 떠나도록 도와야 한다. 그리고 집단상담자는 집단과정과 목표 달성의 정도에 미해결 과제나 미진한 사항이 없는지를 확인하고 미해결 문제를 표현할 수 있도록 작업하는 데 시간을 할애하도록 해야 한다. 넷째, 종결 단계에서 취급해야 할 중요한 과제들 중의 하나가 바로 피드백 주고받기이다. 종결 단계에서의 피드백은 이때까지 관찰해 온 집단원의 행동 변화를 종합적으로 하는 것을 특징으로 하고 있다. 종결 단계의 피드백은 부정적인 것보다 긍정적인 측면에 초점을 두도록 하는 것이 효과적이다. 그리고 상담 후반기의 피드백은 유익해야 하며 마무리지을 기회를 주어야 한다.

5) 집단상담 기법

성공적인 상담자가 되기 위해서는 적절한 집단상담 기술을 가지고 있어야 하며 필요한 기능을 적절한 수준으로 수행할 수 있어야 한다(Corey, 2015). 집단상담은 많은

집단원으로 구성되어 있어서 상담자의 기술이 매우 중요하다. 집단상담 기법의 유형들을 살펴보면 다음과 같다(이현림, 2008; 김영봉 외, 2011; 천성문 외, 2015).

(1) 집단 응집력을 돕는 기법

① 관심 기울이기

집단상담자는 효과적인 의사소통이 이루어지기 위해서 기본적인 의사소통 기술을 익혀야 하고 집단 내에 라포가 형성되어야 한다. 이를 위해서 집단상담자는 관심 기울이기를 잘 할 수 있어야 하며, 집단원들이 전달하고자 하는 메시지를 제대로 듣고 이해할 수 있어야 한다.

관심 기울이기는 집단상담자가 집단원들의 메시지를 정확하게 이해할 수 있는 수단으로 활용될 뿐만 아니라 집단원들을 존중하며 아끼고 있다는 것을 보여주는 역할을 한다. 집단상담자가 주의 기울이기의 방법을 사용할 때는 각각의 상황에 맞게 효율적으로 적용해야 한다(Egan, 2010).

② 공감

공감 능력은 상담자가 갖추어야 할 필수요건으로 내담자의 정서와 사고에 대한 심도 있는 이해를 바탕으로 집단원의 주관적인 생각을 민감하게 파악하게 하는 능력이다(Kirwan, 1984). 집단상담자는 공감적 반응을 통해서 집단원의 마음을 열게 하여 마음속에 감춰진 깊은 문제까지도 개방하도록 이끌 수 있다. 그리고 이러한 공감적 반응은 집단원으로 하여금 집단상담자와 집단에 대해서 수용적이고 신뢰로운 느낌을 갖도록 하며 안도감과 편안함을 느끼게 하는 효과를 나타낸다.

③ 적극적 경청

상담자는 집단원들이 대화하는 내용을 적극적인 자세로 경청을 하며, 집단원들의 감정 변화, 몸의 자세, 몸짓, 음조, 습관적 행동 등의 의미까지 파악할 수 있어야 한다. 효과적인 경청은 신뢰감을 형성하고 상담자가 내담자를 수용하고 있다는 것을

전달한다. 또한 상담자는 집단원이 전달하려는 것을 경청할 뿐 아니라 집단원들이 서로 경청하도록 가르치는 것도 중요하다.

④ 지지

지지는 집단원에게 격려와 강화를 제공하는 것으로, 특히 집단원들이 자신의 사적인 정보를 제공하고 고통스러운 감정을 탐색하며, 위험을 감수했을 때 제공된다. 지지기술의 핵심은 제공되는 시기로서 지나치게 지지하거나 너무 빨리 지지함으로써 실수를 하지 않도록 해야 한다. 그리고 지지하기가 단순한 동정이나 감정적 이해, 위로의 차원에서 그치기보다는 행위가 내포되어 있는 잠재력, 가능성 등을 탐색할 수 있게 해주어야 할 것이다.

⑤ 자기 개방

집단상담자가 사적인 정보를 노출하는 것은 집단에 영향을 끼친다. 자기 개방에 관한 기술은 무엇을, 언제, 어떻게 개방하고, 얼마큼의 개방을 할 것인가이다. 집단상담자가 적절한 수준에서 자신에 대한 정보를 공유하면 효과는 긍정적이다. 그러나 지나치게 많은 정보를 일찍 개방하면 부정적인 효과를 초래할 수도 있다.

(2) 문제 해결을 돕는 기법

① 감정 반영

감정 반영은 집단원이 전달하려는 것의 핵심에 반응해 주는 기술이다. 감정 반영의 목적은 집단원이 전달하려는 내용을 듣고 있고 이해하고 있음을 알리는 것이다. 반영은 집단원이 표현한 특정 느낌을 되돌려 주는 것을 포함하지만 단순한 감정의 메아리를 의미하는 것은 아니다. 반영의 질은 주의집중, 관심, 이해 그리고 그 사람에 대한 존중에 의해 좌우된다.

② **명료화**

명료화는 숨겨진 주제에 초점을 맞추고 집단원으로 하여금 자신의 상반되는 감정을 정리하도록 도움으로써 그가 전달하는 메시지 중에서 혼란스럽거나 불분명한 측면에 반응하는 것이다. 집단원들은 양가적 감정을 가지거나 한번에 여러 가지 감정을 경험한다. 명료화는 이러한 감정을 정리하게 함으로써 그들이 실제로 경험하는 것에 좀 더 날카롭게 초점을 맞추게끔 돕는다.

③ **직면**

직면은 집단원으로 하여금 자신에 대해 정직한 눈으로 들여다보게끔 하는 방법이다. 집단원의 행동이 집단의 기능을 방해하거나 말과 행동이 일치하지 않을 때 이를 지적한다. 자신을 돌아보고 각성하게 하는 상담기법으로 주의를 기울여 잘 사용하면 좋은 상담기법이 될 수 있다.

④ **피드백**

피드백은 다른 집단원들이 자신을 어떻게 보고 있으며, 어떻게 반응하고 있는가에 대해 학습할 기회를 제공하는 것이다. 이러한 목적을 위해 집단상담자는 집단원에게 피드백을 제공한다. 또한 집단원은 서로가 타인의 행동에 대한 자신의 반응을 솔직하게 이야기하도록 한다.

⑤ **해석**

집단상담에서 해석(interpretation)은 집단원이 표면적으로 표현하거나 인식한 내용 이면에 내포된 의미까지 의식할 수 있도록 집단상담자가 새로운 방식으로 행동, 사고, 감정에 대해 의미를 부여하거나 설명하여 문제를 직시할 수 있도록 하는 것이다(Corey, 2007). 해석을 하는 목적은 상담자의 생각을 내담자에게 수동적으로 이해시키는 것이 아니라, 내담자가 능동적으로 자신의 문제를 해석할 수 있도록 돕기 위한 것이다. 때문에 해석 이후 상담자는 내담자가 이것을 수용하기까지 어느 정도의 시

간을 두는 것이 좋다. 뿐만 아니라 해석을 할 때 내담자가 이해할 수 있는 수준에서 해석의 문장을 만드는 것이 중요하며, 상담자 개인의 가치관과 편견이 들어가지 않도록 주의해야 한다(David, 2000).

⑥ 정보제공

정보제공(information)은 내담자에게 필요한 기초자료나 내담자의 물음에 대한 답변 내지는 이와 관련된 상담자의 의견 등에 해당되는 특정 정보를 주는 것을 의미한다. 이러한 정보제공은 특히 초기에 내담자를 상담하는 과정에 도움이 된다(Egan, 2010).

내담자에게 하는 정보제공의 목적은 내담자의 변화를 이끌어 내기 위함이다. 그러므로 상담자는 내담자에게 필요한 자료와 사실을 알려주어야 하고, 내담자가 잘 받아들이고 활용할 수 있도록 정보를 잘 정리하여 전달해야 한다. 아울러 제공하는 정보는 직접적이며 간명하고 구체적으로 확실한 것이 바람직하다.

(3) 집단과정을 돕는 기법

① 초점 맞추기

집단상담에서 초점을 맞춘다는 것은 집단상담의 과정에서 어느 한 집단원의 관심사에 관해 모든 집단원들이 같이 생각하도록 하며, 주제에 관련된 자료를 중심으로 이야기하도록 하는 것이라고 말할 수 있다. 따라서 집단의 초점을 설정하는 것은 집단 내에서 집단을 이끌어 가는 데 관건이 되므로 집단상담자의 중요한 임무 중 하나이다(이현림 외, 2015).

② 모델링

집단원들은 집단상담자의 행동을 관찰함으로써 배운다. 만약 상담자가 정직, 존중, 개방성, 위험감수, 자기 주장을 가치 있는 것으로 여긴다면 집단에서 이와 같은 것을 실제로 보여줌으로써 집단원을 촉진할 수도 있다. 상담자의 행동이 집단의 규범이나 집단원의 참여방법에 실제적인 사례가 될 수 있다.

③ 저항 다루기

저항(resistance)은 내담자가 의식적으로 스스로의 문제를 해결하기를 원하지만 상담과정에서 발생하는 부담감으로 상담 진행과 문제 해결을 위한 노력을 무의식적으로 피하려는 행동을 의미한다. 저항 다루기는 집단의 생산적인 발달을 위해 집단발달을 저해하는 여러 가지 감정이나 행동들을 넘어서도록 조력하는 기법이다. 저항을 넘어서는 방법으로는 여기-지금의 느낌을 모든 집단구성원들이 함께 다루거나 반복적인 저항 형태가 일어난 사실을 확인하고 그것을 근거로 하여 저항의 형태에 대한 해석을 통해 저항의 의미를 확인하고 극복하게 한다.

④ 전이 다루기

전이(transference)는 집단구성원이 과거 경험에서 억압되어 있는 느낌을 현재의 비슷한 다른 대상에게 전치(displacement)하여 표출하는 것을 의미한다. 집단상담자는 전이를 다룰 때 집단구성원들의 과거가 현재에 어떻게 영향을 미치는지를 알 수 있도록 거울기법이나 역할연기를 사용할 수도 있고, 현재 행동이 과거 경험의 산물인지를 알게 하며, 지금의 행동이 타당한지를 점검해 보게 하여 전이를 잘 처리하고 극복하도록 조력해야 한다.

⑤ 요약

요약은 집단 상호작용이나 회기의 일부 중 중요한 요소를 정리해 주는 것이다. 요약은 하나의 주제에서 다른 주제로 넘어갈 때 특히 요긴하며, 집단원들의 학습을 촉진하고 연결성을 유지하는 데 도움이 된다. 집단상담자는 각 회기를 마무리할 때 간략하게 요약하고, 각 집단원들에게 돌아가면서 지난 회기에 있었던 일에 대한 여러 반응에 대해서 말하게 할 수 있다.

⑥ 연결

집단원들 간의 상호작용을 촉진하는 한 가지 방법은 집단 내에서 드러나는 주제를

찾고, 그 주제에 대해 각 집단원이 하고 있는 작업들을 연결시키는 것이다. 이것은 집단에서 가르쳐야 할 가장 중요한 기술이며 집단원들의 참여를 촉진하는 효과적인 방법이다. 연결하기를 통하여 집단원들은 자신들이 가진 경험의 공통점을 찾게 된다.

⑦ 촉진

촉진이란 집단 경험을 활성화하여 집단원으로 하여금 자신의 목표에 도달하도록 만드는 것을 의미한다. 촉진 기술에는 집단원들 사이에 분명하고 직접적인 의사소통을 하게 하는 것, 집단의 방향에 대해 더 많은 책임을 지게끔 하는 것 등이 포함된다.

⑧ 보호

집단상담자는 집단원들의 부모인 것처럼 행동하지 않으면서도 집단원들이 집단에 참여함으로써 겪을 수 있는 불필요한 심리적·신체적 위험으로부터 그들을 보호할 수 있어야 한다. 집단에 참여한다는 사실 자체만으로도 모종의 위험에 노출되기 마련이지만 상담자는 일련의 집단 상호작용으로부터 심리적인 위험이 유발될 가능성이 있을 때 개입할 수 있다. 예를 들면, 어떤 집단원이 불공평한 대우를 받거나 집단 전체로부터 엄청난 양의 감정 반응이 한 집단원에게 쏟아질 때 상담자가 개입할 필요가 있다.

6) 집단상담의 장점과 제한점

집단상담은 다음과 같은 장점을 가지고 있다. 첫째, 집단상담은 한 명의 상담자가 여러 명의 내담자를 동시에 상담할 수 있어서 효율적이고 경제적이며 실용성이 있다. 둘째, 집단구성원들의 지지와 격려를 받으면 용기를 내어 자신을 노출하기가 쉬워지고, 마음을 여는 과정을 통해서 불안이 감소되어 스스로 문제 해결을 모색하는 기회를 가지게 된다. 셋째 다른 사람들의 고민과 아픔을 알게 되면서 타인에 대한 이해의 폭도 넓어지게 된다. 넷째, 집단에 참여한 경험을 통해서 긍정적으로 활용

하는 의사소통 기술을 배우게 된다. 다섯째, 집단상담을 통해 사전에 대처할 수 있는 생활관리 기술을 습득할 수 있기 때문에 심리적 문제를 예방하는 데 도움을 줄 수 있다.

하지만 집단상담에는 다음과 같은 제한점이 있다. 첫째, 집단장면에서 구성원의 비밀보장(confidentiality)의 한계가 있다. 둘째, 시간적 제약성 때문에 개인적으로 자신의 문제를 드러내는 데 할애될 수 있는 시간에 한계가 있다. 셋째, 집단이 진행되는 동안 보이지 않는 암묵적 규칙이나 압력으로 노출하기 싫은 내용들을 억지로 내놓게 될 때 심리적 피해를 입을 수 있다. 넷째, 집단상담은 구성원의 성격적 특성이나 집단활동에 부적응 등에 따라서 예상치 못한 부정적인 결과를 초래할 수 있다. 다섯째, 집단상담에 참여해서 자신이 수용되고, 지지하거나 격려만 해주는 경험만 하게 되면 현실을 직면하지 못하게 되고 현실도피의 기회가 될 수도 있다.

3 진로상담

1) 진로상담의 의미와 목적

진로상담은 "내담자가 미래사회에 어떻게 대처해 나갈 것인가에 관한 여러 가지 문제, 즉 교육, 직업, 가정, 신체, 사회, 이성, 성격, 도덕, 신앙 문제를 합리적으로 탐색 및 결정하고 잘 적응하도록 돕는 체계적이고 전문적인 활동"이라고 할 수 있다(김충기, 장선철, 2006; Swanson, 1994). 따라서 진로상담은 개인의 전 생애에 걸쳐서 진로선택과 관련된 모든 상담활동, 즉 가족, 일, 여가 등이 진로계획의 통합된 영역으로 간주된다. 구체적으로는 개인의 진로계획 및 준비, 직업준비와 선택, 진로문제의 해결과 적응 등을 단계적으로 도와주는 연속적인 과정이라고 할 수 있다. 그

리고 진로상담과 유사하게 사용되는 '직업상담(vocational counseling)'은 개인이 특정한 직업을 선택한 후, 적응을 잘 할 수 있도록 돕고 나아가 직업 전환 및 은퇴의 과정에서 발생할 수 있는 문제들을 예방하고 지원하는 전문적인 상담활동을 말한다. 여러 가지 의미를 종합해 보면 진로상담이란 내담자가 미래사회에 어떻게 대처해 나갈 것인가에 관한 여러 가지 개인적·사회적인 문제를 합리적으로 탐색 및 결정하고 잘 적응하도록 돕는 체계적이고 전문적인 활동이라고 말할 수 있다(오윤선, 황인숙, 2015).

진로상담의 궁극적인 목적은 진로상담을 통하여 개인적으로는 자아를 실현하고, 국가적으로는 인력의 효율적인 활용으로 국가발전에 기여하는 것이다. 이를 위한 구체적인 진로상담의 목표는 자신에 대한 보다 정확한 이해 증진, 직업세계에 대한 이해 증진, 합리적인 의사결정 능력의 증진, 정보탐색 및 활용능력의 함양, 일과 직업에 대한 올바른 가치관 및 태도 형성에 있다(김봉환 외, 2006).

2) 진로상담의 기본 원리

진로상담은 자신에 대한 정확한 이해와 일의 세계를 포함한 환경에 대한 체계적·합리적인 이해를 통해서 내담자의 진로를 계획하고 선택할 수 있도록 조력하는 활동이다. 내담자가 진로를 설계하고 선택할 수 있도록 효율적인 조력활동이 이루어지기 위해서 진로상담 장면에서 강조되어야 할 기본적인 원리는 다음과 같다(지용근 외, 2009).

첫째, 효과적인 진로상담이 이루어지기 위해서 상담자는 상담능력을 겸비해야 한다. 진로상담은 개인의 전 생애에 걸쳐서 이루어지는 계획 및 의사결정의 통합된 영역으로 진로상담을 효과적으로 실시하기 위해서는 상담의 원리와 기법에 대해 잘 알고 상담에 임해야 한다.

둘째, 진로상담은 각종 심리검사의 결과를 기초로 합리적인 결과를 이끌어 낼 수

있도록 도와주어야 한다.

셋째, 진로상담은 내담자의 진로발달 및 진로성숙 정도를 고려하여 직업선택에 초점을 맞추어 전개되어야 한다. 진로성숙도가 낮은 내담자에게는 직업 준비에 중점을 두고 직업선택을 위한 준비과정을 발달시키는 상담이 필요하다. 반면 진로성숙도가 높은 내담자는 정보 수집과 분석, 정보의 자기화, 스스로 합리적인 진로선택과 의사결정을 내릴 수 있도록 도와야 한다.

넷째, 진로상담은 자신에 대한 이해와 직업세계에 대한 이해의 진로정보활동을 중심으로 개인과 직업을 조화시키는 합리적인 진로선택 및 진로결정을 돕는 과정이다.

다섯째, 진로상담은 상담윤리강령에 따라 진행되어야 한다. 상담자는 상담에 대한 책임 있는 자세가 요구되며, 전문적인 지식과 기술을 갖추고 내담자의 이익을 우선시해야 한다. 그리고 제3자에게 피해가 가지 않는 한 비밀보장을 우선으로 보장해야 한다.

3) 진로상담 과정

(1) 접수면접

진로상담의 접수면접은 실제 상담 이전에 상담 호소 문제가 무엇인지, 상담기관에서 다룰 수 있는 문제 영역인지를 확인하고, 실제 상담자와 연결짓기 위한 기본적인 정보를 수집하는 대화가 이루어지는 장이기 때문에 소홀히 취급될 수도 있다. 하지만 내담자들이 상담을 가장 처음에 접하는 장이기 때문에 접수면접에 대한 인상이 곧 상담에 대한 인상을 결정한다고 볼 수 있다. 따라서 접수면접 과정에서 상담자와 내담자 간의 협력적 관계 수립의 기본 토대가 마련되어야 한다.

접수면접 단계에서 상담자가 해야 할 중요한 과제는 상담을 신청한 내담자의 주된 문제가 진로 문제인지, 아니면 심리적인 문제인지를 감별하는 것이다. 내담자가 호소하는 문제가 한 가지 영역이 아닌 경우도 많기 때문에, 상담자들은 이 내담자의

경우 과연 진로 문제를 주호소 영역으로 보아야 하는지 아니면 심리적인 문제를 주호소 영역으로 보아야 하는지 감별해야 한다.

(2) 관계 수립 및 내담자 분류

① 관계 수립

상담의 토대는 내담자와의 긍정적이고 협력적인 관계 수립이다. 아무리 좋은 상담전략과 기법이 제시되더라도 내담자가 상담자에 대해 호의를 갖고 희망적으로 상담에 임하지 않으면 상담의 목표는 달성되기 어렵다. 이러한 중요성 때문에 일반 상담에서는 관계 수립을 일종의 동맹관계로 보고, 치료적 동맹 또는 작업 동맹이란 용어로 상담자와 내담자 간의 유대, 협조, 목적의식의 공유 등을 지칭하고 있다. 진로상담자가 내담자와 좋은 관계를 형성하기 위해서는 몇 가지 고려해야 할 사항이 있다.

첫째, 상담을 하러 온 내담자들은 불안도가 높은 채 상담실로 온다.

둘째, 상담자는 자신의 문제를 해결하기 위해 그동안 행해 왔던 내담자의 노력을 인정하고 이를 격려할 필요가 있다.

셋째, 상담자는 내담자와 전문적이면서 개인적인 관계를 형성해야 한다.

넷째, 상담자들은 내담자의 바람과 욕구를 파악하는 한편 왜 이 시점에서 내담자가 상담자를 찾아왔는지를 확인할 필요가 있다.

다섯째, 관계 수립과 동시에 상담자는 진로상담에 대한 구조화 작업을 해야 한다.

② 내담자 분류

진로 문제를 호소하는 내담자들은 각기 다른 배경과 어려움을 호소하고 있기 때문에 이를 적절한 기준에 근거하여 분류하게 되면 보다 효과적으로 상담전략을 구안하고 적용하게 되어 상담의 효율성을 높일 수 있게 된다.

(3) 문제 평가 및 목표 설정

① 문제 평가

내담자가 호소하는 문제의 내용과 심각도 그리고 내담자 상태를 파악하는 것은 상담자가 해야 할 가장 중요한 과제다. 상담자는 내담자의 주호소 문제를 확인하는 한편, 호소 문제가 왜 발생하였고, 내담자는 이 문제를 어떻게 이해하고 있는지를 파악해야 한다.

② 목표 설정

문제가 파악되면 내담자와 더불어 진로상담의 목표를 설정해야 한다. 상담자 입장에서 보면 내담자보다 자신이 상담의 전문가이기 때문에 목표를 자신이 설정하고 싶은 욕구가 있다. 하지만 문제를 안고 있는 사람은 내담자이며, 어찌 보면 내담자는 해결의 전문가는 아니지만 문제의 전문가이기 때문에 반드시 내담자와 합의하여 목표를 설정해야 한다. 전문가의 입장에서 내담자에게 목표를 부여하게 되면 내담자의 참여도나 동기가 저하될 뿐만 아니라 주어진 과제의 실행력이 낮아지게 된다. 내담자들이 진로상담을 하는 이유와 방향을 인식하고 적극적으로 목표 달성을 위해 노력하도록 촉진하려면 다소 시간이 걸리더라도 목표 수립과정에 내담자를 적극 참여시켜야 한다.

(4) 행동계획 수립 및 행동 실행을 위한 조력

목표 수립은 행동계획의 수립과 자연스럽게 연결된다. 행동계획을 세울 때 상담자들이 귀담아들어야 할 사항들을 기스버스, 헤프너와 존스턴(Gysbers, Heppner, & Johnston, 1998)은 다음과 같이 제시하였다.

첫째, 내담자로 하여금 현실적인 성과로 기대할 수 있는 것이 무엇인지 알게 한 후 빨리 그리고 자주 목표와 행동계획의 실행을 위한 기대와 욕구를 정하여야 한다.

둘째, 내담자들의 이전 경험은 합리적으로 계획을 세우는 데 도움이 되지 못하므

로 목표를 세우는 과정을 연습시키고 목표와 계획을 재검토하고 비판하며, 목표와 계획을 정교화할 수 있도록 도와주어야 한다.

셋째, 행동화하는 것보다 계획을 세우는 것이 훨씬 쉽기 때문에 목표를 달성하기 위하여 내담자에게 목표와 계획을 말하고, 쓰고, 연습하고, 시각화하는 기회를 주어야 한다.

넷째, 내담자의 욕구와 스타일에 따라 행동계획 과정을 개별화할 필요가 있으며, 일이 계획대로 안 될 때는 그동안 수고한 내담자와 자신의 노력을 평가절하하지 말아야 한다.

(5) 종결 및 추수지도

모든 상담은 종결이라는 지향점을 갖고 출발한다. 하지만 때때로 상담자와 내담자 모두 종결을 의식하지 않고 상담을 진행하다가 여러 가지 이유로 조기 종결하거나, 준비가 부족한 채로 종결을 하여 미진하게 상담관계를 중단하는 경우가 있다. 하지만 상담과정의 시작 초기부터 종결을 염두에 두게 되면 내담자의 상담 참여도가 높아지고 종결에 따른 정서적인 어려움이 줄어들 수 있다. 따라서 진로상담자는 상담의 시작 단계에서부터 지속적으로 종결을 염두에 두고 있어야 하며 내담자에게도 이를 밝힐 필요가 있다.

4) 진로상담 기법

(1) 목표 수립을 위한 기법

① 목표 설정을 위한 기법: 면담 리드

면담 리드란 상담자가 적절한 질문을 통해 내담자의 욕구나 가치 정보를 표현하도록 돕는 기법이다(김봉환 외, 2018). 내담자의 초기 진술은 매우 중요하므로 상담자가 적절히 목표를 이끌어 내기 위한 면담 리드 기술은 매우 중요하다. 목표 설정을 위

한 면담 리드 기술은 다음과 같은 질문으로 시작할 수 있다.

첫째, 당신은 진로상담의 결과가 무엇이기를 원하십니까?

둘째, 진로상담 후 당신이 달성하고자 하는 것은 무엇입니까?

셋째, 진로상담이 종결되었을 경우를 상상해 보십시오.

넷째, 당신이 원하는 모습은 어떤 모습입니까?

다섯째, 현재의 상황이 어떻게 달라지기를 원하십니까?

② 진로목표 설정의 준거

진로상담에서 만족스러운 결과를 도출하기 위해서는 구체적인 목표를 설정해야 한다. 진로목표를 설정할 때는 다음과 같은 내용을 고려하여 설정하는 것이 좋다.

첫째, 목표는 가능한 구체적으로 표현하도록 한다.

둘째, 목표를 관찰 가능한 방식으로 표현하도록 한다.

셋째, 목표의 달성 시점을 지정한다.

넷째, 달성 가능한 목표를 설정한다.

다섯째, 실천 행동을 계획한다.

(2) 내담자 특성 파악을 위한 진로상담 기법

① 생애진로사정

생애진로사정(Life Career Assessment: LCA)은 아들러(Adler, 1958)의 개인심리학을 근거로 하고 있다. 이 기법은 상담자가 내담자와 관련된 다양한 정보를 수집하고 내담자는 자신에 대한 이야기를 통하여 해당 경험을 정리하며 그동안의 삶의 방식을 인식할 수 있도록 돕는 과정이다. 생애진로사정은 크게 진로사정, 일상적인 하루, 강점과 약점, 요약 등으로 구성되어 있다.

첫째, 진로사정은 내담자가 그동안 경험했던 이전의 직업 경험에 대한 사정, 내담자가 그동안 받았던 교육과 훈련 경험 전반에 대해 이야기하고 평가하는 교육과 훈

련 부분, 내담자가 어떻게 여가시간을 보내는지에 관한 여가활동에 대해 탐색한다.

둘째, 일상적인 하루 부분은 내담자가 일상적인 하루를 어떻게 조직하는지 탐색함으로써 성격요인 중 독립적-의존적, 체계적-임의적 요인에 대해 탐색한다.

셋째, 강점과 약점 사정에서는 내담자가 스스로 생각하는 세 가지 주요 강점과 주요 약점에 대해 접근한다.

넷째, 요약에서는 내담자로 하여금 이 회기를 통해 깨달은 것을 요약함으로써 상담을 통해 얻은 정보를 강조하고, 수집된 정보들을 상담목표와 관련지어 생애진로 주제들을 극복하고 강점으로 발전시킬 수 있는 요소들을 제시해 줄 수 있다.

② 진로가계도

진로가계도(career genogram)는 보웬(Bowen, 1988)의 가계도를 응용한 것으로 진로상담의 '정보수집' 단계에서 내담자의 정보를 수집하는 질적 평가방법 중 하나이다. 이 기법은 3대에 걸친 내담자 가족이 어떠한 직업을 선택해 왔는지, 그것이 내담자에게 어떠한 영향을 미쳤는지 파악하도록 함으로써 내담자를 더 깊이 이해하도록 돕는다. 진로가계도 작성을 통해 내담자의 진로기대 형성에 중요한 역할을 한 사람에 대한 이해, 내담자의 직업세계 이해, 중요한 타인에 의해 형성된 진로 장벽, 성역할 편견 등을 탐색 및 통찰할 수 있다.

③ 직업카드 분류법

직업카드 분류법이란 미국심리학회(APA) 심리상담분과에서 연설을 한 타일러(Tyler, 1961)에 의해 제안되었다. 이 기법은 직업카드를 개발하고 이를 분류하는 활동을 통해서 직업 흥미를 탐색하는 방법 또는 질적 도구를 의미한다. 직업카드 분류 방법은 내담자들의 흥미, 욕구, 가치, 능력, 선입견, 직업 선호 등을 분류하거나 우선순위를 매기는 비표준화된 접근법으로 상담자의 상담목적과 내담자의 특성에 따라 다양하게 활용할 수 있다.

④ 표준화된 검사

검사는 진로상담의 과정과 결과를 증진할 뿐만 아니라 진로를 선택하고 결정하는 데 있어 비교적 정확하고 객관적인 자료를 제공하기 때문에 보다 과학적인 상담을 가능하게 해 준다. 진로와 관련된 표준화된 심리검사에는 어떤 일을 수행하는 데 있어서 요구되는 특수한 능력이나 잠재능력을 측정하는 진로적성검사, 어떤 종류의 활동 또는 사물에 대하여 특별한 관심이나 애착 정도를 측정하는 진로흥미검사가 있다. 또한 일상적인 생활 속에서 나타나는 개인의 일관된 행위로 욕구, 자아개념, 성취동기, 포부수준, 대인관계 등 여러 가지 요인을 포함하는 복합적인 심리적 특성을 측정하는 성격검사가 있다. 개인이 어떤 특정한 방향으로 행동하게 하는 원리나 믿음 또는 신념을 측정하는 진로가치관 검사, 동일한 연령층의 학생들과의 비교에서 나타나는 상대적인 직업준비의 정도를 측정하는 진로성숙도검사가 있고, 진로선택에 대한 확실한 결정 정도를 측정하는 진로결정검사 등이 있다.

(3) 의사결정 조력을 위한 진로상담 기법

① 의사결정 유형검사 활용

의사결정 유형에는 합리적 양식(rational style), 직관적 양식(intuitive style), 의존양식(dependent style) 등이 있다. 이때 하렌(Harren, 1984)이 개발한 진로의사결정 검사척도를 유용하게 활용할 수 있다.

② 진로자서전 쓰기

내담자가 과거에 진로와 관련하여 어떻게 의사결정을 했는지 알아보기 위해 학교선택, 고등학교 졸업 후의 직업훈련, 시간제 일을 통한 경험, 고등학교에서 배운 지식과 기술들, 중요한 타인들에 대해 기술하게 한다. 이때 '학교생활 중 가장 기억에 남는 선생님은 누구이며, 그 이유는 무엇인가?', '학업적인 면에서 가장 좋아하는 과목은 무엇이며, 그 이유는 무엇인가?', '학교생활 중에 가장 즐거웠던 경험과 가

장 좌절감을 경험했던 경험은 무엇인가?', '재량활동 시간에 선택한 활동은 무엇인가?' 등을 중심으로 작성할 수 있다.

③ 근거 없는 믿음 확인하기

엘리스(Ellis, 1977)의 인지행동치료의 ABCDE 모델을 활용한 것으로 진로와 관련된 근거 없는 믿음에 대해 합리적으로 생각하게 하는 것이 진로의사결정 과정에 활용될 수 있다. 진로 신화에 대한 내용들은 어떤 일을 해보지도 않고 그렇게 될 것이라는 것을 확신하는 것이다. 이러한 잘못된 믿음을 갖고 있는 내담자들에게는 그들이 묶여 있는 믿음이 근거 없는 것이라는 것을 인식하도록 하는 것이 중요하다. 내담자들이 그러한 믿음과 노력이 잘못된 것이라는 것을 통찰하는 순간 그들은 새로운 대안을 찾을 수 있게 된다. 그리하여 좀 더 이성적인 신념을 지니고 합리적 선택을 할 수 있게 되는 것이다.

연습문제

1. 해결중심 단기상담의 주요 핵심 내용에 대해서 설명하시오.
2. 집단상담의 공헌과 제한점에 대해서 논하시오.
3. 자신의 진로설계에 대해서 설명하시오.

CHAPTER

15

정신건강 상담

학습 내용

1. 우울증 상담
2. 불안증 상담

학습 목표

1. 우울증 상담의 이론과 실제에 대해서 이해하고 상담 현장 적용을 위해 상담 시연을 실시한다.
2. 불안증 상담의 이론과 실제에 대해서 이해하고 상담기술을 습득하도록 한다.

학습 개요

임상적인 우울증은 심각하고 흔한 기분장애로 심신을 동시에 악화시키는 질환이다. 이는 슬픔이나 일시적인 우울감과는 다르고 상황이나 시간이 지나도 증세가 사라지지 않는다. 우울증 원인으로는 첫째, 유전적인 생물학적 취약성을 나타내는 우울증의 가족력이 있을 때 우울증이 발생할 수 있다. 둘째, 심리적 원인으로 비관적 사고, 낮은 자존감, 삶의 사건들에 대한 통제력 상실감, 과장되게 걱정하는 경향 등과 같이 특정 성격을 지닌 사람들이 우울증을 경험하기 더 쉬운 것으로 나타난다. 셋째, 가족 및 환경 원인으로 우울증세가 있는 부모에게서 양육을 받은 자녀들은 우울증과 관련된 매우 위험한 상호작용과 의사소통에 노출되기 때문에 이러한 상황들이 우울증 유발 원인이 될 수 있다. 우울증을 치료하기 위한 효과적인 방법으로는 크게 심리상담과 약물치료가 있다. 어떤 경우에는 심리상담이나 약물치료 중 어느 한 가지만 사용할 수 있고, 어떤 경우에는 병합 치료가 고통을 경감시키는 데 효과적일 수 있다.

불안장애는 병적인 불안이 나타나는 양상이나 불안을 느끼는 대상 및 상황에 따라서 여러 가지 하위 유형으로 구분되는데, DSM-5에서는 분리불안장애, 선택적 함구증, 특정 공포증, 사회적 공포증, 공황장애, 공황발작장애, 일반화된 불안장애 등으로 분류하고 있다. 불안의 원인으로는 생물학적 관점, 정신역동적 관점, 인본주의 관점, 인지행동적 관점에서 살펴볼 수 있다. 불안증의 치료 목표는 먼저 급성 불안증상의 조절과 호전이다. 또 간과할 수 없는 중요한 목표로는 증상 전체의 완전 완화, 재발 방지, 전반적인 기능 회복과 궁극적으로는 삶의 질을 향상시키는 데에 있다. 불안장애 치료를 위해서는 약물치료와 상담치료를 병행하는 것이 효과적이라고 할 수 있다.

1 우울증 상담

1) 우울증의 의미

우울증을 뜻하는 그리스어 melancholia는 기원전 400년 히포크라테스에 의해 처음 사용되었고, 검은 담즙(black bile)이라는 의미를 가지고 있다. 영어 depression은 '내리 누름(to press down)'이라는 뜻이며 기가 죽다, 낙담하다, 슬프다, 가치를 낮추다, 활동성과 적극성을 저하시키다 등의 뜻을 포함하고 있다. 그러므로 우울증은 감정적인 침체(depression) 상태가 지속되므로 자발적 회복이 될 수 없는 상태를 말한다(Collins, 2007).

임상적인 우울증은 심각하고 흔한 기분장애로 심신을 동시에 악화시키는 질환이다. 이는 슬픔이나 일시적인 우울감과는 다르고 상황이나 시간이 지나도 증세가 사라지지 않는다. DSM-5(정신질환 진단 및 통계 편람 제5판)에서는 우울장애를 파괴적 기분조절부전장애, 주요우울장애, 지속성 우울장애(기분저하증), 월경전불쾌감장애, 물질/약물치료로 유발된 우울장애, 다른 의학적 상태로 의한 우울장애 그리고 명시되지 않은 우울장애를 포함시키고 있다. 주요 우울장애는 우울한 기분이나 흥미 상실이 2주 이상 지속되는 경우로 다른 우울 증상을 동반하는 비교적 심한 우울증을 말한다. 그리고 주요 우울증보다는 정도가 가볍지만 만성적인 우울증 형태인 지속성 우울장애(기분저하장애)는 대개 2년 이상 우울한 기분과 더불어 자존심 저하, 자책감, 결정의 어려움, 우유부단함, 생산성 저하, 비능률, 장래에 대한 비관 등 복합적인 여러 증상으로 인해 일상생활의 부적응을 동반한다(APA, 2013).

2) 우울증 원인

(1) 유전적 생물학적 원인

우울증은 유전적인 생물학적 취약성을 나타내는 가족력이 있을 때 발생 빈도가 높은 것으로 알려져 있다. 또한 주요 우울장애의 경우에는 이란성 쌍둥이에 비해 일란성 쌍둥이의 동시 발병률이 높고, 성인기에 발생하는 우울보다 아동 및 청소년기에 발생하는 우울은 유전적 요인의 영향이 더 크다고 보고되었다(Weissman et al., 1984).

그리고 뇌의 생화학적 조성이 우울증의 중요한 요소라는 증거들이 있다. 예를 들어, 주요 우울증을 가진 사람은 전형적으로 신경전달물질인 뇌의 특정 화학물질의 불균형을 나타낸다. 또한 우울증을 가진 사람들은 생화학적으로 영향을 받는 수면 패턴에서 다른 사람과 확연한 차이를 보인다. 따라서 우울증은 특정 약물에 의해 심화되거나 완화될 수 있으며 일부 호르몬은 기분 변화와 관련되어 있다.

(2) 심리적 원인

비관적 사고, 낮은 자존감, 삶의 사건들에 대한 통제력 상실감, 과장되게 걱정하는 경향 등과 같이 특정 성격을 지닌 사람들이 우울증을 경험하기 더 쉬운 것으로 나타난다. 이러한 속성들은 스트레스 사건의 효과를 강화하거나 이에 잘 대처하는 것을 방해하기 때문이다. 이와 관련하여 부모의 자녀양육 태도는 이러한 성향의 발전을 가져오기도 한다.

애착이론가들에 따르면, 우울증을 유발하는 가장 중요한 원인은 유아기에 양육자(주로, 어머니)에 대한 애착의 결여이다(Bowlby, 1973). 그리고 인지치료자 아론 벡(Aaron Beck, 1997)은 우울증이 발생하게 된 원인은 자기 자신, 세상 그리고 미래에 대한 부정적인 자동적 사고로 보았다. 또 다른 행동주의자들은 우울증을 긍정적인 사회적 강화가 부족했기 때문에 주어진 문제라고 주장하였다.

(3) 가족 및 환경 원인

우울증세가 있는 부모에게서 양육을 받은 자녀들은 우울증과 관련된 매우 위험한 상호작용과 의사소통에 노출되기 때문에 이러한 상황들이 우울증 유발 원인이 될 수 있다. 이 외에도 어린 시절에 부모 또는 다른 중요한 사람의 죽음이나 상실과 같은 환경적 스트레스가 청소년 우울증의 원인이 되기도 한다. 특히 부모에게 폭행당하고 거절당했으며 엄격하고 처벌적인 교육을 받고, 부모의 상호 관계가 좋지 않은 가정에서 자랐을 경우 높은 유병률을 보이기도 한다.

3) 우울증 진단기준

우울증 진단은 일반적으로 DSM-5와 ICD-10의 진단지침과 기준을 적용한다. 그리고 표준화된 우울증 관련 면담도구를 사용하기도 한다. 이 외에 벡 우울척도(Beck Depression Inventory: BDI), 소아우울척도(Children's Depression Inventory: CDI) 등의 평가척도들도 사용되고 있다. 그러나 이 도구들은 타당도가 낮기 때문에 우울증의 진단에는 사용되지 못하고 우울증의 선별(screening), 우울증상의 심각도 평가, 호전 정도의 평가에서만 사용된다(Clark et al., 2017).

미국 정신의학회(American Psychiatric Association)의 정신질환진단 통계편람 5판(DSM-5)에 따른 주요우울장애(Major Depressive Disorder: MDD) 진단기준은 다음과 같다(APA, 2013)(〈표 15-1〉 참조).

〈표 15-1〉 **주요우울장애 진단기준**

다음의 증상 중 5가지(또는 그 이상)가 동일한 2주일 기간 동안에 나타났고 과거의 기능과 차이를 나타냈다. 적어도 하나의 증상이 ① 우울한 기분 또는 ② 흥미 또는 즐거움의 상실이다.

1. 거의 하루 내내의 우울증, 주관적 보고(예: 슬프거나 공허하다)나 타인에 의한 관찰에 눈물을 글썽인다)에 의해 나타난 거의 매일 또는 거의 하루 내내 우울한 기분

2. 거의 매일 모든 것 또는 거의 모든 것, 거의 하루 대부분의 활동에서 현저히 감소된 흥미(주관적 설명 또는 타인에 의한 관찰로 나타나듯이)
3. 식이요법하지 않는 중에 의미 있는 체중 감량과 체중 증가(예: 1개월에 체중의 5% 이상 변화) 또는 거의 매일 식욕의 감소 또는 증가
4. 거의 매일 불면 또는 과수면
5. 거의 매일 정신운동 흥분 또는 지체(단순히 안절부절못함 또는 느려진다는 주관적 느낌뿐 아니라 타인에 의해서도 관찰 가능한)
6. 거의 매일 피로 또는 에너지 상실
7. 거의 매일 무가치감 또는 과도하고 부적절한 죄책감(망상적일 수도 있는)을 느낌(단순히 병이 있다는 데 대한 자책이나 죄책감이 아님)
8. 거의 매일 사고와 집중능력의 감퇴 또는 결정 곤란(주관적 설명 또는 타인에 의해 관찰되어지듯이)
9. 반복적인 죽음에 대한 생각(죽음에 대한 공포 아닌), 구체적 계획이 없는 반복적인 자살사고, 또는 자살시도나 자살을 자행하려는 구체적 계획

4) 우울증 상담

우울증을 치료하기 위한 효과적인 방법으로는 크게 심리상담과 약물치료가 있다. 어떤 경우에는 심리상담이나 약물치료 중 어느 한 가지만 사용할 수 있고, 어떤 경우에는 병합 치료가 고통을 경감시키는 데 효과적일 수 있다. 우울증 내담자를 대상으로 정신과 의사, 심리치료 상담사, 다른 정신건강 전문가들과 적절한 치료계획을 세울 때 증상의 심각도, 약물 가족력, 과거의 우울증 치료 경험에 따라서 약물치료는 매우 중요하다. 하지만 우울증의 원인은 유전적 생물학적 요인에만 있는 것이 아니라 심리적 요인과 가족 및 환경 요인 등이 포함되기 때문에 약물치료와 심리치료를 병행하는 것이 더 효과적인 방법이라고 할 수 있다.

(1) 약물치료

대부분 약물치료적 접근을 시도하는 한국의 정신과에서는 뇌화학 성분에 영향을 주는 항우울제를 단독 투여하는 것이 일반적이다. 1950년대 이후에 개발된 삼환계

항우울제(Tricyclic Antidepressants; TCA)로서 이미프라민(imipramine), 아미트립틸린(amitriptyline), 노르트립틸린(nortriptyline) 등이 등장하면서 그동안 정신치료에 집중되었던 우울증의 치료가 새로운 전기를 맞이하였다. 그러나 TCA의 여러 가지 부작용으로 삶의 질 저하, 복용 중단으로 인한 재발 등의 문제를 가지고 있었다. 이러한 부작용을 줄이기 위한 노력의 결과 1980년대 이후 선택적 세로토닌 및 노르에피네프린 재흡수 억제제[이하 SNRI; 둘록세틴(dulxetine)과 벤라팍신(venlafaxine)]와 선택적 세로토닌 재흡수 차단제[이하 SSRI; 플루옥세틴(fluoxetine), 서트랄린(sertraline), 파록세틴(paroxetine), 플루복사민(fluvoxamine), 시탈로프람(citalopram), 에스시탈로프람(escitalopram) 등]가 개발되었다(오윤선, 2010).

SNRI와 SSRI가 개발된 이후 새로운 기전의 항우울제로서 벤라팍신(venlafaxine), 밀나시프란(milnacipran), 둘록세틴(duloxetine), 미르타자핀(mirtazapine), 부프로피온(bupropion), 아고멜라틴(agomelatine) 등이 사용되고 있지만 효과적인 측면에서 어느 것이 더 탁월하다고 확증할 수는 없다. 정신과적 치료에는 이상의 항우울제와 함께 더불어 기분안정제(mood stabilizers)가 사용되고 있는데, 보통 리튬(lithium)은 기분의 굴곡을 정상화시켜 주는 작용을 한다. 이러한 약물은 양극성 우울증 환자의 기분을 안정시키기 위해서 사용하며, 항우울제 단독 사용으로 호전되지 않을 때 항불안제와 함께 사용된다. 항불안제를 사용하는 이유는 우울증상과 불안이 빈번하게 동반되기 때문이다. 이 외에 항정신병약물, 갑상선제제 등이 포함되어 사용되기도 한다.

(2) 우울증 상담

현재 우울증 상담기법으로는 정신치료, 인지치료, 가족치료 등이 사용되고 있다. 우울증 상담은 내담자의 치료 반응을 고려하여 다음과 같은 통합적 접근을 통한 접근이 유용하다고 하겠다.

① 상담자의 태도

우울증 내담자들은 감정표현에 어려움을 가지고 있으므로 감정표현을 잘 할 수 있도록 격려와 적극적으로 경청하는 태도를 유지해야 한다. 우울증 내담자들은 대부분 자존감이 낮기 때문에 이들을 대할 때 전인격적이며 수용적이고 진지한 태도를 취해야 한다.

상담자가 우울증 내담자들과 관계를 지속하기 위해서 때로는 평상시 몇 배 이상의 인내가 필요하다. 심하면 포기하고 싶은 마음과 분노감정이 생길 수 있어서 철저한 임상훈련을 통하여 자기 조절을 잘 할 수 있어야 한다. 우울증 내담자 가운데 일부는 자기 파괴적이고 자멸적 행동이 나타날 수 있다. 상담자는 이때 내담자를 잘 관찰하고 보호해 주며 적절히 대처해야 한다. 우울증 내담자의 특징 중 하나가 절망감이기 때문에 상담자는 지속적으로 희망을 고취시켜 주어야 한다. 상담이 진행되면서 내담자는 상담자에 대한 의존감정이 높아질 수 있다. 초기에는 의존감정을 허용해야 하지만 치료가 진행되면서는 내담자의 독립성을 증진시킬 수 있도록 도와야 한다.

② 공감적 경청과 치료 동맹

우울증 상담은 초기 면담에서 어떻게 공감적 경청(empathy listening)을 하며, 상담자와 내담자 사이에 치료 동맹(therapeutic alliance)을 수립시키느냐가 관건이다. 이는 초기 면담과정에서 상담목표를 설정하고 상담기법을 결정하기 위한 내담자 정보가 수집되어야 하기 때문이다. 특히 우울증 내담자에게 이 과정에서 치료적이고 신뢰적 관계인 라포(rapport)를 안정되게 만들 수 있기 때문에 더욱 중요하다.

③ 저항과 전이 다루기

우울증 내담자는 상담자와의 관계에서 억압저항(repression resistance), 전이저항(transference resistance), 이차 이득저항(secondary gain resistance)을 나타낼 수 있다. 따라서 상담자는 내담자를 존중하며 칭찬과 격려를 아끼지 말아야 한다. 그리고 내담자의 분노, 죄책감, 자기 불확신 등을 자유롭게 이야기할 수 있도록 도와서 감정

반응을 상담자에게 전치(displacement)할 수 있도록 해야 한다. 내담자가 스스로 억압된 감정들을 내어놓기 전까지는 우울증에서 벗어나고자 하는 모든 노력이 방해를 받게 된다. 이때 상담자의 역할은 내담자의 억압된 감정들을 표현하도록 격려해 주고 수용하며 건설적인 방향으로 에너지를 승화시킬 수 있도록 내담자를 도와야 한다.

④ 반영과 명료화

상담자는 내담자의 말과 행동에서 표현된 기본적인 감정, 생각 및 태도에 대해서 참신한 말로 부언해 주는 반영(reflection)을 잘해 주어야 한다. 그래서 내담자로 하여금 자신이 이해받고 있다는 인식을 갖도록 해야 한다. 이어서 내담자가 무의식적이었거나 마음속에 어렴풋이 알고 있었던 문제 사건들과 그에 얽힌 감정들을 보다 분명히 알 수 있도록 명료화(clarification)를 시도함으로써 자아(ego)의 경계가 열리고 논리적으로 자신을 이해하도록 해야 한다.

⑤ 직면과 논박

상담과정이 원만하게 후기에 접어들면 내담자가 깨닫지 못하고 있거나 인정하기를 거부하는 문제에 대한 생각과 느낌을 직접 대면할 수 있도록 직면(confrontation)을 시도한다. 그리고 우울증 내담자의 경우 부정적 생각과 신념이 매우 집요한 경우가 많고 부정적인 악순환 과정을 반복하는 경우, 논박기법을 통해서 부정 사고를 긍정 사고로 전환하도록 도와야 한다.

⑥ 해석과 환기

상담자는 해석(interpretation)을 통해 내담자가 과거의 생각과는 다른 각도에서 현재 자신의 행동과 내면세계를 이해할 수 있게 하고, 내재된 감정 문제는 환기시키는 작업을 한다. 이때 '빈 의자 기법'을 활용하여 감정의 발산을 시도하는 것이 좋은 방법이 될 수 있다. 특히 대인관계에서 비롯된 우울증의 경우, 자신이 타인들에게 하고 싶은 말을 하게 하고 다시 의자를 바꾸어 타인의 입장이 되어 보도록 한다. 이

때 내담자는 마치 싸움이나 다툼을 하는 것 같은 감정 분출이 연출될 수도 있다.

⑦ 훈습과 구체적 지침 제공

우울증 상담은 직면과 통찰에 이어 억압감정을 표출했다고 모든 문제가 해결된 것은 아니다. 이제는 내담자가 스스로 의지를 가지고 문제를 해결할 수 있는 역량을 길러주어야 한다. 따라서 상담 초기에는 공감기법을 많이 활용하지만 문제 해결 과정에서는 직면과 훈습 그리고 지속적인 강화 및 소거 학습이 요구된다.

구체적인 지침 제공으로는 인지치료에서 많이 활용하고 있는 일일 활동표(activity schedule), 단계적 과제물(gradual task assignment), 완수 만족사항 표기법(mastery and pleasure therapy), 인지적 재평가(cognitive reappraisal), 대치요법(altern ative therapy), 인지연습(cognitive rehearsal), 숙제(homework assignment) 등의 기법을 사용할 수 있다.

일일 활동표와 단계적 과제물 등을 사용할 때는 내담자로 하여금 먼저 자신의 생각들을 스스로 살펴보게 한다. 그리고 이 사고들(기능 장애적 사고)을 기록하는 용지(dysfunctional thought record)에 기록하여 내담자가 스스로 관찰한 자료들을 가지고 상담자가 함께 검토한다. 즉, 매일의 경험을 보다 논리적이고 합리적인 방식으로 평가함으로써 내담자가 미래 상황을 평가하는 데 사용할 수 있도록 새로운 인지적 기술을 가르치는 것이다(Beck et al., 1979).

2 불안증 상담

1) 불안증의 의미

불안(anxiety)은 인간의 생존과 안전에 필요한 정서적 긴장을 동반하는 공포의 내

적 정서 상태이다. 불안의 문제가 철학적 과제로 제기된 것은 키에르케고르(Soren Kierkegaard), 야스퍼스(Karl Jaspers), 하이데거(Heidegger), 사르트르(Jean-Paul Sartre)부터이다. 과학적인 측면에서 그 본질을 규명하기 시작한 것은 정신분석가 프로이트(Sigmund Freud)부터라고 볼 수 있다(May, 1977).

불안에 대한 일반적 범주에 따른 구분으로는 정상적인 불안(normal anxiety)과 병적인 불안(pathological anxiety)이 있다. 정상적인 불안은 현실적으로 위험을 내포한 위협적인 상황에서 자연스럽고 적응적인 심리적 반응으로 나타나는 불안을 의미한다. 반면에 병적인 불안은 불안반응이 부적응적인 양상으로 작동하는 경우를 말한다. 즉, 현실적인 위험이 없는 상황에서도 대상에 대해서 불안을 느끼거나 실제적인 위험의 정도에 비해서 과도하게 심한 불안을 느끼는 경우가 이에 해당한다. 이처럼 개인이 병적인 불안으로 인하여 과도한 심리적 고통을 느끼거나 현실적인 적응에 심각한 어려움을 겪는 경우를 불안장애(anxiety disorders)라고 한다(Albano & Kendall, 2002).

2) 불안증 원인

(1) 생물학적인 관점

생물학적인 관점에서 불안은 주로 자율신경계의 교감과 관련되어 있다고 본다. 불안은 임박한 위험에 대한 신호로 교감신경계의 흥분을 일으키는데 이때 교감신경계의 반응들을 살펴보면 우선 심장박동이 빨라지고 혈압이 높아진다. 이어서 혈액의 순환이 말초기관에서는 속도가 감소하여 장기의 혈관이나 사지의 혈관이 수축하게 된다. 이러한 반응의 결과로 우리는 손발이 차거나 오싹함을 느끼기도 한다. 현대의 신경생물학자들은 청반(locus coeruleus)이 불안의 생물학적 장소임을 밝혀냈다고 하는데, 청반은 가바(GABA, gamma-amino butyric acid: 감마아미노부티르산)에 의해 활성화되는 억제신경을 활성화시키거나 비활성화시킴으로써 유기체의 불안 수준을 조절한

다(이용승, 2002).

특이 공황발작은 신경전달물질(norepinephrine, serotonin)과 관련된다는 연구결과도 있다(권석만, 2013). 이 밖에도 유전적 요인들이 불안증과 관련이 있다는 보고도 있다. 예를 들어, 공황장애 환자의 가족 중에 공황장애가 있을 확률이 다른 정신장애에 비해 4~8배나 크며 일란성 쌍둥이의 발병 일치율이 이란성 쌍둥이에 비해 훨씬 높은 것으로 나타나고 있다(APA, 2013).

(2) 정신역동적 관점

프로이트(Freud, 1939)의 정신역동적인 관점에서 모호하고 근거 없는 불안은 구체적인 공포를 억압하는 과정 속에서 생겨났다고 보았다. 따라서 프로이트의 초기 이론에서는 억압된 리비도가 적절히 배출되지 못하고 있는 상태가 불안으로 형성된다고 보았다. 즉, 억압으로 인해 개인의 공포 반응이 구체적인 내용을 잊어버리고 모호한 불안 반응으로 퇴행하게 된다는 것이다. 그리고 억압과 같은 심리적인 작용은 두려운 정서 상태를 참지 못하는 과정에서 진행된다고 설명하였다. 이러한 설명은 그 후 바뀌어서 불안을 야기하는 것이 억압이 아니라 불안이 먼저 존재하고, 불안이 억압을 가져오게 한다고 주장하였다. 그래서 프로이트는 불안을 불쾌한 정서적 상태 또는 조건으로 간주하였고 신경증에 있어서 중심적인 문제이며 인간 이해의 중요한 관건이라고 보았다.

이어서 프로이트의 이론을 보충한 아들러(Adler, 1958)는 인간의 삶이 생물학적인 열등감과 불안의 상징에서 시작된다고 보았다. 그는 성격 특성으로서의 불안은 사회적 환경 속에서 생성되는 갈등이며 불안이 성격형성에 광범위하게 미치는 영향에 주목하였다. 그는 불안을 대인관계 속에서 나타나는 열등감에 의해 발생한다고 보았기 때문에 인간이 사회적 관계를 통해서 불안이 생성된다고 했다. 동시에 그 해결방법도 개인의 인간적 유대를 통해서 불안이 해소될 수 있다고 보면서 특히 사회적 변인에 대해 강조했다(이만홍, 황지연, 2007).

(3) 인본주의적 관점

인본주의적 관점은 인간이 각자 자신의 천성이 표현되지 못할 때 여러 가지 양상으로 불안해한다고 설명했다. 인본주의 심리학자들은 신경증의 소유자들이 상호 갈등적인 자기 개념, 즉 자기 개념에 있어서 긍정적인 개념과 부정적인 개념 사이에서 자기 실현보다는 갈등하는 데 에너지를 더 많이 소모하고 불안해한다고 보았다(이채은, 1996).

(4) 인지행동적 관점

인지행동적 관점에서 보면 지나치게 불안한 사람들은 자신들이 위험에 처해 있다고 자각하는 경향이 높다고 보았다. 이들은 위험과 위협에 관한 인지도식이 일반적인 수준보다 더 발달되어 있어서 일상생활 속에서 위험에 관한 자극에 주의를 많이 기울이고, 그 의미를 위협적인 것으로 해석하는 경향이 높다. 따라서 만성적인 불안을 느끼는 사람들은 독특한 사고경향을 나타내며 특히 위험과 위협에 관한 생각과 심상을 자주 보고한다(권석만, 2013).

벡과 에머리(Beck & Emery, 1985)는 병적인 불안은 정서적 반응이 인지적 과정의 편향으로 인해 과장된 경우라고 설명했다. 불안과 관련된 인지적 평가 과정이 의식적인 통제 없이 발생되는 자동적인 정보처리 과정 때문에 불안이 유발되는 것으로 보았다. 그러므로 불안장애 환자들은 위험과 위해의 주제와 관련된 인지도식을 가지고 있어서 생활 전반의 위험요소에 대해 매우 민감하게 반응하게 된다. 이어서 선택적 주의를 기울여 위험성을 과도하게 평가하고 자신의 대처자원을 과소평가하는 경향이 있다.

3) 불안증 진단기준

불안장애(anxiety disorders)는 일상적인 경험에서 느끼는 불안에서부터 공황장애와

같은 병리적인 수준의 불안까지 다양한 스펙트럼을 가지고 있고 점점 세분화되는 추세이다. DSM-5에서는 기존에 불안장애의 하위 유형이던 강박증(OCD)을 별도로 분류한 것도 이러한 불안장애의 세분화 경향을 보여주는 한 예라고 할 수 있다. DSM-5에서는 불안장애를 그 양상이나 불안을 느끼는 대상 및 상황에 따라 크게 7가지의 하위 유형으로서 범불안장애(generalized anxiety disorder), 특정공포증(specific phobia), 광장공포증(agora-phobia), 사회불안장애(social anxiety disorder), 공황장애(panic disorder), 분리불안장애(separation anxiety disorder), 선택적 무언증(selective mutism)으로 구분한다(APA, 2013).

범불안장애 또는 일반화된 불안장애는 개인이 경험하게 되는 환경 또는 대상이 계속 바뀐다는 의미에서 부동불안이라고도 불린다. DSM-5 진단기준은 스스로 통제할 수 없는 과도한 불안 증상이 적어도 6개월 이상 지속되어야 한다. 그리고 불안, 피로, 집중력 감퇴, 짜증, 근육긴장, 수면장애와 같은 6가지 증상 중 3가지 이상이 나타나야 한다.

광장공포증의 진단은 다음 다섯 가지 상황 중 적어도 두 가지 이상에서 공포와 불안이 나타나야 한다. ① 대중교통수단 ② 개방된 공간(주차장, 시장, 다리) ③ 폐쇄된 공간(쇼핑몰, 극장, 영화관) ④ 줄을 서 있거나 군중 속에 있는 것 ⑤ 집 밖에서 혼자 있는 경우이다. 단, 이러한 상황을 두려워하거나 회피하는 이유가 도움을 받을 수 없다는 생각이나 그러한 상황을 회피하기 어렵다는 생각 때문이어야 한다.

공황장애의 진단은 강렬한 공포와 더불어 DSM-5에서 제시하는 13개 증상 중 4개 이상이 나타나야 한다. ① 심장박동이 강렬하거나 심장박동수가 점점 빨라짐 ② 진땀을 흘림 ③ 몸이나 손발이 떨림 ④ 숨이 가쁘거나 막히는 느낌 ⑤ 질식할 것 같은 느낌 ⑥ 가슴의 통증이나 답답함 ⑦ 구토감이나 복부통증 ⑧ 어지럽고 몽롱하며 기절할 것 같은 느낌 ⑨ 한기를 느끼거나 열감을 느낌 ⑩ 감각 이상증(마비감이나 찌릿찌릿한 감각) ⑪ 비현실감이나 자기 자신과 분리된 듯한 이인감 ⑫ 자기 통제를 상실하거나 미칠 것 같은 두려움 ⑬ 죽을 것 같은 두려움 등이 그 증상들이다. 또한

적어도 1회 이상의 발작 후에 1개월 이상 추가적인 공황발작이 있거나 이에 관련하여 지속적인 걱정이 동반되는 경우, 또는 이것과 관련하여 현실에서 부적응을 동반하게 되면 공황장애로 진단한다.

4) 불안증 상담

(1) 불안증의 약물치료

불안장애의 일차 치료 약물 중에 국내에서 주로 사용하는 SSRI에는 에스시탈로프람(escitalopram), 파록세틴(paroxetine), 서트랄린(sertraline), 플루옥세틴(fluoxetine), 플루보사민(fluvoxamine) 등이 있으며, SNRI에 속하는 약물로는 벤리팍신(venlafaxine), 둘록세틴(duloxetine), 밀나시프란(milnacipran) 등이 있다. SSRI 및 SNRI는 사용 초기 일시적으로 불안을 증가시키는 경우가 있기 때문에 불안장애의 치료에서는 소량으로 시작하여 임상 효과 및 부작용 등을 평가하면서 2~3주에 걸쳐 서서히 증량해야 한다.

다른 계열의 항우울제인 미르타자핀(mirtazapine)도 수면개선 효과와 항불안 효과를 빠르게 개선하기도 한다. 이 약물은 치료 초기 벤조다이아제핀(benzodiazepine)계 항불안제 등 보조 요법의 필요성이 적고, 약물 상호작용도 적다는 장점을 지니고 있어서 우울증 외에도 공황장애, 범불안장애, 외상 후 스트레스장애 등 여러 불안장애의 치료에 사용되고 있다.

삼환계 항우울제는 어지러움, 입마름 등의 부작용이 나타나기도 한다. 또 벤조다이아제핀(benzodiazepine)계 항불안제는 급성 불안 및 신체증상, 자율신경계 증상 등을 경감시키기 위해 초기에 사용할 수는 있다. 하지만 의존성 가능성과 남용 및 인지, 기억장애 등의 부작용 가능성이 있으므로 단기간 사용 후 천천히 감량하여 끊는 것(tapering and stop)이 권장된다.

약물치료를 시작할 때는 면밀한 평가를 통한 올바른 진단, 우울증이나 물질남용과 같은 다른 공존 질환의 유무, 환자의 임상 양상, 동반된 내외과적 질환, 기존에 사

용하였던 약물, 연령 등을 고려하여 약물을 결정해야 한다.

(2) 불안증 상담

불안장애 내담자를 치료하기 위한 과정으로 감정표현과 적극적 경청, 공감적 이해, 긍정적 존중, 목표 제시와 지침 제공, 불안 탈피 프로그램이 활용될 수 있다.

① 감정표현과 적극적 경청

상담자는 불안과 염려에 놓여 있는 내담자들에게 충분히 자신의 감정을 표현할 수 있도록 도와주며 적극적인 경청을 해야 한다. 특별히 내담자들이 두려움을 표현할 때 방해하거나 지시하지 않도록 주의해야 한다. 불안장애를 가지고 있는 내담자들에게 막연하게 "염려할 필요 없다"라는 식의 지시로는 그들의 근본적인 문제를 해결할 수 없다.

② 공감적 이해

불안에 처한 내담자들을 돕기 위해서는 피상적으로 그들의 불안심리를 바라보는 것이 아니라 공감을 통해 내담자들의 불안을 이해해야 한다. 공감을 통해 그들을 이해하고 치료적 동맹관계가 결성되면 내면의 불안에 대해서 통찰을 얻도록 도와주어야 한다.

③ 긍정적 존중

불안증을 가진 내담자는 심리적으로 위축되어 있기 때문에 긍정적으로 존중해 주어야 한다. 그리고 그들의 존재 자체가 가치 있다는 사실을 인식할 수 있도록 도와주어야 한다.

④ 목표 제시와 지침 제공

불안증을 가지고 있는 내담자에게는 불안을 극복할 수 있는 목표를 세우게 하고 극복하는 과정에 대해 구체적인 지침을 마련해 주는 것이 필요하다. 이러한 목표와

실행과제를 수행하기 위해서는 불안을 인정하고 극복할 수 있는 훈련을 하며, 자신을 향한 모든 관심을 다른 사람을 돕는 데 사용할 수 있도록 해야 한다. 이러한 훈련을 통하여 불안으로부터 해방감을 체험할 수 있도록 조력해야 한다.

⑤ 불안탈피 프로그램의 활용

내담자가 불안으로부터 탈피할 수 있는 프로그램에 적극적으로 참여하도록 한다. 음악을 듣게 하거나 적당한 운동과 적당한 수면, 자신의 감정을 다른 사람에게 말하기, 미리 염려하지 않기, 염려 시간 제한하기 등의 프로그램들을 구체화하고 적극적으로 실행하도록 돕는다.

연습문제

1. 우울증의 원인과 효과적인 치료방안에 대해서 설명하시오.
2. 불안증 원인, 진단기준, 상담과정에 대해서 토론하시오.

CHAPTER

16

문제별 상담

학습 내용

1. 성문제 상담
2. 자살위기 상담

학습 목표

1. 성문제 상담에 대해서 이해하고 문제 방지에 대해서 토론한다.
2. 자살의 원인과 현황에 대해서 이해하고 상담과정과 상담기술에 대해서 설명한다.

학습 개요

성은 크게 두 가지 의미로 문화적 의미인 'gender'와 생물학적 의미를 지니는 'sex'로 구별한다. gender는 개인에게 부여된 사회적인 성역할과 그로부터 내면화시킨 심리적인 성을 말한다. 그리고 sex는 개인이 선천적으로 타고나는 신체적인 차이나 성기를 포함하는 신체 일부를 사용하여 행해지는 성교의 의미로 사용된다.

성문제는 음란물중독, 성폭력, 동성애, 성매매 등 다양하다. 성문제 상담의 목표는 첫째, 성에 관한 사적 관심들을 명료화시켜 준다. 둘째, 성과 관련된 문제행동을 선택하는 이유를 명료화시켜 준다. 셋째, 타인의 부당한 압력에 적절히 대처할 수 있도록 도와주고, 다른 타인에게 부당한 압력을 가하지 않도록 한다. 넷째, 각종 성문제로 인한 상처를 치료받고 건강한 삶을 영위하도록 한다이다.

자살은 인간 스스로의 명백한 의지와 힘으로 자신을 죽이려는 행위를 말한다. 자살위기의 원인에 대해서 심리학적인 입장, 사회학적인 입장, 생태체계적인 입장이 있다. 자살위기 상담의 목표는 위험에 처한 개인이 이전에 정상적인 기능을 회복할 수 있도록 도와주는 것이다. 자살상담에서 위기개입 두 가지는 첫 번째, 단기적 관점의 위기관리는 위기의 경감에 초점을 두므로 신속한 평가가 요구되며 현재 개인이 당면한 위기, 즉 위험요인을 감소시키는 데 집중하여 이전 상황으로 회복할 수 있도록 조력하는 것이다. 두 번째, 장기적 관점의 사례관리는 오랫동안 지속적인 평가가 이루어지며 단계별 치료목표에 따라 생태체계학적인 관점에서 개인의 삶의 질을 향상시키는 데 주력한다.

내담자 자살위기 개입의 6단계로는 제1단계: 문제를 정의함, 제2단계: 내담자의 안전보증, 제3단계: 지원의 제공, 제4단계: 대안의 조사, 제5단계: 계획수립, 제6단계: 구속력 확보가 있다. 그리고 자살위기 다루기 및 치료에는 절망감 다루기, 공감대 형성, 경향 파악, 치료(개인 심리치료, 그룹치료, 가족치료)가 있다.

1 성문제 상담

1) 성문제의 의미

성(sex)의 어원은 라틴어 'sexus'에서 유래된 것으로 본래 'seco(자르다, 나누다: cut)'라는 동사의 파생어이다. 이 단어는 모성으로부터 탯줄을 자름으로써 완전한 성이 된다는 뜻으로 남성과 여성으로 탄생한 독립된 인간을 의미한다. 또한 성(性)이란 한자는 마음 '심(心)'과 날 '생(生)'의 합성어로 마음과 몸을 합하여 인간 전체를 이룬다는 의미로 전인적인 인간을 총칭하는 말이다(윤가현, 양동욱, 2017).

성은 크게 두 가지 의미로 문화적 의미인 'gender'와 생물학적 의미를 지니는 'sex'로 구별한다. gender는 개인에게 부여된 사회적인 성역할과 그로부터 내면화시킨 심리적인 성을 말한다. 그리고 sex는 개인이 선천적으로 타고나는 신체적인 차이나 성기를 포함하는 신체 일부를 사용하여 행해지는 성교의 의미로 사용된다. 오늘날 성문제는 음란물중독, 성폭력, 동성애, 성매매 등 다양하다.

첫째, 음란물중독의 문제는 음란물을 본 후에 나타나는 연상 작용 때문에 일상에 지장을 초래하며, 성충동의 발생으로 잘못된 성에 대한 사고를 갖게 되거나 성범죄까지도 저지를 수 있다.

둘째, 성폭력은 상대방의 동의 없이 강제적으로 성적 행위를 하거나 성적 행위를 하도록 강요 또는 위압하는 행위를 포함하며 선정적 언어로 성행위를 유발시키는 행위로서 피해자를 매우 심각한 상황에 처하게 하는 범죄행위이다(양승오, 2011).

셋째, 성매매는 아동·청소년의 성보호에 관한 법률 제2조에 의하면 '아동·청소년의 성을 사는 행위'라는 용어를 사용하고 있다. 여기서 '아동·청소년의 성을 사는 행위'는 아동·청소년의 성을 사는 행위를 알선한 자 또는 아동·청소년을 실질적으로 보호·감독하는 자 등에게 금품이나 그 밖의 재산상 이익, 직무·편의 제공 등 대가를

제공하거나 약속한 경우를 포함한다. 이에 더하여 성교 행위 또는 신체의 일부나 도구를 이용한 유사 성교 행위, 신체의 전부 또는 일부를 접촉·노출하는 행위이다. 그리고 일반인의 성적 수치심이나 혐오감을 일으키는 행위, 자위행위 중의 어느 하나에 해당하는 행위를 아동·청소년을 대상으로 하거나 아동·청소년으로 하여금 하게 하는 것을 말한다.

넷째, 최근 동성애를 성정체성에 관련하여 성소수자라는 용어를 사용하는데, 성소수자(LGBT)는 레즈비언(Lesbian), 게이(Gay), 양성애자(Bisexual), 성 전환자(Transgender)를 집합적으로 지칭하는 축약어이다(출처: 위키백과사전). 동성애자 가운데는 사회 및 가족 내에서 대인관계와 생활 전반에 부적응적 현상을 보이게 되는 경우가 발생한다(권해수, 2009).

2) 성문제 상담

(1) 상담의 목표

첫째, 성에 관한 사적 관심들을 명료화시켜 준다.

둘째, 성과 관련된 문제행동을 선택하는 이유를 명료화시켜 준다.

셋째, 타인의 성적 부당한 압력에 적절히 대처할 수 있도록 도와주고, 타인에게 부당한 압력을 가하지 않도록 한다.

넷째, 각종 성문제로 인한 상처를 치료받고 건강한 삶을 영위하도록 한다.

(2) 상담과정

① 내담자의 문제 확인 및 치료적 관계 모색

성상담을 위해서는 우선적으로 내담자가 호소하는 문제가 무엇인지를 명확하게 이해하는 것이 중요하다. 내담자가 성에 관한 정보나 지식을 필요로 하는 것인지, 성에 대한 태도나 가치관과 관련된 문제인지, 아니면 성적 피해와 관련된 문제인지

등을 파악하는 것이 상담자가 해야 할 일이다. 내담자 가운데는 자신의 성과 관련된 문제를 상담자에게 솔직하게 이야기하는 것을 매우 부담스러워하는 경우가 있기 때문에 상담을 위한 첫걸음으로 내담자와 접촉점을 이루어 치유적 관계를 확립하는 것이 중요하다. 내담자와 좋은 관계 형성을 위해서 참여 이해(understanding), 수용(acceptance), 관심 있는 행동(attending behaviors) 등이 필요하다(오윤선, 2007).

첫째, 참여 이해는 고도의 일치성(congruence)과 진지성(genuineness) 그리고 문제에 처한 내담자의 현재 상태를 그대로 이해하는 감정이입 이해(empathetic understanding)를 말한다.

둘째, 수용과정을 통하여 내담자는 자기 감정의 두려움과 근심 없이 참자아를 대면할 여유를 갖게 되고 자아역량도 회복된다.

셋째, 관심 있는 행동은 위기에 처한 내담자에게 안도감을 주고 상담자의 관심과 흥미를 보여주기 위한 외적 행동이다. 이 행동은 "나는 내담자에게 관심을 가지고 정성껏 돌보아주겠다"는 말을 실천하는 행동이다.

② 내담자가 원하는 내용 파악

내담자의 호소 문제가 파악되고 또한 원인이 탐색되면, 상담자는 내담자가 그 문제 상황과 관련하여 무엇을 원하고 있는지를 확인할 필요가 있다. 문제에 빠져 있는 시간이 오래 되었거나 내담자가 문제 상황을 구체적으로 알지 못해서 자신이 무엇을 원하고 있는지를 모르는 경우도 있다. 또 절망감을 경험한 이후 의도적으로 원하는 것을 거부하는 경우도 있다. 그러나 내담자가 원하는 것이 무엇인지 분명히 알아야 상담의 목표를 명료화할 수 있다.

③ 내담자의 문제 해결을 위한 노력 확인 및 수용

상담을 받으려는 내담자는 문제를 해결하거나 상황을 개선시키려는 의지와 동기를 갖고 있지만, 이와 동시에 문제 해결 가능성에 대한 불확실성을 강하게 느끼고 있다. 따라서 내담자가 직면하고 있는 성문제 해결에 조력하기 위해서는 내담자의

문제 해결 노력을 확인할 필요가 있다. 이러한 탐색과정은 다음과 같은 세 가지 측면에서 필요하다.

a. 내담자의 특성 이해

상담 장면에서 만나는 내담자는 문제 해결에 대한 동기에 따라 크게 세 유형으로 구별된다. 첫 번째 유형은 문제 상황에 대한 실제적 문제의식조차 없는 경우이고, 두 번째 유형은 문제 상황에 대한 문제의식은 있으나 해결 의지보다는 직면하는 어려움을 회피하기 위해 자신의 어려움을 불평하는 경우이며, 세 번째 유형은 문제 해결의 진정한 의지와 동기를 지니고 있으나 문제 해결을 위한 적절한 방법을 찾지 못하는 경우이다.

b. 내담자의 새로운 대처방식을 탐색할 수 있는 기회 제공

대부분의 내담자들은 문제 상황에 대처하는 나름대로의 노력을 시도해 본 경험이 있을 것이다. 이들은 자신의 시도가 실패함에 따라 더욱 커다란 절망감이나 좌절감에 빠지기도 하고 그로 인한 무력감에 빠지기도 한다. 이러한 경우 상담자가 이들의 노력을 수용하고 격려하며 그러한 노력을 하는 내담자의 의지를 진정으로 수용할 수 있다면 내담자들에게 자기 이해와 수용능력을 높여 줄 수 있다.

c. 내담자 문제의 적절성 확인 기회 제공

내담자들의 문제 해결을 위한 노력의 탐색은 그들이 겪고 있는 성문제가 얼마나 그들에게 절박한 것인지를 알 수 있게 해 준다.

④ 상담목표 논의와 합의

내담자가 원하는 것과 문제 해결 노력을 확인하면 상담목표를 설정하는 것이 수월해진다. 상담자와 내담자가 상담목표를 논의함으로써 상담의 진행과정과 전략 등에 대해 합리적인 계획을 세울 수 있다. 내담자가 상담을 통해서 얻고자 하는 것을 구체화하는 것은 대부분의 상담에서 필요하다.

⑤ 새로운 대처행동 계획 수립

상담자는 내담자가 원하는 상담목표를 달성할 수 있는 새로운 대안을 모색하고 그 대안을 위한 구체적인 실천계획을 수립하도록 도울 수 있어야 한다. 이때 상담전략에 대해서 중지 수렴(Brain Storming) 규칙은 다음과 같이 한다.

첫째, 목표 달성을 위해 되도록 많은 의견이나 방법을 제시하여 정보의 양에 관심을 갖도록 한다. 둘째, 여러 가지 실현 가능한 의견이 제시되기 전까지는 제시된 의견에 대한 비판이나 평가 등은 보류한다. 셋째, 가능성이나 효과가 실제적이지 않은 의견이라도 이를 토대로 다른 의견이 나올 수 있도록 장려되어야 한다. 넷째, 여러 가지 의견이 다 제시되면 가장 유용한 의견을 다듬어 조합한다. 다섯째, 가장 유용하고 현실적인 대안을 선정하여 구체적인 실천행동을 계획하고 연습하도록 도와야 한다.

⑥ 구체적인 지침 제공

상담목표와 계획이 수립되었으면 상담자는 내담자에게 구체적인 지침을 제시하고 적극적으로 참여하도록 격려해야 한다. 그리고 성적인 문제가 야기될 수 있는 상황이 발생할 경우에 내담자가 문제를 잘 대처할 수 있는 지침들을 제공하고 가장 효과적인 해결방안들을 모색할 수 있도록 해야 한다. 그뿐만 아니라 내담자로 하여금 문제들이 발생할 수 있는 상황과 시간에 대한 대처계획을 수립하도록 한다. 만약 문제가 발생했을 경우에는 신중하고 신속하게 문제가 해결될 수 있도록 도와야 한다.

⑦ 결과 확인

상담자는 내담자의 대처행동 결과를 확인하고 그 결과에 대해서 논의해야 한다. 만약에 내담자가 제시한 지침을 실행하지 못하고 실패했을 경우에는 다른 지침과 지원을 시도한다. 그리고 제시한 지침을 잘 실행했을 경우, 칭찬과 격려를 통해서 지지하고 지속적으로 잘 실행할 수 있도록 해야 한다.

⑧ 종결

내담자의 문제가 해결되었으면 상담을 종결한다. 성문제는 종결 후에도 재발 가능성이 높다. 때문에 지속적인 추후지도를 통해서 성충동과 성욕구를 잘 관리하고 건전한 활동에 몰입할 수 있는 방안을 지속적으로 제시할 필요가 있다(금명자 외, 2002). 그리고 상담자는 내담자에게 추후상담의 가능성을 열어두고 지속적으로 도움을 줄 수 있도록 한다.

2 자살위기 상담

1) 자살의 의미

자살(自殺)이란 인간 스스로의 명백한 의지와 힘으로 자신을 죽이려는 행위를 말한다(한국가톨릭의사협회, 1993). 자살(suicide)의 어원은 라틴어 'sui(자기 자신)'와 'caedo(죽인다)'라는 두 개의 단어가 합성된 것이다. 그러므로 자살이란 자해, 음독, 질식 등의 원인으로 인한 죽음으로서 그 상해 자체를 자신이 가한 것이라는 증거(외현적 혹은 암묵적)가 있고 스스로 죽으려는 의도가 있는 사망이다(O'Carroll et al., 1996).

프로이트의 정신분석의 관점에서 자살행위는 개인의 내적인 갈등과 무의식적인 환상에서 비롯된다고 보았고 자기 자신에게 향해 있는 죽음 본능의 활동 요소가 극적으로 표현되는 것이다. 그리고 융(Jung)은 생의 모든 의미를 상실했다고 사무치게 느끼는 사람이 가진 정신적인 재생을 갈구하는 무의식적 소원과 자살이 관계된다고 보았으며, 아들러(Adler, 1958)는 환경 내에서 타인을 조종하도록 시도하는 것으로 설명하였다.

그리고 뒤르켐(Emile Durkheim, 1858~1917)을 비롯한 여러 학자들은 자살을 아노미

(anomic suicide) 현상의 한 가지로 보았다. 즉, 자살행동은 여러 갈등 상황 속에서 심리적 역동의 급격하고 충동적인 처리과정에서 비롯되는 것으로 여긴다(Durkheim, 1925). 자살행동은 자살생각(suicidal ideation), 자살시도(attempted suicide), 자살사망(completed suicide)이라는 일련의 과정을 거친다(Kim et al., 2012). 자살생각은 자살에 대한 생각, 계획 등 사고적 측면에 초점을 맞추고, 자살시도는 구체적인 행동을 표현하는 경우이다. 자살생각은 자살시도의 중요한 예측지표가 될 수 있고, 이러한 자살생각을 감소시킴으로써 자살시도를 예방할 수 있다. 자살시도가 사망으로 이어지지는 않더라도 과정 자체가 자신이나 주변 사람의 정신건강에 악영향을 끼치게 된다. 더군다나 사회적인 기능 저하와 이와 비슷한 상황이 지속적으로 반복되는 경향을 가지고 있다. 때문에 자살충동 및 시도를 경험하는 사람들을 조기에 파악하고 위기에 대처할 수 있도록 해야 한다(박재연, 2010).

2) 자살위기의 원인

자살위기의 원인에 대해서 심리학적인 입장, 사회학적인 입장, 생태체계적인 입장을 살펴보면 다음과 같다.

(1) 심리학적인 입장

심리학적 입장에서는 자살을 개별적인 특성 및 심리적인 상태로 이해하려고 한다. 인지적 관점을 지닌 바우마이스터(Baumeister, 1990)는 개인이 자신의 고통으로부터 탈출하기 위한 방법으로서 자살행동을 설명하였다. 내담자 스스로 성취하려는 기대수준과 현실의 격차로 인하여 자기 비난, 부정적인 자기 평가를 비롯하여 자신에게만 집중하게 된다. 이로 인하여 자학적인 자기 지각이 심해지며 그 결과 스스로에 대한 부정적인 감정 상태를 유지하게 된다.

이러한 현상을 겪게 되는 경우, 극심한 고통과 정서를 사라지게 할 방법을 고려하

게 되는데 이때 인지적 몰락 상태가 촉발된다. 인지적 몰락이란 정신기능 자체가 협소하게(mental narrowing) 진행되는 것을 말한다. 이는 모든 신념에 대한 의미를 상실하고 피상적이고 무가치하게 여기며 평가하는 상태를 뜻한다. 이와 같은 상태는 자살을 방지하는 다양한 내부적 통제력을 약화시키고 결국 부정적으로 지각된 자신과 정서로부터 도피하기 위해서 자살과 같은 극단적인 선택을 하게 된다는 것이다(Baumeister, 1990).

(2) 사회학적인 입장

사회학적인 입장에서의 자살은 내담자의 사회환경 및 조건을 그 원인으로 설명한다. 여기에는 사회통합 이론과 현대화 이론, 갈등주의 이론 등이 있다. 첫째, 사회통합 이론은 자살을 특정 개인이 속한 사회통합 정도와 반비례하는 것으로 인식한다. 즉, 자살 현상을 사회병리로 보는 입장이다. 따라서 자살행동에 대한 연구대상을 어느 특정 대상이 아니라 사회로 본다. 왜냐하면 자살은 개인적 행위가 아니라 사회의 특수한 행태를 보여주는 것이기 때문이다. 이에 사회통합 수준에 따라 이기적 자살, 이타적 자살, 아노미적 자살로 나눈다. 먼저, 이기적 자살은 극심한 개인주의로 인하여 개인을 규제할 만한 사회적 영향력의 부재 때문에 발생하는 것으로 본다. 개인 간 응집력이 강하고 상호관계가 잘 조성된 사회는 개인에게 심리적 안정을 주고 치료적인 효과를 가져올 수 있다. 그러나 개인주의적인 내담자는 사회적 지지를 공급받지 못하고 소외될 수 있다. 다음으로 이타적 자살은 내담자가 그가 속한 사회와 지나치게 통합되어 그 사회를 위해 자살로서 자신을 희생하는 경우이다. 그리고 아노미적 자살은 사회와 개인 간 통합 상태의 평형이 흐트러져 개인으로서 보편적인 기준의 행동을 할 수 없을 때 발생한다(Durkheim, 1925).

둘째, 현대화 이론은 경제적 생산기술 발전, 대중교육 확대, 보건 및 의료기술 발전, 도시화 등 현대화의 결과로서 자살을 설명하는 입장이다. 그러므로 노동시장에서의 경제적·사회적 역할 상실은 개인의 사회·심리적 소외를 가져오는 것으로 본다

(Cowgill, 1974).

셋째, 갈등주의 이론은 사회구조 및 제도적 모순에 초점을 두고 있다. 이는 사회를 한 개인과 또 다른 개인 간, 집단과 집단 간의 경쟁 및 갈등의 연속으로 보는 입장이다. 여러 가지 사회 문제는 많은 희소자원을 획득하고 있는 집단에게는 위협이 될 수 있다. 이러한 위협에 대하여 획득 집단들이 자신들의 자원을 축적 및 유지하기 위한 대처를 하게 될 때 여기서 자살 등의 또 다른 문제가 파생된다고 보았다.

(3) 생태체계적인 입장

생태체계적인 입장은 내담자의 행동을 적절하게 이해하기 위하여 사회 전반적 체계와 그 상호작용을 함께 고려해야 하는 것으로 본다. 이들의 행동은 개별적이지만 동시에 사회적인 산물이다. 그러므로 개인은 사회적 환경과 상호작용을 일으키면서 여기에 대해 다양하고 복잡한 심리적 반응과 행동을 보이게 된다. 따라서 내담자의 자살행동 이해를 위하여 개인적 특성과 사회환경적인 측면을 동시에 살펴봐야 할 것이다.

종합해 보면 자살에 대한 이해에 있어서 심리학적인 입장은 개인의 심리적 요인에만 중점을 두고 외부 환경에 대하여는 도외시하는 경향이 있다. 이어서 사회학적인 입장은 사회구조 자체를 자살의 원인으로 보기 때문에 내담자의 자살행위를 소홀히 간과할 수 있다. 이러한 한계를 극복하기 위해 생태체계적인 입장에서는 개인의 행동을 실제 경험하고 있는 사회체계와 함께 이해하려고 시도하였다.

3) 자살위기 상담

(1) 상담의 목표

자살위기 상담의 목표는 위험에 처한 개인이 이전에 정상적인 기능을 회복할 수 있도록 도와주는 것이다. 제임스와 길릴랜드(James & Gilliland, 2012)는 위기개입을

두 가지로 나누었다. 첫 번째, 단기적 관점의 위기관리는 위기의 경감에 초점을 두므로 신속한 평가가 요구되며 현재 개인이 당면한 위기, 즉 위험요인을 감소시키는 데 집중하여 이전 상황으로 회복할 수 있도록 조력하는 것이다. 두 번째, 장기적 관점의 사례관리는 오랫동안 지속적인 평가가 이루어지며 단계별 치료목표에 따라 생태체계학적인 관점에서 개인의 삶의 질을 향상시키는 데 주력한다(이구상, 2012).

(2) 상담의 과정

① 자살위기 개입

위기개입이란 자살위기에 대해 적절하게 반응하고 만약 자살사망이 발생했을 때 그와 관련된 사람들에게 적절한 지지를 제공하는 것을 의미한다(James & Gililand, 2012). 위기 개입에서는 내담자 외상 사건으로 인해 경험하고 있는 위기로부터 자신의 정서적·행동적·인지적 왜곡을 인식하고 교정할 수 있도록 돕게 된다. 내담자의 자살위기 개입에 있어서는 다음 6단계의 절차가 필요하다(Remley & Herlihy, 2005).

a. 제1단계: 문제를 정의함

상담자가 내담자의 관점에서 문제가 무엇이며 그 문제를 어떻게 느끼고 인지하고 있는지를 파악하는 것이 자살위기 개입 과정의 가장 기본적인 요소이다.

b. 제2단계: 내담자의 안전보증

안전보증은 상담자가 내담자의 신체적·정서적·심리적 위험을 감소시킬 수 있는 모든 대책을 마련하는 것이다. 상담자는 내담자가 신체적인 위협을 받고 있을 때 보호해야 할 의무가 있고 내담자가 정서적으로 안전함을 느낄 수 있도록 가능한 한 모든 방법을 동원해야 한다.

c. 제3단계: 지원의 제공

상담자는 현재 내담자가 받을 수 있는 사회적 지원이 유일하게 자신뿐이라는 사실을 인식하고 내담자로부터 신뢰를 얻어야 한다. 즉, 내담자 입장에서 상담자는 자신을 진실로 돌봐주는 사람이라는 것을 확신하도록 해야 한다.

d. 제4단계: 대안의 조사

죽음의 위기에 처한 사람들은 대체로 아무 행동도 하지 못하고 다른 대안을 생각해 내지 못한다. 상담자는 내담자의 외적인 문제를 직접 해결해 줄 수 없지만 문제를 해결할 수 있는 대안을 찾도록 도와줄 수 있다. 따라서 상담자는 내담자에게 제공할 수 있는 대안을 다양하게 준비하고 가장 적합한 대안을 적절한 시기에 제시함으로써 내담자가 즉시 위기를 극복할 수 있도록 해야 한다.

e. 제5단계: 계획 수립

대안을 찾은 뒤에는 대안을 실행시킬 수 있는 구체적인 계획이 있어야 한다. 계획 수립은 가능하면 내담자가 구체적인 행동을 하도록 유도하는 것이어야 한다. 때문에 상담자가 모든 것을 결정해버리면 오히려 위기극복 가능성은 줄어들게 된다.

f. 제6단계: 구속력 확보

상담자는 내담자가 스스로 세운 계획을 반드시 지킬 수 있는 실천계획을 설명하도록 유도한다. 상담자는 개입을 종료하기 전에 내담자가 자신의 행동을 실천에 옮길 의지가 있는지 면밀하게 살펴야 한다. 그리고 계속해서 내담자를 도와주고 주기적으로 확인해야 한다.

② 자살위기 다루기 및 치료

a. 절망감 다루기

자살을 시도하려고 하는 내담자는 스스로 해결할 수 없는 문제를 다루는 유일한 방법을 자살이라고 생각한다. 내담자가 자의적인 결론에 얽매여 있기 때문에 치료적 접근은 즉각적으로 문제를 다루는 데 중점을 두어야 하고 자살위기의 시기가 지날 때까지는 내담자와 접촉을 유지해야 한다. 이때 가족이나 친구의 협조를 얻는 것이 상담에 더욱 효과적이다.

b. 공감대 형성

자살을 시도하려는 내담자는 상담자가 제안하는 대안을 부정적 혹은 왜곡된 방식으로 바라볼 수 있다. 그러므로 상담자는 내담자가 계획을 무차별적으로 거절하더라도 당황할 필요는 없다. 그리고 상담자는 내담자의 사연이 죽을 만한 이유가 될 수 있겠다는 공감대에서 출발하고 대화를 풀어가야 한다.

c. 경향 파악

자살경향이 있는 사람은 문제의 크기를 문제 해결이 불가능한 것으로 과대평가한다. 작은 문제도 크게 지각하고 큰 문제에 대해서는 압도되어 버린다.

d. 치료

상담자는 적극적인 경청을 통하여 내담자의 현재 상황을 분석하고 거기에 맞는 치료방안을 마련하도록 해야 한다.

첫째, 개인 심리치료는 적극적인 경청과 자살위험 평가를 목적으로 하는 위기극복 접근방법에서 더 나아가 만성적인 자살위기 내담자의 내적 기능을 향상시키는 것을 목표로 한다.

둘째, 그룹치료는 참여자 간에 서로 정서적인 지원을 하며, 효율적으로 스트레스나 감정을 조절할 수 있는 방법을 배울 수 있고, 자기 통제 능력과 자기 존중감을 회복할 수 있게 한다.

셋째, 가족치료에서는 가족구성원들 간의 병리적인 상호관계와 의사소통을 수정하여 내담자의 자기 보존능력을 높이고 가족의 문제 해결 행동을 증진시키는 것을 목표로 한다. 따라서 상담자는 구성원들의 인지행동적인 문제점들을 찾아 교정하고 상호교류적인 이해를 할 수 있도록 훈련시킨다.

③ 자살위기 상담 시 주의사항

첫째, 과잉반응하지 말라. 둘째, 우울한 사람에게 지나치게 밝은 모습을 보이지 말라. 셋째, 상담자는 자살을 막기 위해 설득만 하려고 하지 말라. 넷째, 문제에 대

한 결정적인 묘수를 가르쳐 주려고만 하지 말라. 다섯째, 자살에 대해 이야기하는 것을 두려워하지 말라. 여섯째, 내담자의 현재 심리 상태와 상황을 중심으로 시작하라. 일곱째, 가능성이 있으면 자살에 관해서 먼저 언급하라. 여덟째, 전문적인 도움을 구하도록 권하라. 아홉째, 상담자 자신의 연약한 모습을 내담자에게 개방하는 것도 필요하다. 열째, 상담자는 내담자를 판단하거나 논쟁하지 않아야 한다.

연습문제

1. 성문제 현황에 근거하여 해결방안에 대해서 논하시오.
2. 자살 원인과 위기대처 방안에 대해서 설명하시오.

참고문헌

강경미(2011). **상담심리학의 이론과 실제**. 서울: 대왕사.

강진령(2009). **상담과 심리치료**. 파주: 양서원.

강진령(2021). **상담과 심리치료 이론과 실제**. 서울: 학지사.

곽형식, 박영애, 박인전, 양점도, 윤종희, 이소희, 이항재, 최영희(2000). **인간행동과 사회환경**. 서울: 형설출판사.

권석만(2013). **현대이상심리**. 서울: 학지사.

권석만(2020). **젊은이를 위한 인간관계의 심리학**. 서울: 학지사.

권해수(2009). **2009년 청소년쉼터 대표자 및 중견실무자 역량강화 교육: 청소년과 성상담**. 서울: 보건복지부.

김계현(1995). **카운슬링의 실제**. 서울: 학지사.

김계현, 김동일, 김봉환, 김창대, 김혜숙, 남상인, 조한익(2003). **학교상담과 생활지도**. 서울: 학지사.

김규식, 고기홍, 김계현, 김성회, 김인규, 박상규, 최숙경(2013). **상담학개론**. 서울: 학지사.

김대군(2012). 사이버 공간에서의 자아정체성 확립 방안. **윤리연구, 86**, 219-242.

김동배, 권중돈(2005). **인간행동이론과 사회복지실천**. 서울: 학지사.

김동현, 공마리아, 최외선(2002). **HTP와 KHTP 심리진단법**. 서울: 동아문화사.

김명, 김옥수, 조미숙, 홍양자(2008). **건강과학의 이해**. 서울: 이화여자대학교.

김명식(2009). PTSD의 인지행동치료. **한국심리치료학회지, 1**(1), 45-61.

김봉환, 정철영, 김병석(2006). **학교진로상담**. 서울: 학지사.

김순진, 김환(2009). **외상 후 스트레스 장애**. 서울: 학지사.

김영봉, 권순희, 장성화, 황인호, 김옥진, 유흥위(2011). **생활지도와 상담**. 서울: 서현사.

김유숙(2015). **가족상담**. 서울: 학지사.

김인규(2004). 상담구조화 내용 및 방법에 대한 고찰. **아시아교육연구, 5**(2), 119-136.

김인옥(2006). 주체성과 관계성의 통합적 관점에 본 청소년기 자아 정체성 교육. 이화여자대학교 대학원 박사학위논문.

김인자(1996). **현실요법 논문집**. 서울: 한국심리상담연구소.

김재은(1982). **창의성의 심리, 창의성을 높이는 교육**. 서울: 대한교육연합회.

김정규(1995). **게슈탈트치료. 창조적 삶과 성장**. 서울: 학지사.

김정규(2006). **게슈탈트 심리치료**. 서울: 학지사.

김정택(1995). 해결중심 단기가족치료의 원리와 치료전략. 서강대학교 학생상담연구소, **인간이해, 3**, 15-36.

김정택(1995). **현대상담 · 심리치료의 이론과 실제**. 서울: 중앙적성출판사.

김지원(2015). 게슈탈트 접촉경계진단검사(단축형)의 준거타당도 연구 및 연결성 하위척도의 매개효과 검증. 한국상담학회, **상담학연구 16**(6), 25-43.
김창대(1996). 관계유형 개념화를 활용한 상담. **지도상담**, 21, 63-88.
김춘경, 이수연, 이윤주, 정종진, 최웅용(2020). **상담의 이론과 실제**. 서울: 학지사.
김충기, 강봉규(2013). **현대상담이론과 실제**. 서울: 교육과학사.
김충기, 장선철(2006). **진로상담**. 서울: 태영출판사.
김형태(1999). **교육심리학의 이해**. 서울: 동문사.
김형태(2008). **집단상담의 이론과 실제**. 서울: 동문사.
김혜숙(2016). **가족치료 이론과 실제**(3판). 서울: 학지사.
김혜원, 조성연(2011). 청소년의 우울과 자살생각과의 관계에 대한 부모-자녀 의사소통방식과 학교생활 만족도의 중재효과. **한국가정관리학회지**, **29**(2), 127-142.
김홍순, 김청송(2011). 청소년상담에서 내담자의 상담에 대한 기대, 상담자의 자기개방 및 상담협력 간의 관계. **청소년학연구**, **18**(7), 235-255.
나동진(1999). **교육심리학: 인지적 접근**. 서울: 학지사.
노안영(2002). **101가지 주제로 알아보는 상담심리**. 서울: 학지사.
노안영(2005). **상담심리학의 이론과 실제**. 서울: 학지사.
대한신경정신의학회 편(1997). **신경정신과학**. 서울: 하나의학사.
류은영(2018). 단기부부상담모형의 개발과 적용. **재활심리연구**, **25**(2), 347-370.
박경애(1997). **인지, 정서, 행동치료**. 서울: 학지사.
박성수, 김창대, 이숙영(2014). **상담심리학**. 서울: 한국방송통신대학교출판문화원.
박옥임, 백사인, 박준섭, 박병훈, 이수진, 김정일(2013). **청소년 심리 및 상담**. 서울: 창지사.
박윤수(1994). **현대 임상심리요법의 기초**. 서울: 경성기획.
박재연(2010). 학교폭력이 청소년 우울 및 자살에 미치는 영향에서 탄력성의 매개효과: 성별 차이를 중심으로. **사회복지연구**, **41**(1), 345-376.
박재우, 이수진(2019). 한국게슈탈트상담심리학회. **한국게슈탈트상담연구**, **9**(1), 17-30.
박지수(2013). 교류분석 이론에 기초한 부모교육 활동이 어머니의 양육태도에 미치는 영향. 한국교원대학교 대학원 석사학위논문.
백사인, 윤경희, 하수경, 김홍숙, 이임숙, 박병훈(2013). **상담심리학 입문**. 서울: 공동체.
서울대학교의과대학(2011). **2011년도 정신질환실태역학조사 보고서**. 서울: 서울대학교 의과대학.
성현란 외(2009). **인지발달**. 서울: 학지사.
손애리(2002). 청소년의 건강위험행동별 음주 및 성경험위험정도. **한국알코올과학회지**, **3**(1), 5-14.
송명자(2008). **발달심리학**. 서울: 학지사.
송성자(1995). **가족과 가족치료**. 서울: 법문사.
송희자(2010). **교류분석개론**. 서울: 시그마프레스.
오윤선(2006). **청소년의 이해와 상담**. 서울: 예영 B&P.
오윤선(2007). **청소년의 이해와 상담**. 서울: 예영 B&P.

오윤선(2010a). 인간의 심리학적 이해. 서울: 예영 B&P.
오윤선(2010b). 청소년 세대진단과 이상행동 치료. 서울: 예영 B&P.
오윤선(2010). 기독교 상담심리학의 이해. 서울: 예영 B&P.
오윤선(2011). 말씀묵상을 통한 청소년 분노조절. 서울: 예영 B&P.
오윤선(2014a). 청소년 분노조절하기. 서울: 예영 B&P.
오윤선(2014b). 힐링과 행복코칭. 서울: 예영 B&P.
오윤선(2017). 교육심리학의 이해. 서울: 창지사.
오윤선(2020). 행복코칭심리학. 서울: 예영 B&P.
오윤선(2022). 인간심리의 이해. 파주: 양서원.
오윤선, 김미숙(2017). 청소년 심리 및 상담 이론과 실제. 서울: 양성원.
오윤선, 김미숙(2022). 청소년 심리 및 상담. 파주: 양서원.
오윤선, 민순덕(2017). 진로상담의 이해. 서울: 창지사.
오윤선, 유양숙(2021). 대인관계와 의사소통. 서울: 창지사.
오윤선, 이윤상(2000). 교육의 심리학적 이해. 서울: 다락방 서원.
오윤선, 정순례(2021). 심리검사의 이해와 활용. 파주: 양서원.
오윤선, 최아람(2020). 청소년 문제와 보호. 파주: 양서원.
오윤선, 황인숙(2015). 크리스천을 위한 진로상담. 서울: 예영 B&P.
오윤선, 황인숙(2021). 청소년 지도방법론. 파주: 양서원.
오윤선, 황인숙(2023). 청소년문화론. 파주: 양서원.
우재현(1992). 심성개발을 위한 교류분석 프로그램. 대구: 정암서원.
우재현(1994). 교류분석(TA) 체크리스트. 대구: 정암서원.
우재현(2004). 임상교류분석(TA)프로그램. 대구: 정암서원.
우재현(2006). 교류분석(TA)에 의한 청소년 인성개발 프로그램. 대구: 정암서원.
우재현(2007). 심성개발을 위한 교류분석(TA) 프로그램. 대구: 정암서원.
유달영(2017). 상담의 이론과 실제. 서울: 창지사.
윤가현, 양동욱(2017). 성문화와 심리. 서울: 학지사.
윤순임, 이죽내, 김정희, 이형득, 이장호, 신희천, 이성진, 홍경자, 장혁표, 김정규, 김인자, 설기문, 전윤식, 김정택, 심혜숙(2011). 현대상담심리치료의 이론과 실제. 서울: 중앙적성출판사.
이강헌(2015). 운동행동과 스포츠심리학. 서울: 대한미디어.
이경숙(2018). 집단상담. 파주: 정민사.
이광준(1998). 카운실링과 심리치료. 서울: 학문사.
이구상(2012). 청소년 자살예방: 청소년 자살예방의 이해와 위기개입을 중심으로. 상담지도, 47, 399-409.
이만홍, 황지연(2007). 역동심리치료와 영적탐구. 서울: 학지사.
이영문(2022). 비대면 심리지원(상담) 매뉴얼. 서울: 국립정신건강센터.
이영주, 류진아(2013). 아동이 지각하는 사회적 지지와 학교생활적응과의 관계에서 자아탄력성의 매개 효과. 상담학연구, 14(4), 2049-2066.

이용승(2002). 범불안장애: 과도한 걱정과 불길한 기대. 서울: 학지사.

이원영(1983). 어머니의 자녀교육관 및 양육태도와 유아발달과의 관련성 연구. 이화여자대학교 대학원 박사학위논문.

이은희(2012). 격려집단상담이 초등학생의 자기격려 및 스트레스에 미치는 영향. 광주교육대학교 대학원 석사학위논문.

이장호(1996). 상담심리학개론. 서울: 박영사.

이장호(2001). 상담심리학 기초. 서울: 학문사.

이장호(2005). 상담면접의 기초. 서울: 중앙적성출판사.

이장호, 정남운, 조성호(2000). 상담심리학의 기초. 서울: 학문사.

이정상, 이홍숙(2021). 부부 스트로크 척도개발 및 타당화. 교류분석상담연구, 11(2), 27-56.

이지영(2004). 게슈탈트 심리치료와 위빠사나 명상의 통합적 접근 학생연구. 서울대학교: 학생연구, 38(1), 45-57.

이채은(1996). 불안장애에 대한 소고. 이화여자대학교: 심리연구, 34, 40-49.

이춘재, 곽금주(2000). 집단따돌림 경험 유형에 따른 자기개념과 사회적 지지. 한국심리학회지: 발달, 13(1), 65-80.

이현림(2008). 상담이론과 실제. 파주: 양서원.

이현림, 김순미, 천미숙(2015). 집단상담 이론과 실제. 파주: 양서원.

이형득(1992). 상담이론. 서울: 교육과학사.

이형득, 한상철(1995). 인간이해와 교육. 서울: 중앙적성출판사.

임희진, 박형란(2009). 아동·청소년 비만 실태 및 정책방안 연구. 서울: 한국청소년정책연구원.

장성화(2013). 집단상담. 서울: 동문사.

장성화, 김순자, 윤향숙, 박지현, 황윤미(2022). 상담의 이론과 실제. 서울: 동문사.

장휘숙(2009). 청년심리학. 서울: 박영사.

전석균, 권구영, 서미경(2003). 정신병리: 사회복지사를 위한 능력기반 사정모델. 서울: 하나의학사.

전요섭(2009). 기독교상담기법. 서울: CLC.

정남운, 김현수(2013). 수용전념치료(ACT)의 이론적 기초와 임상 적용. 인지행동치료, 13(1), 1-30.

정명진, 황순택(2015). 수용전념치료(ACT)의 인간관에 대한 고찰. 상담학연구, 16(6), 415-436.

정문자(2008). 해결중심 단기치료. 서울: 학지사.

정문자, 정혜성, 이선희, 전영주(2007). 가족치료의 이해. 서울: 학지사.

정원식, 박성수, 김창대(1999). 카운슬링의 원리. 서울: 교육과학사.

정혜정, 공미혜, 전영주, 정현숙(2010). 가족과 젠더. 서울: 신정.

제석봉(1996). 인간관계 심리학. 대구: 한국성장상담연구소.

제석봉(2010). TA부모교육. 경산: 대구가톨릭대학교 출판부.

조근호(2011). 각종 중독예방·상담·재활 종합관리체계 구축. 세종: 보건복지부, 한국건강증진개발원.

조원경(2009). 비전형 유방 조기 발육증과 진성 성조숙증 여아에서 임상 및 생화학적 인자의 비교. 대한소아내분비학회, 14, 60-67.

지용근(2009). 진로상담의 이해. 서울: 동문사.
천성문, 이영순, 박명숙, 이동훈, 함경애(2021). 상담심리학의 이론과 실제. 서울: 학지사.
최수미(2015). 외상 사건 후 PTSD 예방을 위한 치료적 개입 및 모델의 동향분석. 상담학연구, 16(3), 537-556.
한국가톨릭의사협회(1984). 의학윤리. 파주: 수문사.
한숙자(2008). 전문 상담학개론. 서울: 창지사.
한재희(2002). 상담 패러다임의 이론과 실제. 서울: 교육아카데미.
한진원(2011).상호교류분석 이론에 기초한 유아교사의 자아존중감 증진 프로그램의 구성 및적용 효과. 중앙대학교 대학원 박사학위논문.
홍경자(2001). 상담의 과정: 자기이해와 자기지도력을 돕는. 서울: 학지사.

Adler, A. (1958). *What life should mean to you*. NY: G. P. Putnam's Sons.
Adolphs, R., Denburg, N. L., & Tranel, D. (2001). The amygdala's role in long-term declarative memory for gist and detail. *Behavioral Neuroscience, 115*(5), 983-992.
Albano, A. M., & Kendall, P. C. (2002). Cognitive behavioural therapy for children and adolescents with anxiety disorders: Clinical research advances. *International Review of Psychiatry, 14*(2), 129-134.
Allport, G. W. (1960). *Personality and social encounter.* Boston: Beacon Press.
American Psychiatric Association (2013). *Diagnostic and statistical manual of mental disorders* (5th ed.). Washington, DC: APA.
American Psychological Association (2012). *APA's statement on the DSM-5 development process*. Washington, DS: APA. Recuperado de.
Anderson, H., & Goolishian, H. (1992). The client is the expert: A not-knowing approach to therapy. In S. McNamee & K. J. Gergen (Eds.), *Therapy as social construction* (pp. 25-39). Sage Publications, Inc.
Aries, P. (1962). *Centuries of Childhood: A Social History of Family Life* (translated by Robert Baldick). NY: Vintage Books.
Arlow, J. A. (1989). Psychoanalysis. In R. J. Corsini & D. Wedding (Eds.), *Current psychotherapies* (pp. 19-62). F. E. Peacock Publishers.
Arnett, J. (1992). Reckless behavior in adolescence: A developmental perspective. *Developmental Review, 12*(4), 339-373.
Babbie, E. R. (1977). *Society by agreement: An introduction to sociology.* Belmont, CA: Wadsworth Publishing Co.
Badcock, C. (2000). *Evolutionary psychology: A critical introduction.* Combride, UK: Polity Press.
Baldwin, G. B. (1970). Economic advisor, world Bank. *Abstract from Foreign Affairs, January*, 358.
Bandura, A. (1977). Self efficacy: Towards a unifying theory of behavioral change. *Psychological Review, 84(*2), 191-215.
Bandura, A. (1989). Regulation of cognitive processes through perceived self-efficacy. *Developmental*

Psychology, 25(5), 729-735.

Bandura, A. (2001). Social cognitive theory of mass communication. *Media Psychology, 3*(3), 265-298.

Baumeister, R. F. (1990). Suicide as escape from self. *Psychological Review, 97*(1), 90-113.

Baumeister, R. F., Ellen B., Catrin F., & Kathleen, D. V. (2001). Bad Is Stronger Than Good. *Review of General Psychology, 5*(4), 323-370.

Baumgardner, S. R., & Crothers, M. K. (2009). *Positive psychology.* Washington, DC: Prentice Hall/ Pearson Education.

Beck, A. T. (1976). *Cognitive Therapy and the Emotional Disorders.* NY: International Universities Press.

Beck, A. T. (1994). *Cognitive Therapy: Basics Therapy.* NY: Guilford Press.

Beck, A. T. (2001). *Love is never enough.* 제석봉 역. **사랑만으로는 살 수 없다**. 서울: 학지사.

Beck, A. T., Emery, G., & Greenberg, R. L. (1985). *Anxiety Disorders and Phobias: A Cognitive Perspective.* NY: Basic Books.

Beck, A. T., Rush, A. J., Shaw, B. F., & Emery, G. (1979). *Cognitive Therapy of Depression.* NY: Guilford Press.

Beck, A. T., Rush, J., Shaw, B. F., & Emery, G. (1979). *Cognitive therapy of depression.* NY: Guilford Press.

Bellak, L., & Small, L. (1965). *Emergency Therapy and Brief Psychotherapy.* NY: Grune & Stratton.

Bem, S. L. (1989). The Measurement of Psychological Androgyny. *Journal of Consulting and Clinical Psychology, 42*(2), 155-162.

Benjamin, L. S. (1974). Structural Analysis of Social Behavior. *Psychological Review, 81*(5), 392-425.

Berg, I., K., & De Jong, P. (1996). Solution-Building Conversations: Co-constructing a Sense of Competence with Clients. *Families in Society, 77,* 376-391.

Berg, I. K. (1994). *Family Based Services A Solution-Focused Approach.* NY: W. W. Norton.

Berg, I. K., & Miller, S. (1992). *Working with the problem drinker: A solution-focused approach.* NY: W. W. Norton.

Berndt, T. J. (1979). Developmental changes in conformity to peers and parents. *Developmental Psychology, 15*(6), 608-616.

Berne, E. (1961). *Transactional analysis in psychotherapy: A systematic individual and social psychiatry.* NY: Grove Press.

Berne, E. (1964). *Games people play: The psychology of human relationships.* NY: Grove Press.

Berne, E. (1966). *Principles of group treatment*. NY: Grove Press.

Berne, E. (1972). *What do you say after you say hello? The psychology of human destiny.* NY: Grove Press.

Birren, J. B., & Woodruff, D. (1973). Human development over the life span through education. In P. Baltes & E. Schaie (Eds.), *Life span developmental psychology: Personality and socialization.* NY: Academic Press.

Black, G. (1990a). *The man and his Cause. Vygotsky and Education: Instructional Implications and Applications of Sociohistorical Psychology*. Cambridge, UK: Cambridge University Press.

Blanck, G. (1990b). Vygotsky: The man and his cause. In L. C. Moll (Ed.), *Vygotsky and Education*. NY: Cambridge University Press.

Blocher, D. H. (1974). *Developmental counseling*. Ronald Press Company.

Bloom, B. L. (1992). Planned short-term psychotherapy: Current status and future challenges. *Applied & Preventive Psychology, 1,* 157-164.

Bolter, K., Levenson, H., & Alvarez, W. (1990). Differences in values between short-term and long-term therapists. *Professional Psychology: Research and Practice, 21,* 285-290.

Booth, T., & Booth, W. (1998). *Growing up with parents who have learning difficulties*. London: Routledge.

Bowen, M. (1988). *Family Evaluation: An Approach Based on Bowen Theory*. co-written with Kerr, M. E. at The Family Center at Georgetown University Hospital, NY: Norton & Co.

Bowlby, J. (1973). *Attachment and loss(vol. 2), Separation: Anxiety and anger*. NY: Basic Books.

Bowlby, J. (1982). Epilogue. In C. M. Parkes & J. Stevenson-Hinde (Eds.), *The place of attachment in human behavior* (pp. 310-313). NY: Basic Books.

Brammer, L. M. (2003). *Therapeutic Psychology: Fundamentals of Actualization Counseling and Psychotherapy*. Englewood Cliff, NJ: Prentice-Hall.

Breger, L. (1968). Psychological testing: Treatment and Research Implications. *Journal of Consulting and Clinical Psychology, 32*(1), 176-181.

Breger, L. (1998). *From instinct to identity: The development of personality*. 홍강의, 이영식 역. **인간발달의 통합적 이해: 본능에서 정체성으로의 발달**. 서울: 이화여자대학교출판부.

Brewin, C. R. (2007). Autobiographical memory for trauma: Update on four controversies. *Memory, 15*(3), 227-248.

Brooks-Gunn, J., & Ruble, D. N. (1980). The Menstrual Attitude Questionnaire. *Psychosomatic Medicine, 42*(5), 503-512.

Brooks-Gunn, J., Graber, J. A., & Paikoff, R. L. (1994). Studying links between hormones and negative affect: Models and measures. *Journal of Research on Adolescence, 4*(4), 469-486.

Bruscia, K. (1991). *Case studies in music therapy*. Phoenixville, PA: Barcelona Publishers.

Burlingame, G. M., Fuhriman, A., Paul, S., & Ogles, B. M. (1989). Implementing a time-limited therapy program: Differential effects of training and experience. *Psychotherapy: Theory, Research, Practice, Training, 26*(3), 303-313.

Butcher, J. N., Dahlstrom, W. G., Graham, J. R., Tellegen, A. M., & Kaemmer, B. (1989). *Minnesota Multiphasic Personality Inventory-2(MMPI-2): Manual for administration and scoring*. Minneapolis: University of Minnesota Press.

Cantwell, P., & Holmes, S. (1994). Social construction: A paradigm shift for systemic therapy and training. *Australian and New Zealand Journal of Family Therapy, 15,* 17-26.

Capuzzi, D. (2002). Legal and ethical challenges in counseling suicidal students. *Professional School Counseling, 6*, 36-45.

Capuzzi, D., & Gross, D. R. (Eds.). (1995). *Counseling and psychotherapy: Theories and interventions.* Columbus, Ohio: Merrill/Prentice Hall.

Carkhuff, R. R. (1987). *The Skills of Helping*. NY: Holt, Rinehart & Winston.

Carter, H. J. (1947). A Combined Projective and Psychogalvanic Response technique for Investigating Certain Affective Processes. *Journal of Consult Psychology, 5,* 270-275.

Cash, T. F., & Smolak, L. (Eds.). (2011). *Body Image: A Handbook of Science, Practice, and Prevention* (2nd ed.). NY: Guilford Press.

Chandler, M. J. (1987). The Othello effect: Essay on theemergence and eclipse of skeptical doubt. *Human Development, 30*(3), 137-159.

Clara, E. H. (2012). *Helping skills: Facilitating exploration, insight, and action* (3nd ed.). 주은선 역. **상담의 기술**. 서울: 학지사.

Clark, L. A., Cuthbert, B., Lewis-Fernández, R., Narrow, W. E., & Reed, G. M. (2017). Three Approaches to Understanding and Classifying Mental Disorder: ICD-11, DSM-5, and the National Institute of Mental Health's Research Domain Criteria(RDoC). *Psychological Science in the Public Interest: A Journal of the American Psychological Society, 18*(2), 72-145.

Clarkson, P. (1990). A multiplicity of psychotherapeutic relationships. *British Journal of Psychotherapy, 7*(2), 148-163.

Collins, G. R. (2007). *Christian Counseling Casebook.* Nashville: Thomas Nelson Publishers.

Copeland, W. E., Keeler, G., Angold, A., & Costello, E. J. (2007). Traumatic events and posttraumatic stress in childhood. *Archives of General Psychiatry, 64*(5), 577-584.

Corey, G. (1993). *Theory and Practice of Counseling and Psychotherapy.* 김충기, 김현우 역. **상담과 심리치료의 이론과 실제**. 서울: 성원사.

Corey, G. (1996). *Theory and Practice of Counseling and Psychotherapy* (5th ed.). Pacific Grove: Brooks/Cole.

Corey, G. (2001). *The Art of Integrative Counseling.* Belmont, CA: Brooks-Cole/Wadsworth.

Corey, G. (2007). *Theory and Practice of Group Counseling.* Belmont, CA: Homson-Brooks/Cole.

Corey, G. (2009). *Theories and Practices of Counseling and Psychotherapy.* Belmont, CA: Thomson Brooks/Cole.

Corey, G., Corey, M. S., & Callanan, P. (2011). *Issues and ethics in the helping professions* (8th ed.). Belmont, CA: Brooks/Cole/Cengage Learning.

Corey, M. S., & Corey, G. (2006). *Process and practice groups.* Belmont, CA: Brooks/Cole.

Corsini, R. J. (1999). *The dictionary of psychology.* Publishing Office: Brunner, Mazel.

Corsini, R. J., & Wedding, D. (2017). *Current Psychotherapies.* Andover: Wadsworth Publishing.

Corsini, R. J., & Wedding, D. (Eds.). (2011). *Current psychotherapies* (9th ed.). Florence, KY: Cnngage

Learning.

Costello, E. J., Erkanli, A., Fairbank, J. A., & Angold, A. (2002). The prevalence of potentially traumatic events in childhood and adolescence. *Journal of Traumatic Stress, 15*(2), 99-112.

Cottone, R. R. (2001). A social constructivism model of ethical decision making in counseling. *Journal of Counseling and Development, 79*(1), 39-45

Cowgill, D. O. (1974). The aging of populations and societies. *The Annals of the American Academy of Political and Social Science, 415*(1), 1-18.

Crockett, L. J., Brown, J. R., Shen, Y. L., & Russell, S. T. (2007). The meaning of good parent-child relationships for Mexican American adolescents. *Journal of Research on Adolescence, 17*(4), 639-668.

Davanloo, H, A. (1980). *Method of short-term dynamic psychotherapy*. NY: Jason Aronson.

David, J. M. (2000). *Foundations for Violence-Free Living: A Step-By-Step Guide to Facilitating Men's Domestic Abuse Groups.* USA Amhert H. Wilder Foundation.

De Jong, P., & Berg, I. K. (1998). *Interviewing for solutions.* Pacific Grove, CA: Brooks/Cole.

De Shazer, S. (1985). *Keys to solution in brief therapy.* NY: Norton.

De Shazer, S. (1986). Brief therapy: Two's company. *Family Process, 14,* 78-93.

De Shazer, S. (1988). *Clues: Investigation Solutions in Brief Therapy.* NY: Norton.

De Shazer, S. (1989). *Der Dreh.* Carl Auer.

De Shazer, S. (1991). *Putting Difference to Work.* NY: Norton & Company.

De Shazer, S., & Kim, B. I., Lipchik, E., Nunnally, E., Molnar, A., Gingerich, W., & Weiner-Davis, M. (1986). Brief Therapy: Focused Solution Development. *Family Process, 25,* 207-222.

De Shazer, S., & Kim, I. B. (1994). *Training Manual.* Milwaukee: BFTC.

De Shazer, S., & Molaner, A. (1984). Rekursivitaet. Die Praxis-Theorie Beziehung. *Zeitschrift fuer systemische Therapie, 1*(3), 2-10.

Dornbusch, S. M., Carlsmith, J. M., Gross, R. T., Martin, J. A., Jennings, D., Rosenberg, A., & Duke, P. (1981). Sexual development, age, and dating: a comparison of biological and social influences upon one set of behaviors. *Child Development, 52*(1), 179-185.

Dryden, W. (1990). *Rational-emotive counselling in action.* London: Sage.

Dupper, D. R. (2013). *School Bullying: New Perspectives on a Growing Problem.* NY: Oxford University Press.

Durkheim, E. (1897). *Suicide, a study in sociology* (1951 Edition, J. A. Spaulding, & G. Simpson. Trans.). London: Routledge.

Durkheim, E. (1925). *Moral education: A study in the theory and application of the sociology of education.* translated by Everett K. Wilson and Hermann Schnurer. NY: The Free Press.

Durkheim, E. (1952). *Moral Education. A Study in the Theory and Application of the Sociology of Education.* Translated by Everett K. Wilson and Hermann Schnurer. NY: The Free Press.

Durkheim, E. (2005). *Suicide: A study in sociology.* NY: Routledge.

Durkheim, E. (2012). *Moral education.* North Chelmsford, MA: Courier Corporation.

Dusay, J. M. (1972). Egograms and the constancy hypothesis. *Analysis Bulletin, 5,* 152.

Dusay, J. M., & Dusay, K, M. (1989). Transactional Analysis. In R. J. Corsini & D. Wedding (Eds.), *Current psychotherapies (*6th ed.) (pp. 405-453). Itasca, IL: Peacock.

Ebbinghaus, H. (1897). Uber eine neue Methode zu Prufung geistiger Fahigkeiten und ihre Anwendung bei Schulkindern [Concerning a new testing intellectual abilities and their use in school children]. *Zeitschrift Psychologie, 13,* 401-459.

Eckerman, C. O., Davis, C. C., & Didow, S. M. (1989). Toddlers' emerging ways of achieving social coordinations with a peer. *Child Development, 60*(2), 440-453.

Edgcumbe, R. (2000). *Anna Freud: A view of development, disturbance, and therapeutic techniques.* London: Routledge.

Egan, G. (1990). *The skilled helper: A systematic approach to effective helping* (4th ed.). Thomson Brooks/Cole Publishing Co.

Egan, G. (2010). *The skilled helper: A problem management and opportunity development approach to helping* (9th ed.). Pacific Grove, CA: Brooks/Cole.

Ehlers, A., Clark, D., Hachman, A., McManus, F., & Fennell, M. (2005). Cognitive therapy for post-traumatic stress disorder: Development and evaluation. *Behaviour Research and Therapy, 43*(4), 413-431.

El, S., & Ruth, S. (1975). *Distance and Control in "Don Quixote": A Study in Narrative Technique.* Chapel Hill: University of North Carolina.

Elkind, D. (1981). *The hurried child: Growing up too fast too soon.* Reading, Mass.: Addison-Wesley.

Ellis, A. (1977). *How to Live with and without Anger.* Pleasantville, NY: Readers Digest Press.

Ellis, A. (1978). Personality characteristics of rational-emotive therapists and other kinds of therapist. *Psychotherapy: Theory, Research and Practice, 15,* 329-332.

Ellis, A. (1979). Rational-emotive therapy: Research data that supports the clinical and personality hypotheses of RET and other modes of cognitive-behavior therapy. In A. Ellis & J. M. Whiteley (Eds.), *Theoretical and empirical foundations of rational-emotive therapy* (pp. 101-173). Monterrey, CA: Brooks/Cole.

Ellis, A. (1985). *Overcoming resistance.* NY: Springer.

Ellis, A. (1987). The impossibility of achieving consistently good mental health. *American Psychologist, 42*(4), 364-375.

Ellis, A. (1989). Using rational-emotive therapy as crisis intervention: A single session with a suicidal client. *Individual Psychology, 45*(1&2), 75-81.

Ellis, A. (1996). *Better, deeper, and more enduring brief therapy: The rational emotive behavior therapy approach.* New York: Brunner/Mazel.

Ellis, A. (1999). *Rational Emotive Behavior Therapy Diminishes Much of the Human Ego.* NY: Albert Ellis Institute.

Ellis, A., & Dryden, W. (1987). Rational-emotive therapy: An excellent counseling theory for NPs. *Nurse Practitioner, 12*(7), 16-37.

Ellis, A., & Harper, R. (1979). *A new guide to rational living.* N. Hollywood, CA: Wilshire.

Enker, W. E., Paloyan, E., & Kirsner, J. B. (1977). Carcinoma of the colon in the adolescent: A report of survival and an analysis of the literature. *The American Journal of Sugery, 133*(6), 737-741.

Erikson, E. H. (1968). *Identity: Youth and crisis.* NY: Norton.

Evans, D. R., Hearn, M. T., Uhlemann, M. R., & Ivey, A. E. (2016). *Essential interviewing: A programmed approach to effective communication* (9th ed.). Boston, MA: Cengage Learning.

Festinger, L. (1957). *A Theory of Cognitive Dissonance.* Stanford, CA: Stanford University Press.

Fiebert, M. S. (1983). Measuring traditional and liberated males' attitudes. *Perceptual and Motor Skills, 56*(1), 83-86.

Fine, A. (1982). Hidden variables, joint probability, and the Bell inequalities. *Physical Review Letters, 48*(5), 291-295.

Fisch, R., Weekland, J., & Segal, S. (1982). *The Tactics of change: Doing therapy briefly.* San Fransisco: Jossey-Bass.

Fisher, S. (1984). Time-limited brief therapy with families: A one year follow up study. *Family Process, 23,* 101-106.

Flavell, J. H., & Wellman, H. M. (1977). Metamemory. In R. V. Kail, & J. W. Hagen (Eds.), *Perspectives on the development of memory and cognition* (pp. 3-33). Hillsdale: Erlbaum.

Frank, G. (1995). On the assessment of self- and object representation from the Rorschach: A review of the research and commentary. *Psychological Reports, 76*(2), 659-671.

Frankl, V. (1967). *Psychotherapy and existentialism.* NY: Simon and Schuster.

Frankl, V. E. (1978). *The unheard cry for meaning: Psychotherapy and humanism.* NY: Simon and Schuster.

Fredrickson, B. L. (2001). The role of positive emotions in positive psychology: The broaden-and-build theory of positive emotions. *American Psychologist, 56*(3), 218-226.

Fredrickson, B. L., & Losada, M. F. (2005). Positive affect and the complex dynamics of human flourishing. *American Psychologist, 60*(7), 678.

Freud, A. (1970) The symptomatology of childhood: A preliminary attempt at classification. *The Writings of Anna Freud, 7,* 157-88. NY: International Universities Press.

Freud, A. (1989/1965). *Normality and Pathology in Childhood: Assessment of Developments.* London: Karnac Books.

Freud, S. (1917). *The History of the Psychoanalytic Movement.* NY: Nervous and Mental Disease Publishing Co.

Freud, S. (1927). *The Ego and the Id.* NY: Moffat, Yard & Company.

Freud, S. (1962). *Three Essays on the Theory of Sexuality.* NY: Basic Books.

Freud, S. (1965). *New introductory lectures on psychoanalysis.* New York and London.

Freud, S. (1966). *Introductory Lectures on Psychoanalysis.* NY: W. W. Norton & Company.

Frisch, R. E., Revelle, R., & Cook, S. (1973). Components of weight at menarche and the initiation of the adolescent growth spurt in girls: estimated total water, lean body weight and fat. *Human biology, 45*(3), 469-483.

Gelso, C. J., Nutt Williams, E., & Fretz, B. R. (2014). *Counseling psychology* (3rd ed.). American Psychological Association.

Glanz, E. C. (1974). *Guidance: Foundations, Principles and Techniques.* Allyn & Bacon.

Glasser, W. (1981). *Stations of the mind: New directions for reality therapy.* NY: Harper & Row.

Glasser, W. (1990). *The quality school: Managing students without coercion.* NY: Harperand Row.

Goulding, R. L., & Goulding, M. M. (1978). *The power is in the patient: A TA/Gestalt approach to psychotherapy.* San Francisco: TA Press.

Goulding, R. L., & Goulding, M. M. (1979). *Changing lives through redecision therapy.* NY: Brunner/Mazer.

Gray, L. A., & Saracino, M. (1989). AIDS on campus: A preliminary study of college students' knowledge and behaviors. *Journal of Counseling and Development, 68*(2), 199-202.

Grieger, R. (1985). From a linear to a contextual model of the ABC's of RET. *Journal of Rational-Emotive Therapy, 3,* 75-99.

Grieger, R. (1986). The role and treatment of irresponsibility in dysfunctional relationships. *Journal of Rational-Emotive Therapy, 4,* 50-67.

Grosso, F. C. (2002). *Complete applications of law and ethics: A workbook for California Marriage and Family Therapists.* Santa Barbara, CA: Author.

Guidubaldi, J., & Perry, J. D. (1985). Divorce and mental health sequelae for children: A two-year follow-up of a nationwide sample. *Journal of American Academy of Child Psychiatry, 24,* 531-537.

Gysbers, N., Heppner, M., & Johnston, J. (1998). *Career counseling: Process, issues, and techniques.* Needham Heights: Allyn & Bacon.

Hansen, J. C., Warner, R. W., & Smith, E. J. (1980). *Group counseling: Theory and process* (2nd ed.). Chicago, IL: Rand McNally College Publishing Company.

Harren, V. A. (1979). A Model of Career Decision Making for College Students. *Journal of Vocational Behavior, 14,* 119-133.

Harren, V. A. (1984). *Assessment of Career Decision Making*. LA: Western Psychological Services.

Harris, R. (2019). *ACT made simple: An easy-to-read primer on acceptance and commitment therapy* (2nd ed.). New Harbinger Publications.

Harris, T. A. (1969). *I'm OK-You're OK: A practical guide to transactional analysis.* NY: Harper & Row.

Hawks, E., Blumenthal, H., Feldner, M. T., Leen-Feldner, E., & Jones, R. (2011). An examination of the

relation between traumatic event exposure and panic-relevant biological challenge responding among adolescents. *Behavior Therapy, 42*(3), 427-438.

Hayes, S. C. (1993). Analytical goals and the varieties of scientific contextualism. In S. C. Hayes, L. J. Hayes, H. W. Reese, & T. R. Sarbin (Eds.), *Varieties of scientific contextualism* (pp. 11-27). Context Press.

Hayes, S. C. (2005). *Get out of your mind and into your life: The new acceptance and commitment.* NY: New Harbinger Publications.

Hayes, S. C., & Hofmann, S. G. (Eds.). (2017). *Process-based CBT: The science and core clinical competencies of cognitive behavioral therapy.* NY: New Harbinger Publications.

Hayes, S. C., Barnes-Holmes, D., & Roche, B. (2001). *Relational frame theory: A post-Skinnerian account of human language and cognition.* New York, NY: Kluwer Academic/Plenum Publishers.

Hayes, S. C., Hofmann, S. G. (2018). *Process-based CBT: The science and core clinical competencies of cognitive behavioral therapy.* Oakland, CA: New Harbinger Publications.

Hayes, S. C., Luoma, J. B., Bond, F. W., Masuda, A., & Lillis, J. (2006). Acceptance and commitment therapy: Model, processes and outcomes. *Behaviour Research and Therapy, 44*(1), 1-25.

Hayes, S. C., Strosahl, K. D., & Wilson, K. G. (1999). *Acceptance and commitment therapy: An experiential approach to behavior change*. New York, NY: Guilford Press.

Hayes, S. C., Strosahl, K. D., & Wilson, K. G. (2012). *Acceptance and commitment therapy: The process and practice of mindful change* (2nd ed.). Guilford Press.

Hayes, S. C., Strosahl, K. D., & Wilson, K. G. (2022). **수용전념치료: 마음 챙김 기반의 변화 이론과 실제** (김아영 외 역). 시그마프레스. (원서 출판 2012년)

Heppner, M. J., Multon, K. D., Gysbers, N. C., Ellis, C. A., & Zook, C. E. (1998). The relationship of trainee self-efficacy to the process and outcome of career counseling. *Journal of Counseling Psychology, 45*(4), 393.

Hofmann, S. G., & Hayes, S. C. (2019). The future of intervention science: Process-based therapy. *Clinical Psychological Science, 7*(1), 37-50.

Holmes, R. (1965). Freud and social class. *British Journal of Sociology, 16*(1), 48-67.

Hutt, M. L. (1985). *The Hutt adaptation of the Bender-Gestalt Test* (4th ed.). NY: Grune & Stratton.

Illanes, P., Lund, S., Mourshed, M., Rutherford, S., & Tyreman, M. (2018). *Retraining and reskilling workers in the age of automation.* McKinsey Global Institute.

Jacobs, E. E., Christine, J. S., Robert, L. M., & Harvil, R. L. (2015). *Group Counseling: Strategies and Skills.* Bodton, MA: Cengage Learning.

James, M., & Jongeward, D. (1996). *Born to Win: Transactional Analysis with Gestalt Experiments*. CM: Addison Wesley.

James, R. K., & Gilliland, B. E. (2001). *Crisis intervention strategies*. Stamford, CT: Brooks/Cole.

James, R. K., & Gilliland, B. E. (2012). *Crisis intervention strategies* (7th ed.). Stamford, CT: Brooks/

Cole.

Jensen, A. C., Whiteman, S. D., Bernard, J. M., & McHale, S. M. (2017). Family resource allocation after firstborns leave home: Implications for second borns' academic functioning. *Family Process, 56*(3), 766-780.

Jung, M. K. (2014). Adult height in girls with central precocious puberty treated with gonadotropin-releasing hormone agonist with or without growth hormone. *Journal of Korean Society of Pediatric Endocrinology, 19(*4), 214-219.

Kaplowitz, M. D., & Hoehn, J. P. (2001). Do focus groups and personal interviews reveal the same information for natural resource valuation?. *Ecological Economics, 36*(2), 237-247.

Karpman, S. (1968). Fairy tales and script drama analysis. *Transactional Analysis Bulletin, 7*(26), 39-43.

Kashdan, T. B., & Rottenberg, J. (2010). Psychological flexibility as a fundamental aspect of health. *Clinical Psychology Review, 30*(7), 865-878.

Keane, T. M., Marshall, A. D., & Taft, C. T. (2006). Posttraumatic stress disorder: Etiology, epidemiology and treatment outcome. *Annual Review of Clinical Psychology, 2*, 161-197.

Keenan, K., & Shaw, D. (1997). Developmental and social influences on young girls' early problem behaviors. *Psychological Bulletin, 121*(1), 95-113.

Kessler, R. C., Avenevoli, S., Costello, E. J., Green, J. G., Gruber, M. J., Heeringa, S., Merikangas, K. R., Pennell, B. P., Sampson, N. A., & Zaslavsky, A. M. (2009a). Design and field procedures in the US National Comorbidity Survey Replication Adolescent Supplement(NCS-A). *International Journal of Methods in Psychiatric Research, 18(*2), 69-83.

Kessler, R. C., Avenevoli, S., Green, J., Gruber, M. J., Guyer, M., He, Y., Jin, R., Kaufman, J., Sampson, N. A., & Zaslavsky, A. M. (2009b). National Comorbidity Survey Replication Adolescent Supplement(NCS-A): III. Concordance of DSM-IV/CIDI diagnoses with clinical reassessments. *Journal of the American Academy of Child and Adolescent Psychiatry, 48*(4), 386-399.

Kessler, R. C., Berglund, P., Demler, O., Jin, R., Merikangas, K. R., & Walters, E. E. (2005). Lifetime prevalence and age-of-onset distributions of DSM-IV disorders in the National Comorbidity Survey Replication. *Archives of General Psychiatry, 62*(6), 593-602.

Kessler, R. C., Petukhova, M., & Zaslavsky, A. M. (2011). The role of latent internalizing and externalizing predispositions in accounting for the development of comorbidity among common mental disorders. *Current Opinion in Psychiatry, 24*(4), 307-312.

Kim, J. W., So, W. Y., & Kim, Y. S. (2012). Association between asthma and physical activity in Korean adolescents: the 3rd Korea Youth Risk Behavior Web-based Survey(KYRBWS-III). *The European Journal of Public Health, 22(6), 864-868.*

Kirwan, W. T. (1984). *Biblical concepts for christian counseling: A case for integrating psychology and theology.* Baker Books.

Klaus, M. H., & Kennell, J. H. (1976). *Maternal-infant bonding.* St. Louis: The C. V. Mosby Company.

Kohlberg, L. (1965). *Psychosexual development: A cognitive-developmental approach.* Unpublished mimeographed manuscript, University of Chicago.

Kohlberg, L. (1976). Moral stages and moralization: The cognitive-developmental approach. In T. Lickona (Ed.), *Moral development and behavior: Theory, research, and social issues* (pp. 31-53). NY: Holt, Rinehart and Winston.

Kral, R. (1995). *Solutions for schools.* Milwaukee: Brief Family Therapy Center Press.

Ladany, N., Hill, C. E., Thompson, B. J., & O'Brien, K. M. (2004). Therapist perspectives on using silence in therapy: A qualitative study. *Counselling and Psychotherapy Research, 4*(1), 80-89.

Lazarus, A. A. (2005). Multimodal therapy. In J. C. Norcross & M. R. Goldfried (Eds.), *Handbook of psychotherapy integration* (pp. 105-120). Oxford University Press.

Leahey, J. H. (2000). *A history of psychology: Main currents in psychological thought.* Upper Saddle River, NJ: Prentice Hall.

Leary, T. (1957). *Interpersonal diagnosis of personality: A functional theory and methodology for personality evaluation.* NY: Ronald Press.

Levin, M. E., Hildebrandt, M. J., Lillis, J., & Hayes, S. C. (2012). The impact of treatment components suggested by the psychological flexibility model: A meta-analysis oflaboratory-based component studies. *Behavior Therapy, 43*(4), 741-756.

Lewin, K. (1963). *A dynamic theory of personality: Selected papers.* NY: McGraw-Hill Book Co.

Lieberman, M. D. (2006). Social cognitive and affective neuroscience: When opposites attract [Editorial]. *Social Cognitive and Affective Neuroscience, 1*(1), 1-2.

Lin, H. F. (2007). Knowledge sharing and firm innovation capability: An empirical study. *International Journal of Manpower, 28*(3), 4.

Lipchik, E. (2002). *Beyond technique in solution focused therapy.* NY: The Guilford Press.

Livneh, H., & Wright, P. E. (1995). Rational-emotive therapy. In D. Capuzzi & D. R. Gross (Eds.), *Counseling and psychotherapy: Theories and interventions* (pp. 325-352). Englewood Cliffs, NJ: Prentice Hall.

Lo, S. K., Wang, C. C., & Fang, W. (2005). Physical Interpersonal Relationships and Social Anxiety among Online Game Players. *Cyber Psychology & Behavior, 8*(1), 15-20.

Lotman, Y. M. (1988). Text within a text. *Soviet Psychology, 26*(3), 32-51.

Maddi, S. R. (1996). *Personality theories: A compararative analysis.* Homewood, IL: Dorsey.

Maddi, S. R. (1999). The personality construct of hardiness: I. effects on experiencing, coping, and strain. *Consulting Psychology Journal: Practice and Research, 51*(2), 83-94.

Mahler, C. A. (1969). *Group counseling in the schools.* Boston: Houghton Mifflin.

Malan, D. (1976). *The Frontiers of Brief Psychotherapy: An Example of the Convergence of Research and Clinical Practice*. NY: Plenum Press.

Mann, J. (1973). *Time-Limited Psychotherapy*. Cambridge, MA: Harvard University Press.

Marcelo Suárez-Orozco & Carola Suárez-Orozco (2007). *Immigration: Youth Respond to Change.* Harvard Law & Policy Review.

Masterson, J. F. (1972). *Treatment of the borderline adolescent: A developmental approach.* NY: John Wiley.

May, R. (1977). *The meaning of anxiety* (rev. ed). NY: Norton.

Mayer, D. G. (2002). *Exploring Psychology.* NY: Worth Publishers.

Mccormick, C. M., Mathews, I. Z., Thomas, C., & Waters, P. (2010). Investigations of HPA Function and the Enduring Consequences of Stressors in Adolescence in Animal Models. *Brain and Cognition, 72*(1), 73-85.

McCormick, P., & Pulleyblank, E. (1985). The stages of redecision therapy. *Redecision therapy: Expanded perspectives* (pp. 51-59). Watsonville, CA: Western Institute for Group and Family Therapy.

McDowell, S., & Ray, W. (2000). *Josh McDowell's Youth Ministry Handbook: Making the Connection.* Nashville: Word Pub.

Mendle, J., Turkheimer, E., & Emery, R. E. (2007). Detrimental psychological outcomes associated with early pubertal timing in adolescent girls. *Developmental Review, 27*(2), 151-171.

Mischel, W. (1990). Personality dispositions revisited: A view after three decades. In L. A. Pervin (Ed.), *Handbook of personality: Theory and research* (pp. 111-134). NY: Guilford.

Muro, J. J., & Kottman, T. (1995). *Guidance and counseling in the elementary and middle schools: A practical approach.* Madison, WI: Brown & Benchmark Publishers.

Myers, D. G. (2000). The funds, friends, and faith of happy people. *American Psychologist, 55*(1), 56-67.

Myers, D. G., & Lamm, H. (1976). The group polarization phenomenon. *Psychological Bulletin, 83*(4), 602-627.

Myrick, R. (2002). *Developmental guidance and counseling* (4th ed.). Minneapolis, MN: Educational Media Corporation.

Najman, J. M., Hayatbakhsh, M. R., Heron, M. A., Bor, W., O'Callaghan, M. J., & Williams, G. M. (2009). The impact of episodic and chronic poverty on child cognitive development. *Journal of Pediatrics, 54*(2), 284-289.

Napier, R. W., & Gershenfeld, M. K. (1973). *Groups: Theory and experience.* Houghton Mifflin.

Narramore, C. M. (1977). *The Psychology of Counseling.* Grand Rapids: Zondervan.

Narvaez, D., & Rest, J. R. (1995). The Four Components of Acting Morally. In W. M. Kurtines & J. L. Gewirtz (Eds.), *Moral Development: An Introduction.* Boston & London: Allyn and Bacon.

Negriff, S. J., & Trickett, P. K. (2011). Exposure to peer delinquency as a mediator between self-report pubertal timing and delinquency: A longitudinal study of mediation. *Development and Psychopathology, 23*(1), 293-304.

Neukrug, E., Milliken, T., & Shoemaker, J. (2001). Counselor seeking behaviors of NOHSE practitioners, educators, and trainees. *Human Service Education, 21,* 45-48.

Nisan, M., & Kohlberg, L. (1982). Universality and variation in moral judgment: A longitudinal and cross-sectional study in Turkey. *Child Development, 53*(4), 865-76.

Norcross, J. C. (2000). Clinical versus counseling psychology: What's the diff. *Eye on Psi Chi, 5*(1), 20-22.

O'Carroll, P. W., Berman, A. L., Maris, R. W., Moscicki, E. K., Tanney, B. L., & Silverman, M. M. (1996). Beyond the tower of Babel: A nomenclature for suicidology. *Suicide Life Threat Behavior, 26*(3), 237-52.

Offer, D. (1969). *The Psychological World of the Teenager: A Study of Normal Adolescent Boys.* NY: Basic Books.

Olweus, D. (1993). *Bullying at School: What We Know and What We Can Do.* NY: Blackwell.

Olweus, D., Limber, S., & Mihalic, S. F. (1999). *Bullying Prevention Program: Blueprints for Violence Prevention, Book Nine.* Blueprints for Violence Prevention Series (D.S. Elliott, Series Editor). Boulder, CO: Center for the Study and Prevention of Violence, Institute of Behavioral Science, University of Colorado.

Osipow, S. H. (1987). Counseling Psychology: Theory, Research, and Practice in Career Counseling. *Annual Review of Psychology, 38*(1), 257-278.

Öst, L. G. (2008). Efficacy of the third wave of behavioral therapies: A systematic review and meta-analysis. *Behaviour Research and Therapy, 46*(3), 296-321.

Park, M. J. (2006). Update in the etiology and treatment of sexual precocity. *Korean Journal of Pediatrics, 49*(7), 718-725.

Parker, J. G., & Asher, S. R. (1993). Friendship and friendship quality in middle childhood: Links with peer group acceptance and feelings of loneliness and social dissatisfaction. *Developmental Psychology, 29,* 611-621.

Perls, F. S. (1947). *Ego, Hunger and Aggression.* Woking, England: Unwin Bros.

Perls, F. S. (1969a). *Gestalt Therapy Verbatim.* Lafayette, California: Real People Press.

Perls, F. S. (1969b). *Gestalt Therapy Verbatim.* Moab, UT: Real People Press.

Perls, F. S. (1973). *The Gestalt Approach and Eyewitness to Therapy.* Palo Alto, California Science and Behavior Book.

Perls, F. S. (1976). *The Gestalt Approach, and Eye Witness to Therapy.* NY: Bantam.

Perry, D. G., Hodges, E. V. E., & Egan, S. K. (2001). Determinants of Chronic Victimization by Peers: A review and a New Model of Family Influence. In J. Juvonen & S. Graham (Eds.), *Peer harassment in school: The plight of the vulnerable and victimized* (pp. 73-104). NY: The Guilford Press.

Perry, W. G. (1998). *Formofintellectual and ethical development in the college year: A scheme.* San Francisco: Jossry-Bass.

Peterson, J., & Nisenholz, B. (1995). *Orientation to counseling* (3rd ed.). Boston, MA: Allyn & Bacon.

Pintner, R. (1918). The mental indices of siblings. *Psychological Review, 25*(3), 252-255.

Plutchik, R. (1990). *Circumplex models of personality and emotions.* Washington, DC: American Psychological Association.

Polster, E. (1995). Lecture during a Gestalt therapy workshop held in July, 1995 at San Diego Gestalt Therapy Institute.

Polster, E. (2006). *Uncommon Ground. Arizona: Zeig.* Tucker, & Theisen, Inc.

Polster, E., & Polster, M. (1973). *Gestalt therapy integrated: Contours of theory and practice*. Brunner/Mazel.

Premack, D. (1965). Reinforcement theory. In D. Levine (Ed.), *Nebraska symposium on motivation*. Lincoln: University of Nebraska Press.

Rauschenberger, S. H. (1995). Fantasy proneness, and psychopathology. *Journal of Abnormal Psychology, 104*(2), 373-380.

Remley, T. P., & Herlihy, B. (2005). *Ethical, legal, and professional issues in counseling* (2nd ed.). Upper Saddle River, NJ: Merrill/Prentice-Hall.

Rest, J. R. (1983). Morality. In: J. H. Flavell & E. M. Markman (Eds.), *Handbook of Child Psychology, vol. Ⅲ, Cognitive development* (4th ed., pp. 556-629). NY: John Wiley.

Rest, J. R. (1986). *Moral development: Advances in research and theory*. NY: Praeger.

Richard, D. (1968). *Personal causation: The internal affective determinants of behavior.* NY: Academic Press.

Richard, T. G. W., & Thomas, T. (2014). *History of psychology diversity of context, thought and practice.* Cambridge: Cambridge University Press.

Rigby, C. S., Deci, E. L., Patrick, B. C., & Ryan, R. M. (1992). Beyond the intrinsic-extrinsic dichotomy: Self-determination in motivation and learning. *Motivation and Emotion*, 16-23.

Rizzolatti, G., & Craighero, L. (2004). The mirror-neuron system. *Annual Review of Neuroscience, 27,* 169-192.

Robbins, D. R., & Alessi, N. E. (1988). Depressive symptoms and suicidal behavior in adolecents. *American Journal of Psychology, 16,* 392-402.

Robertson, I. (2018). *Stress test: How pressure can make you stronger and sharper*. London: Bloomsbury Publishing.

Roger, P. R., & Stone, G. (2021). *Counseling Psychology vs Clinical Psychology*. Society of Counseling Psychology: American Psychological Association Division 17.

Rogers, C. R. (1942). *Counseling and psychotherapy: Newer concepts in practice.* Houghton Mifflin.

Rogers, C. R. (1951). *Client-centered therapy: Its current practice, implications and theory.* Boston: Houghton Mifflin.

Rogers, C. R. (1952). Client-centered psychotherapy. *Scientific American, 187*(5), 66-75.

Rogers, C. R. (1977). *Carl Rogers on Personal Power*. NY: Dell Publishing.

Rogers, C. R. (1980). Experiences in Communication. In C. R. Rogers (Ed.), *A Way of Being* (pp. 5-26). Boston, MA: Houghton Mifflin.

Rotter, J. B., & Rafferty, J. E. (1950). *Manual for the Rotter Incomplete Sentences Blank: College Form.* NY: The Psychological Corporation.

Rotter, J. B., & Willerman, B. (1947). The Incomplete Sentences Test as a method of studying personality. *Journal of Consulting Psychology, 11,* 43-48.

Sacks, J. M., & Levy, S. (1950). The sentence completion test. In L. E. Abt & L, Bellak (Eds.), *Projective psychology* (pp. 357-402), NY: Knopf.

Salmivalli, C., & Voeten, M. (2004). Connections between attitudes, group norms and behavior in bullying situations. *International Journal of Behavior Development, 28*(3), 246-258.

Salmivalli, C., Lagerspetz, K., Bjorkqvist, K., Osterman, K., & Kaukiainen, A. (1996). Bullying as a group process: Participant roles and their relations to social status within the group. *Aggressive Behavior, 22*(1), 1-15.

Sample, J. (2017). A Review of the Myers-Briggs Type Indicator in Public Affairs Education. *Journal of Public Affairs Education, 23,* 979-992.

Sanderson, W. C., & Barlow, D. H. (1990). A description of patients diagnosed with DSM-Ⅲ-R generalized anxiety disorder. *Journal of Nervous and Mental Disease, 178*(9), 588-591.

Santrock, J. W. (1987). The Effects of Divorce on Adolescents: Needed Research Perspectives. *Family Therapy, 14(*2), 147-159.

Santrock, J. W. (2006). *Life-span development* (10th ed.). Boston: McGraw-Hill.

Schaefer, E. S. (1965). A configurational analysis of children's reports of parent behavior. *Journal of Consulting Psychology, 29*(6), 552-557.

Schaffer, H. R. (2000). *Social development*. Oxford: Blackwell Publishers Inc.

Schuckit, M. A., & Hesselbrock, V. (1994). Alcohol dependence and anxiety disorders: What is the relationship?. *American Journal of Psychiatry, 151*(12), 1723-1734.

Seligman, L. (2006). *Theories of counseling and psychotherapy: Systems, strategies and skills* (2nd ed.). Upper Saddle River, NJ: Pearson Education, Ltd.

Selman, R. (1980). *The growth of interpersonal understanding: Developmental and clinical analyses.* NY: Academic Press.

Shalitin, D., Yu, X., Maymon, M., Mockler, T., & Lin. (2003). Blue light-dependent in vivo and in vitro phosphorylation of Arabidopisis cryptochrome 1. *Plant Cell, 15,* 2421-2429.

Shamir, Z. (2020). Role and Distinctions in Counseling Psychology and Clinical Psychology. *Clinical and Experimental Psychology, 7*(7), 262.

Shannon, B. (1990). Non-representational framework for psychology: A typology. *European Journal of Cognitive Psychology, 2*(1), 1-22.

Sharf, R. S. (2004). *Theories of psychotherapy and counseling: Concepts and cases* (3rd ed.). Pacific Grove,

CA: Thomson Brooks/Cole.

Shertzer, B., & Stone, S. C. (1981). *Fundamentals of guidance*. Boston: Houghton Mifflin.

Sifneos, P. (1972). *Short-Term Psychotherapy and Emotional Crisis*. Cambridge, MA: Harvard University Press.

Skinner, B. F. (1971). *Beyond freedom and dignity.* Knopf/Random House.

Sklare, G. B. (1997). *Brief counseling that works: A solution-focused approach for school counselors*. Thousand Oaks: Sage.

Smucker, M. R. (1997). Post-Traumatic Stress Disorder. In R. L. Lehrer (Ed.), *Practising Cognitive Therapy*. Alabama: Book-Mart Press.

Spindler, H., Elklit, A., & Christiansen, D. (2010). Risk Factors for Posttraumatic Stress Disorder Following an Industrial Disaster in a Residential Area: A Note on the Origin of Observed Gender Differences. *Gender Medicine, 7*(2), 156-165.

Steiner, C. (1974). *Script people live: Transactional analysis of life scripts.* NY: Grove Press.

Sternberg, R., & Williams, W. (2009). *Educational Psychology*. NY: Pearson.

Stewart, I., & Joines, V. (1987). *TA today: A new introduction to transactional analysis.* Lifespace.

Strosahl, K. D., Robinson, P. J., & Gustavsson, T. (2012). *Brief interventions for radical change: Principles and practice of focused acceptance and commitment therapy.* New Harbinger Publications.

Suárez-Orozco, C., Suárez-Orozco, M., & Todorova, I. (2008). Learning a New Land: Immigrant Students in American Society. Cambridge, MA: Harvard University Press.

Sullivan, H. S. (1953). *The interpersonal theory of psychiatry.* NY: Norton.

Swanson, J. L. (1994). *The Career Barriers Inventory(Shot Form)*. Unpublished manuscript, Southern Illinois University, Carbondale.

Swanson, J. L., & Daniels, K. K. (1994). *The relation of perceived career Barriers Inventory-Revised.* Unpublished raw data. Southern Illinois University, Carbondale.

Swanson, J. L., & Daniels, K. K. (1995). *The relation of perceived career barriers to self esteem, self-efficacy, and locus of control.* Unpublished manuscript, Southern Illinois University, Carbondale.

Symonds, P. M. (1947). The sentence completion test as a projective technique. *Journal of Abnormal and Social Psychology, 42,* 320-329.

Talmon (1990). *Single session therapy: Maximizing the effect of the first(and often only) therapeutic encounter*. Springfield, Il: Charles Thomas.

Tognoli, J., & Keisner, R. (1972). Gain and loss of esteem as determinants of interpersonal attraction: A replication and extension. *Journal of Personality & Social Psychology, 23*(2), 201-204.

Tolor, A., & Brannigan, G. (1980). *Research and clinical applications of the Bender-Gestalt Test.* Springfield, Illinois: Charles C. Thomas.

Tolor, A., & Schulberg, H. C. (1963). *An evaluation of the Bender-Gestalt Test.* Springfield, Illinois: Charles C. Thomas.

Törneke, N. (2010). *Learning RFT: An introduction to relational frame theory and its clinical application.* New Harbinger Publications.

Turkle, S. (1995). *Life on the screen: Identity in the age of internet.* NY: Simon & Schuster.

Tyler, L. (1961). *The Work of Counselor* (2nd ed.). NY: Appleton Centry Crofts.

Vespo, J., Pedersen, J., & Hay, D. F. (1995). Young children's conflicts with peers and siblings: Gender effects. *Child Study Journal, 25*(3), 189-212.

Villatte, M., Villatte, J. L., & Hayes, S. C. (2015). *Mastering the clinical conversation: Language as intervention.* New York, NY: Guilford Press.

Vowles, K. E., Wetherell, J. L., & Sorrell, J. T. (2009). Targeting acceptance, mindfulness and values-based action in chronic pain: Findings of two preliminary trials of an outpatient group-based intervention. *Cognitive and Behavioral Practice, 16*(1), 49-58.

Vygotsky, L. S. (1978). *Mind in Society: Development of Higher Psychological.* Processes Cambridge, MA: Harvard University Press.

Vygotsky, L. S. (1981). The genesis of higher mental functions. In Wertsch J. V. (Ed. &Trans.), *The concept of activity in Soviet psychology* (pp. 144-188). Armonk, NY: M. E. Sharpe.

Watson, D., Clark, L. A., & Tellegen, A. (1988). Development and validation of brief measures of positive and negative affect: The PANAS scales. *Journal of Personality and Social Psychology, 54*(6), 1063-1070.

Watzlawick, P., Beavin, J. H., & Jackson, D. D. (1967). *Pragmatics of Human Communication.* NY: Norton.

Watzlawick, P., Weakland, J., & Fisch, R. (1974). *Change: Principles of Problem Formulation and Problem Resolution.* NY: Norton.

Weakland, J., Fisch, R., Watzlawick, P., & Bordin, A. (1974) Brief Therapy: Focused Problem Resolution. *Family Process, 13*(2), 125-131.

Wedding, D., & Corsini, R. J. (2019). *Current Psychotherapies*. Boston, MA: Cengage Learning.

Weissman, M. M., Prusoff, B. A., Gammon, G. D., Merikangas, K. R., Leckman, J. F., & Kidd, K. K. (1984). Psychopathology in the children (ages 6-18) of depressed and normal parents. *Journal of the American Academy Child Psychiatry, 23,* 78-84.

Wertsch, J. V. (1994). Reclaiming the natural line in Vygotsky's theory of cognitive development. *Human Development, 37*(6), 343-345.

Wicks-Nelson, R., & Israel, A. C. (2015). *Abnormal child and adolescent psychology with DSM-5 Updates* (8th ed.). Upper Saddle River, NJ: Pearson.

Wilson, K. G., & DuFrene, T. (2009). *Mindfulness for two: An acceptance and commitment therapy approach to mindfulness in psychotherapy.* New Harbinger Publications.

Wilson, M. (1989). *Igneous Petrogenesis: A Global Tectonic Approach.* Unwin Hyman, London, p.466 https://doi.org/10.1007/978-1-4020-6788-4.

World Health Organization (2018). *The ICD-11 Classification of Mental and behavioural Disorders: diagnostic criteria for research*. Geneva: WHO.

Wubbolding, R. E. (1990). *Understanding reality therapy*. NY: Harper Collins Publishers.

Wubbolding, R. E., & Brickell, J. (1999). *Counselling with reality therapy*. Oxfordshire, UK: Speechmark.

Wubbolding, R. E., & Brickell, J. (2001). *A set of directions for putting and keeping yourself together*. Minneapolis, MN: Educational Media Corporation.

Wubbolding, R. E., Al-Rashidi, B., Brickell, J., Kakitani, M., Kim, R. I., Lennon, B., Lojk, L., Ong, K. H., Honey, I., Stijacic, D., & Tham, E. (1998). Multicultural awareness: Implications for reality therapy and choice theory. *International Journal of Reality Therapy, 17*(2), 4-6.

Wubbolding, R. E., Brickell, J., Imhof, L., Kim, R. I., Lojk, L., & Al-Rashidi, B. (2004). Reality Therapy: A Global Perspective. *International Journal for the Advancement of Counselling, 26*, 219-228.

Yalom, I. D. (1985). *The Theory and Practice of Group Psychotherapy* (3rd ed.). NY: Basic Books.

Young, K. S. (1998). *Caught in the Net: How to Recognize the Signs of Internet Addiction-And a Winning Strategy for Recovery*. NY: J. Wiley.

Zajonc, R. B. (1965). Social facilitation. *Science, 149,* 269-274.

Zastrow, C., & Kirst-Ashman, K. K. (2002). *Understanding of Human Behavior and the Social Environment* (5th ed.). 김규수 외 역. **인간행동과 사회환경**. 서울: 나눔의 집.

Zinker, J. (1977). *Creative process in Gestalt therapy*. Brunner/Mazel.

Zuckerman, M. (1979). Sensation seeking. In H. London & J. Exner (Eds.), *Dimensions of personality*. NY: Wiley.

Zuckerman, M., & Link, K. (1968). Construct validity for the sensation-seeking scale. *Journal of Consulting and Clinical Psychology, 32*(4), 420-426.

Zuckerman, M., Eysenck, S., & Eysenck, H. J. (1978). Sensation seeking in England and America: Cross-cultural, age and sex comparisons. *Journal of Consulting and Clinical Psychology, 46*(1), 139-149.

Zur, O. (2007). *Boundaries in Psychotherapy: Ethical and Clinical Considerations*. Washington, DC: American Psychological Association.

찾아보기

인명

내용

저자소개 / 오 윤 선

건국대학교 대학원 (교육학 석사)
Washington University of Virginia (교육학 석사)
명지대학교 대학원 (교육학 박사)
Minnesota Theology Graduate School (상담학 박사)
Regent University, Graduate School (임상수련)
미) Regent University 초빙교수 역임
중) 人民大學校 大學院 초빙교수 역임
현) 한국성서대학교 기초교양교육학과 상담심리학 교수

<주요 저서>
상담윤리(두란노출판사, 1997), 교육의 심리학적 이해(도서출판 다락방, 2000),
상담학(공저)(한국가정상담연구소, 2004), 가정상담학(공저)(CLC, 2006),
청소년 이해와 상담(예영 B&P, 2006), 상담심리학의 이해(예영 B&P, 2007),
청소년 이젠 이해할 수 있다(예영 B&P, 2007),
숨은 눈물 닦아주기(공저)(한국장로교회출판사, 2008), 인간의 심리학적 이해(예영 B&P, 2009),
사람은 어떻게 변화되는가(공역)(생명의 말씀사, 2009),
청소년 세대진단과 이상행동치료(예영 B&P, 2010), 청소년 분노조절하기(예영 B&P, 2011),
힐링과 행복코칭(예영 B&P, 2014), 크리스천을 위한 진로상담(예영 B&P, 2015),
청소년 문화론(양서원, 2016), 청소년 심리 및 상담이론과 실제(양성원, 2017),
심리검사 이해와 활용(양서원, 2017), 교육심리학(창지사, 2017), 진로상담학(창지사, 2017),
청소년지도방법론(1판)(양서원, 2018), 청소년 심리 및 상담(양서원, 2019),
청소년 문제와 보호(양서원, 2019), 대인관계와 의사소통(창지사, 2019),
행복코칭심리학(예영 B&P, 2019), 청소년 문화론(2판)(양서원, 2020),
인간심리의 이해(양서원, 2020), 청소년지도방법론(2판)(양서원, 2021),
청소년 심리 및 상담(양서원, 2022), 인간심리학적 이해(2판)(양서원, 2023),
상담 이론과 실제(양서원, 2023), 심리검사와 평가(양서원, 2024), 청소년문제와 보호(양서원, 2024),
기독교 상담 이론과 실제(예영 B&P, 2024) 청소년 심리 및 상담(2판)(양서원, 2025),
청소년 문화론(3판)(양서원, 2025), 인간심리의 이해(3판)(2025), 발달심리학(양서원, 2025)

[제2판]
상담의 이론과 실제

1판 1쇄 발행 2023년 7월 30일
1판 2쇄 발행 2024년 8월 30일
2판 1쇄 발행 2025년 7월 10일

저 자 | 오윤선
발 행 인 | 박철용
발 행 처 | 양서원
주 소 | 경기도 파주시 직지길 522 파주출판도시
전 화 | 031-955-8000(代)
팩 스 | 031-955-8005
홈페이지 | www.yswpub.co.kr
이 메 일 | yswgroup@naver.com
출판등록 | 1987년 11월 24일 제406-2003-037호

ISBN 978-89-994-1571-5

정 가 24,000원

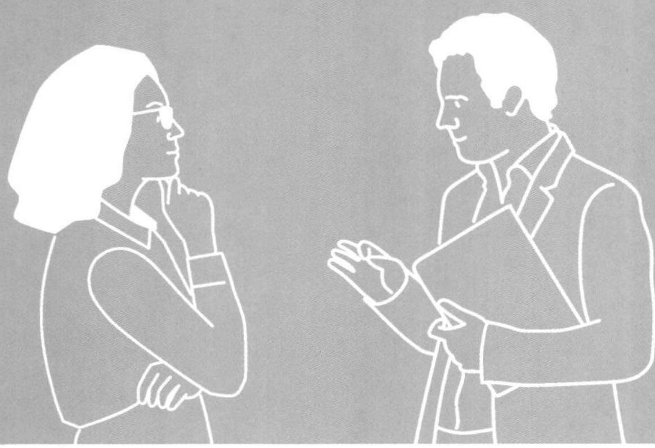